JN417064

Risk Management & Insurance

『보험업법』 최근개정법령(2008. 3)에 따른

위험관리와 보험

저자 한낙현 · 김흥기

1997 우용출판사
www.choolpansa.com

서문

경제사회에서 경영체인 가정과 기업의 경영환경에는 무수한 위험이 내재하고 있다. 또한 그 위험에 의한 손해도 경영체의 자산과 경영활동의 규모가 커짐에 따라 거대화되고 있다. 그러므로 경영체가 경영활동을 영위함으로써 직면하는 위험에 대해 적절한 대응을 하지 않으면 경영체로서의 존속, 발전과 사회적 책임이 손상되게 된다. 거기에서 보험관리를 포함한 위험관리의 필요성이 생겨나는 것이다. 즉 보험가능한 위험에 대한 적절한 보험처리를 하면서 보험불능한 위험과 보험부적한 위험에 대해서는 보험외 처리를 하여 경영체가 직면하는 전체적인 위험에 대한 종합적이며 합리적인 대응을 해야 한다.

본서는 저자들이 그동안 위험관리와 보험을 강의하면서 정리한 강의노트를 중심으로 편집한 것으로서, 보험을 배우려는 학생이나 보험업무에 종사하는 실무자에게 위험관리와 보험에 관한 기본적인 지식을 이해할 수 있도록 최선의 노력을 기울여 저술한 것이다. 또한 본서는 개략적인 내용이긴 하지만 위험관리와 보험의 전반에 관한 내용을 수록하고 있다.

본서는 크게 나누어 다섯 분야로 구성되어 있다. 제Ⅰ부는 위험과 위험관리에 관한 내용으로서, 위험의 정의 및 위험관리에 관한 기본적인 내용을 설명하고 있으며, 제Ⅱ부는 보험의 생성과 개념에 관한 내용, 제Ⅲ부는 보험계약에 관한 내용, 제Ⅳ부는 보험회사의 경영에 관한 내용, 제Ⅴ부는 각종의 보험상품, 예컨대 손해보험, 생명보험, 제조물책임보험 등에 관한 내용을 각각 설명하고 있다.

본서가 위험관리와 보험을 학습하는데 있어 독자 여러분에게 일조가 되기를 기원하며, 독자 여러분에게 본서의 내용에 관한 조언, 질타 및 충고를 기대해 마지않는다. 또한 본서에서 다루지 못한 그 이외의 분야에 대해서는 기회가 있으면 향후 다시 보충해 나갈 것을 독자 여러분에게 약속드리고자 한다.

끝으로 본서는 2008학년도 경남대학교 학술저서발간연구비의 지원으로 이루어졌으며, 또한 오늘날 출판사정의 어려움에도 불구하고 본서의 출판을 허락해 주신 우용출판사 고종식 사장님이하 관계자 여러분에게 진심으로 사의를 표하는 바이다.

2008년 6월

저 자

목차

Part Ⅰ 위험과 위험관리

Part Ⅱ 보험의 개념과 분류

제3장 보험의 개념

제4장 보험의 분류

Part Ⅲ 보험계약

Part Ⅳ 보험회사의 경영

제7장 보험모집조직

제8장 보험기업의 조직형태

제9장 보험요율산정 및 잉여금

제10장 언더라이팅과 재보험

Part Ⅴ 각종의 보험상품

제13장 화재보험

제14장 생명보험

부록

제 I 부

위험과 위험관리

1. 위험의 개념
2. 위험의 관리

제 1 장

위험의 개념

제 1 절 위험의 정의

우리들이 경제활동을 하는 근본적인 원인은 우리들이 가지고 있는 욕구의 충족에 있다. 그리고 우리는 제한된 경제적, 사회적 여건 속에서 무한한 욕구를 충족시키기 위해 지속적인 선택활동을 하고 있다. 선택활동인 우리의 경제생활은 항상 위험을 수반하며, 인류의 역사는 끊임없이 변화·변동하는 위험과 함께 투쟁하며 발전해 왔다고 해도 과언이 아니다. 인간의 위험에 대한 대처의지의 표현이 위험관리(risk management : RM)이며, 이는 사회환경과 기업환경에 따라 발전되어 기업은 물론이고, 가계, 정부에까지 확대되게 되었다. 특히 소득수준과 문화수준의 향상과 더불어 가계의 위험관리는 원활한 경제활동의 수행을 위해 그 중요성이 높아지고 있다.

위험

- ① 인적위험(personal risk) : 사망, 노령, 상해, 질병 등의 위험
- ② 재산위험(property risk) : 각종 재산의 파괴, 소실, 상실 등의 위험
- ③ 배상책임위험(liability risk) : 과실이나 계약위반으로 제3자의 인명이나 재산의 피해 등에 대한 위험

이같이 인간의 주변환경이나 기업환경 속에는 보험의 대상인 위험이 수없이 다양하게 존재하고 있으며, 또한 위험은 환경오염, AIDS, 암, 컴퓨터바이러스, 해킹 등과 같이 계속 새롭게 생성되고 있다. 이렇게 위험이 편재·생성되고 있는 곳에는 항상 불안이 떠날 수 없고 불안이 떠날 수 없는 곳에 가장 합리적인 위험관리(RM)방법인 보험제도를 생각하지 않을 수 없다.

한편 보험의 대상인 위험에 대해 여러 정의가 있는데 여기서는 대표적인 몇 가지를 살펴본다.

① M. R. Greene : 경제적 손실의 발생에 관한 불확실성
② C. A. Williams & R. M. Heins : 어떤 주어진 상태에서 일정기간 중에 발생될 수 있는 결과의 변화도
③ J. Haynes : 손실의 가능성
④ H. K. Frank : 측정이 가능한 불확실성
⑤ I. Pfeffern : 확률에 의해 측정할 수 있는 개개 위태의 결합
⑥ E. Vaughn : 손실에 대한 불확실성
⑦ A. H. Willet : 손해의 불확실성
⑧ F. H. Knight : 수량적으로 측정할 수 있는 위험과 측정할 수 없는 불확실성으로 구분

이처럼 위험에 관한 연구는 여러 학자들에 의해 오랫동안 연구되어 왔지만, 공통적으로 적용할 수 있는 위험의 개념은 아직도 확립되어 있지 않다. 하지만 이들을 종합해 보면, 위험은 크게 '손실의 가능성'(possibility of loss)이라는 학설과 '손실의 불확실성'(uncertainty of loss)이라는 학설로 대별할 수 있으며 이들 학설은 모두 우연성의 요소와 손실의 요소를 공유하고 있다. 우연성의 요소란 우리가 사고발생의 결과를 예측할 수 있다면 위험은 존재하지 않는다는 것을 의미하며, 손실의 요소란 발생하는 적어도 하나의 가능적 결과가 바람직하지 않는 것, 즉 손실이라는 것을 필요로 한다는 것을 의미한다.[1)]

보험은 이러한 손실을 수반하는 우연한 사고를 전제로 한 경제제도이므로, 보험계약에 있어서 위험은 우연한 사고와 관련해서 파악되고 있다.[2)] 우연한 사고의 발생은 통상 경

1) 박상범 외, 「e-보험학」, 아진, 2002, pp.111～112.

제적 손실을 유발한다. 그리고 이 우연한 사고의 발생은 불확실성을 가지고 있다. 여기에서 말하는 우연한 사고란 그 발생이 가능하지만 확실하지 않는 사고를 의미하며, 즉 발생 자체에 관한 불확실성, 발생시기에 관한 불확실성, 발생의 정도에 관한 불확실성 중 어느 한 가지라도 관련을 가지고 있는 것을 말한다.[3] 이 같은 우연한 사고 발생의 불확실성 또는 가능성을 '위험'이라 부르고 있다.

제 2 절 위험과 그 관련개념

자동차사고의 경우, 위험, 손인, 위태 및 손실과 보험의 관계를 그림으로 나타내면 [그림 Ⅰ-1]과 같다.

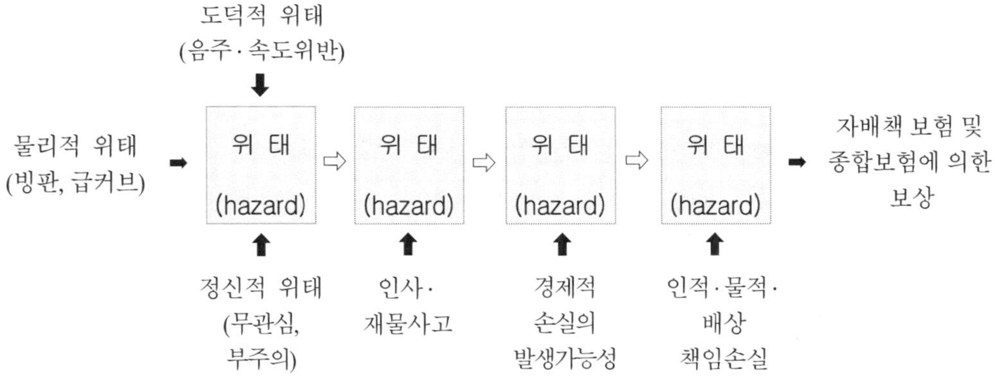

[그림 Ⅰ-1] 위험, 손인, 위태 및 손실과 보험의 관계 (예 자동차사고)

2) 보험계약은 우연한 사고의 발생위험을 전제로 보험료와 보험금액의 산정이 이루어지는 특수한 계약으로서 상법 중 보험계약법에서는 우연한 사고를 불확정한 사고라고 표현하고 있으며, 이는 '보험사고'라고도 한다(상법 제638조(보험계약의 의의) : 보험계약은 당사자 일방이 약정한 보험료를 지급하고 상대방이 재산 또는 생명이나 신체에 관하여 불확정한 사고가 생길 경우에 일정한 보험금액 기타의 급여를 지급할 것을 약정함으로써 효력이 생긴다).

3) 이원근 외, 「최신보험학 입문」, 두남, 2000, p.17.

1 손인

보험학에서 손인(peril)이란 재산이나 인적 손실의 원인 또는 원천을 의미한다. 즉 손인은 손실발생의 직접적인 원인으로, 예컨대 폭풍우, 홍수, 지진, 자동차사고, 화재, 폭발, 도난, 과실, 질병, 사망 등을 지칭하며, 손인의 구체적인 형태로는 다음과 같이 구분할 수 있다.[4)]

손인
- ① 자연적 손인 : 인간의 통제력을 벗어난 사건으로 자연재해(홍수, 폭풍, 지진, 해일, 가뭄 등)와 질병 등
- ② 인적 손인 : 사람의 행위, 무책임으로 인한 손인으로서 절도, 사기, 부주의 등
- ③ 경제적 손인 : 경제전반에 미치는 손실의 원인으로 파업에 의한 손실, 경기침체, 기술진보 등

2 위태

위태(hazard)란 손실의 빈도나 심도 그리고 손실의 발생가능성을 새로이 만들어 내거나 증가시키는 상태[5)]를 의미하며, 다음과 같이 분류할 수 있고, 보험용어로서는 위험의 증가 혹은 감소라는 형태로 사용되고 있다.

(1) 물리적 위태

물리적 위태(physical hazard)란 손실의 발생가능성을 새로이 만들어 내거나 증가시키는 자연적이고 물리적인 조건을 말한다. 예컨대 안전하지 못한 제동장치를 그대로 방치하는 경우 사고의 위험은 새로이 생겨날 수 있고, 안개나 폭우, 도로상의 빙판 등은 자동차사고라는 손실의 가능성을 증대시킬 수 있으며, 주유소 등에 인화성 물질이 흩어져 있는 경우 화재의 위험은 새로이 생겨나거나 증가된다. 이 경우에 있어서 안전치 못한 제동장치, 빙판 및 인화성 물질의 방치는 물리적 위태에 해당된다.

---

4) 김두철 외, 「보험과 위험관리」, 문영사, 1999, pp.5～6.

5) M. S. Dorfman, *Introduction to Risk Management and Insurance*, 6th ed., Prentice-Hall Inc., 1998, p.6.

(2) 도덕적 위태

도덕적 위태(moral hazard)란 손실의 발생가능성을 새로이 만들어 내거나 고의적으로 증가시키는 개인의 특성이나 정신적 상태를 말한다. 다시 말하면 손실을 고의로 만들어 내거나 우발적으로 발생한 손실의 정도를 증대시키는 부정직성을 의미한다. 예컨대 보험금을 목적으로 한 방화행위나 교통사고에 의한 상해를 과장하는 행위 또는 음주운전 등은 도덕적 위태의 좋은 예라고 할 수 있다. 이러한 도덕적 위태는 여러 종류의 보험에서 여러 가지 형태로 존재할 수 있고 통제하기도 매우 어려우나 보험자로서는 공제조항(deductibles), 유예기간(waiting period), 예외조항(exclusions) 등 여러 가지 규정을 만들어 통제하고 있다.6)

(3) 정신적 위태

정신적 위태(morale hazard)란 도덕적 위태의 경우처럼 고의는 없지만 무관심 또는 부주의 등으로 손실발생을 방관하는 정신적 태도를 말한다. 예컨대 자동차에 키를 그대로 두고 주차해 놓았다가 차를 도난당하거나, 졸음운전을 하다가 교통사고를 내거나, 침대에서 담배를 피우다 그대로 잠이 들어 화재가 발생하는 경우는 개인의 무관심 또는 부주의가 가져다주는 손실이라고 할 수 있다. 일반적으로 이러한 무관심과 부주의는 자신의 재산이나 생명이 부보되었다고 안심하는 상태에서 비롯하는 경우가 많다.7)

이 같은 정신적 위태가 도덕적 위태와 다른 점은 도덕적 위태는 고의성이 그 주된 요인으로 작용하나, 정신적 위태는 고의성은 없고 단순히 무관심과 부주의를 그 주된 요인으로 하고 있다는 점이다.

3 손실

손실(loss)이란 우연사고에 의한 예기치 아니한 가치의 저하나 가치의 소실을 말한다. 여기서 말하는 손실이란 반드시 물질적 손실만을 뜻하는 것은 아니다. 기술혁신으로 인한

---

6) 김동훈, 「보험론」, 학현사, 1996, p.8.
7) 허연, 「생활과 보험」, 문영사, 2000, pp.22～23.

가치 하락도 손실이라고 하겠다. 예컨대 흑백 TV는 컬러 TV의 출현으로 비록 손인의 발생은 없었고 아무런 파손은 입지 않았으나 수요감퇴로 그 값이 떨어지게 마련인바 이런 따위로 손실을 가져오게 된다. 자동차의 경우도 마찬가지다. 매해 새로운 형의 개량된 자동차의 출현은 손인발생은 없었고 비록 차체에 아무런 손해는 입지 않았으나 구형자동차의 값이 떨어지게 마련인데 이 경우 이런 가격하락으로 인한 손해도 손실로 간주된다. 또한 기계류 같은 고정자산이나 그 밖의 유형자산은 시간이 경과됨에 따라 감가상각으로 그 가치가 떨어지는바 이런 현상도 손실로 인정된다. 그러나 이런 따위의 손실은 위험의 발생으로 인한 것이 아니며 사전에 그 손실을 비교적 정확히 예측할 수 있기 때문에 보험의 대상이 되지 않는다.

보험의 대상이 되는 손실은 위험의 발생으로 인한 것이다. 또한 우발적이며 우연적으로 발생하는 것을 말하는데 그 손실을 구분하면 다음과 같다.

손실

① 인적 손실(personal loss) : 사망, 질병, 상해 등이다.

② 재산손실(property loss) : 화재·도난 등의 손인으로 인한 손실. 재산손실은 다시 재산파손이나 도난 등의 직접적 손실과 이로 인해 파생되는 냉동재산의 부패·손상 따위의 간접적 재산손실, 그리고 직접적 재산손실로 인해서 발생되는 소득감소나 경비증가와 같은 순소득손실로 세분된다.

③ 배상책임손실(liability loss) : 과실이나 계약위반으로 인한 제3자의 신체나 재산에 피해를 주어 이로부터 생기는 법적 배상책임으로 인한 자산손실. 예컨대 의사의 오진과 같이 전문가들이 자신의 의무를 제대로 수행하지 못한 경우나 제조물의 결함, 건축설계상의 하자, 임원이나 관리자의 잘못된 의사결정 등 다양한 분야에 존재하고 있다. 또한 상품의 디자인이나 제조과정상의 결함 혹은 적절한 사용법이나 예견될 수 있는 상해를 방지하기 위한 경고문의 미부착으로 소비자에게 물질적 손해나 신체적 손해를 입힘으로써 제조회사가 져야 하는 제조물배상책임도 하나의 예이다.

제 3 절 위험의 분류

위험을 분류하는 방법에 대해서는 [그림 I -2]와 같다.

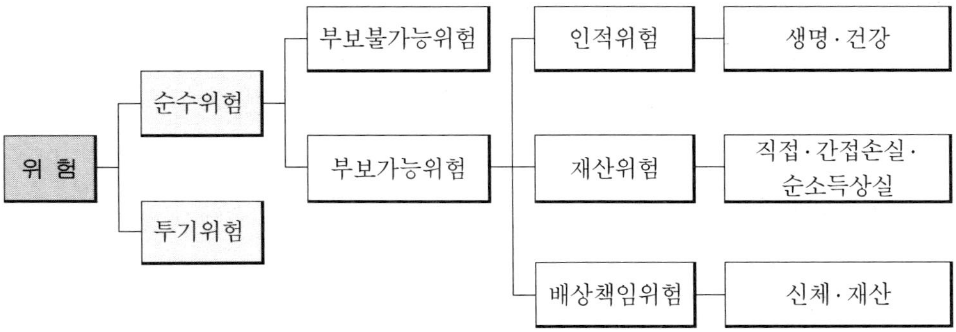

[그림 I -2] 위험의 분류

1 순수위험과 투기위험

(1) 순수위험

순수위험(pure risk)은 이익의 발생가능성은 전혀 없고 손실발생가능성과 손실불발생가능성만 있는 위험으로 인위적으로 새로이 만들어 내는 것이 아니라 이미 위험자체가 존재해 있는 위험을 말한다. 보험의 대상이 되는 위험은 순수위험에 포함되는 것이지만 순수위험의 모두가 부보가능한 위험은 아니고 일정조건이 필요하다. 그리고 순수위험 중 부보가능한 위험은 일반적으로 인적 위험, 재산위험, 법적배상책임위험으로 분류된다. 이러한 순수위험은 부보될 수 있으며 일반적으로 대수의 법칙을 쉽게 적용할 수 있어 손실의 정도를 미리 예측할 수 있다.

(2) 투기위험

투기위험(speculative risk) 또는 인위위험이란 위험 중에서 손실발생가능성과 함께 이익발생가능성도 가지고 있는 위험을 말한다. 예컨대 주식투자의 경우, 주가의 하락에 따른 손실의 가능성도 있지만 반대로 주가의 상승에 따른 이익의 가능성도 있는 것이다. 이 외에도 부동산투자, 새로운 사업의 시작, 경마도박 등은 손실과 이익의 가능성을 모두 가지는 투기위험이다. 이러한 투기위험은 특수한 경우를 제외하고는 보험의 대상이 될 수 없으며 일반적으로 대수의 법칙의 적용도 쉽지 않은 것으로 알려져 있다.

2 주관적 위험과 객관적 위험

(1) 주관적 위험

주관적 위험(subjective risk)은 개인의 정신적·심리적 상태에 따른 위험이라고 정의될 수 있다. 이러한 주관적 위험은 사람의 느낌에 따라 종류와 크기가 다르므로 통계적인 측정이 불가능하다. 동일한 상황에 대해서도 인식하는 주관적 위험의 정도가 사람에 따라 상이하다. 높은 주관적 위험은 종종 낮은 주관적 위험보다 더욱 신중한 행동을 초래한다.8)

(2) 객관적 위험

객관적 위험(objective risk)은 통계적으로 측정될 수 있는 위험으로서 기대손실과 실제손실의 차이(the relative variation of actual loss from expected loss)로 정의될 수 있다. 예컨대 10,000채의 가옥가운데 과거의 여러 가지 자료를 통계적으로 분석한 결과 1년에 평균 100채 정도가 화재에 의해 피해를 입을 것이라고 예상된다. 이때 통계적으로는 예상피해가 100채(100 / 10,000 = 1%)라는 숫자가 정확하게 산출되더라도 실제로는 어떤 해에는 90채가 화재로 소실될 수 있고, 어떤 해에는 110채가 소실될 수도 있을 것이다. 따라서 이러한 경우에 기대손실(100채)과 실제손실(90채 또는 110채)의 차이는

8) 김억헌, 「보험의 이론과 실제」, 삼영사, 2002, p.15.

10채가 될 것이다. 이와 같이 예상했던 기대손실과 실제로 나타난 실제손실과의 차이를 객관적 위험이라고 한다.[9)]

3 정태적 위험과 동태적 위험

(1) 정태적 위험

정태적 위험(static risk)이란 자연의 불규칙적인 활동에 의한 위험인 지진, 폭풍우, 홍수 등과 같이 그 성격이나 발생의 정도가 시간의 흐름에 따라 크게 변하지 않을 것으로 예상되는 위험을 말한다.

(2) 동태적 위험

동태적 위험(dynamic risk)이란 소비자의 욕망이나 기호의 변화, 시장의 가격변동성, 기술혁신이나 기업경영방법의 개선 등과 같이 시간의 흐름에 따라 그 성격이나 발생의 정도가 변하여 예상하기 어려운 위험을 말한다. 이 같이 정태적 위험과 동태적 위험의 구분은 위험의 특성이나 발생의 빈도가 시간의 흐름에 따라 변하는가의 여부에 따라 이루어진다.

4 기본위험과 특수위험

(1) 기본위험

기본위험(fundamental risk)이란 개인적인 원인에 의한 것이 아니라 사회적 원인에 의해서 발생되는 것이며 그 영향도 개인에 국한되는 것이 아니라 사회 전반적으로 파급되는 위험을 말한다. 기본위험의 예로 기술혁신으로 인한 실업, 전쟁, 인플레이션, 유행이나 습관의 변화 등을 들 수 있으며, 이는 개인이 통제하기 극히 어려운 위험이다.

---

9) 김동훈, 전게서, p.5.

(2) 특수위험

특수위험(particular risk)이란 개인적인 원인으로 발생하며, 그 영향도 사고당사자에게 국한되거나 혹은 매우 제한된 범위의 손실을 초래하는 위험을 말한다. 예컨대 주택의 화재나 도난, 사망이나 부상 등은 당사자나 주변 또는 당사자가 속한 가족이나 회사에 영향을 줄뿐이다. 따라서 이런 종류의 위험은 개인에 의해서 통제될 수 있다.

특수위험에 의한 손실은 대체로 민간보험을 활용하여 대비할 수 있으나 기본위험은 하나 또는 수개의 보험회사가 부담할 수 없을 정도로 손실의 규모가 클 수 있기 때문에 사회보험이나 정부보장과 같은 공적 수단에 의하여 대비하는 경우가 많다.

제 2 장

위험의 관리

제 1 절 위험관리의 정의와 목적

1 위험관리의 정의

위험관리(risk management)란 발생가능한 우연손실을 예측하고, 그러한 손실발생을 최소화하거나 발생한 손실의 영향을 최소화하는 과정을 고안하고 실천함으로써 순수위험을 처리하는 관리자의 결정이라고 정의될 수 있다. 다시 말하면 회사의 이익을 위해 기업이나 조직에서 발생될 수 있는 위험을 체계적으로 인식·분석하고 그러한 위험을 처리하는 최적의 방법을 찾는 것이라고 말할 수 있다.

2 위험관리의 목적

위험관리의 목적은 여러 가지가 있으나 일반적으로 손실발생 전의 사전적 목적(objectives prior to a loss)과 손실발생 후의 사후적 목적(objectives after a loss)으로 분류될 수 있다.

(1) 사전적 목적 (손실발생 전의 목적)

사전적 목적은 손실이 발생하기 이전에 위험관리를 하는 것이 목적이며 그 중 가장 중요한 것은 다음과 같은 것이다. ① 경제적 목적(최소의 비용으로 최대의 효과를 얻도록 함), ② 불안의 감소(심리적·정신적 불안의 제거), ③ 손실방지를 위한 각종 규정의 준수이다.

① 경제적 목적은 위험관리방법 중 가장 경제적인 방법을 택해야 한다는 의미이다. 즉 실행 가능한 모든 위험관리 방법들의 득과 실을 비교하여 가장 경제적인 방법을 선택해야 한다는 것이다.

② 불안감소란 위험관리는 근심 및 걱정을 최소화시키는 데 그 목적을 둔다는 것이다. 즉 위험의 종류에 따라 근심 및 걱정의 정도가 다르나 위험관리는 근심 및 걱정을 최소화하는 데 그 목적을 둔다는 의미이다.

③ 위험관리는 그 자체의 기능을 수행함과 동시에 손실방지를 위한 각종 규정을 준수하는 데 그 목적을 두게 된다는 것이다. 예컨대 정부규제는 근로자를 보호하기 위하여 기업이 안전장치를 설치할 의무를 부과하는데 기업은 이러한 정부의 규정을 준수해야 한다.

(2) 사후적 목적 (손실발생 후의 목적)

사후적 목적은 손실발생 이후에 위험관리를 하는 것이 목적이며 다음과 같이 네 가지를 열거할 수 있다. ① 기업의 생존(survival of the firm and continued operation), ② 수입의 안정(stability of earnings), ③ 기업의 계속적 성장(continued growth), ④ 사회적 책임(social responsibility)이다.

① 기업생존의 목적이란 치명적인 손실이 발생한 후에도 기업을 계속적으로 존속시키는 것을 말한다. 이러한 기업생존의 목적은 위험관리의 목적 중 가장 중요한 것에 해당한다. 특히 공공기관의 경우 이러한 목적이 중요시되는데, 예컨대 전력회사나 금융기관 등이 치명적인 손실을 당한 후 존속할 수 없다면 그 피해의 파급효과는 엄청나게 크게 된다.

② 수입안정의 목적은 기업의 존속과 직결되는 것으로 손실을 입은 후에도 기업의 존

속은 물론이고 수입을 최대한 안정시키는 데 그 목적을 두게 된다.

③ 위험관리의 목적인 계속적 성장이란 손실을 입은 후에도 기업의 성장이 계속되도록 하는데 그 목적을 두게 된다는 의미이다. 예컨대 신제품 개발, 시장개척, M&A 등과 같은 성장을 위한 계획이 차질 없이 시행될 수 있도록 효율적인 위험관리를 하게 된다.

④ 사회적 책임의 목적이란 손실이 타인과 사회전체에 미치는 영향을 최소화한다는 것이다. 예컨대 기업을 둘러싸고 있는 여러 이해관계자인 고객, 종업원, 채권자 등이 손실발생에 따른 피해를 입지 않도록 함으로써 궁극적으로는 기업이 갖고 있는 사회적 책임을 수행한다.[10)]

제 2 절 위험관리의 과정

위험관리는 경영자의 경영기능, 즉 기술직능, 영업직능, 재무직능, 보전직능, 회계직능, 관리직능 중에서 보전직능에 해당하는 것이다. 이것은 1916년 프랑스의 Henri Fayol이 그의 저서인 "산업 및 일반관리"(L'Administration industrielle et générale)에서 언급한 것이다. 즉 위험관리란 우발적 손실이 조직에 초래하는 불이익의 영향을 최소화하는 기능을 담당하는 것이라 할 수 있다. 위험관리 직능을 수행하는 경우에도 모든 관리와 마찬가지로 계획 → 조직 → 명령 → 조정 → 통제의 5단계 관리사이클을 이용하여 계획을 세우고, 조직을 만들고, 담당자를 결정하여 책임을 맡기고 업무를 지휘하고 통제하도록 해야 한다.

누군가 어떤 사고가 개인 또는 기업에 손해를 입히고, 그 손해액은 어느 정도 클 것인가라는 의문을 가졌을 때 위험관리의 과정이 시작된다. 먼저 위험을 확인·인식하고, 그 다음 측정·평가한 후의 논리적 의문으로 위험을 처리하기 위해 어떤 방법을 선택할 것인가이다. 위험처리방법을 선택하고 실행한 후 위험관리자는 자문을 한다. 올바른 결정을 하였는지 또는 선택은 너무 많은 비용을 소요하지는 않았는지에 대해 검토를 하게 된다.

---

10) 대한상공회의소, 「기업의 전략적 리스크 관리」, 1987, pp.25~28.

즉 일반적으로 위험관리자는 위험관리의 목적을 효율적으로 달성하기 위해서 일정한 기능을 수행해야 하는데 먼저 위험의 인식(identifying risks), 위험의 평가(evaluating risks), 위험처리방법의 선택(selecting the risk treatment devices), 위험관리계획의 수행 및 검토(implementing and reviewing the RM program)를 하게 된다([그림 I -3] 참조).

위험의 인식/확인 ➡ 위험의 측정/평가 ➡ 위험처리방법의 선택/수행 ➡ 결과의 재평가/기록보관

[그림 I -3] 위험관리의 과정

1 위험의 인식 및 확인

일반적으로 위험관리자들이 인식하고자 하는 기업위험들은 재산적 손실위험, 법적 배상손실위험, 기업중단에 따른 손실위험, 종업원부상에 따른 손실위험 그리고 사기, 범죄 등 종업원의 부정직에 따른 손실위험 등이다. 이 같은 위험을 인식하는 방법으로는 여러 가지가 있을 수 있으나 일반적으로 직접조사, 설문지를 통한 조사, 도표를 통한 위험인식, 과거통계자료를 통한 방법을 사용하고 있다.

기업의 모든 영역에서 발생할지도 모르는 잠재적인 위험을 인식 또는 확인하는 것은 위험관리과정에 있어서 가장 중요하며, 또한 상당히 어려운 작업이다. 왜냐 하면 만약 이 단계에서 어떤 위험의 존재를 간과한다면, 이들 위험을 처리할 기회를 완전히 놓치기 때문이다.

건물이나 그 내용물에 대한 물적 손해와 관련하는 화재, 폭발, 홍수와 같은 유형의 위험에 의해 직접 발생하는 손해와 같이 쉽게 판명할 수 있는 것도 있지만, 대부분의 위험은 선명하지 않는 것이 많고 예측하기가 곤란하다. 특히 오늘날에는 법률상의 책임, 종업원의 불성실, 계약상의 책임, 컴퓨터의 기록파기로 인한 손실 등 과거의 경험이나 지식만으로는 간단히 발견하기 어려운 위험이 대량으로 상존하고 있어서 위험관리자의 충분한 조사를 필요로 하고 있다.

기업위험의 확인은 기업의 물적 자산, 인적 자산 및 이익과 배당책임의 손해로부터 기

업을 지키기 위하여 계속적으로 수행되는 것으로 만약 기업위험이 인식 또는 확인되지 않을 경우, 기업은 미처 발견되지 않았던 위험을 관리할 수 없을 뿐 아니라 이로 인하여 큰 손해를 당할 수밖에 없다.

기업위험을 인식 또는 확인하기 위하여 활용되고 있는 도구로서, ① 손실점검표(Check-List), ② 재무제표(Financial Statement), ③ 업무흐름표(Flow-Chart) 등이 있다.

① Check-List는 기업의 일반적인 손실을 확인하는데 유효하다. 위험관리자(risk manager)는 먼저 어떤 기업에도 발생할 가능성이 있는 모든 손실을 발견하기 위한 Check-List를 준비할 필요성이 있다. 이를 이용하여 각 기업에 존재하는 일반적인 위험을 확인하고, 그 후에 해당 기업과 관련 있는 위험이 어떤 것인지를 발견하는 것이 좋은 방법이다. 일반적으로 Check-List는 질문표의 형식을 취하고 있고 다음과 같은 항목이 포함되어 있다. 즉 회사명, 대표자, 임원명, 소재지, 공장 또는 시설의 명세, 기계의 리스트, 제품 및 반제품, 원료의 재고상황, 이에 대한 부보상황, 종업원의 복지시설, 기업의 배상책임에 관한 질문 등이 포함되어 있다.

② 재무제표는 기업의 재무상 손실 및 기업고유의 위험을 발견하는 데 매우 유효하다. 대차대조표에는 작성된 날짜의 모든 자산, 부채 및 자본의 내용이 기재되고, 기업의 재무상태가 정확하게 표시되어 있다. 또 손익계산서에는 그 시기에 속하는 모든 수익과 이에 대응하는 모든 비용이 기재되고 기업의 경영상황이 명확하게 표시되어 있다. 기업의 위험을 발견하려면, 이들 재무제표의 각 항목에 대하여 상세하게 검토함으로서 위험의 유무를 확인할 수 있다.

③ Flow-Chart는 생산, 배송, 유통 혹은 하청기업과의 관계 등을 Flow-Chart화함으로써 재화의 이동과정에 잠재할 지도 모르는 위험을 확인하는데 유용하다. 생산활동이나 상품의 유통에 관하여 Flow-Chart를 작성하여 각 포인트를 체크함으로써 기업의 잠재적인 손실을 발견할 수 있다. 예컨대 제조업자의 Flow-Chart는 원자재의 구입에서 시작하여 최종적으로는 제품이 소비자에게 인도될 때까지의 모든 기능을 나타내고 있다. Flow-Chart에 의하여 재화가 어느 과정에서 어떠한 위험에 직면하고 있는가가 판명된다.

기업위험을 확인함에 있어서 어떠한 방법을 취하더라도 위험관리를 수행하는 사람의 능력에는 한계가 있고 이로 인하여 많은 위험을 발견할 수 없게 되는 사태를 초래할 염려가 있다. 따라서 이 같은 잘못을 범하지 않기 위해서라도 위험관리자는 항상 기업의 다른 부서와 밀접한 관계를 유지하면서 협력을 얻는 것은 물론이고, 사외 전문가의 협력을 바탕으로 위험의 확인에 임하지 않으면 안 된다.[11)]

2 위험의 측정

위험을 확인한 후 위험의 상대적 중요성을 결정하기 위해서나 위험처리를 위한 보다 유효한 방법을 결정하기 위해서는 위험의 측정이 필요하다. 이 측정에는 손해가 발생할 확률(손실의 빈도)의 산정, 손해가 만일 발생한 경우 기업에 미치는 충격(손실의 강도)의 파악, 예산기간 내에 실제로 발생하는 손해의 예측금액의 결정 등이 포함된다. 즉 발견된 각각의 위험이 현실화할 가능성의 확률 정도, 손해가 발생한 경우의 심각성, 금전으로 평가한 경우의 손실금액 정도, 그리고 이들의 예측가능 정도 등을 파악하는 것이다. 이같이 위험관리의 두 번째 단계는 위험발생에 관한 빈도와 손해의 강도를 측정하고 동시에 손해발생을 어떻게 예측할 것인가의 문제이다.

위험관리의 관점에서 볼 때 좀처럼 발생하지는 않지만, 발생하면 파괴적인 손해를 가져오는 위험이 빈번히 발생하는 소손해보다도 기업경영에 미치는 영향이 크다는 이유 때문에 발생의 빈도보다 손실의 강도 쪽이 중시되고 있다. 손실의 빈도(loss frequency)와 손실의 강도(loss severity)의 관계는 네 가지 형태로 분류할 수 있으며, 각각의 수준에 상응하는 대응책이 강구되어야 할 것이다([그림 I -4] 참조).

I (위험회피)은 손실의 빈도가 크고, 손해의 강도도 큰 위험의 경우이다. 예컨대 개발초기의 인공위성의 발사가 이 경우에 해당된다고 볼 수 있다. 초기의 인공위성은 그 기술이 충분히 집적되지 않았고, 따라서 발사된 인공위성이 궤도에 도달하기도 전에 추락하는 경우가 많았다. 또한 인공위성의 1대 당 개발비용이 엄청난 금액에 달했다. 이것은 국가의 위신이 걸려있는 특별한 목적을 가지고 있었지만, 위험관리 측면에서 본다면 이 같은 위험은 회피되어야 할 성질의 것이다. 이 같은 종류의 위험이 예상

11) 이원근 외, 전게서, pp.31~32.

되는 계획은 실행으로 옮기지 않는 쪽이 현명할 것이다.

Ⅱ(위험이전)는 손실의 빈도는 작지만, 손해의 강도가 큰 위험의 경우이다. 예컨대 자동차운행 중에 사람을 살상케 하는 경우는 좀처럼 발생하지 않지만, 만약 대인사고가 발생한 경우에는 그 배상액이 상당히 크다. 기업위험에 있어서 자동차배상책임위험 이외에 공장의 화재 및 폭발, 비행기 추락, 생산물 배상책임사고 등은 이 경우에 해당하는 위험이다. 이 같은 경우의 위험은 신중히 측정되어야 하며, 그 대응책에 대해서도 사고 후의 자금조달까지 포함하여 충분히 검토되어야 한다.

Ⅲ(위험제거)은 손실의 빈도가 크고, 손실의 강도가 작은 위험의 경우이다. 예컨대 일정 대수의 승용차를 보유하고 있는 기업에 있어서, 운행 중 차량손해가 발생할 확률은 비교적 크다. 그러나 차량의 손실은 기업전체규모에 비하여 작은 액수이며, 또한 한꺼번에 많은 차량이 손해를 입을 가능성은 작다. 이 경우의 위험에 대한 대응책도 비교적 강구하기 쉽다.

Ⅳ(위험보유)는 손실의 빈도와 손해의 강도가 모두 작은 위험의 경우이다. 예컨대 가정에서 가재도구가 도난당할 가능성은 낮으며, 피해액 또한 미미하다. 이같이 빈도와 강도의 양자가 모두 작은 위험에 대해서는 쉽게 대응책을 강구할 수 있다.

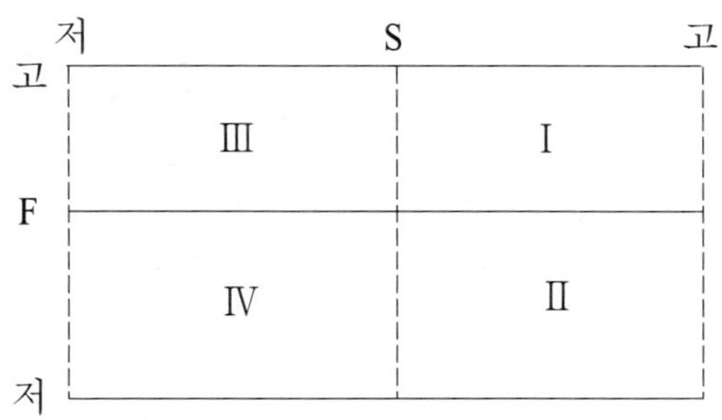

[그림 Ⅰ-4] 손실의 빈도 (frequency ; F)와 강도 (severity ; S)의 관계

3 위험처리방법의 선택

위험이 확인되고 측정되면 여러 가지 해결책, 즉 위험을 처리하기 위하여 이용할 수 있는 최선의 수단과 방법의 조합을 선택해야 한다. 위험처리 수단의 선택에 관해서는 크게 '위험통제'(risk control)와 '위험재무(금융)'(risk financing)로 분류된다([그림 I-5] 참조).

위험통제는 위험이 실현하지 않도록 통제하고 불행히도 위험이 현실화한 경우에는 손실을 최소화하는 방법이며, 주로 위험의 회피와 방지가 이용되고 있다. 한편 위험재무는 발생할 지도 모르는 손실에 대비하여 미리 자금을 준비해 두는 방법으로, 위험의 보유나 전가가 주된 방법이 되고 있다.

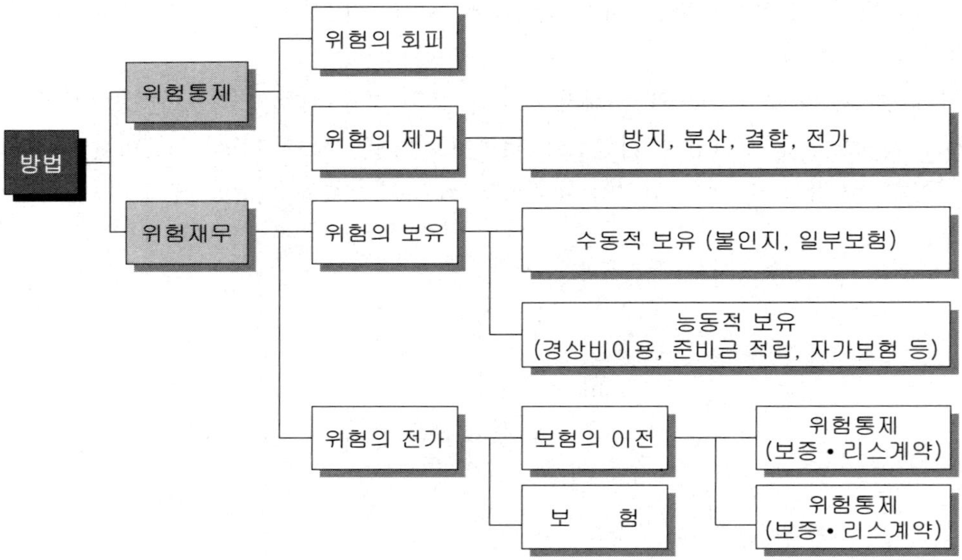

[그림 I-5] 위험의 처리방법

(1) 위험의 통제에 의한 위험처리

1) 위험의 회피

위험통제에 속하는 위험대처방법 중 가장 단순한 것이 위험의 회피이다. 이 방법은 예상되는 위험을 차단하기 위하여 위험의 발생과 관계있는 인적 재산, 물적 재산, 경영활동과의 모든 관계를 단절하는 것을 말한다. 예컨대 자동차의 보유로부터 발생하는 손해배상의 책임을 회피하기 위하여 자동차의 보유를 중지하거나 제약회사가 제조물배상책임의 위험을 회피하기 위하여 약품의 제조 및 판매로부터 손을 떼거나, 새로운 상품의 판매나 신규사업의 설립에 따른 위험을 회피하기 위하여 이와 같은 활동을 단념하거나 중지하는 경우이다.

2) 위험의 제거

위험의 제거는 손해발생의 기회를 차단시키거나 혹은 손해가 발생한 경우, 그 심도를 경감함으로써 위험에 대처하는 방법을 말한다. 위험의 제거에는, ① 위험의 방지, ② 위험의 분산, ③ 위험의 결합, ④ 위험의 전가가 포함된다.

① 위험의 방지(risk protection)는 위험의 발생빈도를 감소시키는 예방이라는 방법과 손해의 규모를 감소시키는 경감이라는 방법으로 분류된다. 즉 전자는 우연한 사고발생의 빈도를 염두에 둔 방법임에 대하여, 후자는 손실의 크기에 중점을 둔 대책이라고 할 수 있다. 위험의 예방은 사고건수를 줄이기 위해 각종의 물적·인적 수단을 강구함을 말한다. 물적 수단에는 기계에 안전장치를 설치한다던가, 건물에 내화장치를 한다던가, 중요서류함에 시건 장치를 설치하는 것과 같은 방법이 있고, 인적 수단에는 안전교육이나 정기점검 등을 실시하는 것이 있다. 위험의 경감은 이미 위험이 발생한 경우에 사고에 의한 손해를 감소시키는 수단을 강구함을 말한다. 예컨대 자동스프링클러장치, 소화기, 비상계단, 내화금고 등을 설치하는 것이다. 위험을 방지하기 위한 각종 대책을 강구할 때에는 먼저 실시에 따르는 비용과 얻을 수 있는 효과를 상호 대비해 볼 필요가 있다.

② 위험의 분산(risk separation)은 위험을 한 곳에 집중시키지 않고 분산, 분리시킴으로써 기업 내의 위험단위를 증가시키는 방법을 말한다. 예컨대 상품이나 원자

재를 분리 보관하거나 공장이나 창고를 여러 지역에 분산 배치하는 경우를 들 수 있다. 또한 주요한 설계도면이나 자료, 거래장부, 컴퓨터 디스크 등을 복사하여 사용하는 방법으로 원본이 파손되는 경우에도 쉽게 복원함으로써 경제적 손실을 방지할 수 있다.

③ 위험의 결합 (risk combination)은 서로 다른 기업이 동일의 위험에 대하여 어떤 협정을 맺고 위험을 제거하려는 방법이다. 즉 가격협정, 거래협정, 기술협정, 생산제한, 경쟁제한 등의 협정을 맺고 경쟁위험이나 도산위험을 배제하려는 방법이다. 다시 말하면 그것은 기업결합의 각종 수단으로써 신디케이트(syndicate), 풀(pool), 카르텔(cartel), 트러스트(trust), 콘체른(konzern) 등의 기업결합이 좋은 예이다.

한편으로 위험의 결합은 자산분리의 효과를 완성시키기 위하여 위험을 이전하는 방법을 사용한다. 예컨대 건물을 두개의 공장으로 분할하는 대신에 A사와 B사가 계약을 맺고 자신들의 독립된 두개의 공장에서 발생한 손실은 모두 양사가 분담하는 약속을 해둘 수 있다. 각각의 회사가 독립기능을 유지하면서 위험을 분리할 수 있다.

④ 위험의 전가(risk transfer)는 사업을 하는 경우에 예측되는 위험을 미리 다른 곳에 이전하여 두는 방법으로 보험 이외의 이전수단을 의미한다.

위험관리계획에서 위험을 이전하는 수단을 사용하는 것이 바람직한 경우로서 세 가지를 들 수 있다. 첫째, 기업에 있어서 위험이 지나치게 크기 때문에 보유한 채 목적을 달성하기 어려운 경우, 둘째, 기업이 법률적으로 위험의 이전을 의무적으로 이행해야 하는 경우, 셋째, 위험을 보유하는 것이 가능하고 위험의 이전을 법률적으로도 계약상으로도 이행해야 할 의무가 없지만 위험을 이전하는 것이 가장 유효한 관리방법인 경우 대부분의 계약에는 손실의 이전조항을 포함하고, 그 일부는 기본계약에 위험이전조항이 삽입되어 있다. 예컨대 판매계약에는 소유권과 함께 소유권에 부수하는 위험과 손실은 이전된다. 계약에 의한 위험의 이전에는 법률상의 한계가 존재하지만, 계약서 작성자의 의도에 따라서는 상당히 넓은 범위로 유효하게 이전할 수 있다. 일반적으로 계약에 위험이전조항을 삽입하고 있는 전형적인 계약형식으로는 건축도급계약, 리스계약, 운송수탁계약, 판매, 공급 또는 서비스제공계약 및 보증계약 등이 있다.

(2) 위험재무에 의한 위험처리

위험의 통제에 의해서 손해발생의 가능성을 경감 또는 제거할 수 있어도, 그 위험을 회피하지 않는 한, 위험으로부터 완전히 벗어날 수는 없다. 만일, 손실이 발생한 경우에 기업의 자금조달이 악화되는 것을 방지하기 위하여 미리 자금준비 또는 자금대책을 강구하는 방법이 위험재무(금융)라고 할 수 있다. 위험재무에는 위험의 보유와 위험의 전가에 대한 방법이 주로 채택된다.

만약 기업이 손실의 재무적 결과에 대한 준비를 하지 않는 상태에서 예상하지 못한 손실이 발생하면 기업에 미치는 영향은 다양하며, 기업의 성장, 생존, 이익, 사회적 책임 등에 큰 타격을 줄 것이다. 따라서 위험재무의 역할은 위험관리에 있어서 마지막 보류로서 매우 중요하다.[12)]

1) 위험의 보유

위험의 보유(risk retention)란 위험에 직면하고 있는 기업이 발생할지도 모르는 손해를 스스로 부담하는 경우를 말한다. 위험의 보유에는 ① 수동적 보유와 ② 능동적 보유 두 가지 형태가 있다.

① 수동적 보유(passive risk retention)(소극적 보유)란 기업 스스로가 위험을 보유하고 있음을 모르기 때문에 무의식적으로 보유하고 있는 상태를 말하며, 본래 위험처리 수단으로 취급할 성질의 것이 아닐지도 모른다. 그러나 위험관리에서는 위험을 인식·확인하고 평가한 후 그 위험의 처리수단을 선택한다는 과정을 거쳐 위험을 처리하는 것이지만, 아직 발견되지 않은 위험 혹은 발견은 되었지만 그 평가 또는 위험처리수단을 모르고 있거나 그것에 대한 의사결정을 내리지 못하고 있는 미확인 위험이 기업 속에 많이 존재하는 것은 부정할 수 없다. 이들 위험을 다른 수단으로 처리하기까지 어쩔 수 없이 보유하고 있는 상태를 말한다.

② 능동적 보유(active risk retention)(계획적 보유)는 개인이나 기업이 위험에 대해 알고 있으면서도 고의적으로 위험의 일부 또는 전부를 보유하는 것을 말한다. 위험

12) 대한상공회의소, 전게서, pp.79~80.

이 능동적으로 보유되는 경우 일반적으로 선택되고 있는 수단으로는 ㉠경상비의 이용, ㉡준비금의 적립, ㉢자가보험(self insurance), ㉣캡티브(captive)보험회사의 설립 등의 방법이 있다.[13)]

㉠ 경상비에 의한 위험의 보유는 기업의 회계년도 수익으로부터 위험에 따른 손해에 대하여 지급하는 것으로 손해의 강도가 비교적 작은 경우에만 가능하게 된다. 즉 손해회복비용이 해당 기업의 당기수익의 한도를 초월하지 않은 경우에만 경상비에 의한 위험의 보유가 가능하게 된다. 경상비에 의해 위험을 보유하는 경우에 유의해야 할 점은 위험을 충분히 측정할 수 있고 또 보유가 정확한 위험관리계획에 의거하여 실시되어야 한다는 것이다.

㉡ 준비금의 적립은 어떤 특정위험에 대처하기 위하여 미리 기업 내에 자금을 유보하여 놓는 방법으로 위험이 다소 예측되고 있고, 그 위험이 어느 정도 분산되어 있으며 또 동질적이기 때문에 자기금융만으로도 대처 가능한 경우에 사용되어지는 방법이다. 또한 이들 준비금은 현금화가 용이한 기업재화로 또는 채무에 대응하기 위하여 적립된 현금으로 준비되어 있을 필요가 있다. 또 준비금 적립에 의한 위험의 보유는 동결되는 자금이 기업의 재무상태를 악화시키지 않도록 배려되어야 한다.

㉢ 자가보험은 본래 부보해야 할 위험의 일부 또는 전부를 기업이 스스로 보유하는 것을 말한다. 예컨대 보상한도액을 3억원까지 하고 그 초과손해(excess)에 대해 본인이 부담하는 조건으로 제조물배상책임보험에 부보하는 경우 또는 보험료를 절약하기 위하여 한 사고당 10만원을 면책한 경우, 즉 공제조항(deductible)을 이용하는 경우에 이 기업은 10만원 이하의 손해를 자가부보한 것이 된다. 마찬가지로 자동차를 1.000대 보유하고 있는 기업이 전 자동차의 차량보험을 보험회사에 부보하지 않고 배상책임보험만을 체결한 경우에 이 회사는 차량보험부분을 자가부보한 것이 된다. 자가보험의 경우에는 대수의 법칙이 적용될 수 있도록 충분한 위험의 존재가 전제되어야 하며, 충분한 적립금이 마련되기도 전에 손실이 발생한다면 위험에 효과적으로 대처할 수 없는 문제가 발생한다.

---

13) 대한상공회의소, 전게서, pp.91~93.

㉣ 캡티브 보험회사의 설립이란 기업이 대규모화하면 각종의 관련회사가 자회사로서 설립되는데 단지 위험의 보유만을 목적으로 하는 보험회사가 설립되는 것을 말한다. 주로 높은 세율을 지급하지 않고 준비금을 적립하려는 재무상의 수법의 하나로 이용되고 있다. 즉 해당 기업이 지출하고 있던 보험료 상당액을 자회사에 집중하여 모회사의 각종 위험을 자회사인 캡티브에 보유시키는 것이다. 캡티브 설립은 기존의 보험시장에서 얻어지는 보험보호에 대한 불만에서 비롯된 것이지만, 보다 본질적으로는 위험처리계획의 일환으로 만들어진 하나의 수단이라 할 수 있다.

위험의 보유가 해당 기업에 있어서 적절한가에 대한 검토는 위험비용, 관리비용, 세금비용을 고려하고 확인된 기업위험을 보다 신중히 측정하여 기업의 재무에 주는 영향을 충분히 고려한 후에 결정되어야 할 것이다.

2) 위험의 전가

위험의 전가(risk transfer)란 제3자에게 위험을 이전하는 방법을 말한다. 기업은 위험을 가능한 한 회피하거나 제거하고 그것이 불가능한 경우에는 제3자에게 전가하고, 전가할 수 없는 위험은 하는 수 없이 보유한다. 위험전가의 방법으로는 ① 보험외 이전과, ② 보험에 의한 전가가 있다.

① 보험외 이전에는 위험통제에서 사용되는 것과 위험재무에서 사용되는 것이 있다. 전자의 예로서는 보증계약을 들 수 있다. 즉 자동차 제조업자는 신차구입자에 대하여 구입 후 3년 및 주행거리 3만㎞까지 보증하는 경우에 이 기간 중의 수리나 부품교환대금 등은 모두 제조업자가 부담한다. 자동차 구입자는 구입에 따르는 대부분의 위험을 제조업자에게 전가한 것이다. 그 외에 리스계약, 하청계약, 이행보증계약 등이 해당되고, 후자의 예로서는 발주자와 제조업자 사이에 맺어지는 책임면제조항(hold harmless agreement)이 있다. 위험재무에서 사용되는 보험외 이전과 위험통제에서 사용되는 보험외 이전의 차이는 전자는 피이전자에게 발생한 손실의 금전적 책임은 모두 이전자에게 이행하지만, 후자의 경우 최종적인 손실은 피이전자에게 남는다.

② 보험(insurance)은 위험을 대비하는 가장 과학적인 방법이라고 할 수 있다. 일반적

으로 개인 및 기업은 보험이라는 방법을 통해 큰 위험에 대비하게 된다.

보험에 의한 위험의 전가는 많은 위험처리수단 중에서 가장 유력한 수단이지만, 모든 위험이 보험으로 전가 가능한 것은 아니다. 처음부터 보험전가의 가능성에는 한계가 있다. 시장 위험, 정치적 위험, 생산성의 위험 등 투기적 위험은 원칙적으로 보험전가가 불가능할 뿐만 아니라, 순수위험이라도 대수의 법칙이 작용하지 않거나 우연성이 결여된 위험은 보험화할 수 없다. 그러나 투기적 위험에 관하여도 가능하면 보험화하고 싶다는 수요자의 강한 요망에 응하여 부분적이지만 보험화되고 있다. 수출입에 관한 컨트리 리스크(country risk)가 영국의 로이즈보험조합이나 일부 재보험회사 혹은 정부의 보험기구 등에서 인수되고 있다.

4 위험관리의 재평가 및 기록의 보관(문서화)

위험관리계획이 효율적으로 운영되기 위해서는 정기적으로 위험관리에 대해 재평가할 필요가 있다. 특히 위험관리 비용, 안전 프로그램, 손실예방과 관련된 활동은 주의 깊게 정기적으로 재평가될 필요가 있다. 또한 손실빈도와 손실심도에 어떤 변화가 있는지를 찾아내기 위해 손실에 대한 기록들을 면밀히 검토하고 보관해야 한다. 정확한 기록의 보관은 차기의 위험관리계획에 유용할 뿐만 아니라 돌발적으로 발생하는 위험에 대응하기 위한 정확한 판단자료를 제공해 주는 역할도 한다. 위험처리에 대한 최초의 결정사항에 영향을 미칠 수 있는 새로운 상황변화가 있는지도 조사해야 한다. 마지막으로 위험관리자는 기업의 위험관리정책이 잘 수행되고 있는지, 위험관리자가 다른 부서의 협조를 잘 받고 있는지에 대해 판단해야 한다.[14)]

14) 김억헌, 전게서, p.38.

제Ⅱ부
보험의 개념과 분류

제 3 장 보험의 개념

제 1 절 보험의 정의

어떤 개념을 정의하는 것은 일반적으로 말해 대단히 어려운 일이지만 보험(insurance)[15]의 개념에 대해서도 마찬가지이며 엄밀히 말하면 학자의 숫자만큼 정의가 있다고 말해지고 있다. 그러나 과거 독일의 A. Manes라는 학자가 제시한 '보험이란 다수의 동종의 위험에 노출된 경제주체에 의한 우연하고 평가 가능한 금전적 필요의 상호적 충족이다'라는 정의가 대체로 지금까지 많은 학자에 의해 지지를 받고 있다.

이 정의에는 우연한 필요의 충족이라는 보험의 목적과 동종의 위험에 노출된 다수의 경제주체에 의한 상호적 충족이라는 수단이 제시되어 있으므로 이 정의에 따라 보험의 개념을 정의하면 다음과 같다.

---

15) 보험을 영어로는 "insurance"라고 하는 것이 보통이지만 보험이 해상보험뿐이었을 즈음에는 "assurance"라는 것이 일반적이며, 1720년에 설립된 2 특허회사의 이름도 The London Assurance 및 The Royal Exchange Assurance이다. 그러나 17세기 후반부터 화재보험에서 insurance라는 용어가 사용되기 시작하여 19세기가 되자 assurance는 생명보험 이외에는 그다지 사용되지 않게 되었다. 미국에서는 생명보험에서도 life insurance라고 하고 life assurance라고는 하지 않는다. 영국의 1946년 보험회사법(Assurance Companies Act 1946) 도 1958년 보험회사법(Insurance Companies Act 1958)으로 대체되었다. 그러나 해상보험 분야에서는 지금도 전통적으로 assurance 및 그 계통의 문구가 많이 사용되고 있다. 로이즈보험증권에는 make assurance ; assured ; assurers ; policy of assurance ; sum assured 등의 문언이 this insurance ; insurer or insured 등과 같이 사용되고 있다.

(1) 필요의 충족

보험의 목적은 우연한 사고에 의해 발생하는 '필요의 충족'에 있다. 해상보험 및 화재보험과 같은 손해보험의 경우에는 보험은 우연한 사고에 의해 발생하는 손해보상을 목적으로 한다고 정의하면 그것으로 충분하며 이해하기 쉽지만, 생명보험 특히 그 가운데 생존보험(피보험자가 일정 년령에 도달한 경우에 보험금이 지급되는 보험)도 포괄하는 개념으로서 금전적 내지 경제적 필요의 충족이라는 표현이 사용되고 있다. 필요라는 말은 독일어의 Bedarf를 번역한 학술용어이며 광의의 손해 내지는 경제적 불이익으로 이해되고 있다. 보험의 목적은 우연한 사고에 의해 발생하는 경제적 불이익의 보충이라는 소극적인 것이며 어떤 사고의 발생에 의해 이익을 취득하는 것, 즉 이익을 취득하는 것을 목적으로 하고 있는 것은 아니다.

일반적으로 필요의 충족은 보험금이란 금전의 지급형태를 취하게 되지만 현물급부(예컨대 파손된 유리의 교환) 및 서비스의 제공(예컨대 질병의 치료)이라는 형태를 취하는 경우도 있다. 과거 영국에서는 미리 대가를 수취하고 회원인 운전자가 허용한도 이상으로 음주한 경우에 그 대신의 운전자를 파견한다는 서비스를 행하는 사업은 보험사업에 해당한다고 판결한 경우가 있다.

(2) 우연성

보험은 우연한 사고의 발생에 의한 필요의 충족을 목적으로 하고 있다. 우연한 사고에는 화재와 같이 그 발생 자체가 명확하지 않는 경우와 사망과 같이 발생은 확실하지만 그 시기가 명확하지 않는 경우가 있다. 이 경우에도 보험의 대상이 되는 사고는 우연성을 가지는 것이어야 한다.

따라서 방화, 자살 등과 같이 보험가입자의 고의로 인해 발생하는 사고, 소위 주관적 위험 및 심장질환자의 사망과 같이 우연성을 결여하는 사고는 보험의 대상이 되지 않는다.

(3) 평가가능성

보험의 대상이 되는 필요는 개개의 경제주체에 있어서는 우연한 것이라도 다수의 경제주체를 결합하면 그 발생빈도 및 발생한 경우의 금액의 평가가 가능한 필요이다. 그 평가가 가능해야만 각 경제주체의 분담액의 계산도 가능하다.

(4) 다수경제주체

보험은 우연한 필요의 충족이라는 목적을 다수경제주체의 집합이라는 수단에 의해 달성하려는 것이다. 전술한 바와 같이 개개의 경제주체에 있어서는 우연한 필요도 다수의 경제주체를 결합하여 하나의 집단(이것을 위험단체, 위험집단 또는 위험협동체라 한다)을 형성하면 대수의 법칙이 작용하여 사고의 발생률 및 사고발생에 기인하여 발생하는 필요를 견적할 수 있으며 집단구성원에 의한 필요의 상호적 충족이 가능하게 된다.

또한 위험단체의 구성은 상호보험에 있어서는 구성원자신에 의해 직접적으로 행해지고 영리보험, 공영보험 등에서는 보험회사, 국가 등의 보험자를 매개로 하여 간접적으로 행해진다.

(5) 동종 위험

보험이 성립하는 위험집단은 동종의 위험에 노출된 경제주체의 집단이다. 화재, 사망 등 각자의 위험에 노출된 경제주체가 다수 모여도 그곳에는 대수의 법칙이 작용하지 않는다. 동일한 화재위험에 노출된 자가 다수 모여 비로소 화재에 의한 필요를 견적할 수 있으며 화재보험료의 산출이 가능하게 된다. 단지 동일 화재위험이라 해도 건물에는 주택, 점포, 창고 등 여러 가지 있으며 그 중의 주택에도 목조건물도 있으며 콘크리트건물도 있다. 이들 가옥을 동일한 보험단체에 포함시켜, 동일한 보험료를 부과한다면 공평성은 낮아질 것이고 불공평성을 느끼는 피보험자들은 보험집단에서 이탈하게 되어 상대적으로 위험도가 높은 피보험자들만 남는 역선택(adverse selection)[16] 현상이 초래되어 대수의 법칙의 적용도 어렵게 할 것이다. 따라서 각각의 위험의 종류 및 정도에 따른 보험료의 산출이 가능한 위험단체의 구성이 필요하다.

---

16) 역선택이란 실제로 보험금을 탈 가능성이 높은 사람들, 즉 위험발생률이 보통 이상인 사람들이 부보하게 되는 현상을 말하여, 이는 보험사와 보험가입자간의 위험에 대한 정보가 다르기(정보의 비대칭성) 때문에 발생하는 것이다. 다시 말해서 정보가 비대칭적으로 분포된 상황에서 정보를 갖지 못한 당사자(보험사) 입장에서 볼 때 가장 바람직하지 않은 정보를 가지고 있는 당사자(보험계약자)와 거래할 가능성이 높아지게 되는 형상을 의미한다. 예컨대 보험사가 처음부터 보험가입자의 사고확률을 알 수 없으나 보험계약자는 자신의 사고확률을 알 수 있을 때(정보의 비대칭현상) 발생한다(M. S. Dorfman, *op.cit.,* p.32).

(6) 상호적 충족

보험은 필요의 충족을 다수경제주체의 상호적 충족에 의해 행하는 것이다. 이 상호성은 A. Manes가 말한 명구인 '한 사람은 만인을 위하여 만인은 한 사람을 위하여' (Einer für Alle, Alle für Einen)로 널리 알려져 있다.17) 프랑스에서도 '나는 당신을 위하여 당신은 나를 위하여' (moi pour toi, toi pour moi)라는 말로 표현되고 있다.

단 여기서 말하는 상호성이란 보험의 기술적 구조를 표현한 것이지 상호부조라는 정신적 결합을 의미하는 것은 아니다. 그래서 A. Manes의 정의를 지지하는 학자 중에는 이 점에 대한 오해를 피하기 위해 다수경제주체에 의한 상호적 충족이라는 표현을 대신하여 다수경제주체의 결합에 의한 '위험평균화에 기초한 충족'으로 정의하는 경우도 있다.18)

(7) 합리적인 보험료의 부담

필요의 상호적 충족을 행하기 위해서는 각 경제주체가 보험료를 부담해야 하는데 위험에 비례한 합리적 보험료의 부담, 이것이 보험요소의 하나이다. 각자가 충족되는 필요의 액, 즉 보험금의 액을 Z, 사고발생의 확률을 w, 각자가 부담하는 보험료를 P로 하면 $P = wZ$식으로 표시할 수 있다.

제 2 절 보험의 구조

1 대수의 법칙

대수의 법칙 (the law of large numbers)이란 어떤 독립적으로 발생하는 사상에 대하여 그 관찰대상을 늘리면 늘릴수록, 그리고 관찰도수를 늘리면 늘릴수록 어떤 사상의 발생확

---

17) A. Manes, *Versicherungswesen-System der Versicherungswirtschaft*, Bd.1, Verlag und Druck von B. G. Teubner, 1930, SS.2～3.

18) 木村榮一 外, 「保險入門」, 有斐閣, 1993, pp.6～9.

률의 실제결과는 점점 예측결과에 가까워지는 현상을 말하며 평균의 법칙(the law of average)이라고도 한다. 예컨대 한번 주사위를 던져 1에서 6까지의 숫자 중 어떤 숫자가 나올지 전혀 알 수가 없다. 그러나 수십, 수백회로 계속 던지면 각각의 숫자가 나올 확률은 예측한 1/6에 가까워진다. 즉 독립적으로 발생하는 사상에 관하여 대량으로 관찰하면 어떤 사상의 발생확률은 어느 일정한 값에 한없이 가까워진다.

개인의 생활이나 기업의 활동에 영향을 미치는 우연사고 중 특히 경제적 손실을 초래하는 불확실성 혹은 위험은 경제사회에 수없이 존재하고 있다. 이들 위험가운데 어떤 특정위험이 특정개인에게 발생할지 여부에 관해서는 전혀 알 수 없어도 일정기간 또는 범위를 확대하여 다수인을 대상으로 대량관찰하면 일정한 발생률을 얻을 수 있는 사상도 있다. 화재의 발생률, 교통사고의 발생률 및 연령별 사망률 등의 사회현상은 일정기간동안 대량으로 관찰하면 개개사상의 발생은 아주 우연적이라고 하여도 집단적으로는 거의 일정한 확률로 발생하므로 장래의 발생확률을 예측할 수 있다. 이 같이 사회현상을 광범위하게 대량으로 일정기간동안 관찰하면 하나의 통계적 법칙을 발견할 수 있는데 이를 통계학적 대수의 법칙이라고 한다. 대수의 법칙은 위험발생률의 측정과 위험의 수치화를 가능하게 하며 과거의 발생률을 미래의 발생확률로 보는 것을 가능하게 한다.

어떤 특정한 가옥에 대하여 향후 1년 내에 화재로 인한 소실여부를 예측하는 것은 거의 불가능하지만, 관찰대상을 넓히고 장기간에 걸쳐서 화재발생의 실적을 관찰하면 거기에 일정한 규칙성이 존재한다는 사실을 알 수 있다. 즉 발생빈도에 관한 확률을 통계적으로 파악할 수 있는 것이다. 또한 손해보험에 있어서 화재나 교통사고와 같은 위험이나 생명보험에 있어서 사망사고 위험 등도 어떤 특정인에게 발생할지는 알 수 없지만 이들 위험이 다수 결합되면 될수록 대수의 법칙이 보다 잘 작용하여 불확실성을 감소시킬 수 있다. 이같이 개개의 경우만을 본다면, 그 발생이 우연적이고 불확실하여 전혀 예측이 불가능한 경우에도 이것을 장기간에 걸쳐 대량으로 관찰해 보면 그 발생에 대한 일정한 확률을 파악할 수 있다. 그러나 지진이나 풍수해와 같은 거대한 이상재해위험의 발생 혹은 인공위성의 발사위험과 같이 동종 동질의 계약이 대량으로 획득될 수 없는 경우에는 대수의 법칙의 적용이 어려워 위험분산의 기능이 작용하기 곤란하게 되므로 재보험의 이용이 필요하게 된다.

2 수지상등의 원칙

수지상등의 원칙(principle of equivalence)이란 대수의 법칙을 이용하여 특정한 사고의 발생확률을 파악하고 그것을 기초로 산출된 보험료를 각 보험계약자로부터 징수한 보험료의 총액과 특정사고 발생시 지급하는 보험금의 총액이 균등해야 한다는 법칙이다. 이같이 보험집단에 있어서 지급된 보험금 총액과 수입보험료 총액이 상등해야 한다는 것은 개별적으로는 우연이라도 전체적으로는 필연이고, 개별적인 수지는 불균형이라도 집단의 전체수지는 균형을 유지하는 전체적인 수지상등의 원칙을 의미한다.

예컨대 평가액이 3,000만원(1사건당 평균보험금 : Z)인 동질위험의 가옥을 소유한 사람이 1,000명(보험가입자수 : N)이 있다고 가정하자. 과거의 경험통계로부터 연간 화재발생확률이 2/1,000(여기서 2는 화재발생건수 : R)라면, 각 보험가입자들이 지급해야할 보험료(P)는 다음과 같이 계산된다.

30,000,000 (Z) × 1,000 (N) × 2/1,000 (R / N) = 60,000,000 (R · Z)원

이 전체 손해액을 전 가입자 1000명으로 나눈다면 1인당 부담액은

60,000,000 ÷ 1,000 = 60,000 (원)

즉 각각 지급하는 보험료 (P)는 60,000원이 된다.

이 60,000원을 1,000명의 가입자에게 갹출한다면 보험료의 총액(N · P)은 6,000만원이 되고, 지급보험금총액(R · Z)과 균등해진다. 이것을 '수지상등의 원칙' 이라 한다.

(N · P)와 (R · Z)의 관계에서 (N · P) > (R · Z)의 부등식은 보험료가 과다하다는 의미이고, (N · P) < (R · Z)의 부등식은 보험료가 부족하여 보험금의 지급이 불가능하게 되어 보험제도를 운영할 수 없다는 의미이다. 수지상등의 원칙은 보험제도를 계속적으로 존속시키는데 필요한 보험경영의 원칙이다.

손해보험에서는 한 종류의 보험만으로는 수지가 균형되지 않는 경우가 많기 때문에, 다른 종류의 보험과의 사이에 손익상계를 행하고 모든 종류의 보험에 대하여 수지가 상등하면 된다. 손해보험에서는 일반적으로 영업보험료=보험료+사업비+이익으로 이루어지

므로 이익도 포함해서 생각해야 되겠지만, 자금운영에 의한 수익은 장기성의 적립형 보험과 단기성의 보장형 보험을 달리 취급해야 할 것이다.

생명보험에서는 동일보험종류에 대해서 순보험료에 부가보험료를 포함하는 보험료총액과 지급되는 보험금총액 및 관리운영에 필요한 모든 비용의 합계 사이에 수지상등의 관계가 성립해야 한다. 따라서 계약자배당은 수지상등의 관계를 성립시키기 위한 사후수정이라고 할 수 있다.

3 급부·반대급부균등의 원칙

보험계약자는 보험료를 지급하고 보험단체에 가입한다. 보험계약자가 지급하는 보험료는 과대·과소하지 않고 적정하여야 한다. 적정한 보험료의 의미는 개개의 계약자에게 보험사고발생시 받을 수 있는 보험금과 수학적 기대치인 사고발생의 확률(사고율)의 곱과 같은 관계이며, 이를 '급부·반대급부균등의 원칙'이라고 한다. 이는 개개의 보험관련 순보험료 산정시 위험의 정도에 따라 보험료를 결정하기 위한 원칙이다.

수지상등의 원칙의 설명에서, 보험금액에 대한 보험료의 비율은 60,000원÷30,000,000원=2/1,000라는 것을 알 수 있었으며, 결국 보험요율은 2/1,000이다. 따라서 보험금액에 이 보험요율을 곱하면 각자가 부담해야 할 보험료가 산출된다.

$$30{,}000{,}000 \times 2/1000 = 60{,}000\ (\text{원})$$

독일의 경제학자 W. Lexis는 이 보험료를 다음의 등식으로 표시하였다.

$$P = wZ \quad (P: \text{순보험료},\ w: \text{확률},\ Z: \text{보험금})$$

이 수식은 개개의 보험계약에서 각 가입자가 지급해야 할 순보험료의 금액은 각자가 보험사고발생시에 수취하는 보험금의 수학적 기대치와 똑같아야 한다는 것이 급부·반대급부균등의 원칙의 설명이며, 이를 'Lexis의 원칙'이라 부르고 있다.

또한 위의 식에서 w를 r/n(r은 보험금의 수급자수, n은 가입자수)으로 변환한다면, 다음과 같은 식이 성립한다.

$$P = r/n, \quad nP = rZ$$

이 식은 수지상등의 원칙을 나타내는 수식과 같은 것이다.

급부·반대급부균등의 원칙은 개개의 보험계약자에 있어서 보험료의 원칙이며, 사고발생률이 높거나 보험금이 큰 경우에도 보험료가 그것에 적정하다면 보험은 성립할 수 있다는 것이다. 이는 사고의 확률이 높은 계약자는 많은 보험료를 부담하고, 역으로 사고의 확률이 낮은 계약자는 적은 보험료를 부담한다는 보험료 산출에 있어서 보험료의 공평 혹은 공정의 원칙을 설명하고 있는 것이다. 한편 급부·반대급부균등의 원칙은 개개 계약의 보험료 원칙이며, 수지상등의 원칙은 전체의 수지균형을 나타내는 원칙이다. 즉 급부·반대급부균등의 원칙은 보험료 산출에 있어서 보험계약자의 개별수지에 관한 미시적 원칙이며, 수지상등의 원칙은 보험자의 수지에 관한 거시적 원칙이다.

손해보험경영에 있어서는 화재보험이나 자동차보험 등은 통계자료의 정비나 요율검증이 이루어지고 있어서 순보험료 산출단계에서는 급부·반대급부균등의 원칙이 달성되고 있다. 그러나 해상보험이나 신종보험에서는 과거의 경험이나 위험인수자의 판단을 기준으로 보험료 개별화의 원칙을 적용하는 경우가 많아 반드시 엄밀한 급부·반대급부균등의 원칙이 적용되고 있다고는 할 수 없다.

생명보험에서는 수리계산에 있어서 통계수치의 정확성 증대나 위험선택에 있어서 위험의 세분화 등 보험요율 산정기술이 고도로 발달되어 있어 순보험료산출시에 있어서 급부·반대급부균등의 원칙은 거의 달성되고 있다.

제 3 절 보험유사제도

장래의 경제불안에 대한 준비로서는 보험이외에도 각종의 것이 있다. 여기서는 이들 보험유사의 각 제도에 관해 이들 제도가 어떤 점에서 보험과 유사하고, 어떤 점에서 보험과 차이가 있는 지를 설명한다.

1 저축

저축이나 보험도 경제상의 불안정에 대한 준비라는 점에서는 목적이 동일하다. 그러나 그 준비의 방법은 양자가 전혀 다르다. 즉 보험은, ① 특정한 우연사고에 대비하기 위한 것, ② 다수경제주체의 참가에 의하며, ③ 집단적인 경제준비인 것에 비해, 저축은 ① 경제주체가 단독이며, ② 임의로 형성하는 개별적인 경제준비에 불구하며, ③ 그 목적은 반드시 특정사고를 대상으로 하는 것이 아니라는 점이다.

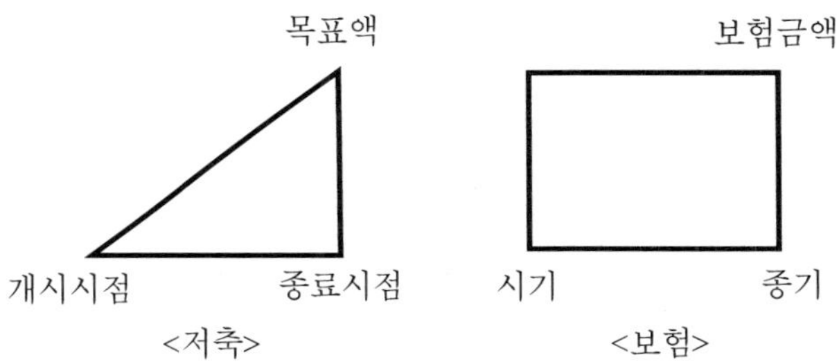

[그림 Ⅱ-1] 저축과 보험의 차이점

또한 보험의 경우에 보험계약자로부터 거출한 보험료는 보험단체에 속하는 것으로 되어 따라서 보험계약자가 이것을 자유롭게 처분할 수 없는(보험계약자가 처분하려고 하는 경우에는 보험을 단념하고 보험계약을 해약할 수밖에 없다) 것에 비해 저축의 경우에 그것은 개인의 전속재산이므로 원칙으로 자유로운 처분이 가능하다. 보험 중에는 전술한 저축적 요소를 포함한 보험 — 생명보험의 생사혼합보험(양로보험) 또는 손해보험의 각종 적립형 보험 — 이 있는데 이 경우에도 경제준비의 목적이 사망·생존 또는 화재·상해라는 각종의 우연사고를 대상으로 하고 있으며 동시에 개별경제의 다수의 결합에 의한 위험의 평균화를 전제로 하고 있다는 점에서 순수한 저축과는 다르다([그림 Ⅱ-1]).

2 도박·복권

도박이나 복권도, ① 다수의 자가 참가하고, ② 일정한 우연한 사실에 기초하고, ③ 다수의 자가 갹출한 금전을 특정한 소수의 자만에 분배한다는 점, ④ 전체로서 수지가 상등하도록 계획되어 있다는 점에서 보험과 매우 유사하다. 그러나 양자는 다음의 점에서 전혀 다르다. 그것은 보험이 특정한 우연사고에 관련되는 경제상의 불안정에 대한 보장의 제공을 목적으로 하고 있는 것에 비해 도박 또는 복권은 우연히 기대하여 일확천금의 이득을 목적으로 하고 있는 점이다. 더욱이 보험과 도박의 근본적 차이는 도박의 경우는 지금까지 손실의 가능성이 전혀 없는 곳에 억지로 손실의 가능성(위험)을 도입·창조하는 점이다. 이것에 비해 보험은 기존의 위험을 분산·감소시켜 제거한다.

3 자가보험

자가보험은 다수의 선박, 차량, 가옥 또는 재고품 등을 소유하는 선박회사, 렌터카회사, 부동산회사 또는 창고회사 등이 자사내에 일정한 준비금(재해준비금)을 적립하여 스스로 우연사고의 발생에 대비하는 것이다. 이 방법에 의한 이점은 하나의 기업이 보험료 상당액의 적립금을 자기자금으로서 이용할 수 있는 점과 사고의 발생이 예측보다 적을 때는 그 만큼 자사의 이익이 되는 점이다. 특정한 우연사고에 대한 경제준비라는 점에서는 보험과 자가보험과는 완전히 동일한 기능을 가지지만 준비금의 적립이 하나의 경제주체내의 것으로서 다수 경제주체의 참가를 결여한다는 점에서 보험과는 다르며 그 실체는 저축과 변함이 없다.

4 보증

보증이라는 말은 여러 가지 의미로 사용된다. 법률상은 '채무보증'이라는 말이 가리키는 바와 같이 본래의 채무자가 채무의 이행을 해태하는 경우에 제3자인 보증인이 본래의 채무자를 대신하여 채무의 이행을 인수하는 것을 말한다. 그 외에도 피용인이 부정을 하여 사용자에게 손해를 입힌 경우에 그 손해의 배상을 본인을 대신하여 인수하는 '신원보증'이라는 말도 있다. 어느 경우도 당사자 이외의 제3자가 본인을 대신하여 배상한다는 의미로 '보증'이라는 말이 사용된다. 한편 카메라, 시계, 전기제품 등에 대해 볼 수 있는 바와 같이 이 동일한 '보증'이라는 말이 품질의 안전성 및 내구성에 대해 책임을 진다는 의미로 사용되는 경우가 있다. 즉 '품질보증'의 의미이다. 이 같은 보증이 있는 경우 — 특별한 사정이 없는 한 이 같은 보증은 모든 상품에 당연히 있는 것이 되지만 — 에 만일 그 상품이 기대대로의 기능·효용을 발휘하지 않을 때 제조업자 및 판매점은 그 상품을 무상으로 수리 내지 부품의 교환에 응하게 되는 것이 보통이다(이것은 제조업자 또는 판매점의 하자담보책임이라 할 수 있다).

전술한 세 가지의 보증, 즉 채무보증, 신원보증, 품질보증과 보험의 유사점에 관해서는 보증의 경우는 채무보증·신원보증 또는 품질보증의 어느 경우도, ① 보증의 제공은 무상으로 되는 것이 일반적이며, ② 보증인과 피보증인간의 고립된 관계에서 보험과 같은 다수 경제주체의 참가를 결여하고 있으며, ③ '품질보증'의 경우는 주요한 경제활동인 매매에 부수하는 것으로 보험과 같은 독립성을 결여한다는 의미에서 보증과 보험은 다르다. 그러나 '채무보증'이든 '품질보증'이든 이것을 다수의 경제주체간에 유상으로 인수하고 동시에 그것이 합리적인 위험측정에 기초하여 계획적으로 행해질 때는 그것은 이제 단순한 보증의 범위를 벗어나 '보험'이 될 수 있다(예컨대 각종의 대부금보증보험 등이 그 전형적인 예이다). 따라서 일반적으로는 보험과 관계가 없는 보증도 경우에 따라서는 보증자체가 보험의 대상이 될 수 있다. 더구나 현대는 이러한 종류의 보증보험이 성행하고 있는 것이 실정이다.

5 공제

공제는 동일한 직업 또는 지역에 속하는 자가 단결하여 조합을 만들어 조합원 또는 그 가족이 사망·부상·질병에 걸린 경우, 조합원 소유의 재산이 화재 등으로 손상된 경우에 일정한 공제금 또는 건축자재 등의 현물을 지급하는 상호구제제도로써 그 역사는 고대의 그리스, 로마시대까지 소급된다. 다수의 자가 집단을 형성하여 그 중 우연사고의 희생이 된 자에 대해 소정의 구제금을 제공한다는 면에서 공제는 보험과 유사하지만 일반적으로 양자간에는 다음과 같은 차이가 있다. 즉 공제는 보험과는 달리, ① 가입자의 범위가 직역 또는 지역적으로 한정되어 있으며, ② 그 규모가 충분히 크지 않은 경우에는 보험의 경우에 볼 수 있는 충분한 위험의 평균화에 결여되는 경우가 있으며, ③ 사고를 당한 조합원에게 지급되는 급부금도 그 금액에서 보아 위로금의 범위를 벗어나지 못하는 경우가 있다. 그러나 이 같은 공제도 그 규모가 충분히 크게 되어 '대수의 법칙'의 적용이 가능한 단계에까지 이르게 되면 그것은 이제 공제의 범위를 벗어나 보험과 변함이 없는 기능을 하게 된다.

제 4 절 보험의 효용과 폐해

보험의 효용은 경제적 효용과 사회적 효용으로 대별되며, 또한 경제적 효용은 사경제적 효용과 국민경제적 효용으로 구분된다. 한편 이와 같은 효용이 있는 반면에 여러 비용·폐해도 수반되고 있다. 아래에서는 이들에 대해 설명한다.

1 보험의 경제적 효용

보험은 우연사고의 발생에 의한 경제상의 불안정을 제거·경감할 것을 목적으로 하는 것이므로 다음과 같은 사경제적 효용을 갖는다.

(1) 사경제적 효용

1) 경영의 안정

국민경제적 견지에서 보면 보험은 발생한 손해를 보충해 주는 것은 아니지만 가계의 경우이든 기업의 경우이든 각 경제주체에서 보면 이것을 제거해 주는 것이라 할 수 있다. 즉 기업이든 가계이든 각 경제주체는 보험이 있기 때문에 실제로 경영의 안정을 도모할 수 있으며 또한 경영자도 안심하고 기업경영을 하게 되는 것이다. 예컨대 경영자가 그 사업소 및 공장을 화재보험에 붙인 경우에 만일 화재가 발생해도 쉽게 그 사업의 복구와 재개를 할 수 있다. 더구나 사업에 수반되는 보험중에는 사업운영의 필요상 절대적으로 불가결한 것도 있다. 예컨대 수출입화물에 대한 해상보험 등이 그 예이다. 무역업자가 상품을 외국에 수출하는 경우 수출어음을 은행이 매입하는 것에 의해 대금결제를 받는데 이 경우에 은행은 반드시 그 상품에 대한 해상보험증권의 제출을 요구한다. 은행은 어음을 매입한 후 그 어음이 수입업자에 있어 최종적으로 결제되기까지 수출업자를 위해 금융을 취급하게 되므로 그 채권을 확실하게 하기 위해 그 상품에 대해 해상보험계약의 체결을 요구하는 것이다. 따라서 동일한 보험이라도 수출입화물의 해상보험은 불가결한 성질의 보험이다.

2) 신용의 증대

오늘날 건물, 공장, 상품 등에 각각 화재보험을 붙이고 또한 선박·적하에 해상보험을 붙이는 것에서 은행 기타의 금융기관에서 쉽게 금융을 받을 수 있다. 특히 주택대부금의 경우 등 융자대상인 가옥에 화재보험을 드는 것에서 만일의 소실위험에 대처할 수 있는 것이 서민을 대상으로 한 주택대부금의 대규모의 보급을 가능하게 한 최대의 원인이다. 또한 추락, 침몰 등의 사고가 발생하면 한 번에 수천억원이라는 거액의 손해를 입는 점보제트기 및 LNG선박, 스페이스셔틀, 나아가 거대한 정유소 및 원자력발전소 등에도 융자의 길이 열려 이 종류의 위험한 사업의 개시 및 계속이 가능한 것도 보험이라는 위험분산제도가 있기 때문이다. 또한 사업자에게 담보에 제공할 아무런 재산도 없는 경우에는 그 사업자 자신이 자신의 생명에 부보하는 것에서 금융의 길을 개척할 수 있다. 나아가 최근에는 그 사업자뿐만 아니라 일반의 소비자도 자신에게 생명보험을 체결함으로서 주택자금의 차입을 비롯해 자동차, TV, 전기냉장고 등을 할부로 구입할 수 있다.

3) 사업경영의 합리화

보험은 만일의 재해에 대비하기 위한 것으로 거액의 '재해적립금'에 대한 적립을 필요로 하지 않으므로 가계이든 기업이든 그 만큼 사업의 합리적 경영이 가능하며 사업의 확대도 기대할 수 있게 된다.

(2) 국민경제적 효용

1) 손해발생의 방지

보험의 효용을 단지 사고발생 때의 대책으로만 파악하는 것은 충분한 인식을 결여하는 것이다. 보험은 사고발생의 경우에 소정의 보험금을 지급하는 것으로 보험계약자의 경영의 안정에 기여할 뿐만 아니라 사고발생 자체의 방지에도 도움이 된다. 즉 사고의 발생이 감소하면 그 만큼 보험자의 부담이 경감되고 그것이 결국은 보험계약자의 부담의 경감이 되는 관계에 있기 때문이다. 또한 최근에는 보험자 자신이 보험의 사명에 자각하여 그 수익의 일부를 각종의 재해방지시설(예컨대 손해보험사업자가 오랜 기간 실시하고 있는 지방자치단체로의 소방차의 기증, 소방채권의 구입 등) 및 후생사업시설(생명보험사업자가 행하고 있는 의학에 대한 각종의 연구조성, 성인병 검진차의 순회, 병원의 직영 등)에 적극적으로 투자하고 있다.

2) 금융력의 증강

보험에 의해 축적된 거액의 보험료는 금융계에서 독특한 힘을 발휘하고 있다. 특히 생명보험과 같은 장기간의 보험에서는 보험계약자가 납부한 보험료는 은행예금과 같이 자유로운 환급이 허용되지 않으므로 보험자는 이것을 장기의 산업자금으로 안정적으로 활용할 수 있다.

3) 국가의 재정·복지정책에의 협력

최근에는 방대한 생명보험자금의 일부가, ① 국채의 구입, ② 정부보증채의 인수, ③ 공사·공단으로의 대부를 통해 또한 손해보험의 경우에는 강제자동차보험(자배책보험) 및 지진보험의 인수를 통해 국가의 재정정책 및 복지정책으로의 협력이 더욱 현저하게 되고 있다.

4) 국가 노동력의 육성

이 점은 특히 건강보험 및 산재보험, 나아가 고용보험 등이 사회보험에서 현저하게 보이는 보험의 효용이다.

2 사회적 효용

보험은 재해자의 사회적 몰락을 방지하는 효과가 있는 외에 사회보험, 생명보험 등의 융성은 직접·간접으로 국민의 건강 또는 복지의 증진에 공헌하는 바가 적지 않다.

3 보험의 폐해

보험은 경우에 따라서는 보험계약자로 하여금 고의로 사고를 초래한다는 측면이 있다. 이런 종류의 보험가입자에 의한 고의의 사고초래의 우려를 보험에서는 도덕위험(moral risk, moral hazard)이라고 부르고 있지만 최근 특히 이 종류의 보험금사기를 목적으로 한 살인사건 및 상해사고가 빈발하는 경향에 있다. 보험이 반사회적 존재로 타락하지 않기 위해서도 이 종류의 보험금 사기사건에 대해서는 엄격한 태도로 대처할 필요가 있다. 그러하기 위해서는 보험자 자신도 무모한 계약획득경쟁을 배제하고 신중한 계약인수를 함과 동시에 각 회사 간에 적극적으로 정보를 교환하여 거액계약의 인수가 보험금살인에 이르지 못하도록 충분히 배려해야 한다. 이것은 정도의 차이는 있겠지만 손해보험 중 상해보험 및 소득보상보험 등에 관해서도 마찬가지라고 할 수 있다.

(1) 사업비용의 발생

보험이 본래의 기능을 제대로 발휘하기 위해서는 보험설계사의 수수료, 일반경비, 보험료에 따르는 세금 등 여러 가지 비용이 필요하며, 이 비용은 보험자가 징수하는 보험료에 포함되어 있다. 일반적으로 이러한 비용이 총보험료에서 차지하는 비율은 보험의 종류나 보험자의 형태에 따라 다르나 대개 30~40%에 해당되며 이를 보통 '경비율'이라고 부른다.

보험이 경제적·사회적 시설로서 제 기능을 다하려면 위와 같은 보험자의 비용이 필요한데 이를 보험의 직접적 사회비용이라고 할 수 있다. 또한 보험자는 보험의 기능을 발휘함에 있어 인적자원뿐만 아니라 자본, 토지, 건물 등의 자원을 사용하게 되는데 이 또한 기회비용의 측면에서 보면 보험의 사회비용으로 간주할 수 있다.

(2) 보험사기의 증대

보험은 피보험자와 보험계약자 등이 보험금을 받을 목적으로 고의로 사고를 일으키는 경우가 있다. 이와 같이 피보험자 측이 보험금을 받기 위하여 고의로 보험사고를 일으킬 위험을 도덕적 위험이라 한다. 예컨대 피보험자가 부보하면서 불리한 사실이나 약점을 은폐 또는 부실하게 고지하거나 허위의 사실을 보험자에게 알리거나, 의료진단에 다른 사람을 이용하거나, 보험계약체결후에 보험금을 사취하기 위하여 방화, 살상과 같은 고의적인 사고의 발생을 의도하거나, 사고의 발생을 가장·위증하는 경우, 또는 선박보험의 경우 고의로 선박을 침몰시켜 해난사고로 가장하는 경우 등을 들 수 있다. 이는 곧 보험료의 인상으로 이어지고, 이러한 보험료 인상은 사회적 비용을 증대시키게 된다.

(3) 보험금의 과잉청구

보험은 손실발생의 크기와 보험금 청구의 규모를 크게 하는 부작용을 초래하기도 한다. 이러한 보험금의 과잉청구 역시 경제적 외부효과로서 사회전체의 부담으로 돌아온다. 예컨대 자동차보험의 존재는 자동차사고에 대한 진료비를 다른 종류의 상해진료의 경우 보다 훨씬 높이고 있는 것으로 알려져 있다. 특히 변호사가 고객의 이익을 위한다는 명목하에 과도하게 배상청구를 하는 사례나 일부 의사들이 과잉진료를 통해 의료비를 과도하게 청구하는 사례와 허위진료, 허위보험금청구를 하는 사례들이 알려져 있다. 과잉 배상청구나 과잉 진료도 보험사기와 마찬가지로 도덕적 위험의 한 형태로서 이를 방지하려면 요율의 세분화, 적발시 벌칙의 강화와 같은 유인통제시스템(Incentive Control System)을 보험가격이나 판매제도에 도입하여야 할 것이다. 이러한 보험금의 과잉청구도 보험사기의 경우처럼 보험료 인상을 초래하게 되어 사회적 비용을 증가시키게 된다.[19)]

19) 김두철 외, 전게서, pp.48～49.

제 4 장

보험의 분류

보험은 보험보호의 객체의 차이를 기준으로 하거나 지급되는 보험금의 성격의 차이를 기준으로 하거나 나아가 보험보호의 대상인 위험이 발생하는 장소를 기준으로 하는가에 따라 여러 가지로 분류할 수 있다.

제 1 절 손해보험과 생명보험

이 분류법은 타당한 분류법이라고는 할 수 없다. 그 이유는 손해보험이란 보험가입자에게 발생한 손해를 보상하는 보험이라는 의미이며 분류의 기준이 지급되는 보험금의 성격(역할)에 있는 것에 비해, 생명보험의 경우는 분류의 기준이 사람의 생명이라는 보험보호의 객체(대상)에 있기 때문이다. 따라서 만약 분류의 기준을 지급되는 보험금의 성격에 두게 되면 손해보험에 대립하는 개념은 '정액보험'이 되어야 하며 또한 만약 분류의 기준을 보험보호의 객체에 두게 되면 생명보험에 대립하는 개념은 '물보험' 내지 '재산보험'이 되어야 한다. 더구나 이 손해보험과 생명보험으로 분류방법을 채용하면 최근 특히 중요성이 증대되고 있는 '상해보험', '질병보험', '간병보험'이 어느 쪽의 보험에서도 벗어날 우려가 충분히 있다. 예컨대 상해보험은 사람을 보험보호의 대상으로 한다는 점에서 인보험의 일종인 생명보험과 동일한 종류로 생각되지만, 상해보험 중에는 생명보험과 같은 정액지급 형태

이외에도 가입자에게 발생한 실손(예컨대 입원실비 등)을 지급하는 소위 '실손보상형'의 상해보험('무보험차상해보험'은 그 하나의 예이다)도 있어 이 종류의 실손보상형인 상해보험의 경우에는 생명보험보다도 손해보험에 가까운 성격의 것이 되기 때문이다. 또한 상해보험의 보험사고인 '상해'(급격·외래·우연한 사고)라는 개념 자체는 생명보험보다도 손해보험에 가까운 사고개념이다. 그러므로 보험을 단지 생명보험과 손해보험으로 구분하는 경우에는 이 '제3보험업'이라 불리는 상해보험·질병보험·간병보험은 밀려날 수밖에 없다. 20세기에 들어서부터 제정된 스위스 및 프랑스의 보험계약법(스위스는 1908년, 프랑스는 1930년)이 보험을 '상해보험'과 '인보험'으로 구별한 것도 이 종류의 폐해를 회피하는 의도—상해보험·질병보험을 인보험에 포함하는—가 있었기 때문이라고 인정된다.[20)]

제 2 절 해상보험과 육상보험

보험을 해상보험과 육상보험으로 대별하는 분류법은 우연사고(위험)가 발생하는 장소를 기준으로 한 분류법이다. 14세기 초기에 해상보험이 탄생하게 된 이후의 수세기 동안은 보험이라 하면 해상보험 이외에는 존재하지 않았다. 그 의미에서 해상보험은 보험의 원점이라고 해야 할 성격의 것이다. 그 후 17세기 후반에 화재보험이 탄생하고 18세기 중반에 생명보험이, 19세기후반에 자동차보험이 세상에 등장하게 된다. 여기서 알 수 있는 바와 같이 최초의 보험인 해상보험 이외의 보험 즉 화재보험, 생명보험 및 자동차보험은 모두 육상보험이다.

더구나 사고발생의 장소가 해상이며 보험의 목적물인 선박·화물은 가동물이므로 사고발생의 형태 및 위험도도 육상의 그것과는 취지를 달리한다. 또한 이들의 보험이용은 그 영업활동과 밀접하게 관련되어 있어 만일 사고가 발생한 경우의 조급한 보험금수취의 필요성도 육상보험의 경우보다 더욱더 긴급하다. 이것에 비해 육상보험의 경우에는 보험회사와 대등한 위치의 지식이나 재력도 없는 경우가 대부분이다.

---

20) 스위스와 프랑스의 양 보험계약법에서는 상해보험과 인보험에 대해 규정하고 있다. 한편 독일보험계약법(1908년 제정)에서는 생명보험과는 개별 독립적으로 상해보험(Unfallversicherung)에 관한 규정을 두고 있다.

또한 보험의 목적물도 선박 및 화물과 같은 가동물이 아닌 경우가 일반적이다. 이로 인해 육상보험에 있어서는 보험자에 비해 모든 점에서 약자인 보험가입자의 이익을 보호할 필요성이 법적으로 중시되게 된다. 이 점 해상보험의 가입자는 그 대부분이 기업이며 충분한 교섭력을 가지므로 따라서 '보험가입자 보호의 필요성'은 희박하며 보험거래에서도 상인간의 자주성의 존중이 요청되게 된다. 이상 언급한 양 보험에 대한 성격상의 차이로 인해 각국법에서는 가계보험중심의 육상보험과 기업보험적 색채가 농후한 해상보험을 개별로 취급하게 하는 이유이다. 또한 미국에서는 보험을, ① 생명보험, ② 화재보험 및 해상보험, ③ 재해보험으로 구분하고 있다. ③의 재해보험(casualty insurance)은 지금까지의 생명보험, 화재보험, 해상보험 이외의 사람의 신체의 상해 또는 재산상의 손해의 보험을 의미하며 구체적으로는 질병보험, 상해보험, 자동차보험, 도난보험, 산재보험 등을 포괄하는 광범한 내용을 수반한 용어이다.

제 3 절 원(수)보험과 재보험

보험은 보험자와 보험계약을 체결하여 만일의 위험발생에 대비하는 것인데 이 같은 보험가입자의 위험을 보험료와 상환으로 인수한 보험자는 그 위험, 즉 만일 사고가 발생한 경우에 보험계약자에게 보험금을 지급해야 하는 보험계약상의 책임의 일부 또는 전부에 대해 다른 보험자가 대신하는 경우가 있다. 이 같은 경우 최초의 보험자와 보험가입자간에 체결되는 계약을 '원(수)보험'이라 하고 그 후의 보험자 상호간에 책임의 일부 또는 전부를 이전하는 계약을 '재보험(reinsurance)'이라 한다(상세한 내용은 제10장 참조). 재보험은 대형의 여객기 및 거액의 생명보험 인수 등의 경우에 국내외를 불문하고 광범하게 이용되는 보험자의 위험분산을 위한 최유력수단이다. 보험자가 다른 보험자에게 자신이 인수한 위험(보험금지급책임)의 일부를 재보험에 출재하는 것을 '출재(出再)보험'이라 하고 그 반대를 '수재(受再)보험'이라 한다.

다른 보험자(A)의 보험계약상의 보험금지급책임의 일부 또는 전부를 재보험으로 하여 인수한 보험자(B)는 자신이 인수한 책임의 전부 또는 일부를 또 다른 보험자(C)에게 출재하고 인수를 하게 하는 경우가 있다. 이와 같은 경우 후자의 (B) — (C)간의 계약은 엄밀히는 '재재보험(retrocession)'이라 해야 하겠지만 단지 이 경우도 '재보험'이라 부르는 것이 보통이다. 이처럼 국내의 어느 보험자가 인수한 보험책임은 국내의 다른 보험자 또는 런던의 로이즈를 비롯한 외국의 대부분의 보험자에게 재보험으로서 계속적으로 판매되고 있다. 때때로 신문지상에서 볼 수 있는 바와 같이 점보제트기가 추락하거나 LNG선이 침몰해도 보험회사의 도산이 적은 것은 거액의 보험책임이 전세계 다수의 보험회사에 분산되어 인수되기 때문이다.

제 4 절 개인보험과 사회보험

개인보험은 보통보험 또는 개별보험이라 말해지며 보험회사가 취급하는 생명보험, 화재보험, 자동차보험, 해상보험 등이 이것에 속한다. 개인보험은 임의계약이 보통이며 당사자가 보험계약을 체결하는 것에 의해 비로소 보험관계가 성립한다. 개인보험을 취급하고자 하는 보험자는 금융위원회의 허가를 받아 300억원 이상의 자본금 또는 기금을 납입하면 된다.[21] 외국에서는 영국의 로이즈보험조합(Corporation of Lloyd's)의 경우에 볼 수 있는 바와 같이 개인보험업자에게도 보험인수를 허용하고 있는 예가 있다.

한편 사회보험은 국가가 국민경제생활의 안정과 복지의 향상을 목표로 하는 정책보험으로 19세기 말에 독일에서 탄생한 이래 서유럽의 각국 및 미국에 전파되어 우리나라에서도 현저한 발달을 보였다.

사회보험의 주요한 것은 근로자의 근무중 및 통근 도중의 재해를 대상으로 하는 '산재보험', 근로자의 노령화에 대비하기 위한 '국민연금보험'이 있다. 근로자 및 그 가족의 상해 및 질병에 대비한 '국민건강보험', 근로자가 만일 실업을 당한 경우에 대비한 '고용보험' 등이다. 사회보험 일반의 특징으로서는, ① 보험가입이 강제적이며 근로자로서의 신분을 취득하거나 일정한 연령에 도달함과 동시에 당연하게 일정한 사회보험의 피보험자로 되어 보험료지급의무를 지게 되며 임의로 탈퇴하는 것은 허용되지 않는다. ② 보험료

21) 다만 보험회사가 일부만을 영위하고자 하는 경우에는 50억원 이상의 범위에서 자본금 또는 기금의 액수를 달리 정할 수 있다.

는 원칙적으로 그 자의 소득(급여)을 기준으로 산출되며(이것을 보험료부담의 '능력비례주의'라고 한다) 개인보험의 경우와 같이 각자가 갖는 위험도를 기준으로 하는 '위험비례주의'가 아니다.

따라서 원칙적으로 사회보험에서는 전술한 '레식스의 원칙' 즉 '급부-반대급부균등의 원칙'은 적용되지 않는다. 사회보험에 '소득의 재분배효과'가 있다고 하는 이유의 하나는 전술한 보험료 부담의 '능력비례주의'에 유래하는 것이다. 더구나 사회보험에서는 우리나라의 경우 보험료의 전부 또는 반액을 사용자측이 부담하는 것 외에 사업영업비의 전부 또는 일부를 국가 또는 지방공공단체가 부담하는 것이 보통이다.

제 5 절 공보험과 사보험

국가 및 지방공공단체 등이 사회정책 또는 경제정책실현의 수단으로서 보험을 영위하는 경우에 이것을 '공보험'이라 하며 이 이외의 사(영)보험과는 구별하고 있다. 공보험은 별칭으로 '정책보험'이라 하며 그것은, (1) 사회보험, (2) 경제정책보험으로 대별된다. 사회보험은 사회정책적 견지에서 실시되는 보험을 말하며 전술한 바와 같이, ① 산재보험, ② 각종의 건강보험, ③ 국민연금보험, ④ 고용보험, ⑤ 간병보험 등이 이것에 속한다.

한편 경제정책보험은 산업의 보호·육성 나아가 개발도상국 등에 대한 투자 및 경제협력의 촉진 등을 목적으로 하여 경제정책적 견지에서 실시되는 것으로 '산업보험'이라고도 한다. 이것에 속하는 주요한 것으로는, ① 농업보험, ② 삼림화재보험, ③ 어선보험, ④ 무역보험, ⑤ 중소기업신용보험 등이 있다. 또한 최근에는 자동차사고의 피해자 구제를 목적으로 한 '자배책보험' 및 지진재해에 대비하기 위한 '지진보험' 등 사회보장적 성격을 지닌 보험이 민간운영의 보험회사에 의해 사보험으로서 판매되고 있다(단 자배책보험은 강제보험이다). 그 결과 종래의 '정책보험=공보험'의 도식은 일부에서 붕괴되고 있다고 할 수 있다.

제 III 부

보험계약

5. 보험계약의 성격과 법적 원칙
6. 보험계약의 구조

제 5 장

보험계약의 성격과 법적 원칙

제 1 절 보험법의 구성

'보험법'은 넓은 의미로 보험관계를 규율하는 법규 전체를 의미하며, 보험공법과 보험사법으로 나눌 수 있다. 보험공법은 보험에 관한 공법적 법규로서 공영보험에 관한 법(연금보험법, 산재보험법, 건강보험법 등)과 보험업법 중 보험사업의 감독과 관련된 법을 말하며, 보험사법은 보험에 관한 사법적 법규로서 보험사업의 주체에 관한 법과 '보험계약법'을 말한다. 좁은 의미의 보험법이란 보험사법 중 보험계약법을 의미한다.

보험기업의 주체에 관한 법규는 상법과 보험업법에 규정되어 있고, 보험계약법은 상법 제4편에 규정되어 있으며, 실질적으로 영리를 목적으로 경영하는 보험에서 보험자와 보험계약자 사이의 보험계약에 관한 사법적인 법률관계를 규정하는 계약법으로 거래법에 속한다. 이같이 보험계약법은 영리보험의 인수에 관한 거래법으로 상행위에 속하나 보험계약은 일반대중의 이해와 밀접히 관계되는 사회성·공공성, 단체성, 선의성 등과 보험제도 자체의 기술성 등으로 말미암아 상행위의 체계가운데서 특별한 지위를 차지하여 상법의 상행위편에 규정하지 않고 독립적으로 제4편에 입법화하고 있다([그림 Ⅲ-1], <표 Ⅲ-1> 참조).

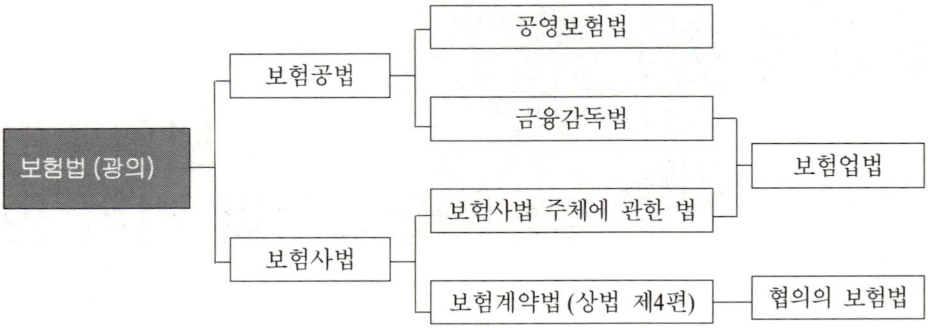

[그림 Ⅲ-1] 보험법의 구분

<표 Ⅲ-1> 보험계약법의 구성

제 1 장	통 칙	상법 제638조-제664조
제 2 장	손해보험 제1절 통 칙 제2절 화재보험 제3절 운송보험 제4절 해상보험 제5절 책임보험 제6절 자동차보험	 상법 제665조 - 제682조 상법 제683조 - 제687조 상법 제688조 - 제692조 상법 제693조 - 제718조 상법 제719조 - 제726조 상법 제726조의 2 - 제726의 4
제 3 장	인보험 제1절 통 칙 제2절 생명보험 제3절 상해보험	 상법 제727조 - 제729조 상법 제730조 - 제736조 상법 제737조 - 제739조

제 2 절 보험계약의 본질에 대한 학설

보험의 본질에 관한 학자간의 견해가 상이한 것과 마찬가지로 보험계약의 정의에 대해서도 많은 학설이 존재하고 있다. 더구나 모든 보험 분야의 보험계약에 공통되는 개념을 규정하는 것이 용이하지 않다. 아래에서는 이들 학설의 내용과 문제점을 간단하게 살펴보기로 한다.

1 학설의 내용

(1) 손해보상계약설

보험계약은 보험자가 보험계약자로부터 대가를 징수하고 보험사고에 의하여 보험계약자 또는 피보험자에게 생기는 손해를 보상할 것을 약속하는 계약이라는 설이다. 보험계약이 손해를 보상하는 계약이라는 이 학설은 사보험제도의 발달 초기에 손해보험제도만이 있던 시대에 적용될 수 있었던 학설이다.

(2) 경제적 욕구충족설

보험계약은 보험자가 상대방으로부터 보험료를 징수하여 우연한 사고의 발생으로 인하여 상대방 또는 제3자(피보험자)에게 생긴 경제적 수요를 충족시킬 것을 인수하는 계약이라는 것이다.

(3) 금액급여설

보험계약은 보험자가 대가를 받고 계약에서 정한 사고의 발생을 조건으로 일정한 금액을 지급할 것을 약속하는 계약이라는 것이다.

(4) 재산급여설

보험자가 유상적이고 계획적인 기초하에서 피보험자에 대하여 우연한 사고가 발생한 경우에 재산급여의 의무를 진다는 학설이다.

(5) 기술설

모든 보험의 공통점은 기술적 기초를 근거로 한 단체성에 있다는 점에서 보험계약은 보험자가 우연한 사고의 발생확률에 따라 산출된 보험료를 지급 받는 대가로 사고발생시에 일정한 금액을 상대방에게 지급할 것을 약정하는 계약이라는 설이다.

(6) 선택설 (이원설)

선택설은 손해보험과 생명보험이 서로 다른 특성을 가지고 있기 때문에 보험계약의 개념을 일원적으로 정의하기는 곤란하기 때문에 양자를 구분하여 선택적(이원적)으로 정의하고자 하는 것이다.

2 학설의 문제점

위의 제 학설의 문제점을 요약하면 <표 Ⅲ-2>와 같다.

<표 Ⅲ-2> 학설의 문제점

학 설	문 제 점
(1) 손해보상계약설	정액보험의 성격을 지니고 있는 생명보험에는 부합되지 않음 : 생명보험의 경우 보험사고가 발생한 경우 손해 발생여부나 손해정도에 관계없이 보험계약체결시에 약정한 일정액을 지급하는 정액보험의 성격을 지니고 있기 때문임
(2) 경제적욕구충족설	손해보상계약설에서의 손해보상의 개념 대신 경제적 수요의 충족이라는 개념으로 바꾸어 보험계약을 설명한 것에 불과하며 경제적 수요가 없는 경우에도 일정한 보험금이 지급되는 생명보험의 설명에는 불충분하다는 비판도 있음
(3) 금액급여설	현물보상을 하는 경우가 있기 때문에 단순히 금액급여설로 설명할 수 없으며, 또한 보험보호가 기술적으로 어떻게 이루어지는가를 설명하지 못하고 있으므로 보험계약과 유사보험계약과의 차이점을 구분할 수 없다는 비판을 받고 있음
(4) 재산급여설	금액급여설을 보완하여 현물보상을 설명하기 위한 것으로, 재산급여라는 말은 손해보험 또는 일정액이나 연금을 포괄하는 것으로 이해할 수 있음
(5) 기술설	보험보호가 기술적으로 어떻게 이루어질 수 있는가를 잘 설명하고 있다고 볼 수 있지만 보험계약이 법률적으로 무엇인지를 명확하게 설명하지 못하고 있음
(6) 이원설	손해보험과 생명보험의 두 가지 모두의 성격을 가지고 있는 보험이 존재하고 있기 때문에 완전한 학설이라고 할 수 없음

제 3 절 보험계약의 성립요건

보험계약도 다른 계약과 마찬가지로 법적인 효력을 발휘하기 위해서는 일정한 조건을 갖춰야 하는데, 그 기본조건은 청약과 승낙(offer and acceptance), 약인(consideration), 법적 행위능력(legal competent), 보험계약목적의 합법성(legalty, legal purpose) 등이 있는데 그 내용은 다음과 같다.

1 청약과 승낙

보험계약자가 청약서를 작성함으로써 보험계약을 청약하는 것이며 보험자는 그 청약에 대해 승낙 혹은 거절의 의사표시를 하여야 한다.

보험계약에서는 보험가입신청자가 보험가입에 필요한 서류를 갖추고 1회분의 보험료를 지급하거나 지급할 것을 약속함으로써 청약은 성립하고 보험자는 이를 승낙함으로써 계약이 성립된다. 그런데 보험자가 보험계약의 청약에 대하여 상당한 기간 내에 승낙의 통지를 발송하지 아니하면 그 효력을 상실하게 되어 보험계약은 성립되지 않는다.

2 약인

약인이란 계약성립을 위해 계약당사자간에 서로 대가를 지급하는 것을 의미한다. 약인은 보험계약을 성립시키기 위한 이유 또는 주요한 원인을 말하는데, 이것이 없으면 계약은 성립하지 않는다. 보험계약에서 피보험자 측의 약인은 1회분 보험료의 납부와 보험증권에 명시되어 있는 여러 조건을 준수하는 것이고, 보험자 측의 약인은 손실보상, 손실예방, 즉 법률에 관한 서비스제공 등이 될 것이다.

3 법적 행위능력

계약당사자 모두가 법적 유자격자이어야 보험계약이 효력을 가지게 된다. 즉 계약당사자가 법적인 행위 능력을 스스로 할 수 있어야 한다. 미성년자나 한정치산자, 금치산자 등은 스스로 법적 행위를 할 수 없으므로 보험계약을 체결할 수 없다. 따라서 이러한 사람들과 보험계약을 체결할 경우에는 법정대리인의 동의를 필요로 한다. 인보험에 있어서 타인의 사망을 보험사고로 하는 경우에는 보험계약체결시에 피보험자의 서면에 의한 동의를 얻어야 하며, 15세 미만자, 심신상실자 또는 심신박약자의 사망보험계약은 무효로 하므로, 이들을 피보험자로 할 수 없다고 규정하고 있다.

4 보험계약목적의 합법성

보험계약의 목적이 법의 취지와 그 테두리에 잘 맞아야 한다는 것이다.

예컨대 공익과 사회의 건전성을 해치는 마약, 밀수품 등은 보험계약대상이 되지 못한다. 따라서 이러한 이익을 피보험이익으로 하여 보험계약을 체결하였을 때에는 보험료를 청구할 수 없으며, 또 일단 수령한 보험료는 가령 반대의 특약이 있는 경우라 하더라도 이를 반환할 필요가 없다. 피보험이익의 합법성은 당사자의 선의·악의를 묻지 않고 객관적인 표준에 따라 결정하여야 하고, 피보험자의 인적 상태(능력·신분관계)와는 관계가 없다.

제 4 절 보험계약의 법적 성질

보험계약에 대한 정확한 개념규정이 곤란하기 때문에 보험계약이 법적으로 어떠한 성질을 가지고 있는가를 살펴보는 것이 필요하다. 법적 측면에서 보면 보험계약은 <표 Ⅲ-3>과 같은 성질을 가지고 있다.

<표 Ⅲ-3> 보험계약의 법적 성질

법적 성질	내 용
(1) 불요식의 낙성계약	보험계약은 당사자 쌍방의 의사합치만으로 이루어지는 인적계약으로서 보험의 목적, 보험사고, 보험료와 보험금액 등에 관하여 당사자의 합의가 이루어지면 성립되고, 또 보험계약의 성립요건으로서 보험증권 등의 작성을 요구하고 있지 아니하므로 보험계약은 불요식의 낙성계약
(2) 유상·쌍무계약	보험계약자의 보험료 지급에 대하여 보험사고가 발생하면 일정한 금액 또는 기타 급여를 지급할 것을 약정하므로 유상계약이고, 보험자는 보험사고가 발생한 경우에 일정한 조건에 따라서 손해의 보상 또는 약정한 보험금을 지급할 의무가 있으며, 이에 대하여 보험계약자는 보험료의 지급의무가 있음
(3) 조건부계약	보험계약은 보험자의 채무지급에 대한 책임이 보험사고의 발생을 조건으로 하며 보험계약자나 보험수익자(beneficiary)가 계약의 모든 조건을 이행하는가에 좌우되므로 조건부 계약
(4) 사행계약성	보험계약은 보험자가 사전에 보험료를 수령하였어도 보험자의 급여의무는 우연한 사고에 의존하므로 보험계약은 사행계약(aleatory contract)임
(5) 선의계약성	보험계약은 최대선의에 기초를 둔 계약임. 이와 같이 보험계약이 당사자의 선의(good faith) 또는 최대선의(utmost good faith)에 기초를 둔 계약이라는 것은 연역적으로는 보험계약의 사행계약성에서 도박화를 방지하기 위한 것임
(6) 상행위성	보험계약은 그 기원과 생성이 상업도시의 법률·관행·관습에서 유래하는 상사계약에서 나타났을 뿐 아니라, 상법상 보험인수를 영업으로 할 때에는 기본적 상행위(영업적 상행위)의 일종이며, 또 상법은 보험계약에 관한 규정을 제4편에 규정함으로서 보험계약법은 상법의 불가분의 일체를 이루고 있음. 이에 따라 보험자가 보험을 인수하여 보험계약을 체결하는 것은 하나의 상행위에 속함
(7) 계속성계약	보험계약에서는 보험계약자의 보험료지급의무와 보험자의 보험금지급의무는 일정기간 동안 계속적으로 존재하게 되기 때문에 보험계약은 계속적 계약의 성격을 지님
(8) 부합계약성	보험계약의 조건은 일반적으로 당사자가 서로 상의하여 절충하여 얻어진 결과가 아니고, 보험자가 다수계약의 공통된 조건을 일방적으로 작성한 정형화된 약관(보통보험약관)에 따르는 것이기 때문에 보험계약은 부합계약(contract of adhesion)의 성격을 지님
(9) 독립계약성	보험계약자체가 독립하여 존재한다는 것임

(1) 그러나 실무적으로는 보험계약을 체결할 때 정형화된 보험청약서를 사용하고 있어 사실상 요식화되어 가고 있다. 또 보험자가 보험을 인수하면서 서면으로 승낙통지를 하거나, 승낙통지에 갈음하여 보험증권을 작성·교부하는 것이 일반적이다. 하지만 보험증권이란 계약관계를 증명하는 증거증권에 불과하며 이는 계약성립의 요건은 아니다.

(2) 보험계약은 보험자의 보험금 지급의무와 보험계약자의 보험료 지급의무가 상호대립하는 관계에 있는 쌍무계약이라 할 수 있다.

(3) 즉 조건이란 보험자의 의무이행을 제한하는 보험계약에 명시된 조항을 의미하는 한편, 보험계약자가 보험사고에 따른 보험금을 수령하는 데 지켜야 할 필수적인 어떤 의무를 부과시키고 있다. 보험계약자는 그러한 의무를 준수할 법적인 의무를 갖지는 않지만 보험금 수령을 위해서는 반드시 의무를 준수해야 된다. 따라서 보험자는 계약조건에 부합되지 않는 경우에 보험금을 지급할 법적 책임이 없다. 이런 의미에서 보험계약은 조건부 계약이라고 할 것이다.

(4) 우연한 사고란 전술한 바와 같이 사고의 발생시기, 발생여부를 모르고 또한 위험발생으로 인한 손해정도를 모르는 사고를 의미하기 때문이다. 이 점에서 보험계약은 도박과 닮은 점이 있지만, 보험계약과 도박은 그 사회적 기능에 있어서 큰 차이가 있으므로 법률적으로 매우 다른 취급을 받고 있다. 여기에서 보험계약에 있어서 피보험자는 보험의 목적에 관하여 피보험이익을 가져야 하고, 투기 또는 도박의 목적으로 이용한 보험계약은 무효로 할 필요가 있다.

(5) 보험계약은 우연한 사고의 발생을 전제로 하므로 다른 계약과는 달리 보험계약자는 자신에게 불리한 사실까지 보험자에게 고지할 의무가 있고, 피보험이익이 없이 도박적으로 보험에 가입할 수 없으며, 보험계약의 체결 후에는 위험증가·변경금지의무, 또 보험사고발생 후에는 손해방지의무가 있는 것이다.

(6) 영리보험에 있어서 보험계약은 상행위성이 인정되며 이를 영업으로 하는 보험자는 상인이 된다. 따라서 보험계약자도 상행위에 관한 규정이 적용되나, 그 특수성으로 인해 일반상행위와는 다른 많은 제약을 받는다. 즉 보험계약은 반드시 허가를 받은 보험자와 체결하여야 하고, 어느 정도 강제성이 수반되어 계약자유의 원칙이 제한을 받는다.

상호보험계약은 영리보험자가 하는 것이 아니므로 상행위는 아니지만, 보험계약관계는 실질적으로 영리보험과 같으므로 그 성질에 반하지 않는 한, 영리보험에 관한 상법의 규정이 준용된다. 보험계약자가 비상인인 경우에도 보험자는 상인이므로 원칙적으로 당사자 모두에게 상법이 적용된다.

(7) 보험계약은 다른 계약에 비해서 비교적 장기의 존속기간을 예정하고 있으므로, 계약당사자 간에는 다수의 권리의무가 발생하게 되고. 이와 같은 계속적 채권관계의 특질의 하나로 당사자의 상호신뢰성이 강하게 요구된다. 따라서 보험계약자 등은 보험료를 모두 지급한 후에도 위험변경시 또는 사고발생시에 보험계약자의 보험자에 대한 통지의무와 같은 일정한 보험계약법상의 의무를 진다.

(8) 모든 계약이 부합계약의 성격을 갖는 것은 아니다. 부합계약은 주로 가계성보험, 예컨대 자동차보험, 생명보험과 같이 불특정 일반인을 대상으로 한 보험계약에서는 일반적이지만 기업보험은 각 기업의 위험특성이 달라 한 종류의 보험증권으로 다른 기업의 위험을 담보하기에는 무리가 있다. 따라서 기업보험의 경우에는 보험중개사나 그 기업의 위험관리자에 의해 보험약관이 작성(특제보험계약(manuscript policy)) 된 후 보험자의 승낙을 얻게 된다. 이 같은 보험계약은 보험계약자와 보험자가 상호 합의 하에 보험약관 내용을 결정하므로 부합계약의 성격을 지니지 않는다고 할 수 있다.

(9) 즉 위험의 인수는 가령 운송계약, 도급계약 또는 매매계약 등에의 부대약관에 의한 것이 아니어야 한다. 예컨대 교량공사자가 교량공사의 도급과 동시에 10년 동안 교량에 대한 붕괴위험을 인수한다든지, 운송인이 운송과정에서 나타나는 위험을 인수하는 것은 보험계약이 아니다. 그러나 이것은 단지 법률상 보험계약이 독립성을 가진다는 의미이고, 경제상으로는 보험계약을 다른 계약과 결합하거나 다른 계약에 부수하여 체결할 수는 있다.

제 5 절 보험계약의 요소와 당사자

보험계약일반에 대해서 그 요소를 언급하는 것은 적당하지 않으므로 주로 민영보험, 즉 생명보험과 손해보험의 요소에 대해서 설명한다.

1 보험계약의 요소

(1) 보험의 목적 (subject matter of insurance or insured)

보험계약에서 보험의 목적은 보험사고발생의 객체가 되는 경제상의 재산이나 자연인을 말한다. 보험의 목적은 손해보험분야에서는 피보험자의 재화를 의미하고, 인보험에서는 피보험자의 생명 또는 신체를 가리킨다. 보험자는 이러한 객체에 대하여 보험사고가 발생한 경우에 책임을 지는 것이므로 보험계약에서는 구체적으로 그 목적이 무엇인가를 정해야 한다.

(2) 보험료 (premium)

보험계약은 유상계약이다. 위험부담료로써 보험계약자가 보험자에게 지급하는 금전을 보험료라고 하며 이것은 보험자가 부담하는 위험도 또는 손해발생가능성의 정도 등에 따라 변화한다. 보험료에는 순보험료(net premium)와 부가보험료(loading charges)가 있는데, 전자는 보험금의 지급에 충당되며, 후자는 회사의 경비, 사원급료, 대리점수수료, 광고선전비 등의 사업비에 충당된다.

1) 보험료지급 지체의 효과

① 전부 또는 제1회 보험료를 지급하지 않은 경우

보험계약성립 후에 2월내에 보험료의 전부 또는 제1회 보험료를 지급하지 않은 때는 다른 약정이 없는 한 계약은 해제된 것으로 본다. 이는 보험자의 이익을 위하여 둔 규정이라 할 수 있다.

② 계속보험료지급을 지체한 경우

이 경우 보험자는 상당한 기간을 정하여 보험계약자에게 최고하고 그 기간 내에 지급하지 않는 경우에는 계약을 해지할 수 있다. 보험계약자가 보험료지급을 지체한 경우에 타인을 위한 보험의 경우에는 보험자는 그 타인에게도 상당한 기간을 정하여 최고한 후에 계약을 해지할 수 있도록 규정되어 있다.

2) 보험료 지급수단으로서 어음·수표가 교부된 경우

보험료지급수단으로 어음·수표를 교부한 경우에 발생하는 문제는 당사자 의사에 대한 해석의 문제이다. 지급받은 때의 의미는 반드시 지급채무가 변제된 때가 아니라 어음·수표를 교부받은 때에도 지급을 받은 때에 해당한다고 해석하여야 한다. 보험료지급으로 교부된 어음·수표가 부도가 난 경우 보험자가 다시 보험료지급을 청구했어도 보험계약자가 지체없이 이를 지급하지 않는 것을 해제조건으로 지급받았다고 추정해야 할 것이다.

(3) 보험금액 (claim paid)

보험금액은 보험사고가 발생한 경우에 보험자가 피보험자 또는 보험수익자에게 지급하는 금액이다. 보험금액은 손해보험과 인보험에서 그 뜻의 차이가 있다.

1) 손해보험

보험자는 보험사고로 생길 피보험자의 재산상의 손실을 보상할 책임을 지므로, 손해보험계약에서 보험금액이란 보험자가 보험계약자와 합의하여 정한 손해보상책임의 최고한도액을 의미한다.

2) 인보험

생명보험과 같은 인보험에서는 보험사고의 발생의 경우에 보험자는 약정한 금액을 지급할 책임이 있으므로, 보험자가 보험사고발생 시에 지급하기로 약정한 금액을 말한다. 이러한 보험금액의 지급은 보험사고의 발생을 조건으로 하는 것이고, 현금으로 지급하는 것이 원칙이지만, 현물급여 또는 그 밖의 급여(의료행위) 등의 방법으로 할 수도 있다.

(4) 보험사고 (risk covered, insurable risk)

보험사고는 보험계약에서 보험자의 보험금지급책임을 구체화시키는 우연한 사고를 말한다. 예컨대 손해보험에서는 화재, 지진, 교통사고 등 보험증권에서 담보된 위험이 우발적으로 현실화된 경우에 보험금이 지급되게 된다. 인보험에서는 보험자의 보험금지급 의무를 발생시키는 사실의 발생을 의미하며, 사망 및 질병뿐만 아니라 미리 약속된 시기까지 생존한 경우도 보험사고로 된다.

(5) 보험기간 (term of insurance, period of insurance, duration of risk)

보험기간이란 보험자가 보험금지급에 대한 책임이 개시되어 종료될 때까지의 기간을 말하는데, 이를 '책임기간' 또는 '위험기간'이라고도 한다. 보험기간은 보험계약이 성립하여 존속하는 기간인 보험계약기간과 일치하는 것이 일반적이다 ([그림 Ⅲ-2] 참조).

한편 보험료기간이란 위험을 측정하여 보험료를 산출하는 기초가 되는 기간을 말한다. 보험료기간은 위험측정에의 기초가 되는 기간이기 때문에 이 기간이 1년인 경우에는 중도에 계약의 효력이 소멸되더라도 보험자는 1년이란 보험료기간의 보험료를 전부 취득하는데, 이를 '보험료 불가분의 원칙'이라 한다.

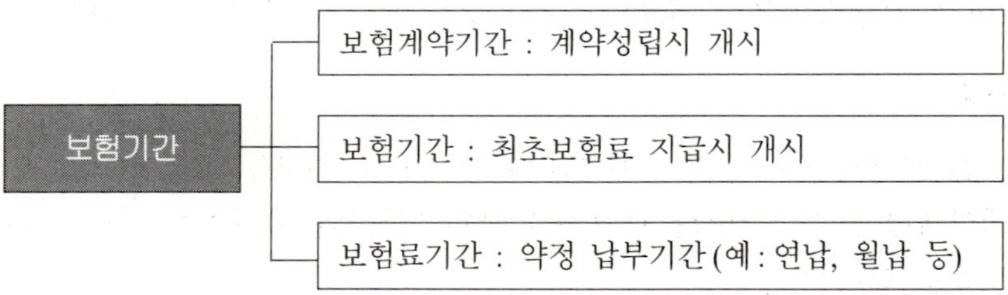

[그림 Ⅲ-2] 보험기간의 관계

2 보험계약의 당사자

보험계약의 당사자에는 주요 당사자와 보조당사자로 구분된다.

(1) 보험계약의 주요 당사자

1) 보험자 (insurer)

보험자란 보험회사 (조합)를 의미하는 것으로써 보험사고가 발생할 경우 보험금 지급의무를 지는 자로서, 보험자는 금융위원회의 사업허가를 얻은 자라야 한다. 다수의 보험계약자를 상대로 위험을 인수하여 이를 효율적으로 관리해야 한다는 성격 때문에 보험자의 자격에 대해서는 제한이 있다. 즉 보험자는 손해보험이든 인보험이든 300억원 이상의 자본금 또는 기금을 가지고 있는 주식회사 또는 상호회사로서 금융위원회으로부터 보험사업의 허가를 받아야 한다. 또한 외국의 보험사업자도 일정한 영업기금을 가지고 금융위원회의 허가를 받아 우리나라에서 보험사업을 할 수 있다. 보험자가 허가를 받지 아니하고 보험사업을 영위한 때에는 3년 이하의 징역 또는 2,000만원 이하의 벌금에 처하고, 또 허가없는 보험자와 보험계약을 체결한 자도 500만원 이하의 과태료의 제재를 받게 된다.

2) 보험계약자 (policy holder)

보험계약자란 보험계약의 당사자로서 자기명의로 보험자와 보험계약을 체결하고 보험료를 지급할 의무를 지는 자를 말한다. 보험계약자는 계약당사자로서 보험계약을 체결할 때에 고지의무를 지고 또 보험계약이 성립한 후 보험증권교부청구권 등 각종의 권리를 가지며, 보험료지급의무 등 각종의 의무를 진다. 보험계약자의 자격에는 제한이 없고, 자연인이든 법인이든 또는 1인이든 복수인이든 상관이 없다. 그리고 보험계약자는 대리인으로 하여금 보험계약을 체결할 수도 있다. 대리인으로 하여금 보험계약을 체결하게 하는 경우에는 계약의 당사자는 그 대리인이 되지만 그 계약으로부터 생기는 효과는 대리인에게 미치지 않고 본인인 보험계약자에게 미치게 된다.

3) 피보험자 (insured, assured)

피보험자의 개념은 손해보험과 인보험에서 각각 다른 의미로 쓰여진다.

① 손해보험계약

피보험자란 보험사고(위험)가 보험의 목적(자동차, 선박, 건물, 항공기 등)에 발생함으로써 손해를 입는다고 하는 이해관계(피보험이익)를 가지는 자, 즉 피보험이익의 주체로서 보험사고가 발생한 경우에 실손보상이라는 형식으로 보험금을 청구할 수 있는 자를 말한다. 손해보험에서 보험계약자와 피보험자는 동일인 일수도 있고 그렇지 않을 경우도 있지만, 양자 동일인의 경우에는 그 계약을 자기를 위한 보험계약이라 하고, 그렇지 않는 경우의 보험계약을 타인을 위한 보험계약이라 한다. 이 경우 피보험자의 자격에는 제한이 없으나, 보험계약상의 이익을 가지고 있는 피보험이익의 주체로서 보험계약의 당사자는 아니라고 하더라도 보험계약상 일정한 권리와 의무를 지니고 있다.

② 인보험계약

피보험자는 생명 또는 신체에 관하여 부보한 사람으로써 보험사고발생의 객체가 되는 자를 말하며, 자연인에 한정된다. 피보험자는 1인이거나 복수인이거나 상관이 없다. 이와 같이 인보험에 있어서 피보험자는 보험의 객체로서 보험계약상의 이익을 가지는 것은 아니나, 특히 생명보험계약에서는 피보험자에 대한 제한이 따른다. 생명보험계약의 피보험자는 보험계약에 의해서 어떠한 권리도 주어지지 않는다. 그리고 피보험자는 보험계약자와 동일인일수도 제3자일수도 있으며, 보험계약자 자신을 피보험자로 하는 경우를 자기의 생명을 위한 보험계약이라 하고, 보험계약자 이외의 제3자를 피보험자로 하고 그 사람의 생명을 보험사고로 하는 경우를 타인의 생명을 위한 보험계약이라 한다.

4) 보험수익자 (beneficiary)

보험수익자란 보험금수취인이란 용어로서도 쓰여지고 있는데 이것은 인보험에만 있는 것으로 보험자로부터 보험금액을 받을 수 있도록 지정된 자를 말한다. 보험수익자의 인원수나 자격에는 제한이 없다. 보험계약자가 동시에 보험수익자인 경우에는 자기를 위한 생명보험계약이라 하고, 보험계약자 이외의 제3자를 보험수익자로 하는 경우를 타인을 위한 생명보험계약이라고 한다. 후자의 경우에는 보험계약자가 보험수익자의 지정·변경권을 가지는데, 특히 타인의 생명보험의 경우에는 피보험자의 동의를 얻어 그 지정·변경권을 행사할 수 있다.

(2) 보험계약의 보조당사자

1) 보험대리점 (insurance agent)

보험대리점은 마케팅 경로조직상 회사 외부조직으로서 상시 보험사업자를 위하여 그 영업부류에 속하는 보험계약의 체결을 대리하거나(보험체결대리점), 중개하는 것을 영업으로 하는(보험중개대리점) 독립된 상인이다. 일반적으로 손해보험의 경우에는 전자가 이용되고 생명보험의 경우에는 보험인수의 특수한 성격으로 인해 후자가 이용된다. 이러한 보험대리점은 자연인이든 법인이든 제한이 없으나 일정한 자격을 구비한 자로서 금융위원회에 등록하여야 하고, 보험자와의 사이에 보험대리점위임계약에 의하여 보험모집을 하게 된다. 또한 보험대리점은 아래와 같이 분류된다.

① 보험대리점의 인격 ; 개인대리점과 법인대리점

② 업무범위 ; 전업대리점과 겸업대리점

③ 보험계약의 체결대리권 ; 전속대리점과 복수대리점[22)]

2) 보험중개사 (insurance broker)

보험중개사는 보험자의 사용인이나 대리인이 아니면서 보험자와 보험계약자 사이의 보험계약의 체결을 중개하는 것을 영업으로 하는 독립된 상인으로 금융위원회에 등록된 자를 말한다. 보험중개사는 보험계약의 체결을 중개하는 점에서는 '보험중개대리점'과 동일하나, 특정한 보험자의 위임을 받아 그 보험자를 위하여 중개하는 것이 아닌 점에서 보험중개대리점과는 다르다.

---

22) 우리나라 생명보험대리점은 종전에는 일사전속주의였으나 1994년부터 법인대리점에 한하여 2개의 보험회사와 대리점계약을 체결할 수 있는 복수대리점제도가 도입되었다. 또 1996년 4월과 1997년 5월에 손·생보사에 각각 독립대리점제도가 도입되어 동일보험 종목에 대하여 다수의 보험회사와 대리점 계약을 체결할 수 있게 되었다.

3) 보험설계사

보험설계사란 보험자에게 종속되어 보험자를 위하여 보험계약의 체결을 중개하는 자로서 일정한 자격을 갖추어 금융위원회에 등록된 자를 말한다. 보험외무(사)원·보험외판원·생활설계사 등으로 불리다가 최근에는 보험설계사로 불리고 있다. 그런데 보험모집종사자는 계약체결의 중개역할을 하는 자이므로 계약체결권 등 대리권이 인정되지 않고 있다. 보험설계사는 보험자에게 종속되어 보험모집에 임하고 있는 점에서, 독립된 지위에서 보험모집을 하고 있는 보험대리점이나, 독립적으로 특정하지 않는 보험자와 보험계약자 사이의 보험계약의 체결을 중개하는 보험중개사와는 다르다.

4) 보험의 (medical examiner)

보험의는 생명보험계약에서 피보험자의 신체검사를 맡아 위험측정자료를 수집, 의학적 소견을 보험자에게 제공하여 주는 의사로서 '진단의'라고도 한다. 보험의에는 '사의'와 '촉탁의'가 있다. 보험의의 의학적 진단업무는 보고청취의 부분, 진단의 부분, 그리고 진단의의 보고부분으로 되어 있다. 보험의는 보험자의 고용 또는 위임에 의하여 피보험자의 신체검사를 거쳐 건강상태 등을 조사하여 그 자료를 보험자에게 제공하여 주는 보조자로서 고지수령권을 가진다. 그러나 보험의는 보험자의 의학적 보조기관이나 보험영업에 관한 대리권은 주어져 있지 아니하므로 '상업사용인'은 아니다.

제 6 절 보험계약의 법적 기본원칙

1 피보험이익의 원칙 (principle of insurable interest)

피보험이익의 원칙은 피보험자·보험계약자는 반드시 피보험이익을 가져야 한다는 원칙을 말한다. No insurable interest, no insurance라는 말은 보험계약에서 피보험이익의 중요성을 표현한 것이다(구체적인 내용은 제6장 제4절 참조). 여기서 피보험이익이란, 만약 손실이 발생할 경우 피해를 입은 피보험자·보험계약자와 부보대상과의 관계를 말한다. 따라서 피보험이익을 가지고 있다는 뜻은 손실이 발생할 경우, 그 손실이 어떠한 형태이든 피보험자·보험계약자에게 피해를 입히는 관계라는 뜻이다.

2 실손보상의 원칙

(1) 실손보상의 원칙(principle of indemnity)의 의의

실손보상의 원칙이란 보험자가 사고가 발생하여 피보험자에게 보상할 경우 실제로 입은 경제적 손실만을 보상한다는 내용의 원칙이다. 예컨대 갑이라는 사람이 자기소유의 건물을 보험금 1억원의 화재보험에 가입한 후 화재로 인하여 2,000만원의 손실이 발생하였다면 보험회사는 실제로 입은 경제손실인 2,000만원을 보상하게 된다. 이와 같이 실손보상의 원칙에는 기본적인 두 가지의 목적이 있다. 첫째, 보험계약자가 보험으로부터 이익을 취득하는 것을 방지하는데 있다. 손해가 발생할 경우 보험계약자는 이익을 취득하는 것이 아니라, 손해발생 전과 거의 똑같은 상태로 복구되어야 한다는 것이다. 둘째, 보험계약자가 손해를 입을 경우 금전적 이익을 취득할 수 있다면, 부정직한 보험계약자는 보험금을 수취할 의도로 고의적으로 손해를 초래할 수도 있을 것이다. 보험금이 실제손해액을 초과하지 않을 때 도덕적 위태(moral hazard)가 감소된다.

(2) 실제현금가치

실손보상의 원칙의 기본이 되는 실제로 입은 경제적 손실은 손실의 실제현금가치(actual cash value)를 말하는 것으로서 일반적으로 손해보험에서의 손실의 실제현금가치는 다음과 같이 계산된다.

실제현금가치 = 대체비용(replacement cost) - 감가상각(depreciation)

위에서 말하는 대체비용이란 실손보상을 하는 시점에서 손실을 원상태로 복구하는데 드는 비용을 말한다. 따라서 위에서 말하는 실제현금가치는 인플레이션과 감가상각을 모두 고려한 개념이라고 볼 수 있다.

(3) 실손보상원칙의 예외

위에서 설명한 실손보상원칙에 예외적인 경우로는 기평가보험(valued policy)(협정가액), 대체비용보험(replacement cost insurance), 생명보험(life insurance) 등이 있는데 그 내용은 다음과 같다.

1) 기평가보험

기평가보험이란 사고가 발생하여 부보된 물건이 전손이거나 전손으로 취급될 경우 손실발생 시의 실제가치와 관계없이 계약된 금액(face amount of insurance)을 지급하는 보험계약이다. 전형적인 예로서는, 골동품, 예술품, 가보 등을 부보하는데 사용되는 것으로서, 골동품, 예술품, 가보 등은 손실발생시점에서 실제의 현금가치를 정확히 평가하기 어려운 관계로 보험계약자와 보험자가 합의한 금액으로 계약을 체결하게 된다.

2) 대체비용보험

대체비용보험은 손해발생 시 실손보상액을 결정하는데 있어 신자재 대체비용에서 감가상각비를 공제하지 않는 금액, 즉 신제품 대체비용을 보상해 주는 보험이다. 예컨대 갑(甲)이라는 사람이 자신의 가옥에 대해 대체비용보험을 체결한 후 화재로 인해 대체비용이 500만원에 이르는 손실을 입었고 해당 감가상각비가 100만원이라고 한다. 이 경우 손실보상원칙에 따라 보상을 하면 400만원을 보상하게 된다. 그러나 대체비용보험에서는 감가상각 100만원을 공제하지 않은 실질대체비용 500만원을 전액 보상하게 된다. 대체비용보험은 일반가정에서와 같이 감가상각에 대한 준비를 하지 않는 경우에 사용되는 것으로서 주로 가정용주택, 개인소유의 건물, 재산 등을 부보하는데 많이 사용된다.

3) 생명보험

생명보험 또한 실손보상원칙의 예외적인 경우에 해당한다고 볼 수 있다. 생명보험은 인체를 부보대상으로 하는 관계로, 인체의 실제현금가치를 계산한다는 것은 불가능하므로 계약체결시 사망보험금을 미리 정하게 된다. 이러한 이유 때문에, 생명보험에 실손보상의 원리를 적용한다는 것은 곤란하다. 따라서 생명보험의 경우 미리 약정한 금액에 대해서 보험계약을 체결하게 되고 보험사고가 발생할 경우 약정한 금액을 지급받게 된다.

3 보험대위의 원칙 (principle of subrogation)

보험대위의 원칙은 피보험자가 제3자의 과실에 의해 손실을 입은 경우, 일단 보험자가 이를 보상해 주고 피보험자가 가지고 있던 제3자에 대한 손해배상청구권을 보험회사가 행사할 수 있는 권한을 말한다. 간단히 말해서 보험대위는 보험회사가 피보험자에게 지급한 손해액을 과실이 있는 제3자에게 청구할 권한을 부여받는 것을 의미한다. 예컨대 어떤 부주의한 운전자가 적신호를 통과함으로서 갑의 자동차와 충돌하여 갑의 자동차에 100만원 상당의 차량손해를 입혔다고 가정하자. 갑이 자신의 자동차에 대한 차량보험을 체결했을 때 갑의 보험회사는 갑에게 차량손해보험금을 지급해 준다. 그 후 갑의 보험회사는 사고를 유발한 부주의 한 운전자로부터 손해액을 회수한다. 이런 경우 갑은 보험회사 대신에 부주의한 운전자로부터 차량손해액을 직접 청구할 수도 있다. 그런데 보험회사가 손해액을 피보험자에게 지급하기 전에는 보험회사는 대위권행사를 할 수 없다. 또한 대위할 수 있는 금액은 보험자가 피보험자에게 보상한 금액을 한도로 한다. 이와 같은 보험대위의 원칙을 설정하는 목적은 다음과 같다.

① 피보험자가 동일한 손실에 대해 보험자 및 제3자에게 이중보상의 방지.

② 제3자에 대한 손해배상청구권을 보험회사가 행사.

③ 동 원칙의 존재로 인해 보험자는 자신이 보상한 금액을 제3자로부터 회수할 수 있으므로, 피보험자에게는 손실발생에 따른 보험료가 인상되는 것을 방지할 수 있다([그림 Ⅲ-3] 참조). 그리고 생명보험이나 상해보험과 같은 인보험은 실손보상계약이 아니므로 보험자대위가 금지되는 것이 원칙이다. 하지만 상해보험의 경우에 당사자 간의 다른 약정이 있을 때에 피보험자의 권리를 해하지 아니하는 범위안에서 행사할 수 있다.

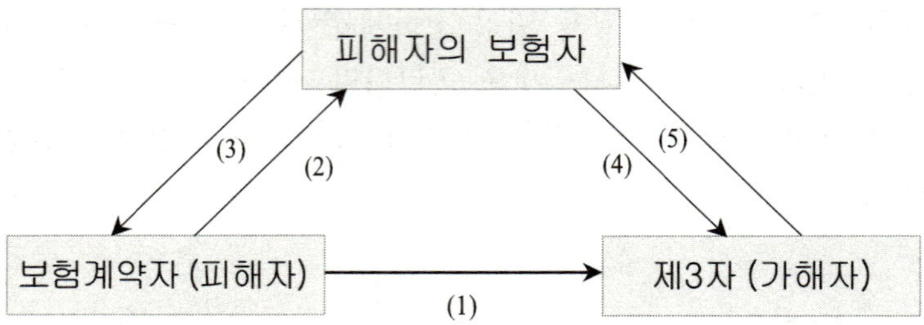

주 : (1) 제3자의 과실, (2) 보험금청구, (3) 보험금 지급(대위권취득),
(4) 손해배상청구(대위권행사), (5) 손해배상.

[그림 III-3] 보험대위의 개념

4 최대선의의 원칙 (principle of utmost good faith)

최대선의의 원칙은 보험계약이 다른 종류의 계약에 비해 계약당사자들의 정직성을 필요로 한다는 사실을 강조한 원칙으로, 이 원칙이 뜻하는 바는 계약당사자는 계약체결여부를 결정하는 데 필요한 중요한 사실을 상대방에게 반드시 알려주어야 한다는 것이다. 최대선의의 원칙과 관련된 법적 개념으로서 진술, 의식적 불고지, 담보가 있는데 이에 대하여 간단히 살펴보기로 한다.

(1) 진술 (representations)

진술이란 보험계약체결과정에서 보험자가 행한 질의에 대한 보험가입신청자의 답변을 말한다. 진술은 구두나 서면으로도 행해질 수 있으나 구두로 행해질 경우는 사실입증의 어려움 등 여러 가지 혼란이 있을 수 있으므로, 일반적으로 서면으로 이루어진다. 진술의 법적 중요성은 허위진술의 경우에서 찾아볼 수 있는데 허위진술이란 보험계약자가 행한 진술이 사실이 아닌 경우를 말한다. 그리고 허위진술이 법적으로 성립하려면, ① 보험계약자의 고지가 허위사실이어야 하고, ② 중대한 사실이어야 한다는 것이다. 즉 허위진술이 되기 위해서는, ① 진술한 사실이 허위이어야 함은 물론이고, ② 진술한 사실이 계약체결 여부에 영향을 미칠 만한 중대한 것이어야 한다는 뜻이다. 이

두 요건을 충족시키면 보험자는 법적으로 이미 체결한 보험계약을 해지할 수 있다. 한편 손실이 이미 발생하더라도 보험자는 보험금지급을 거절할 수 있다.

(2) 의식적 불고지 (concealment)

의식적 불고지란 보험계약체결에 있어 피보험자가 계약체결여부에 영향을 줄 만한 중요한 사실을 고지할 의무가 있음에도 불구하고 침묵을 지키거나 (불고지 (nondisclosure)) 고의적으로 감추는 행위를 말하며, 의식적 불고지에 따른 법적인 효과는 고지의무위반과 같다. 의식적 불고지의 경우 허위진술의 경우와 마찬가지로 의식적으로 불고지한 사실이 계약체결 여부에 중대한 영향을 미칠 수 있는 중대한 사실이라면, 보험자는 의식적 불고지의 고의성 여부를 떠나서 보험계약의 무효를 주장할 수 있다.

(3) 담보 (warranty)

담보란 보험계약체결에 있어서 합의된 조건의 이행에 대한 보험계약자의 약속 또는 어떤 사실의 존재유무에 대한 보험계약자의 명확한 입장표명을 말한다. 담보에는 명시담보 (express warranty)와 묵시담보 (implied warranty)가 있다. 이러한 담보는 고지 (disclosure) 및 진술 (representation)과 함께 보험자의 위험인수의 기초를 이루는 것이며 정확하게 이것을 충족할 것을 요건으로 한다.

제 6 장 보험계약의 구조

제 1 절 보험증권과 약관

1 보험증권

(1) 의의

보험계약의 내용을 명확하게 하기 위해 보험자가 보험계약자에게 교부하는 증권을 보험증권(insurance policy)이라 한다. 보험자는 보험계약자의 청구에 따라 보험증권을 교부해야 한다. 보험증권에는 보험약관을 비롯해 보험의 목적, 보험자가 부담한 위험, 보험금액, 보험기간 등을 기재하고 보험자가 기명날인 또는 서명해야 한다.[23] 보험계약은 요식계약이 아니라 불요식의 낙성계약이므로 보험증권의 발행은 계약성립을 위한 요건이 아니다. 또한 보험증권이 없다고 하여 보험금청구를 할 수 없는 것이 아니므로 보험증권은 유가증권이 아니다. 따라서 보험증권을 대신하여 보험계약증서, 보험인수증, 보험증명서 등이 교부된다.

---

23) 보험증권은 보험자만이 기명날인 또는 서명하는 것이므로 계약서가 아니다.

(2) 법적 성질[24)]

1) 요식증권성

상술한 바와 같이 보험증권의 기재사항은 보험의 목적, 보험사고의 성질, 보험금액, 보험료와 그 지급방법, 보험기간을 정한 때에는 시기와 종기, 무효와 실권의 사유, 보험계약자의 주소와 성명 또는 상호, 보험계약의 연월일, 보험증권의 작성지와 그 작성연월일 등이다. 이러한 기본적 기재사항 이외에도 상법은 화재보험, 운송보험, 해상보험, 자동차보험, 인보험 등에 따라서 각자 별도의 기재사항을 정하고 있다.

2) 증거증권성

보험증권은 증거증권으로서 보험계약의 성립과 그 내용에 관하여 사실상의 추정력을 가진다. 그러므로 보험증권의 기재내용과 보험계약의 내용이 다른 때에는 그 사실을 입증하여 진실한 계약의 내용에 따라 당사자는 그 권리를 주장할 수 있다.

3) 면책증권성

보험자가 보험금 등을 지급함에 있어서 보험증권 제시자의 자격 유무를 조사할 권리는 있으나 의무가 없으므로 보험증권은 면책증권이다. 그 결과 보험자는 보험증권을 제시한 사람에 대하여 악의 또는 중대한 과실 없이 보험금 등을 지급한 때에는 그가 비록 권리자가 아니라 하더라도 그 책임을 면한다.

4) 상환증권성

보험사고의 발생으로 보험자가 보험금을 지급할 때에는 보험자는 보험증권과 상환하는 것이 일반적이고, 따라서 보험증권은 상환증권으로서의 성질을 가지고 있다. 그러나 이것은 보험증권과 상환하지 않으면 보험금을 지급할 수 없다는 강한 의미가 아니고 증권을 제출할 수 없을 때에는 다른 방법에 의하여 그 권리를 증명함으로써 보험금을 청구할 수 있다.

---

24) 김두철 외, 전게서, pp.96～99.

5) 유가증권성

법률상 보험증권은 기명식에 한정되어 있지 않고, 지시식 또는 무기명식으로 발행할 것을 금지하지 않고 있다. 실제로도 운송보험, 해상적하보험 등에서 지시식 보험증권 또는 무기명식 보험증권이 이용되고 있다. 특히 보험의 목적이 운송물인 경우 보험증권이 유통증권과 함께 유통될 필요가 있으므로 이때에는 보험증권이 지시식으로 발행되는 것이 일반적이다.[25)]

(3) 보험증권에 대한 이의신청

보험증권의 기재내용이 실제 계약과 다를 때에는 이를 정정하여 당사자 간의 불필요한 분쟁을 방지할 필요가 있는데, 즉 보험증권상에 이의가 있는 경우를 위해 이의약관이 인정된다. 이의약관이란 보험계약의 당사자가 보험증권의 교부가 있은 날로부터 1개월을 지내지 않는 기간 안에 한하여 그 증권내용의 정부(正否)에 대한 이의를 할 수 있음을 약정한 경우, 이것을 정한 약관을 말한다. 이의약관에서 정한 이의기간이 지나면 보험증권의 기재내용은 확정적 효력을 갖는다.

(4) 보험증권의 멸실·훼손과 재교부

보험증권은 보험금청구서류에 첨부하는 것이 일반적이나 보험증권을 멸실 또는 훼손한 경우에도 다른 방법에 의하여 그 권리를 입증하여 보험금을 청구할 수 있다. 그러나 보험증권은 보험계약의 증거방법의 하나로서 발행된 증서이기 때문에 보험계약자는 보험증권을 소지하게 되면 일단 보험계약의 내용의 추정을 받아 입증하기가 용이하다. 그렇기 때문에 상법은 보험증권을 멸실 또는 현저하게 훼손한 때에는 보험계약자는 자기의 비용으로 보험증권의 재교부를 청구할 수 있음을 정하고 있다.

---

25) 이와 같이 보험증권이 지시식 또는 무기명식으로 발행되는 경우 그것의 유가증권성이 문제가 된다. 그런데 그 성질상 손해보상청구권만을 분리하여 유통시킬 수 없는 보험(생명보험, 화재보험 등의 일반손해보험)에 있어서는 지시식 또는 무기명식 보험증권이 발행된 경우에 그 보험증권에 일률적으로 유가증권성을 인정할 실익이 없을 뿐만 아니라 이를 인정하면 오히려 도덕적 위험과 관련된 폐해가 발생할 수 있다. 그러나 보험의 목적인 물건에 대한 권리가 유통증권에 구체화되어 유통되는 경우의 보험 (예: 운송보험, 해상적하보험)에 있어서는 보험증권의 유가증권성을 인정하고 있다.

2 보험약관

(1) 보통보험약관의 의의

보험자가 동질적인 다수의 보험계약을 체결하기 위하여 미리 작성한 보험계약의 내용을 이루는 정형적인 계약조항을 말한다. 또한 '특별보통보험약관(부가약관)'은 특수한 보험의 경우 보통보험약관만으로 불충분하여 다시 상세한 약정을 하는 것을 말하는데, 당사자 사이에 다른 약정이 없는 한 계약당사자를 구속하는 보험계약상의 법원으로서 중요한 의미를 지닌다. 또한 '특별보험약관'은 개개의 보험계약체결시에 당사자가 보통보험약관에 의하지 않고 개별적인 사정에 따라 계약의 내용을 정하는 약관을 말하는데, 예컨대 해상보험 등 기업보험에서 보험단체의 이익을 해치지 아니하는 범위내에서 예외적으로 이용되고 있다.

(2) 보통보험약관의 존재이유

보험계약은 성질상 다수의 보험계약자를 상대로 동일한 내용의 계약을 체결하게 되므로 보험계약이 위험단체의 관념에 기초를 두고 있으므로 그 구성원을 개별적으로 다루지 아니하고 동일하게 취급하여야 한다는 데에 존재이유가 있다.

(3) 보통보험약관에 대한 규정

보험계약의 내용을 잘 이해하지 못하는 소비자를 보호하고 건전한 보험계약관계를 유지하도록 하기 위해 규제가 필요하다. 왜냐하면 보험자가 일방적으로 작성하며 보험자는 경제적으로 우월한 지위를 이용하여 자기의 이익을 꾀하기 위해 보험약관에 부당한 내용을 삽입할 수도 있기 때문이다. 규제에 대해서는 입법적, 사법적, 행정적인 것으로 분류할 수 있다(<표 Ⅲ-4> 참조).

<표 Ⅲ-4> 규제의 분류

규제방법	규 제 내 용
입법적 규제	불이익변경금지원칙 : 재보험·해상보험 등을 제외하고 보험계약자 등이 동 원칙을 선언하여 이를 상대적 강행법으로 하고 있음. 보험자가 보통보험약관에 상법의 규정보다도 보험계약자 등에게 불이익 조항을 두게 되면 그 한도내에서 그 규정은 무효
	약관규제법 : 불공정한 내용의 약관을 작성·통용하는 것을 방지하고, 불공정한 내용의 약관을 규제하여 건전한 거래질서를 확립함으로서 소비자의 보호를 도모. 보통보험약관도 동 법의 규정을 받지만 상법과 보험업법의 규정이 우선적용
행정적 규제	보험업법 : 보험회사가 약관을 변경하고자 하는 경우에는 미리 금융위원회에 신고해야 함. 보험사업의 허가를 받을 경우는 기초서류로써 보험약관을 첨부해야 함
	금융위원회 : 보험자에 대해 그 업무 및 재산상황 기타의 사정변경에 의하여 필요하다고 인정한 때는 보통보험약관의 변경을 명령할 수 있음
사법적 규제	보험약관의 해석·적용에 있어서 최종적으로 사법적인 규제를 받음. 보험약관은 금융위원회의 인가를 받는다고 하더라도 약관의 내용이 불공정하거나 불합리한 경우에 강행법규나 선량한 사회질서 또는 신의성실에 어긋난다는 이유로 이를 무효로 해석하여 내용통제를 할 수 있음. 보험약관의 사법적 규제에 의하여 종국적으로는 보험계약자 등의 이익을 도모

(4) 보통보험약관의 교부·명시에 대한 관련법규의 주요 내용 <표 Ⅲ-5>

<표 Ⅲ-5> 보통보험약관 교부·명시의 관련법규

관련법규	내 용
보험업법	보험자에게 보험계약자·피보험자에 대하여 보험계약의 계약조항 중 중요한 사항을 알리지 아니하는 행위를 금지함으로써 간접적으로 보험약관의 중요한 조항에 대해서는 보험계약청약자에게 미리 알리도록 하고 있음

약관규제법	사업자는 계약을 체결할 때 고객에게 약관의 내용을 계약의 종류에 따라 일반적으로 예상되는 방법으로 명시해야 하고 또 약관의 중요한 내용을 고객이 이해할 수 있도록 설명해야 한다고 규정
상 법	보험자는 보험계약을 체결할 때 보험계약자에게 보험약관을 교부하고 그 약관의 중요한 내용을 알려 주어야 한다고 규정

(5) 보통보험약관의 효력

1) 보험약관의 구속력

보통보험약관의 내용을 보험계약의 내용으로 하겠다는 구체적인 의사가 있는 경우뿐 아니라 그 의사가 명백하지 아니한 경우에도 보험약관의 구속력을 인정하지 않을 수 없다. 보통보험약관은 반대의 의사표시가 없는 한 당사자가 그 약관의 내용을 이해하고 그 약관에 따를 의사의 유무를 불문하고 약관의 내용이 합리적인 한 보험계약의 체결과 동시에 당사자를 구속하게 된다.

2) 허가를 받지 않는 보험약관의 사법상의 효력

금융위원회의 허가를 받지 아니한 보통보험약관에 의하여 보험계약이 체결된 경우에 사법상의 효력의 문제는 그 효력을 인정하는 것이 타당하다. 물론 허가를 받지 않은 약관을 사용한 보험자가 보험업법상의 제재를 받는 것은 당연하고, 또 보험자가 금융위원회의 허가를 받지 아니하고 자신의 일방적인 이익을 도모하거나 공익에 어긋나는 약관을 사용한 때는 그 효력은 인정되지 않는다.

(6) 보통보험약관의 변경과 소급적용

1) 보험약관의 변경

위험의 변경 등 특수한 사정이 있을 때는 보험자는 보험약관의 내용을 변경할 수 있다(예컨대 금리인하 또는 위험률의 증대 등). 이 경우 금융위원회의 확인을 받아

약관의 내용을 변경할 수 있다. 금융위원회는 보험사업자에 대하여 그 업무 및 재산상황 기타 사정의 변경에 의하여 필요하다고 인정하는 때는 보험약관의 변경을 명령할 수 있다. 금융위원회가 보험약관의 변경확인이나 변경명령을 내리는 것은 보험계약자를 보호하기 위한 것이다.

2) 소급적용

금융위원회는 기초서류의 변경을 확인하는 경우에 보험계약자·피보험자 또는 보험금액을 취득할 자의 이익을 보호하기 위하여 특히 필요하다고 인정하는 때는 이미 체결된 보험계약에 대해서도 장래에 향하여 그 변경의 효력을 미치게 할 수 있다고 규정하고 있다.

금융위원회가 보험약관의 변경·확인시에 기존의 보험계약에 대해서도 새로운 약관을 적용하도록 명령한 경우에는 그 약관의 변경은 이미 체결된 보험계약에도 효력을 미치게 된다. 보험약관의 소급적용은 기초서류의 변경·확인된 보험계약에 대해서만 가능하고 그와 비슷한 보험계약에 대해서까지 확대할 수 있는 것은 아니다. 보험자가 금융위원회의 명령에 따라 약관의 소급적용을 하겠다는 의사표시를 한 때부터 기존계약에 대하여 효력이 발생한다고 해석되고 있다.

(7) 보통보험약관의 해석

1) 기본원칙

당사자의 개별적인 해석보다는 법률의 일반해석원칙에 따라 보험계약의 단체성·기술성을 고려하여 그 각 규정의 뜻을 합리적으로 해석해야 한다. 보험약관은 보험계약의 성질과 관련하여 신의성실의 원칙에 따라 공정하게 해석되어야 하며 보험계약자에 따라 다르게 해석되어서는 안 된다.

보험약관상의 인쇄조항(printed)과 수기조항(hand written)간에 충돌이 발생하는 경우에 수기조항이 우선한다. 당사자가 사용한 용어의 표현이 애매하지 아니한 평이하고 통상적이고 일반적인 뜻(plain, ordinary, popular : POP)을 받아들이고 이해되는 용례에 따라 풀이해야 된다.

2) 작성자 불이익의 원칙 (contra proferentem rule)

보험약관의 내용이 애매한 경우 다시 말해서 하나의 규정이 객관적으로 여러 가지 뜻으로 풀이되는 경우나 해석상 의문이 있을 경우에는 보험자에게 엄격·불리하게 보험계약자에게 유리하게 풀이해야 한다는 원칙을 말한다.

제 2 절 고지의무와 통지의무

1 고지의무

(1) 고지의무의 의의

고지의무 (duty of disclosure)란 보험계약자·피보험자는 보험계약을 체결함에 있어서 보험자가 보험사고 발생가능성을 측정하는데 필요한 중요한 사항에 관하여 진실을 알려야 할 보험계약상의 의무를 말한다. 그런데 보험계약자·피보험자가 고지의무를 이행하지 않는다고 해서 보험자가 강제적으로 그 수행을 강요하거나 또는 불이행을 이유로 손해배상을 청구할 수 있는 것이 아니라 보험자는 보험계약을 해지할 수 있을 뿐이다. 물론 보험계약이 해지되면 그 결과 보험금은 지급되지 않고 이미 납입한 보험료도 반환되지 않는다. 단지 해약환급금만이 지급될 뿐이다.

(2) 고지의무의 근거

고지의무를 인정하는 근거에 대하여는 견해가 나누어지고 있다. 위험측정설과 선의계약설이 그것이다. 위험측정설 (기술설)은 위험률을 측정하기 위하여 고지의무를 인정하여야 한다고 한다. 위험의 기초사실을 관리 지배하고 있는 보험계약자나 피보험자는 이를 보험자에게 고지하여 위험측정에 협조할 의무가 있다. 선의계약설 (사행계약설)은 고도의 신의성실이 요구되는 선의계약 내지 사행계약이어서 자기에게 불리한 사실이라도 보험자에게 고지할 의무가 있다.

그러나 이 두 가지 견해는 서로 배척되는 것이 아니라 양자 모두 고지의무 근거의 일단면을 설명해 주고 있는 것으로 고지의무의 근거를 설명할 때 원용되고 있다

(3) 고지의무 당사자

고지의무 당사자는 고지의무자와 고지수령권자가 있다(<표 Ⅲ-6> 참조).

<표 Ⅲ-6> 고지의무 당사자

	내 용
고지의무자	고지의무자는 보험계약자피보험자가 되지만, 보험계약이 대리인에 의하여 체결되는 경우는 그 대리인도 고지의무자가 될 수 있음. 또한 보험계약자가 복수인 경우는 각 보험계약자가 고지의무를 짐
고지수령권자	고지의무자가 고지하여야 할 상대방(고지수령권자)은 보험자와 보험자를 위하여 고지를 받을 대리권을 가지고 있는 자를 말함. 생명보험의 경우 피보험자를 진단하는 보험의는 보험계약체결권은 없으나 고지수령권은 가지고 있음. 보험모집인은 보험가입을 권유하고 보험계약의 체결을 중개하는 사실행위만을 한다는 점에서 고지수령권을 인정하지 않고 있음

(4) 고지의 시기와 방법

1) 고지의 시기

고지하여야 할 시기는 보험계약 체결당시로 하고 있으며 표준약관에서는 청약시 또는 건강진단시까지로 되어 있다. 고지할 시기를 이와 같이 정한 취지는 보험가입자를 보호한다는 측면에서 보험자가 고지의무위반을 이유로 한 해지권을 지나치게 악용하는 것을 방지하는데 있다.

2) 고지방법

상법상 아무런 제한이 없으나 표준약관에서는 청약서에 질문한 사항에 대하여 사실대로 고지하도록 되어 있다. 따라서 법률상으로 고지는 구두 또는 서면의 방법 등 어느 것도 가능하며 또한 명시적이든 묵시적이든 상관은 없으나 현실적으로는 표준약관에 의하여 청약서에 기재하는 서면의 방법으로 이루어지고 있는 것이 보통이다.

3) 고지사항과 질문표

① 고지사항

고지할 사항은 중요한 사항(material facts)이며, 중요한 사항이란 보험자가 위험의 인수여부, 보험료 및 보험계약조건을 결정하는데 참작하는 사항을 말하며, 중요한 사항은 현재 및 과거의 사항이 모두 포함된다. 어떠한 사항이 중요한 사항인가는 사실의 문제(matter (question) of fact)로서 개개의 보험분야마다 상이하다.

② 질문표

보험자가 보험계약청약서에 미리 고지할 사항을 열거하여 질문란을 둔 일종의 질문표를 이용한다. 보험자가 서면으로 질문한 사항은 중요한 사항으로 추정한다고 규정하고 있다.

(5) 고지의무위반의 요건

고지의무위반의 요건과 그 입증책임은 <표 Ⅲ-7>과 같다.

<표 Ⅲ-7> 고지의무위반의 요건

요건 및 입증책임	내 용
주관적 요건	고지의무위반이 되려면 중요한 사항의 불고지(non-disclosure) 또는 부실고지(misrepresentation)가 보험계약자 또는 피보험자의 고의 또는 중대한 과실로 인한 것이어야 함. 중요한 사항의 여부는 객관적으로 결정되어야 하며 보험계약자·피보험자의 주관적 판단으로 결정되어서는 안 됨
객관적 요건	고지의무자가 알고 있는 중요한 사항을 고지하지 아니하고(묵시), 또한 사실에 관해 부실(허위진술)을 했을 경우가 여기에 해당. 따라서 질문표의 질문사항에 대하여 불고지 또는 부실고지를 한 때는 객관적으로 고지의무의 위반이 됨
입증책임	보험자는 고지의무위반이 되는 사실이 불고지 또는 부실고지된 경우에는 그러한 사실이 보험계약자 등의 고의 또는 중대한 과실로 인해 생긴 것임을 입증해야 함

(6) 고지의무 위반의 효과

1) 보험계약의 해지권발생과 효과

보험자는 보험계약자·피보험자 등의 고지의무위반사실이 있으면 이를 입증하고 보험계약을 해지할 수 있다. 만약 보험계약자가 사망한 경우는 보험계약자의 상속인에게 해야 하고 피보험자 또는 보험수익자가 지정된 경우에도 그들이 보험계약자의 상속인이 아니면 그들에 대한 해지의사표시는 아무런 효과가 없게 된다. 해지권은 계약의 상대방인 보험계약자 또는 그 대리인에 대한 일방적인 의사표시로 행사할 수 있다.

2) 해지권의 제한

보험계약체결당시에 보험계약자 또는 피보험자가 고의 또는 중대한 과실로 인하여 중요한 사실을 고지하지 아니하거나 부실고지를 한때는 보험자는 그 사실을 안 때부터 1개월 이내에 계약을 체결한 날로부터 3년 내에 한하여 계약을 해지할 수 있다.[26)]

3) 해지권의 행사

상대방에 대한 일방적인 의사표시로 행사되며 의사의 도달과 함께 효력이 발생하므로 상대방의 승낙을 필요로 하지 않는다. 보험자가 고지의무위반으로 계약을 해지한 때는 그 계약은 장래에 대하여 효력을 상실한다고 규정하고 있다. 다만 보험사고의 발생후 계약을 해지한 경우에는 보험자는 보험금액을 지급할 필요가 없고 이미 지급한 보험금액의 반환을 청구할 수 있다. 그러나 인보험의 경우는 보험계약을 해지하였을 경우 해약환급금을 보험계약자에게 지급해야 한다.

---

26) 동 기간이 지나면 그 계약을 해지할 수 없다. 이 기간은 제척기간으로 이 기간이 경과된 후에는 고지의무위반에 대하여 다툴 수 없게 된다(불가항쟁약관). 단 보험자(및 보험대리점, 보험의 등 고지수령권이 있는 자)가 계약당시에 그 사실을 알았거나 중대한 과실로 인하여 알지 못한 때는 그러하지 아니하다. 또한 인과관계가 부존재인 경우, 보험사고의 발생이 고지의무에 위반한 사실에 기인하지 아니하였음을 증명한 때, 바꾸어 말하면 고지의무위반사실이 보험사고발생에 영향을 미치지 아니하였음이 증명된 때는 보험자의 보험계약해지권이 소멸되어 보험자는 보험금을 지급할 의무가 있다.

2 통지의무

(1) 위험변경·증가의 통지의무

1) 위험변경·증가에 대한 통지의무의 의의

보험계약자 등이 보험사고발생의 위험이 현저하게 변경 또는 증가된 사실을 안 때에는 지체없이 보험자에게 통지하여야 한다. 이러한 위험변경·증가통지의무의 발생요건으로서는 보험기간 중에 발생한 것이어야 하며, 그것의 변경 또는 증가가 현저한 것이어야 하며, 또한 보험계약자 등이 개입할 수 없는 제3자의 행위이어야 한다.

이 위험변경·증가의 통지의무에 대해서는 보험계약자에게 적극적 탐지의무를 부과하게 되어 옳지 않다는 비판이 있다.

2) 위험변경·증가통지의 시기와 방법

위험변경·증가통지의 시기와 방법은 지체없이 통지해야 하는데, 지체없이는 자기의 책임있는 사유로 지체없이 위험변경증가의 통지를 발송하면 된다. 발송사실에 대해서는 보험계약자 등이 입증해야 하는 것으로 되어 있다.

3) 위험변경·증가에 대한 통지의무해태의 효과

위험의 변경·증가에 대해 지체없이 그 사실을 통지하지 아니한 경우에 보험자는 그 사실을 안 날로부터 1개월 내에 계약을 해지할 수 있다. 보험자가 위험변경·증가통지의무의 위반을 이유로 보험계약을 해지한 경우는 보험계약은 효력이 상실된다.

(2) 위험유지의무

1) 위험유지의무의 의의

보험기간 중에 보험계약자·피보험자나 보험수익자는 스스로 보험자가 인수한 위험을 보험자의 동의없이 증가시키거나 제3자에 의하여 증가시키도록 하여서는 안 될 의무를 지고 있다. 보험계약자 등의 고의 또는 중대한 과실로 인하여 사고 발생의 위험이 현저하게 변경 또는 증가한 때는 보험자는 계약을 언제든지 해지할 수 있다.

2) 위험유지위반의무의 효과

보험계약자 등이 위험유지의무를 위반한 경우에 그 사실을 안 날로부터 1개월 이내에 보험자에게 보험료의 증액청구 또는 보험계약해지권을 인정하고 있다. 또한 해지권행사의 효과에 대해서는 보험자가 보험계약을 해지하면 보험사고가 발생한 경우에도 보험금지급책임을 지지 아니한다. 단 보험계약자가 그 '보험사고의 발생이 위험유지의무의 위반과 인과관계'가 없음을 증명한 경우에 보험자는 그 보험계약을 해지할 수 없다.

(3) 보험사고발생의 통지의무

1) 보험사고발생에 대한 통지의무의 의의

보험계약자 등이 보험사고의 발생을 안 때에는 지체없이 보험자에게 그 통지를 발송해야 하며, 보험사고발생통지의무의 법적 성질에 대해서는 고지의무나 위험변경·증가통지의무와 같이 보험계약자 등에게 그 의무이행을 강제할 수 없으나 보험금청구를 위한 전제조건인 동시에 보험자에 대한 진정한 의무라고 할 수 있다.

2) 보험사고발생에 대한 통지의무위반의 효과

보험계약자 등이 보험사고발생에 대한 통지의무의 나태로 인해 손해가 증가된 때에 보험자는 그 증가된 손해를 보상할 책임이 없다.

제 3 절 보험가액과 보험금액

1 보험가액

(1) 보험가액의 의미

물건보험에 있어서 피보험이익의 평가액, 즉 그 평가액을 금전적으로 평가한 가액을 말한다. 이러한 보험가액(insurable value)은 원칙적으로 보험의 목적인 물건의 가액으로서 언제나 일정한 것이 아니고, 경기의 변동에 따라 수시로 변동하는 피보험이익의 가액을 말한다. 예컨대 건물에 대한 피보험이익의 경우에 건물이 시간의 경과에 따라 소모되거나 그 가치가 감소되고, 또한 물가의 변동에 따라 그 가치가 증감하여, 피보험이익의 경제적 가치인 보험가액도 자동적으로 변동하게 된다. 그래서 보험자가 보상해야 할 손해액는 손해가 발생한 시기와 장소에 있어서의 보험가액에 근거하여 계산된다.

(2) 선박·적하의 보험가액

보험의 목적인 선박이나 적하의 해상보험에서는 이동의 범위가 광범위하기 때문에 손해발생의 시기와 장소에 있어서의 보험가액을 산정하는 것이 곤란한 경우가 있을 뿐만 아니라 손해발생의 시기와 장소 그 자체가 불명확한 경우도 적지 않다. 그래서 선박보험에 있어서는 보험자의 책임이 개시될 때의 선박가액을 보험가액으로 하고 있으며, 또한 적하보험에 있어서는 선적한 시기와 장소의 적하의 가액과 선적 및 보험에 관한 비용을 보험가액으로 한다고 규정하고 있다.

(3) 보험가액 불변경주의

이 주의에 의해 보험기간 중의 보험가액의 변동에 대한 문제는 없어졌지만 보험가액이 얼마였는지에 대해서는 논쟁이 생길 수 있다. 그래서 실제거래에서는 보험계약체결시에 당사자간에 보험가액을 협정하는 경우가 행하여지고 있다.[27)]

(4) 손해보험의 보험가액

손해보험은 보험사고로 인한 피보험이익상의 손해를 보상하는 것을 본질적인 내용으로 하고 적극적으로 피보험자에게 어떤 이득을 주려는 것은 아니므로 물건보험에 있어서도 피보험이익의 가액이상으로 손해보상을 하는 것이 아니다. 따라서 보험가액은 손해액 산정의 기초가 되는 동시에 보험자의 구체적인 보상액을 결정하는데도 필요한 개념이다.

2 보험금액

보험금액(sum insured)이란 계약당사자의 합의에 의해 보험자가 부담하는 '손해보상액의 최고한도액'을 말한다. 이같이 보험금액을 정하는 이유는 계약체결시에 보험자의 급부의무의 한도가 미정인 상태에서는 보험료의 산출이 불가능하기 때문이다. 말하자면 급부한도는 보험가액에 의해서 설정되지만, 보험가액은 시기와 장소에 따라 변동하고 그 평가도 상당히 곤란하다. 더구나 계약의 대부분이 손해의 발생없이 종료되는 것임을 고려한다면, 평가는 무용할 뿐만 아니라, '책임보험'의 경우와 같이 평가자체가 불가능한 것도 있다. 또 보험계약자가 보험료절약 등을 이유로 반드시 보험가액의 전액을 보험금액으로 하지 않는 경우도 있으므로 실제로는 보험가액의 평가를 생략하고 보험금액만을 정하고 이것을 보험료산출의 기초로 삼아 보험자가 지급하는 '보상금액의 최고한도' 로 정하는 경우가 많다.

3 보험가액과 보험금액의 관계

보험금액을 보험가액과의 관계에서 보면 보험금액은 반드시 보험가액과 일치하지는 않으며 보험가액을 초과하는 경우도 있는 반면, 보험가액에 미치지 못하는 경우도 있다. 이 관계로부터 다음과 같은 보험의 종류가 발생한다.

---

27) 계약당사자가 협정한 보험가액을 협정보험가액(agreed insured value)이라 하고 그 같은 보험가액이 협정된 보험을 기평가보험(valued policy)이라 부르고 있다. 이에 비해 보험가액이 협정되지 않은 보험을 미평가보험(unvalued policy) 또는 포괄예정보험(open policy)이라 한다(이원근 외, 전게서, p.155).

(1) 전부보험 (full insurance)

전부보험이란 보험금액과 보험가액이 일치하는 경우를 말하며, 보험자는 전손과 분손을 불문하고 발생한 손해의 전부를 보상하여야 한다. 보험사고에 의해 전손이 발생한 경우에 보험자는 보험금액에 상당하는 보상을 할 필요가 있다. 동일한 피보험이익과 담보위험 그리고 보험기간에 대하여 복수의 보험자와 보험계약을 체결하고 전체적으로 보험금액과 보험가액을 일치시키는 보험이 있다. 이런 보험도 전부보험에 속하며, 보통 '공동보험 (coinsurance)'이라고 한다.

(2) 초과보험 (over insurance)

초과보험이란 보험금액이 보험가액을 초과하는 경우를 말한다. 보험금액이 보험계약의 목적의 가액(보험가액)을 현저하게 초과한 때 또는 그 계약이 보험계약자의 사기로 인하여 체결된 때에는 그 계약을 무효로 하고 있다. 보험사고의 발생에 의해 피보험자가 실손액 이상의 이득을 얻기 위해 고의로 보험사고를 일으키거나 손해보험계약이 불법적이고도 도박적인 행위로 악용되는 것을 막기 위함이다. 예컨대 보험계약자의 사기에 의하여 초과보험이 된 경우에는 그 보험계약은 초과부분뿐만 아니라 계약전체가 무효로 되고, 보험사고가 발생하더라도 보험자는 전혀 보험계약상의 책임을 지지 않는다.[28]

(3) 일부보험 (under insurance)

일부보험이란 보험금액이 보험가액에 미달한 경우를 말한다. 일부보험은 보험계약체결 당시부터 보험료를 절약하기 위해 의식적으로 하는 경우(의식적 일부보험)도 있고, 또 보험계약성립 후 물가가 인상되어 자연적으로 발생하는 경우(자연적 일부보험)도 있다. 일부보험에 있어서 보험에 들지 아니한 부분은 보험계약자가 스스로 부담해야 한다.[29]

---

28) 초과보험은 계약체결 당시부터 이미 존재하는 경우도 있지만 경기변동으로 피보험이익의 가치가 떨어진 경우에도 발생한다. 이 같은 초과보험이 당사자의 의도와는 관계없이 생겨나는 단순한 경우, 예컨대 보험기간 중에 시세의 변동, 가격의 하락 등에 의해 보험가액이 현저하게 감소한 경우에 보험계약자는 보험자에게 보험료와 보험금액의 감액을 청구할 수 있다.

29) 일부보험의 경우에 보험자의 부담은 보험금액의 보험가액에 대한 비율에 의하여 정해진다. 즉 보험가액에 대한 보험금액의 비율에 손해액을 곱하여 얻은 금액이 보험자가 부담하는 금액, 즉 보상액이 된다(손해액 × 보험금액 / 보험가액 =보상액). 이 같은 보험자의 책임결정방법을 '비례부담의 원칙'이라 한다. 그리고 일부보험의 경

(4) 중복보험 (double insurance)

1) 중복보험의 의미

중복보험이란 물건보험에 있어서 보험계약자가 복수의 보험자와 동일한 피보험이익에 대하여 보험계약을 체결하고 그 보험금액의 총액이 보험가액을 초과하는 경우의 보험을 말한다. 그러나 동일한 보험목적물에 복수의 보험계약이 존재할 경우라도 피보험이익이 다른 경우는 중복보험이라고 할 수 없다. 이것은 고가물에 대한 보험, 그 밖의 1인의 보험자와의 보험계약만으로는 보험자의 자력에서 판단하여 불안한 경우에 복수의 보험자와 보험계약을 체결하는 경우 또는 보험계약자가 자기를 위한 보험계약을 체결하였을 때 제3자가 그 보험계약자를 위한 이른바 타인을 위한 보험계약을 체결한 경우에 발생할 수 있다.

2) 중복보험의 성격

중복보험은 복수의 보험계약이 동일한 피보험이익을 대상으로 하기 때문에 전체로서 보험금액이 보험가액을 초과하지만, 개개의 보험계약 자체는 초과보험이 아니다.

3) 중복보험과 공동보험의 차이

중복보험은 복수의 보험자가 동일한 피보험이익과 동일한 보험사고를 담보하는 보험을 공통으로 인수한 공동보험 (coinsurance)과는 그 성격이 다르다. 그래서 전체로서 보상액이 보험가액을 초과하지 않도록 각 보험자가 어떠한 범위의 책임을 지느냐에 대해서는 여러 가지 문제가 발생한다.

4) 동시 (同時)중복보험과 이시 (異時)중복보험

중복보험의 경우, 보험자의 손해보상방법은 복수의 보험계약이 동시에 체결되었는가 그렇지 않으면 때를 달리하며 체결되었는가에 따라 동시중복보험과 이시중복보험으로 구별된다.

우라 할지라도 당사자 사이에 특약에 의해 적어도 보험금액의 한도 내에서 보험자가 손해액의 전액을 지급할 것을 약정한 실손보상조건의 계약도 체결할 수도 있다.

① 비례책임주의

동일한 보험의 목적에 대해 동시에 복수의 보험계약이 체결된 경우에는 각 보험자는 각자의 보험금액의 비율에 따라서 손해액을 부담하는 것을 말한다.

② 우선주의

동일한 보험의 목적에 대하여 시기를 달리하고 순차적으로 복수의 보험계약이 체결된 경우에는 먼저 보험계약을 체결한 보험자가 손해를 부담하고, 만일 그 부담액이 손해의 전부를 보상하기에 부족할 때는 뒤에 체결한 보험자가 이것을 부담하는 것을 말한다.

③ 우리나라의 입장

중복보험에 대하여 연대비례보상책임주의를 인정하고 있다. 이것은 복수의 보험계약의 동시·이시의 체결을 묻지 않고, 각 보험자로 하여금 각자의 보험금액의 한도 내에서 연대책임을 지고 각자의 보험금액의 비율에 따라 보상책임을 지도록 한 방법이다.

제 4 절 피보험이익

1 피보험이익의 개념

(1) 피보험이익의 의의

피보험이익(insurable interest)이란 보험계약자와 보험담보위험 사이에 존재하는 이해관계를 말하며, 동시에 손해위험의 발생으로 인한 보험계약자의 경제적 손실을 의미한다. 따라서 피보험이익의 존재는 경제적 손실의 규모와 귀속을 결정지어 준다([그림 Ⅲ-4] 참조).

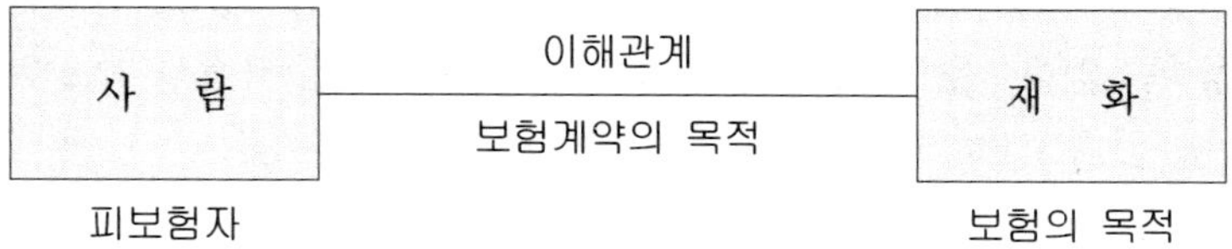

[그림 Ⅲ-4] 피보험이익

(2) 상법의 정의

피보험이익에 대해 보험계약의 목적이라 표현하고 금전적으로 산정할 수 있는 이익으로 한정하고 있다. 이는 보험의 목적과는 구별하여야 한다. 즉 보험의 목적은 보험계약의 대상을 말하는 것이고, 피보험이익은 그 목적에 대해 피보험자가 가지고 있는 이해관계를 의미하기 때문이다. 그리하여 손해보험에 있어서도 금전적으로 산정할 수 있는 이익을 가지고 있는 물건보험에서만 인정되고 책임보험과 같은 재산보험에서는 그것이 인정되지 않는다. 우리나라에서는 피보험이익의 개념은 주로 손해보험의 중심요소로 삼고 있는 것이 통설이라 할 수 있다.[30]

2 피보험이익의 존재시기

피보험이익이 존재하여야 하는 시점은 손해보험과 생명보험의 경우가 각각 다르다. 손해보험의 경우에는 계약체결시뿐만 아니라 손실발생시점에서도 피보험이익이 존재해야 한다. 대부분 손해보험은 손해보상계약이고 손해발생시 피보험이익이 존재하지 않으면 경제적 손해가 발생되지 않는다.[31] 예컨대 갑이 을에게 주택을 매도하고 화재보험이 실효

---

30) 피보험자의 동의만 있으면 보험수익자와 피보험자 사이에 아무런 경제적·사회적 이해관계가 없다 하더라도 보험계약이 성립할 수 있도록 하고 있다. 이것은 인보험이 정액보험으로서 보험사고가 발생하면 손해발생여부에 관계없이 무조건 피보험자에게 약정한 금액을 지급하는 것이라는데 논거를 두고 있다. 따라서 이 논리에 의하면 인보험에서는 피보험이익의 문제가 발생하지 않는다. 그러나 이러한 규정은 도덕적 위태(moral hazard)를 증대시킬 소지가 있다고 하겠다. 외국에 있어서는 인보험계약 성립에 있어서 피보험자와 보험금수익자 혹은 보험계약자 간에 피보험이익이 존재할 것을 필수적인 요소로 요구하고 있다.

31) 피보험자는 보험계약이 체결될 때 재산에 대한 피보험이익을 갖지 않을 수 있으나, 미래에 손해발생시 피보험

되기 전에 화재가 발생된다고 하더라도 갑은 그 주택에 대한 피보험이익이 없기 때문에 보험금을 수취할 수 없다. 을 역시 보험증권에 피보험자로서 지정되지 않았기 때문에 보험금을 수취할 수 없다.

3 피보험이익의 요건

(1) 적법성

적법한 이익이 보험사고로 인하여 손실을 입었을 때 그 보상을 목적으로 하는 계약이 보험계약이다. 따라서 피보험이익은 법의 금지규정을 위반하거나 공공질서에 위배되는 이익이어서는 안 된다. 예컨대 밀무역, 탈세, 도박, 절도 등과 관련된 이익은 피보험이익이 될 수 없다. 그러한 것을 대상으로 하는 경우 보험계약은 무효이고 보험료를 청구하지 못하나 일단 수령한 보험료는 반환할 필요가 없다. 그러나 질서법규의 위반행위, 과실로 인한 위법행위에 대해서는 책임보험이 인정되는 경우가 있다.

(2) 경제성

피보험이익은 금전으로 평가할 수 있는 이익이어야 한다. 만약 피보험이익을 금전으로 평가할 수 없는 경우에는 손해액의 산정이 불가능하고, 보험의 도박화에 의해 실손액 이상의 손해보상을 받을 가능성이 있기 때문이다. 따라서 개인적인 특수한 가치밖에 가지고 있지 않는 감정적·신앙적 혹은 도덕적 이익은 피보험이익이 될 수 없다.[32]

이익을 가질 수 있다. 예컨대 해상보험에서 선박출항 전에 체결된 계약에 의한 운송화물을 부보하는 것이 통례이다. 그러나 보험회사는 화물이 피보험자의 재산으로서 선박에 적재될 때까지 화물을 담보하지 않을 수도 있다. 비록 보험계약이 체결될 때 피보험이익이 존재하지 않지만 손해발생시에 화물에 대한 피보험이익을 가진다면, 피보험자는 보험금을 수취할 수 있다. 한편 생명보험의 경우에는 피보험이익이 계약체결시에만 존재하면 충분하다. 위에서 살펴본 바와 같이 생명보험은 손해보상의 원칙에 따라 보상하는 것이 아니라, 기평가보험계약과 같이 사망시에는 미리 약정된 보험금을 지정된 보험금 수혜자에게 지급하기 때문에 손해보험에서와 같이 손실발생시 피보험이익이 존재할 필요는 없고, 계약체결시에만 존재하면 충분하다(김동훈, 전게서, p.72).

32) 이원근 외, 전게서, p.163.

(3) 확정성

피보험이익은 계약성립시에 객관적으로 그 존재가 사회통념상 확인되는 것이어야 한다. 즉 사고발생시까지 이익의 존재나 귀속이 확정되어야 한다. 예컨대 이익을 확정할 수 없다면 손해를 확정할 수 없고 또 보험자는 손해액이나 피해자를 정할 수 없기 때문이다. 피보험이익의 존재는 보험계약성립의 유효요건이기 때문이다. 다만 그 존재를 확정할 수만 있다면, 현재의 이익이건 장래 발생하는 이익이건 상관하지 않는다. 또한 보험의 목적이 장래에 특정될 포괄보험의 경우라도 보험사고발생시에 피보험이익이 특정될 수 있다면 피보험이익은 확정된 것으로 본다.

4 피보험이익의 효용

(1) 보험자의 책임범위의 결경

보험자는 보험사고발생으로 인하여 피보험자에게 손해를 보상해 줄 책임을 지는데, 이 경우의 책임은 피보험자의 손해액을 한도로 한다. 바꾸어 말하면 보험자는 피보험자가 보험계약에서 가지는 피보험이익의 범위 내에서 입증이 가능한 손실을 한도로 책임을 진다. 그러므로 피보험이익은 보험자의 책임범위를 정하는 표준이 되고 있다.

(2) 계약동일성을 구별하는 기준

보험계약의 동일성을 구별하는 표준은 부보된 재화가 아니라 피보험이익이다. 예컨대 특정물건에 대하여 소유권자와 저당권자는 각각 별개의 피보험이익을 가지므로 독립하여 보험계약을 체결하는 것이 가능하다.

(3) 도박보험·초과보험 등의 방지

보험은 피보험이익을 전제로 하고, 또한 이익을 추구하는 수단으로 이용되는 것이 아니기 때문에 도박성을 배제하고, 또한 초과보험 등을 억제하여 보험제도의 투기성·사행성의 폐해를 방지하는 기준이 된다.

(4) 도덕적 위태(moral hazard)의 감소

피보험이익이 존재함으로써 피보험자가 손해발생을 미연에 방지하도록 노력하거나 최소한 후회하는 동기를 제공하게 된다. 이에 따라 도적적 위태를 감소시키거나 방지할 수 있는 역할을 수행한다.

제 5 절 위험부담과 인과관계

1 위험부담

(1) 담보위험

1) 담보위험의 의의

보험자가 그 위험에 의해서 발생한 손해를 보상할 것을 약속한 위험을 말한다. 따라서 보험자가 보상책임을 지기 위해서는 손해가 담보위험(perils covered, perils insured against)에 의해서 생긴 것임을 필요로 한다. 담보위험은 일반적인 보통약관으로 담보되고 있는 반면, 원래는 담보되지 않지만 특약을 체결하여 특별약관을 통해 담보되는 확장담보위험도 있다.

2) 담보위험의 결정방법

① 유일한 위험을 담보위험으로 하는 것(도난보험).

② 특정한 복수의 위험을 담보위험으로 하여, 한 장의 보험증권으로 보험자가 부담하는 것(주택종합보험).

③ 일정한 사업 또는 활동에 관한 모든 위험을 포괄적인 담보위험으로 정해 보험자가 그것에 포함되는 많은 개별위험을 부담하는 것(해상보험).

(2) 비담보위험

보험자에게 인수되지 않았던 위험, 즉 보험자가 그것에 의해서 발생한 손해를 보상한다는 명시도, 또한 면책한다는 명시도 없는 위험을 비담보위험(peril not covered)이라 한다.

(3) 면책위험

면책위험(excepted (excluded) perils)이란 담보위험이라 해도 일정한 이유로 인해 어느 종류의 위험을 보험자의 위험부담범위에서 제외하는 것이 있는데, 특히 이 같은 보험자의 위험부담범위에서 제외된 위험 내지 사고를 말한다. 따라서 어떤 위험이 담보위험으로 정해져 있더라도 해당위험에 관한 면책약관이 담보위험에 우선하는 것이라면 보험자는 담보위험에 의해서 발생한 손해에 대하여 보상책임을 지지 않아도 된다.

(4) 위험부담의 원칙

1) 개요

손해보험은 위험에 의해서 발생하는 손해의 보상을 목적으로 하는 경제제도이므로, 보험자가 부담하는 위험이 무엇인가를 검토해 볼 필요가 있다. 보험자가 부담하는 위험이 복수인 경우에 그 담보위험의 범위를 한정하는 방법으로는 담보위험을 구체적으로 열거하는 열거책임주의와 일체의 위험을 포괄적으로 정하는 포괄책임주의가 있다(<표 Ⅲ-8>참조).

<표 Ⅲ-8> 위험부담의 원칙

비교대상	내 용
담보위험의 범위	포괄책임주의에 있어서는 모든 위험이 일단 보험자의 부담에 속하기 때문에 피보험자 측에는 유리. 열거책임주의에서는 사회의 변천에 따라 지금까지 경험하지 못했던 위험이 발생한다면 그때마다 하나하나의 위험을 추가하지 않으면 피보험자는 보험보호를 받을 수 없음. 그 추가가 늦어지게 되는 경우도 일단 고려되어야 함
입증책임	입증책임에 대해서 보면, 보험자 측의 입장에서 보면 열거책임주의 쪽이 유리하고 피보험자 측에서 보면 포괄책임주의 쪽이 유리. 단 열거책임주의는 포괄책임주의보다 보험료가 저렴함

2) 열거책임주의와 포괄책임주의의 차이

포괄책임주의와 열거책임주의의 우열을 비교함에 있어 어느 국가이거나 위험약관의 조항 및 특별약관에 의해서 담보위험의 제한이 행하여지고, 특히 영국의 위험약관에 대해서는 위험의 제한 외에 위험종류의 확장도 행하여지기 때문에 위험약관만의 우열을 결정하는 것은 큰 의미가 없다. 그러나 전반적인 면을 고려하여 그 우열을 비교한다면 <표 Ⅲ-9>와 같다.

<표 Ⅲ-9> 열거책임주의와 포괄책임주의의 비교

위험부담의 원칙	내 용
열거책임주의	보험자가 부담하는 담보위험을 열거하는 방법으로 열거된 위험에 대해서만 보상책임을 짐. 열거책임주의가 적용되는 경우에는 부보된 피보험이익에 손해가 발생할 것과 그 손해가 열거위험으로 인하여 발생한 것임을 입증하는 책임이 피보험자에게 있으며 만약 피보험자가 이를 입증하지 못하는 경우에는 피보험자는 보험금의 수취가 불가능
포괄책임주의	원칙적으로 모든 위험, 우연적 사고를 부담하는 방법이지만 일반적으로 면책위험도 열거하고 있음. 다시 말하면 부담위험을 열거하지 않고 면책위험만 열거함으로써 면책위험을 제외한 모든 위험을 부담. 피보험자는 보험기간 중 손해를 입었다는 사실을 입증하면 그것으로 충분하고 그 손해가 특정의 담보위험에 의해서 생긴 것까지 입증할 필요는 없음

2 인과관계

인과관계(causation)란 일반적으로 원인으로서의 어떤 상태나 사실이 발생한다면 결과로서의 다른 상태나 사실이 발생한다는 원인과 결과의 관계를 의미하는 것이라 할 수 있다.

즉 위험과 손해의 관계를 연구하는 것을 인과관계라고 말한다. 숫자와 같은 순수한 이론체계 중에서는 원인·결과의 관계는 엄밀하게 탐구하는 것이 가능할지도 모르지만, 위험과 손해의 인과관계의 경우에는 이론뿐만 아니라 경험, 지식 등의 불안정한 기초에 근거하여 고찰해야 한다는 점에서 엄밀성이 결여된 부분이 있을 수 있다. 위험과 손해의 인과관계의 문제는 손해의 원인으로서 어느 위험이 가장 유력한지를 판단하기 위한 이론적

기준을 설정할 수밖에 없다.

(1) 근인설

근인이란 연속적인 사건으로 인하여 손실이 발생하였을 때 그 연속적인 사건을 유발시킨 첫 번째 손인을 말한다.33) 즉 최초의 이것이 없었다면 손실이 발생하지 않았을 원인을 말한다. 화재로 인한 손실을 예로 들면, 화재가 발생하였을 때 열, 연기, 진화작업 등에 의하여 손실이 발생할 수 있다. 이 경우 모든 손실이 화재로 인하여 발생하였기 때문에, 화재가 근인이 된다. 따라서 화재보험에서는 이러한 손실들이 모두 보상되고 있다. 또한 화재는 천둥, 폭발 또는 지진 등에 의해서도 발생할 수 있다. 따라서 화재를 담보손인으로 하고 있는 보험에서는 천둥, 폭발 혹은 지진 등도 담보손인으로 하고 있다.

(2) 상당인과관계설

이 설은 결과에 있어 불가결한 조건 가운데서 상당한 조건만을 원인으로 하는 입장으로 많은 불가결한 조건을 상당한 것이라는 기준에서 골라내어 원인을 한정해 가는 것이다. 여기서 상당한 것에 대한 용어의 해석에는 여러 설이 있어 반드시 명확한 것은 아니지만, 일반적으로 어느 불가결한 조건에 의해 결과가 발생할 때에, 즉 어느 불가결한 조건이 일반적인 경우에 있어서 보통 그 같은 결과를 초래하게 될 것이라고 관찰될 때 상당한 관계가 있다고 할 수 있다. 이 설은 육상보험에 있어서는 지지를 받지만, 해상보험에 있어서는 오히려 근인설을 주장하는 자가 많다.

(3) 최유력조건설

최유력조건설은 어떤 결과의 발생에 빠뜨릴 수 없는 조건 중 손해발생에 대해서 가장 유력하게 작용한 하나의 조건을 손해의 유일한 원인으로 간주한다는 설이다. 어떤 조건이 손해발생에 의해서 가장 유력한 조건을 가지는가는 여러 가지 조건 중 손해발생에 대해서 거래상 필연적인 관계를 가진다고 합리적으로 간주되는 것에 의해서 결정된다.34)

---

33) 그런데 근인이란 무엇인가에 대해서는 뚜렷한 개념은 없다. 그러나 본래는 시간상 최후에 발생한 원인을 근인으로 하는 것이기 때문에 이 설을 택할 경우에는 개개의 경우에 있어서 특정한 손해에 대한 원인을 간단히 확정할 수 있어서 매우 편리한 반면, 단순히 시간상의 전후에 의해서 원인의 여부를 결정하는 것은 결국 기계적으로 원인을 정하게 되므로 때때로 상당히 부조리한 결과를 야기할 염려도 있다는 지적도 있다.

제 6 절 보험대위와 보험위부

1 보험대위

(1) 보험대위의 의의

보험대위(subrogation)란 보험자가 보험금을 지급한 경우에 보험계약자·피보험자가 보험목적이나 제3자에 대하여 가진 권리를 당연히 취득하도록 하는 것을 말한다.

우리 상법에서는 보험대위를 '보험의 목적에 대한 대위'와 '제3자에 대한 대위'를 포함하여 단지 대위 또는 보험대위라고 하고 있지만 "subrogation"은 주로 제3자에 대한 대위를 말하고, 보험목적에 대한 대위의 경우에는 "salvage"라고 한다. 또한 "subrogation"은 어원적으로는 라틴어의 sub(= under)와 rogare(= ask)로 구성되어, asking (for a payment) under another's name이라는 의미이다.

보험대위는 민법상의 손해배상자의 대위와 유사한 것으로 손해보험에서만 인정되는 원칙이고, 인보험에서는 허용되지 않고 있다. 그러나 인보험 가운데서도 상해보험의 경우에는 그 사고가 제3자의 행위로 생긴 경우는 보험대위를 인정해야 한다는 설도 있다.

(2) 보험대위의 근거와 성질

1) 인정의 근거

보험대위는 손해보험의 기본원리의 하나인 이득금지의 원칙과 형평의 이념에서 유래된 것이다. 보험대위가 법적으로 인정된 근거에 대해 학문상으로 손해보험의 성질에서 찾으려는 입장과 정책적인 관점에서 찾으려는 입장으로 나눌 수 있다.

---

34) 이원근 외, 전게서, p.180.

① 손해보험계약설

손해보험계약은 일종의 손해보상계약이기 때문에 피보험자에게 보험사고발생으로 인한 손해만을 보상하여 주어야만 하고 그 이상의 부당한 이익을 부여하면 아니 된다는 설로서 우리나라에서는 이 설을 채택하는 것이 일반적이다.

② 보험정책설

피보험자가 보험사고를 유발하거나 도박보험 등의 방법으로 보험제도를 악용·남용하려는 소지를 방지하기 위하여 보험대위를 인정하여야 한다는 설이다. 주로 프랑스가 이 설을 채택하고 있다. 오늘날 손해보험의 성격을 가지고 있는 인보험에서도 보험대위를 금지하는 경우와, 경우에 따라서는 허용되는 경우가 있기 때문에 보험대위를 인정하는 법적 근거를 보험정책설에서 찾는 것이 타당하다고 볼 수 있다.

2) 성질

피보험자의 의사표시에 따른 양도행위의 효과가 아니라 법률이 인정하는 당연한 효과이다. 대위의 요건(전손, 보험금의 전부지급, 보험목적물가치의 존재, 제3자에 의한 보험사고발생)이 충족되면 당사자의 의사표시와는 상관없이 당연히 권리(보험의 목적물에 대한 권리, 제3자에 대한 권리)가 보험자에게 이전된다.

잔존물에 관한 권리의 이전은 물권변동의 절차를 밟지 않고도 당연히 제3자에게 그 권리를 주장할 수 있으며 또한 제3자에 대한 권리의 경우에도 지명채권양도(특정인을 채권자로 하는 채권을 말하는데 이에 상반되는 것으로 지시채권, 무기명채권)에 대한 대항요건의 절차 없이도 채무자, 그 밖에 제3자에게 대항할 수 있다. 제3자에 대한 보험대위에서는 보험자가 보험금의 일부를 지급한 경우에도 일부대위가 인정되는 점에서 보험의 목적에 대한 대위와 다르다.

(3) 보험의 목적물에 대한 보험대위와 제3자에 대한 보험대위의 비교

양자를 간단하게 설명하면 <표 Ⅲ-10>과 같다.

<표 Ⅲ-10> 보험의 목적물에 대한 보험대위와 제3자에 대한 보험대위

	보험의 목적물에 대한 보험대위	제3자에 대한 보험대위
의의	① 보험의 목적물이 전부 멸실한 경우 보험금액의 전부를 지급한 보험자는 그 목적물에 대한 피보험자의 권리를 취득하는 것을 말함. 전손이 발생한 경우 보험자가 잔존물의 가치를 공제한 금액을 피보험자에게 보상하면 피보험자가 부당한 이득을 취할 수 없게 됨	④ 보험사고에 의한 손해가 제3자(보험자와 보험계약자·피보험자이외의 자. 피보험자와 함께 생활하는 가족은 고의로 손해를 발생하게 한 경우가 아니면 제3자에 포함 안 됨)의 행위에 의하여 발생한 경우에 보험금액을 지급한 보험자는 그 지급한 금액의 한도 내에서 제3자에 대한 보험계약자 또는 피보험자의 권리를 취득하는 것을 말함
요건	② 보험목적의 전부멸실 : 전부의 멸실이란 보험계약 체결 당시 보험의 목적물이 가진 경제적 가치가 전부 멸실한 것으로 전손과 같은 의미임 ③ 보험금액의 전부지급 : 보험금액의 전부지급이란 보험의 목적물에 입은 손해뿐 아니라 보험자가 부담하는 손해방지비용(상법 제680조)까지 지급한 것을 말함. 따라서 보험자가 보험금액의 일부만을 지급한 때에는 그 지급액부분에 대해서도 권리가 이전하는 것은 아님	⑤ 제3자에 대한 보험사고의 발생 : 제3자에 대한 보험대위를 인정하기 해서는 보험사고가 제3자로 인해 발생하고 피보험자가 제3자에 대하여 손해배상청구권을 가질 것을 필요로 함 ⑥ 보험금액의 지급 : 보험대위의 요건으로 보험자는 제3자의 행위로 인한 피보험자의 손해를 보험계약의 조건에 따라 보상해야 함. 보험자는 피보험자에게 보험금액을 지급함으로써 법률상 당연히 그 제3자에 대한 권리를 취득하게 되므로, 보험대위의 발생시기는 보험금액을 지급한 때임

① 또한 잔존물의 가액을 계산하는데 많은 시간과 비용이 들뿐만 아니라 피보험자가 잔존물을 매각처분해야 하는 불편을 주게 되기 때문에 피보험자 권익보호를 위해서도 바람직하지 않다. 따라서 잔존물을 도외시하고 전손으로 보아서 보험자가 보험금액의 전부를 피보험자에게 지급하고 그 대신 잔존물에 대하여 피보험자가 가지고 있는 권리를 보험자가 취득한다.

② 다시 말하면 보험의 목적이 그 모든 가치에 대하여 상당한 비율에 해당하는 비용을 들여 정상의 목적으로 돌릴 수 있는 경우에는 분손이고, 잔존물의 일부가 남아 있다 하더라도 그것이 경제적인 관점에서 이용이 어려운 경우에는 전손으로 다루어야 한다.

③ 보험금액의 일부만을 지급하고 나머지를 지급하지 않고 있는 동안에 보험목적이 구조되었다면 보험자는 그 물건에 대하여 권리를 취득할 수 없고 동시에 피보험자는 구조된 물건의 가액을 보험금액에서 공제해야 한다.

④ 예컨대 적하보험의 경우 화물의 손실이 해상운송인의 귀책사유로 생긴 때에 피보험자에게 그 손해를 보상하여 준 보험자가 해상운송인데 대한 피보험자의 손해배상청구권을 대위하여 취득할 수 있다. 보험사고의 발생이 가령 제3자의 불법행위로 인한 때에는 피보험자는 불법행위를 원인으로 하여 그 불법행위자에게 손해배상을 청구할 수 있고 또 보험계약에 따라 보험자에게 보험금액을 청구할 수 있다.

⑤ 예컨대 제3자의 행위는 불법행위뿐만 아니라 채무불이행으로 인한 손해배상의무를 부담하는 경우를 포함하고 또 선장의 공동해손처분처럼 적법행위에 의한 경우도 포함된다.

⑥ 또 보험금액의 지급은 보험계약자의 의무로서 지급하는 것으로 반드시 보험계약에서 정한 한도의 모든 금액을 지급하여야 하는 것은 아니고, 일부를 지급하여도 그 지급한 범위 내에서 그 대위권을 행사할 수 있다. 이 점은 보험목적에 대한 보험대위의 경우와 다르다.

(4) 보험의 목적물에 대한 보험대위와 제3자에 대한 보험대위의 효과

1) 보험의 목적물에 대한 보험대위의 효과

① 보험의 목적물에 대한 권리의 이전

㉠ 당연한 권리의 이전

보험의 목적물의 전부가 멸실한 경우에 보험금액의 전부를 지급한 보험자는 보험의 목적에 대한 피보험자의 권리를 취득하게 된다. 보험의 목적물에 대한 피보험자의 권리의 이전은 법률의 규정에 의하여 당연히 이루어지는 것이므로, 보험자가 보험금액을 전부 지급하면 그 목적물에 대한 물권변동의 절차를 밟지 아니하고도 보험의 목적에 대한 피보험자의 권리가 보험자에게 이전하게 된다. 이에 따라 피보험자는 그 목적물에 대하여는 특약이 없는 한 아무런 권리를 가지지 못하고, 또한 임의로 그것을 처분할 수 없다.

㉡ 이전되는 권리의 범위

상법은 그 목적에 대한 피보험자의 권리라고 정하고 있으므로 보험대위에 의하여 보험자에게 이전하는 권리는 피보험자가 보험의 목적에 대하여 가지는 피보험이익에 관한 모든 권리하고 할 수 있다. 피보험이익에 대한 피보험자의 권리라 함은 일반적으로 임차권이나 담보물건 등은 그 목적물의 멸실과 동시에 소멸한다는 이유로 목적물에 대한 피보험자의 소유권만을 가리킨다.

㉢ 권리이전의 시기

보험대위권은 보험금전액의 지급을 전제로 하고 있으므로 보험자는 보험사고의 발생시기가 아니고 보험금액을 전부 지급한 때로부터 그 권리를 취득한다. 그러므로 피보험자가 보험금의 지급을 받기 전에 그 목적물을 임의로 처분하였으면 보험금에서 그 대가를 공제할 수 있고, 보험금의 지급을 받은 후에 이를 처분한 때에는 보험자는 피보험자에 대해 그로 인한 손해배상을 청구할 수 있다.

② 일부보험의 경우

일부보험에서 보험자가 보험금액의 전부를 지급하면 보험금액의 보험가액의 비율에 따라 피보험자가 보험목적에 대하여 가지는 권리를 취득하게 된다. 이에 따라 일부보험의 경우에는 잔존물에 대한 권리가 그 비율에 따른 부분만이 보험자에게 귀속하게 되므로 보험자와 피보험자는 그 목적물에 대하여 지분적 공유를 하게 된다. 예컨대 보험가액이 5억원인 선박을 보험금액 4억원으로 부보한 경우에는 피보험자는 1억원에 대하여 자가보험자가 되어 구조물의 1/5에 대한 권리를 가지게 되고, 보험자는 4/5에 권리만을 취득하게 되는 것을 말한다.

③ 피보험자의 협조의무

피보험자는 보험금의 지급을 받아 보험의 목적에 대한 권리가 보험자에게 이전한 후에는 보험자가 그 권리를 행사할 수 있도록 필요한 정보를 제공하고 그가 점유하고 있는 권리의 입증에 필요한 서류를 교부하고 필요에 따라서 권리이전에 관한 공증서를 제출해야 한다. 왜냐하면 그 보험의 목적에 대하여는 피보험자가 점유하고 있는 것이 일반적이고 또한 그 내용을 가장 잘 알고 있는 위치에 있기 때문에 보험자의 권리행사에 피보험자가 협조하여야 하는 것은 당연하다고 할 수 있기 때문이다.

④ 목적물에 대한 부담과 대위권의 포기

보험자는 대위권의 행사로 불이익을 받게 되는 경우에 보험자가 보험대위권을 포기하고 보험목적에 따른 공법상 또는 사법상의 부담을 피보험자에게 귀속시킬 수 있다. 그래서 공법상 혹은 사법상의 채무를 이행하기 위한 금액은 피보험자의 부담으로 하고 있다. 보험자가 난파선의 가치를 넘을지도 모르는 비용을 들여서 난파선을 제거하여야 할 의무를 지게 되는 경우, 또한 화재보험의 경우도 보험자는 잔존물을 인수하지 아니할 뜻을 나타내고 손해를 보상한 경우에는 그 잔존물은 피보험자의 소유가 된다.

2) 제3자에 대한 보험대위의 효과

① 제3자에 대한 보험사고의 발생

㉠ 피보험자의 권리이전

제3자의 책임있는 사유로 보험사고가 발생한 때에는 보험자의 보험금지급에 의하여 보험계약자·피보험자가 가지는 제3자에 대한 권리는 당연히 보험자에게 이전한다.

㉡ 대위권행사의 범위

제3자에 대한 보험대위권의 행사는 바로 피보험자가 보험사고로 말미암아 제3자에게 가지고 있던 권리를 행사하는 것이므로 피보험자의 권리에 의해 제한된다. 다시 말해 보험자는 피보험자가 제3자에 대하여 가지는 권리보다 더 큰 권리를 가질 수 없다.

② 피보험자의 협조의무

보험자가 보험금의 지급 이후에 제3자에 대한 피보험자의 권리를 취득하더라도 제3자와 관계가 있는 보험계약자 또는 피보험자의 협조가 없으면 대위권을 행사하기가 곤란하다. 따라서 피보험자는 보험금을 지급받은 후에는 보험자가 그 권리를 행사할 수 있도록 협조해야 할 의무를 가지게 된다.

3) 권리취득의 제한

보험자가 보상할 보험금액의 일부를 지급한 때 보험자는 피보험자의 권리를 침해하지 아니하는 범위내에서 그 권리를 행사할 수 있다. 이러한 이유는 손해를 완전히 보상받지 않고 있는 피보험자의 배상청구권을 방해하지 않도록 하기 위한 것이다.

4) 재보험자의 보험자대위

원보험자가 제3자에 대한 보험대위권을 가지고 있을 때에 재보험자가 원보험자에게 보험금액을 지급하면 그 지급한도 내에서 다시 재보험자에게 대위권이 이전한다. 그러나 이 경우 재보험자 자신이 그 대위권을 행사한다는 것은 불편하고 경우에 따라서는 불가능한 경우도 생길 수 있다. 따라서 상관습상으로 보험대위권을 재보험자 자신이 행사하지 않고 원보험자에게 위탁하여 원보험자가 자기의 명의로 대위권을 행사한 다음에 회수한 금액을 재보험자에게 교부하는 것이 보통이다. 그리하여 일반적으로 원보험자는 자신의 명의로 대위권을 행사하여 회복한 금액이 있으면 재보험자에게 그 보험금의 비율에 따라 반환하여야 할 의무를 지는 것이다.

2 보험위부

(1) 의의

위부(abandonment)란 보험사고 발생결과가 현실전손은 아니지만 보험목적이 전손에 가까운 손실을 입었거나 또는 본래의 목적에 사용할 수 없을 경우에 피보험자가 그 보험목적에 대하여 가지고 있는 모든 권리를 보험자에게 위부하여 보험금액의 전액을 청구할 수 있는 해상보험의 특유한 제도이다.

해상보험에 있어서는 전손이 있다고 추정되기는 하지만 그 증명이 곤란한 경우가 있다. 이러한 경우에 피보험자가 보험사고 발생사실의 증명이나 손해액산정절차를 생략하고 법률상 전손과 같이 취급하여 보험금액을 청구할 수 있도록 하는 제도가 바로 위부제도이다.

(2) 위부의 원인

1) 선박·적하의 점유상실

선박의 회복가능성이 없거나 회복은 가능해도 그 회복비용이 회복하였을 때의 가액을 초과하리라고 예상되는 경우는 위부할 수 있다.

2) 선박의 수선비용이 과다한 때

수선비용이 수선하였을 때의 가액을 초과하리라고 예상될 경우에 위부할 수 있다.

3) 적하의 수선비용·운송비용이 과다한 때

적하의 수선비용과 적하를 목적지까지 운송하기 위한 비용의 합계액이 도착한 때의 적하의 가액을 초과하리라 예상되는 경우에 그 적하를 위부할 수 있다.

(3) 위부의 성격과 효과

위부는 피보험자의 단독행위이기 때문에 피보험자의 위부통지만으로써 성립하며 보험자의 승낙을 필요로 하지 않는다. 보험자가 위부를 승인하지 아니할 때 피보험자가 위부의 원인을 증명하지 아니하면 보험금액의 전액을 청구하지 못한다. 보험자가 일단 위부를 승낙한 후에는 이에 대해 이의를 제기하지 못한다. 위부의 원인이 보험목적의 일부에 대하여 생길 때는 그 부분에 대해서만 위부할 수 있다.

위부의 직접효과는 피보험자가 보험목적에 대하여 가지는 모든 권리(보험목적에 가지는 권리와 제3자에 대하여 가지는 권리)를 보험자에게 이전하는 것이다. 위부의 간접효과는 피보험자가 보험목적을 위부한 때는 보험금액의 전액을 청구할 수 있다.

(4) 보험위부의 문제점

보험위부제도는 전손이 발생했다고 추정되는 경우에 피보험자가 보험의 목적물에 대해 가지는 모든 권리를 보험자에게 이전함에 따라 보험금액의 전부를 청구할 수 있는 제도인데 실무에서는 보험자가 보험의 목적물에 대한 권리를 취득하지 않고 전손금을 지급하는 처리를 하고 있다.

원래 보험위부의 제도는 위부에 의해 보험자에게 이전하는 보험의 목적물에 경제적 가치가 있는 것을 전제로 하는 것인데 오늘날에는 보험의 목적물의 잔존물에 부수하여 발생하는 철거비용 및 손해배상책임을 이행하기 위해 필요로 하는 비용이 위부되는 보험의 목적물의 경제적 가치를 상회하는 경우가 많아 전술한 전제가 붕괴되고 있다.

더구나 보험의 목적물에 잔존가치가 있는 경우에는 보험위부제도에 의하지 않고 보험대위에 의한 소유권의 취득방법을 이용할 수 있는 등의 이유로 보험위부제도가 폐지되기에 이르고 있다.

3 보험대위와 보험위부와의 관계

보험의 목적에 대한 대위는 해상보험에서 인정되는 보험위부와 비슷하다. 그러나 전자는 '사전적'이고, 후자는 '사후적'이며, 또한 전자는 보험의 목적에 현실전손이 있는 경우에 피보험자에게 손해를 보상하여 준 보험자에게 법률상 당연히 그 목적물에 대한 권리와 제3자에 대한 권리를 이전시키는 제도인데 비해, 후자는 보험목적이 전부 멸실한 것과 동일시할 수 있는 경우에 피보험자가 보험목적에 대하여 가지고 있는 모든 권리를 보험자에게 이전시키고 보험금액의 전부를 청구할 수 있는 해상보험의 특유의 제도이다. 그리고 보험위부는 위부된 보험목적물이 피보험자에게 지급한 보험금액보다 큰 것이 입증되어도 보험자는 여전히 그 전부에 대한 권리를 가질 수 있다. 그러나 이와 반대로 보험대위는 보험자가 피보험자에게 지급한 보험금액 이상으로 회복할 수 없다는 점에서 양자는 구별된다.

제 7 절 공제조항

공제조항(deductible)은 손실발생시 피보험자로 하여금 손실의 일부를 부담하게 하는 조항이다. 공제조항은 일반적으로 재산보험, 자동차보험, 건강보험 등에서 많이 사용된다. 생명보험이나 제3자에 대한 배상책임보험에서는 공제조항이 없는 것이 일반적인데, 생명보험에서 공제조항을 두게 되면 이는 결국 사망시 지급금액(face amount of insurance)을 줄이는 결과를 가져오고, 배상책임에서는 보험자가 피보험자의 제3자에 대한 책임을 법적으로 최대한 보장하고, 또한 그 배상금액도 최대한 줄여야 하는 입장에 놓이기 때문에 아무리 적은 배상책임금액이라도 관심을 갖게 되고 따라서 공제조항이 없는 경우가 일반적이다.

1 공제조항의 목적

(1) 합리적인 처리

일반적으로 손실의 규모가 작은 경우 손실보상금액보다 손실처리비용이 더 많이 드는 경우가 있다. 예컨대 손실액수가 50,000원인데 손실을 해결하기 위한 비용이 10만원이 든다면, 이는 보험비용만 발생시킬 뿐 보험에 따른 경제적 실익은 줄어들게 된다. 이를 방지하기 위해 공제조항을 두게 되고 공제금액이하의 손실에 대해서는 피보험자가 직접 부담하게 된다.

(2) 보험료의 감소

공제조항을 두면 같은 손실이 발생하더라도 보험자가 부담하는 손실은 줄어들게 되고, 이는 보험료의 감소를 가져온다. 따라서 공제조항이 있으므로 해서 보험자에게는 부담손실이 줄어드는 결과를 가져오고, 피보험자에게는 보험료가 감소하는 결과를 가져온다.

(3) 정신적 위태(morale hazards)의 경감

공제조항은 손실이 발생하였을 경우 금액은 적지만 피보험자에게 부담이 되므로, 피보험자는 공제조항에 따른 자기부담을 줄이기 위해서라도 손실발생을 방지하기 위하여 주의를 기울이게 되고 이는 곧 무관심, 부주의에 따른 정신적 위태를 줄이는 효과를 가져온다.

2 공제방법의 종류

공제하는 방법에는 여러 가지가 있으나 그 중에 중요한 것으로는 정액공제방법(straight deductible), 종합공제방법(aggregate deductible), 대기기간방법(waiting period), 소멸성공제방법(disappearing deductible), 프랜차이즈공제방법(franchise deductible) 등이 있는데 그 내용을 간략하게 정리하면 다음과 같다.

(1) 정액공제방법

이 방법은 일정금액의 공제액(deductible)을 정해 놓고 각 위험당 손실액이 정해진 공제액 미만일 경우에는 피보험자가 손실전액을 부담하고, 손실액이 공제액보다 큰 경우에는 공제액만큼은 피보험자가 부담하고 공제액을 제외한 나머지 손실은 보험자가 부담하는 방법이다. 예컨대 갑이라는 사람이 공제액 50,000원인 자동차보험을 체결한 후, 50만원의 손실을 입었다면 피보험자인 갑은 공제액에 해당하는 50,000원을 부담하고, 보험자는 공제액을 제외한 나머지 손실 45만원을 부담하게 된다.

(2) 종합공제방법

이 방법에서는 일정금액의 종합공제액을 정해놓고 일정기간(예: 1년) 발생한 손실의 합계가 정해진 종합공제액을 하회하는 경우에는 손실액 전부를 피보험자가 부담하고 발생된 손실의 합계가 종합공제액을 상회하는 시점부터 발생하는 손실전액을 보험자가 부담하게 된다. 예컨대 1년(1.1～12.31) 동안의 종합공제액이 500만원으로 정해진 보험의 경우 만약 발생손실의 월별 합계가 1월 : 100만원, 2월 : 100만원, 3월 : 200만원, 4월 : 100만원, 5월 : 200만원 등으로 나타났다면, 종합공제액인 500만원까지 손실(즉 1월～4월의 손실 총액)은 피보험자가 부담하고 나머지 손실액(즉 5월부터 발생하는 손실액 전부)은 전액 보험자가 부담하게 된다. 이 방법은 일부의 재산보험과 건강보험에서 많이 사용된다.

(3) 대기기간방법

대기기간방법은 손실발생 즉시 보험금을 지급하는 것이 아니라, 일정기간 동안의 대기기간을 두어 정해진 대기기간 동안 발생된 손실에 대해서는 보험금지급을 하지 않는 방법이다. 이 방법은 손실이 한번 발생하면 일정기간 계속되는 경우에 많이 사용되는 것으로서 건강보험이나 고도장해보험(disability income insurance)에서 많이 사용된다. 예컨대 대기기간이 3일인 건강보험에서 피보험자에게 병이 생겨 치료를 받을 경우 처음 3일 동안은 대기기간에 해당되므로 치료비지급이 안되고, 치료가 3일 이상 계속될 경우 4일째부터 치료비가 지급된다. 따라서 대기기간 3일 동안의 치료비는 일종의 공제액 성격을 지니게 된다. 이러한 대기기간방법을 통한 공제는 시간을 다투어 부보를 하는 경우가 많이 생기는 수출보험의 경우에도 사용되는데 이 경우에서도 보험계약체결 후 일정기간(예: 5일)이 지난 후에 발생된 손실만 보상된다. 이는 수출보험의 경우 수출업자들이 손실이 발생한 후 서둘러 부보를 함으로써 보험계약 전에 발생된 손실에 대해 보상을 받으려고 하는 일종의 도덕적 위태를 방지하기 위한 방법으로도 사용된다.

대기기간방법에서의 대기기간은 보험의 종류에 따라 달라지나 일반적으로 3일, 5일, 7일 그리고 취업불능보험의 경우에는 대기기간이 90일까지로 된다.

(4) 소멸성공제방법

소멸성 공제방법에서는 일정액의 공제한도를 정하고, 이 공제한도보다 작은 손실은 피보험자가 전액 부담하고, 공제한도보다 큰 손실에 대해서는 손실의 규모가 커지면 커질수록 공제액의 크기는 점점 줄어들어 일정손실 이상에서는 공제액이 완전히 소멸되어 피보험자 부담은 전혀 없어진다. 예컨대 공제한도가 10만원인 보험이 있다고 하자. 만약 손실금액이 70,000원, 100만원, 260만원일 경우 피보험자의 부담액을 알아보자. 다만 공제한도 10만원보다 큰 손실에 대해서는 다음과 같은 조정공식이 사용된다고 하자.

$$P = (L - D) \times 1.04$$

P : 보험자 부담, L : 공제한도보다 큰 손실, D : 공제 한도

1) 손실금액이 70,000원일 경우

피보험자의 부담액은 손실금액이 공제한도(=10만원)보다 적으므로 손실금액 7만원 전부가 피보험자의 부담이 된다.

2) 손실금액이 100만원일 경우

손실금액 100만원이 공제한도 10만원보다 크므로 위의 조정공식이 적용된다.

P = (L − D) × 1.04
= (100만원 − 10만원) × 1.04
= 90만원 × 1.04 = 93만 6천원 ; 보험자 부담액

따라서 피보험자 부담액 = 손실금액 − 보험자 부담액
= 100만원 − 93만 6천원
= 64,000원

3) 손실금액이 260만원일 경우

이 경우도 손실금액 260만원이 공제한도 10만원보다 크므로 위의 조정공식이 적용된다.

P = (L − D) × 1.04
= (260만원 − 10만원) × 1.04
= 250만원 × 1.04 = 260만원

따라서 피보험자 부담액 = 손실금액 − 보험자 부담액
= 260만 − 260만 = 0

위의 예에서 보는 바와 같이 손실금액이 공제한도 10만원 이하인 경우에는 손실금액이 전액 피보험자 부담으로 되고, 손실금액이 공제한도보다 큰 경우에는 손실금액이 커질수록(위의 예에서는 100만원에서 260만원으로 증가) 피보험자 부담액은 줄어든다(64,000원에서 0으로 감소). 위에서 보는 바와 같이 피보험자부담액이 얼마만큼 줄어드느냐는 조정공식에 따라 달라진다. 다시 말하면 조정계수(위의 예에서는 1.04)에 따라 피보험자부담액의 감소폭이 달라지는데, 조정계수가 커지면 커질수록 피보

험자부담액의 감소폭도 커지게 된다.

(5) 프랜차이즈공제방법

이 방법은 보험자가 보상하여야 할 성질의 손해가 발생한 경우에, 그 손해가 사전에 약정한 면책액(일정액)이나 면책률(보험금액의 일정비율)이하의 적은 손해인 경우에는 보험회사가 보상하여 주지 않고 피보험자가 부담하도록 하는 보험의 형태를 의미한다.[35)]

3 공동보험조항

공동보험조항(coinsurance clause)은 피보험자로 하여금 최소한 일정금액 이상을 부보하도록 요구하는 조항으로서 만약 이 요구조건에 위배될 경우 피보험자로 하여금 손실의 일부분을 부담하게 한다. 여기서 말하는 일정금액이란 일반적으로 손실발생시 부보대상의 실제 현금가치(actual cash value at the time of loss)의 일정비율로 표시되는 것으로서 요구보험금액(amount of Insurance required)이라고 부른다. 따라서 요구보험금액은 미리 정해져 있는 것이 아니라 실질적으로 손실이 발생한 후 부보대상의 실제현금가치에 의해 정해진다. 만약 피보험자가 부보한 보험계약금액이 요구보험금액을 하회하는 경우, 피보험자가 발생된 손실의 일부를 다음과 같은 공식에 의거 부담하게 된다.

지급보험금 = (보험가입금액 / 요구보험금액) × 손실액
(다만 보험가입금액 ≤ 요구보험금액)

---

35) 이는 운송보험에서 화물의 성질에 따라서 보험사고가 발생되지 않더라도 통상 운송과정에서 소손해가 불가피하게 생기는 경우 자주 나타나는데, 이러한 소액의 손해나 비용을 일일이 보상하는 것은 시간과 비용을 소비하게 되어 보험료의 상승을 가져와 결과적으로 피보험자에게도 불리하기 때문에 이러한 보험형태를 만드는 것이다. 또한 보험자가 피보험자에게 완전한 보험보호를 하여 주는 것보다 그에게 일정액의 손해를 부담하게 함으로써 피보험자 자신이 보험사고가 발생하지 않도록 노력하고 주의하게 하여 손해발생을 근소화시키기 위해서도 사용될 수 있다. 또한 우리나라의 자동차 보험에서도 이러한 취지에서 본인부담제도를 사용하고 있다. 한편 손실이 공제한도를 넘게 되면 전액 보험자가 부담하게 되어 공제액이 완전히 없어진다는 점에서 소멸성공제방법과도 비슷한 점이 있다.

제 IV 부

보험회사의 경영

제 7 장 보험모집조직

보험모집조직이란 보험상품을 판매하는 기능을 담당하는 조직이다. 우리나라 보험업법에서 보험을 모집할 수 있는 자는 보험회사의 임원(대표이사·사외이사·감사 및 감사위원은 제외) 또는 직원, 보험설계사, 보험대리점 또는 보험중개사, 대리점 또는 중개사의 임원이나 사용인으로 규정하고 있다.

제 1 절 생명보험의 모집조직

1 직급제도 (direct writing system)

내부모집조직에서 보험모집종사자를 제외한 본사의 임직원 및 그들이 소속된 부서와 점포조직을 직급조직으로 본다. 본사의 직급조직은 대표이사와 감사를 제외한 보험사업자의 임직원과 영업관장부서를 포함한다. 본사의 직급조직의 영업활동은 주로 기업 또는 단체를 대상으로 하는 분야에 집중되어 있고, 개인보험 또는 가계보험과 관련하여서는 관리업무를 주로 수행한다.[36)]

---

36) 보험회사는 필요하다고 인정하는 곳에 점포를 설치하여 보험모집활동을 할 수 있는데, 점포는 관리점포와 모집점포로 구분된다. 관리점포는 관리임무를 주된 기능으로 하며 우리나라 생명보험의 경우에는 총국과 영업국으

2 보험설계사

보험회사는 소속보험설계사가 되고자 하는 자를 금융위원회에 등록하여야 한다. 보험회사와 보험설계사의 법률관계는 위탁관계로서 보험자에 대한 대리권이 없으므로 계약체결권, 고지수령권, 보험료수령권이 인정되지 않는다.

보험설계사는 우리나라 개인생명보험의 거의 전부와 손해보험의 절반 이상을 판매하는 중요한 모집조직으로 우리나라와 일본에만 있는 독특한 제도이며 주로 여성으로 구성되어 있다. 보험설계사와 보험대리점을 합하여 보통 외야조직이라 부른다.

3 보험대리점제도

(1) 일반대리점제도

보험대리점이란 보험사업자를 위하여 보험계약의 체결을 대리하는 자로서 금융위원회에 등록된 자를 말한다. 일반대리점(general agency system)은 1개 보험회사만을 대표하는 영업조직으로 대개 일정지역을 맡아서 운영하게 되고 필요한 인원을 충원, 훈련, 지도, 감독하는 책임을 갖는다. 또한 기본수수료와 함께 영업실적에 따른 수당지급을 받게 된다. 일반대리점제도는 다시 순수일반대리점제도와 수정일반대리점제도로 나뉘는데 이를 살펴보면 다음과 같다.

1) 순수일반대리점제도

일정지역을 책임지며 필요한 인원의 충원, 훈련, 지도, 감독의 책임을 갖는다. 영업실적에 비례한 수수료를 본사로부터 받으며 영업에 필요한 제반경비(예컨대 사무실

로 구분하며, 손해보험의 경우에는 지점으로 불린다. 총국은 그 관리하에 있는 수개의 영업국을 통할하여 당해 지역 내에서 회사를 대표하는 기능을 수행한다. 영업국은 모집점포를 관리하는 일선 관리점포를 말한다. 모집점포는 영업소와 지소로 구분되며 이 모집점포에서 대부분의 보험모집조직을 수행하고 있으며 보험모집종사자는 모집점포에 소속되어 있다. 직급조직은 회사의 관리 및 감독이 용이한 장점이 있는 반면에 조직자체의 내재적인 한계성으로 인하여 시장개척을 위한 조직으로는 미흡하다(김억헌, 전게서, p.115).

운영비, 모집인 수수료)를 책임지게 된다.

여러 가지 면(예컨대 모집종사자의 충원, 훈련 등)에서 본사의 통제를 벗어나 독립적 성격이 강하다. 이 제도는 이론적인 분류로서 실제로는 많이 이용되지 않고 있다.

2) 수정일반대리점제도

일정지역을 책임지며 필요한 인원의 충원, 훈련, 지도, 감독의 책임을 맡고 있으나 본사의 지도, 감독, 통제를 순수일반대리점제도에 비해 상대적으로 많이 받는다. 영업실적에 비례하여 수수료를 본사로부터 받을 뿐 아니라 영업에 필요한 제반경비의 일부 또는 전부를 본사로부터 지원받는다. 이 제도는 순수일반대리점제도에 비해 많이 사용되고 있다.

양 제도를 비교해 보면 수정일반대리점제도는 순수일반대리점제도에 비해 본사로부터 영업에 필요한 제반경비를 상대적으로 많이 지원을 받는 반면 본사로부터의 독립성이 상대적으로 약하다고 볼 수 있다.

(2) 지사

본사의 연장이라고 볼 수 있는 지사제도(branch of twice system)는 최근 미국에서 생명보험분야에서 많은 관심을 모으고 있는 모집조직이다. 본사는 필요한 지역에 지사장을 배치하여 지사장 책임하에 영업활동을 하게하고 영업활동에 필요한 제반서비스를 제공하게 된다. 그리고 본사는 지사의 영업활동에 필요한 제반경비(예컨대 사무실운영비, 모집인 수수료)를 지급한다.

지사장은 본사로부터 위임받은 권한을 제외하고는 영업활동에 필요한 모든 지시를 본사로부터 받아 수행하는 관계로 업무에 관한 재량권이 대리점에 비하여 제한되어 있는 편이다. 한편 지사장은 본사로부터 고용된 사람으로 일정 급여를 받으며 영업실적에 따른 보너스를 지급받는 경우도 있다.

4 보험중개사

보험중개사가 되고자 하는 자는 금융위원회에 등록하여야 한다. 보험중개사라 함은 독립적으로 보험계약의 체결을 중개하는 자로서, 여기서 독립적이란 말은 보험계약의 모집업무를 행함에 있어서 어떠한 보험사업자와도 특별한 연관관계 없이 업무를 행한다는 의미이며, 보험계약의 체결을 중개한다는 점에서 보험설계사의 기능과 유사하지만 보험계약의 체결을 대리하는 보험대리점과는 구별된다.

또한 보험중개사는 소정의 수수료(보수)를 받고 고객의 위험을 분석하고 이를 근거로 다수의 보험회사가 취급하는 상품 중 보험계약자에게 최적의 보험상품을 권유 또는 판매를 알선하는 전문직업인이라고 정의할 수 있다.

제 2 절 손해보험의 모집조직

1 전속대리점제도

전속대리점(exclusive agency)은 어떤 한 보험회사 혹은 한 그룹의 보험회사만을 대리할 수 있다. 전속대리점의 영업운영은 소유자 자신의 보험판매대리점이다. 그러므로 전속대리점은 보험회사의 고용인이 아니라 독립대리인이다. 그리고 대리점계약은 전속대리점의 구속력 있는 권한과 보상협정을 규정한다.

전속대리점에 대한 보수는 연수기간 동안은 장래의 수수료를 선급해 주거나 고정봉급을 지급하고 연수기간이 끝나고 정식대리점 자격을 취득하게 되면 보험계약체결에 따른 수수료를 지급하는데 신규계약체결에 따른 수수료가 갱신계약의 경우보다 높은 것이 일반적이다. 전속대리점의 기능은 보험모집에 국한되는 것이 원칙이며, 20세기 초에 미국에서 시행되었고 우리나라는 수년전부터 이 제도를 시행하고 있다.

2 독립대리점제도

독립대리점(independent agency)은 관련없는 둘 이상의 보험회사를 대리하여 보험판매를 영업으로 하는 대리점을 말한다.

대리점계약은 대리점과 보험회사 간의 계약으로서 대리점에게 보험회사를 대리하여 보험을 판매할 권한을 부여하고 있으며, 또한 구속력 있는 권한을 부여하고 보험회사와 대리점 간의 보험협상을 규정하고 있다.

독립대리점에 대한 보수는 보험계약에 따른 수수료를 지급하는데 보험종목에 따라 수수료가 변한다. 또한 전속대리점과는 달리 신규계약체결에 따른 수수료와 갱신계약에 따른 수수료가 동일하다. 그리고 경우에 따라서는 이익수수료를 지급하기도 한다.

독립대리점의 기능에는 전속대리점의 기능과는 달리 보험모집 기능만으로 국한되지 않고 적은 규모의 손실에 대한 손해사정, 손실방지를 위한 서비스, 보험증권의 발행, 보험료 청구서 발행, 보험료 수수 등 일반사무 기능이 포함되는 것이 일반적이다. 이 제도는 미국에서는 1790년대에 도입되었는데, 우리나라에서는 1996년 4월에 도입되었다.

3 직급제도

직급제도(direct writing)는 대리인을 매개로 보험모집을 하는 것이 아니고 보험자가 직접 보험모집종사자를 채용하여 그들로 하여금 보험모집을 하는 제도이다. 보험모집종사자에 대한 보수는 고정봉급제이나 기본급과 매출실적에 따른 수수료지급을 혼용하는 경우가 일반적이다.

주로 중요한 물건(보험금액이 크고 복잡한 대형 화재보험과 대형기업형보험) 및 배상책임보험분야에서 사용되고 있으며 생명보험분야에서는 거의 사용되지 않는다. 그러나 우리나라와 일본에서는 생명보험분야에서도 지사제와 함께 사용되고 있는 실정이다. 이 제도하에서는 보험자와 보험수요자는 직접 연결되며 보험모집종사자는 보험자로부터 직접 지시·감독을 받는다.

4 직접판매제도

직접판매제도(direct marketing / direct response)는 통신판매제도라고 하며 보험회사가 통신매체(전화, TV, 인터넷 등)를 통한 판매방법으로 대리점 등 중간단계가 없으므로 판매비용이 적게 든다. 이는 곧 저렴한 보험료를 가능하게 한다.

고객별로 시장을 분류할 수 있고 양질의 위험을 가진 고객들만 대상으로 할 수 있는 장점이 있다. 그러나 이러한 판매방법은 매우 제한된 보험종류(예컨대 자동차보험)에만 가능하며, 보험자나 대리점을 통한 각종 서비스를 받을 수 없는 단점이 있다.

5 대량보험판매제도

재산 및 배상책임보험(주로 자동차보험, 주택소유보험)에서 주로 사용되고 있으며, 일반적으로 그룹내의 구성원을 대상으로 한다.

개별적으로 부보할 때보다 부보조건이 까다롭지 않고 보험료가 저렴하며, 보험료는 급료에서 공제되고 고용주의 보험료 부담은 없는 것이 일반적이다. 주된 장점으로는 저렴한 보험료, 급료공제에 따른 편리성, 까다롭지 않은 가입조건 등이 있으며 단점으로는 보험선택의 폭이 좁다는 점이다.

제 8 장

보험기업의 조직형태

보험기업의 조직형태는 경영주체를 기준으로 민영보험과 국영보험으로 나눌 수 있고, 또 경영동기를 기준으로 영리보험과 비영리보험으로 분류할 수 있다.

물론 국가에 따라서는 다소 간의 차이는 있을 수 있다. 여기에서는 경영동기를 기준으로 영리보험과 비영리보험으로 분류하여 고찰하고자 한다.

제 1 절 비영리보험

1 국영보험

국가 또는 지방자치단체 혹은 그 대행기관 등 공법상의 법인이 보험경영체의 운영의 주체가 되어 보험사업을 영위하는 보험을 의미한다. 국영보험사업은 사회보험분야 이외에도 다른 보험분야에서도 영위되고 있는데, 오늘날 국영보험사업이 영위되고 있는 보험분야는 국가마다 차이가 있다.

(1) 정책보험

정책보험으로서는 무역보험, 홍수보험 및 농작물보험 등이 있다. 이들 보험은 순수위험이 아니거나 위험이 집중되어 있기 때문에 민영보험에서는 인수되지 않는다. 정책보험은 수출장려, 홍수침해지역보호 및 농민보호 등 국가정책상 필요에 의한 보험이다.

(2) 사회보험

1) 사회보험의 의의

사회보험은 근로자 계급을 대상으로 출발하였지만, 현재는 전국민을 대상으로 하는 광범위한 체계가 확립되어 있다. 사회보험의 운영을 통하여 국가는 질병, 사망, 노령, 상해, 실업 등에 의하여 발생하는 생활의 빈곤으로부터 국민을 구제하고, 또한 국가에 의한 국민의 최저생활을 확보하여 국민의 생존권을 구현하고자 하는데 그 의의가 있다. 이를 위하여 국가는 보험의 가입을 강제하거나, 국가의 재원을 투입하여 그 경영 및 급부의 비용을 조성하고 있다. 연금보험, 산업재해보상보험, 국민건강보험(의료보험), 고용보험이 이에 속한다(자세한 내용은 제15장을 참조).

2) 사회보험과 민영보험의 차이점

양자의 차이점은 <표 Ⅳ-1>과 같다.

<표 Ⅳ-1> 사회보험과 민영보험의 차이점

구 분	사회보험	민영보험
제도의 목적	최저생계 또는 의료보장	개인적 필요에 따른 보장
보험가입	강제	임의
부양성	국가 또는 사회부양성	없음
보험보호대상	질병, 분만, 산재, 노령, 실업, 장해에 국한	발생위험율을 알 수 있는 모든 위험

수급권	법적수급권	계약수급권
독점 / 경쟁	정부 및 공공기관 독점	자유경쟁
공동부담여부	공동부담의 원칙	본인부담주의
재원부담	능력비례부담	능력무관(동액부담)
보험료부담방식	주로 정률제	주로 정액제
보험료수준	위험률상당이하요율 (집단율, 평균보험요율을 적용)	위험률비례요율(경험율을 적용)
보험자의 위험 선택여부	선택의 여지가 없음	선택의 여지 있음
급여수준	균등급여	차등급여(기여비례보상)
인플레이션대책	가능	취약함
보험사고대상	인보험	주로 물보험
성격	집단보험	개별보험

① 보험제도의 목적과 보험가입방식

사회보험은 모든 사회구성원의 최저생활보장을 궁극적인 목적으로 보험가입의 법적 강제와 사회 또는 국가부양성을 전제로 하는 복지적 요인이 강한데 비해, 민영보험은 개인의 재산적 또는 의료적 필요를 근거로 하기 때문에 임의가입원칙이며 국가의 부양성을 전제로 하지 않는다.

② 보험경영주체

사회보험은 경영주체가 국가 또는 지방공공단체 내지 공적 생활을 갖는 단체이므로 공보험에 속하고, 보험의 대상별로 보면 인보험과 물보험으로 분류하는 경우에 사회보험은 사람을 대상으로 한 보험이기 때문에 주로 인보험에 속하며 보험사고별로 보아도 손해보험이 아니라 생명보험의 범주에 포함된다.

③ 재원조달방식

사회보험은 사용자와 피용자 또는 정부 간의 공동부담원칙이지만, 민영보험은 본인 전액부담원칙이다.

④ 급여수준

사회보험은 사회적 기본급여 내지 균등급여를 실시하는데 비해, 민영보험은 차등급여 내지 보험료비례급여를 채택하고 있다. 예컨대 의료보험의 경우 사회보험이 전적으로 개인적 필요에 상응하는 보험급여를 실시하고, 민영보험은 사회보험의 급여를 초과하는 부분을 담당하고 있다.

⑤ 보험운영측면

사회보험은 정부나 공사 형태의 특수법인 또는 조합법인이 보험자로 되며, 원칙적으로 정부나 특수법인에 의한 독점형태로 운영되고 있다. 반면에 민영보험은 민영보험업자나 각종협동조합이 보험자로 되어 경쟁의 논리가 지배하고 있다.

⑥ 인플레이션대책

사회보험은 정부의 공권력이 배경이 되어 미래의 급여가 인플레이션에 의해 잠식되는 것을 막을 수 있지만, 민영보험은 인플레이션의 대책이 취약하다.

2 자가보험자 (self-insurer)

다수의 공장을 보유하는 제조업자 및 다수의 선박을 소유하는 선박회사 등은 대수의 법칙을 이용하여 자체내에서 보험료에 상당하는 금액을 적립하여 이것을 1공장의 화재 및 1선박의 침몰의 경우의 필요자금에 충당할 수 있는데 이것을 자가보험이라 말한다.

그런데 이 보험제도는 다수경제체의 결합이 없기 때문에 진정한 보험이 아니라 저축의 일종이다. 저축의 일종이기 때문에 보험료를 지출할 필요는 없지만 조기의 사고 및 예상외의 대손해에는 대처가 불가능하다.

3 상호회사

상호회사(mutual insurance company)는 특정위험으로부터 위협을 받는 사람들이 공동의 안정과 이익을 위하여 위험단체를 형성하고, 이에 일정한 헌출금을 지급하여 단체기금을 만들어 이 기금으로 사고를 입은 보험계약자들의 경제적 손실을 보상하여 주는 것을 말한다.

우리나라에서 보험사업은 주식회사, 상호회사 그리고 외국보험회사에 한하여 사업의 허가를 받을 수 있도록 규정하고 있다. 상호회사는 주식회사와는 달리 상법에 의하여 설립된 회사가 아니고 보험사업 특유의 제도로서 보험업법에 의하여 설립된 회사이다.

(1) 주식회사에 비해 유리한 점

1) 보험모집종사자에 대한 수수료를 전혀 지급하지 않기 때문에 수수료 지출이 불가피한 영리기관보다 보험비용이 적게 소요된다는 점을 들 수 있다.
2) 상호회사는 상호보험구성원들에게 이윤이 분배되지만, 주식회사의 이윤은 주주나 그 밖의 보험기관 소유주에게 귀속된다는 점이다.

(2) 주식회사에 비해 불리한 점

1) 상호회사의 규모가 작을 경우 예기치 않은 큰 재해의 경우 손해보상을 하지 못할 우려가 발생할 수 있다.
2) 영리기관의 보험모집종사자는 수수료를 받는 대신에 그 대가의 일부로서 보험계약자나 피보험자의 보험수요를 참작해 적시에 적절한 건의와 충고를 함으로써 보험계약자나 피보험자가 당면한 여러 가지 위험발생으로 인한 경제적 손실을 피하게 하거나 최소한도로 감소시키는 역할을 할 수 있다.
3) 상호회사는 그 규모가 커지면 기구구성원이 그 기구운영에 대한 참여기회가 거의 없게 되어 구성원이 그 기구를 운영한다는 것은 하나의 형식에 불과한 결과를 초래할 수 있다.

4 협동조합보험

협동조합보험 (cooperative insurance)은 상호보험과 유사한 형태로서 조합상호 간의 협동으로 조합원 상호 간의 공존공영을 목적으로 하는 것으로서 공익법인이 아니며 영리법인도 아니다. 즉 형식상으로는 상호보험과 영리보험의 중간 형태이다.

그러나 협동조합보험이 상호보험과 다른 점은 다음과 같다.

1) 협동조합보험에 있어서는 조합원이 자본금의 출자자이다. 따라서 출자자는 잉여금 중에서 출자금에 대한 배당을 받고, 또한 그 수익의 일부를 준비금에 전입한 잔액은 조합원인 보험계약자가 지급한 보험료에 비례하여 배분되고 있으나, 상호보험회사의 채무에 관한 사원의 책임은 보험료를 한도로 하며 잉여금은 정관에 특별한 규정이 없는 한 각 사업연도 말에 사원에게 배분한다. 또한 잉여재산은 상호회사의 정관에 특별한 규정이 없을 때는 잉여금의 분배와 동일한 비율로 이를 사원에게 배분한다.
2) 협동조합보험에서는 확정보험료주의에 의하고 있으나, 상호보험에서는 보험료를 확정하지 않고 필요에 따라서 추후에 납입하도록 하는 추보의무를 이행하도록 한다.

제 2 절 영리보험

1 주식회사

주식회사는 주주의 출자에 의해 설립된 영리목적의 기업이다. 이러한 이익목적 주식회사는 주주들에 의해서 소유된다.

주식회사와 상호회사의 차이를 표로 나타내면 <표 IV-2>와 같다.

<표 Ⅳ-2> 주식회사와 상호회사의 차이점

	주식회사	상호회사
성 격	영리법인	영리법인도 공익법인도 아닌 특수한 법인
자 금	주주(회사의 구성원)가 출자하는 자본금(자기자본)	기금거출자(회사의 채권자)가 거출하는 기금(타인자본 = 부채)
구 성 원	주주(보험계약자가 아니어도 됨)	사원(반드시 보험계약자임)
의사결정기구	주주총회	사원총회
보 험 료	확 정	불확정(잉여금의 분배, 보험료의 추징 또는 보험금의 삭감)
손익의 귀속	주 주	사 원
보험가입자와의 관계	보험계약관계뿐임	보험계약자 = 사원

※ 이론적으로는 위의 표와 같지만 실제로는 상호회사에서도 확정보험료주의를 택하여 보험료를 추징하지 않고, 또한 주식회사에서도 계약자에게 이익의 배당을 하고 있기 때문에 보험을 이용하는 측에서 보면 양자는 거의 차이가 없다고 할 수 있다.

2 Lloyd's of London

회사형태의 보험회사가 아니라 개인 혹은 기업이 타인과 경합없이 단독으로 자기의 기업을 영위하는 것으로 소유와 경영이 동일인에게 지배되어 있는 경영형태를 채택하고 있다(자세한 내용은 제12장 참조).

3 종속보험회사

(1) 캡티브의 의의

어떤 회사 혹은 어떤 그룹이 보험의 전부 또는 일부를 인수시킬 목적으로 자회사를 설립 때 그 자회사를 종속보험회사(captive insurance company)라 부른다. 우선적으로 자신을 소유하거나 통제하는 개인, 단체나 기업, 즉 모기업의 위험을 담보하기 위하여 설립된 정형화된 자보험회사를 말한다. 이러한 의미에서 모기업 자체의 위험보다 일반공공의 위험을 취급할 목적으로 설립된 자회사는 캡티브 보험회사라고 할 수 없다. 우리나라의 경우 각 기업집단에 속해 있는 일반 손해보험회사인 경우는 공공의 위험인수를 목적으로 설립되었으나 모기업의 위험은 물론 공공의 위험을 인수하므로 결과적으로 광의의 캡티브 보험회사라고 할 수 있다.

1) 단일 캡티브(single captive)와 그룹 캡티브(multi-owned captive)

전자는 소유기업이 단일인 경우를 말하며 후자는 소유자가 어떤 단체이거나 한 개 이상의 기업인 경우를 말한다.

2) 순수 캡티브(pure captive)와 광의의 캡티브(broad captive)

캡티브가 취급하는 보험의 종류에 따라, 전자는 순수하게 모기업의 고유위험만을 취급하며 대체적으로 전체 취급물량의 약 80% 이상이 모기업의 위험인데 비해, 후자는 모기업의 고유영역이 아닌 일반인의 위험도 취급한다.

(2) 주요시장 현황

주요시장으로는 버뮤다, 케이먼 아일랜드 등 캐리비언 연안 및 미국 내의 버몬트주 등의 6개 주, 유럽지역 및 아시아 지역의 싱가포르, 호주를 포함하여 전세계에 25개의 주요 지역이 있다.

(3) 캡티브 운영원리

캡티브는 자국은 물론 외국의 위험까지 인수할 수 있으며 기본담보(primary coverage), 초과담보(excess coverage) 및 포괄담보(umbrella coverage)등을 통해 근로자재해보상(worker's compensation), 대물보험 혹은 의사오진배상책임보험 등을 취급하고 있다.

원(수)보험사 혹은 재보험사로 운영될 수 있지만, 미국의 많은 주에서는 규제를 하므로 대개는 재보험자로서의 역할을 하고 있다. 재보험자로서의 캡티브는 "fronting insurance company"라고 불리는 해당 지역에서 영업이 인가된 보험회사를 통해 재보험을 인수하거나 다시 해외 또는 국내 재보험자에게 재재보험을 체결하고 있다([그림 Ⅳ-1]).

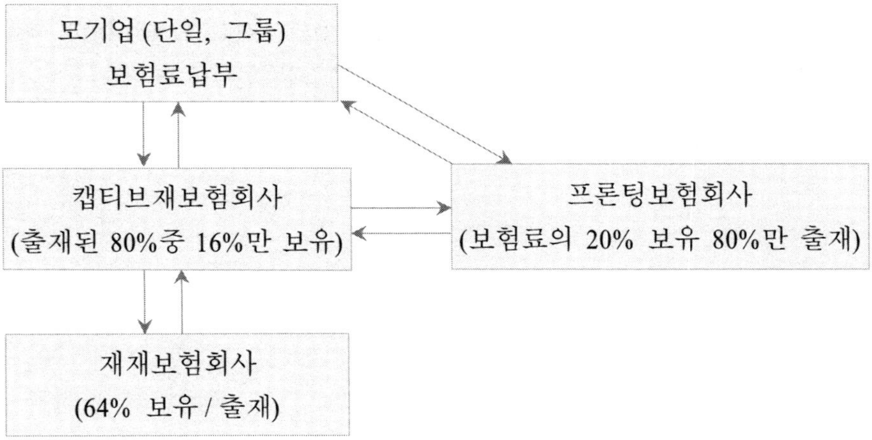

[그림 Ⅳ-1] 캡티브보험회사 운영구조

(4) 장·단점

1) 장점

① 판매 및 광고비용이 소요되지 않기 때문에 저렴한 비용으로 보험을 제공할 수 있다.

② 어떤 기업이 보험을 인수할 수 없는 문제를 해결할 수 있다. 예컨대 필요하거나 바람직한 보험이 이용될 수 없거나 기업이 보험료를 지급하기에 너무 비싼 보험료를 요구하는 보험에 이용할 수 있다. 또한 종속회사에 지급된 보험료는 그것이 보험금을 지급하는데 사용될 때까지 회사내에 예치되어 보험금을 지급할 때까지 그 기금을 투자할 수 있다.

2) 단점

① 모회사의 행정직원과 고급관리자는 종속보험회사를 설립하는데 상당한 시간을 소요해야 한다.

② 모회사를 위한 어떤 유형만의 보험만을 제공하여, 다른 종류의 보험비용은 상승하거나 다른 종류의 보험은 이용될 수 없다.

③ 모회사의 손실위험만을 인수하는 것이 순수종속보험회사로서 시작된 것인데 결국 모회사 외 다른 기업의 손실위험을 인수함으로서 그들의 영업을 확대하는데 이러한 다른 기업은 일반적으로 모회사와 똑같은 업종이다.

제 9 장 보험요율산정 및 잉여금

일반사업과는 달리 보험사업에 있어서 보험료는 사전에 징수하는 일정액임에 비하여 보험급부액은 사후에 발생할 미확정액이기 때문에 보험료의 산정을 위해서는 사전에 부보위험에 대한 신중한 분석과 측정을 하지 않으면 안 된다. 만약 정확하고 신중한 위험의 측정을 하지 않고 보험료를 적당히 산정하여 징수한다면, 이로 인하여 보험사업의 수지의 불균형은 물론 보험사업의 안정을 파괴할 우려가 생기게 된다. 따라서 보험요율 산정업무는 보험사업활동의 일부분인 급부산출의 준비과정에 속하는 업무이지만, 보험사업의 경영활동 중에서 매우 중요한 업무라고 할 수 있다. 보험료는 주로 보험계리인(actuary)들에 의해 결정되는데 보험계리인들은 위험에 관련된 여러 통계자료를 기초로 하여 순보험료, 비용, 적립금, 이익 등을 계산하게 되는데 이 모든 것이 보험계리인에게 달려 있다고 할 수 있을 정도로 보험계리인의 역할은 매우 중요하다.

제 1 절 보험요율결정의 목적

정부규제상 목적은 보험요율이 일반적으로 정부나 감독당국의 통제와 감독을 받는 관계로 보험요율은 이러한 통제와 감독에 부응하도록 결정되어야 한다는 것을 의미하고 사업상의 목적은 보험회사가 일반적인 이익을 추구하는 영리단체인 관계로 보험요율결정이 영리와 관련되어서 결정되어야 한다는 것을 의미한다.

(1) 정부규제상 목적

일반적으로 보험요율은 정부나 감독당국으로부터 규제를 받게 되는데 이러한 규제의 목적은 보험소비자를 보호하는 데 있다. 이러한 규제의 목적에 부합하기 위해서 보험요율은 충분(adequate)해야 하며, 과도하지 않아야(not excessive) 하고, 불공평하게 차별적이지 않아야(not unfairly discriminatory)한다는 것이 그 주요 내용이다.

1) 충분성

보험요율이 충분해야 한다는 의미는 보험요율은 모든 손실과 비용을 충분히 지급할 수 있을 정도로 충분해야 한다는 뜻이다. 여기에는 위험을 인수하고 관리하는 제경비도 감안되며 수년간의 손실에 대한 경험을 토대로 하여 손실이 많은 해에는 손실이 적은 해에 의하여 보충되는 평균치를 말하며 손해보상을 하고도 남을 정도의 높은 요율을 말하는 것은 아니다.

2) 적정성

현재 발생한 손해율과 과거에 발생되었던 손해발생율이나 장래에 예상되는 손해에 대해서까지 신중한 고려가 필요하다. 그러나 여기서 주의할 점은 보험요율의 적정성과 부정정성을 판단하는 기간을 어떻게 결정하느냐가 가장 중요한 문제이다.

3) 공정성

보험요율을 산정하는데 있어서 모든 위험을 차별해서는 안 된다는 뜻이 아니라 동일하거나 유사한 위험분류에 대해서 보험료를 차별하지 말라는 것이다. 예컨대 생명보험에 있어 20세의 남자와 80세의 남자를 같은 부류에 포함시켜 똑같은 보험료를 부과한다면 이는 20세의 남자가 필요이상의 보험료를 냄으로써 80세의 남자를 도와주게 되는 결과를 초래하게 되어 이는 곧 불공정한 보험료의 부과가 된다.

각 위험을 세분하여 무차별원칙에 입각한 보험요율을 적용하는데 있어서 문제점은 위험분류를 많이 하면 할수록 대수의 법칙에 적용되는 통계집단수가 줄어들어 신빙성이 결여되며 또한 위험별 조사에 따른 경비가 막대하게 소요되므로 결과적으로 이 경비가 보험원가에 포함되어 보험료의 부담이 증가되기 때문에 동일 또는 유사한 위험집단을 한 통계집단으로 하는 것이다.

(2) 사업상 목적

보험회사는 보험요율을 결정하는 경우 사업상의 목적을 위해 안정성, 적응성, 손실통제의 촉진, 비상위험의 고려, 단순성을 고려해야 한다.

1) 안정성

안정성은 소비자인 보험가입자들의 욕구를 충족시키기 위해 필요한 것이다. 만약 요율의 변동이 심하다면 보험소비자들은 보험제도에 환멸을 느끼고 정부 측에 요율에 대한 보다 엄격한 통제를 요청하거나 정부기관에 보험제도의 변화를 요구할 수도 있다. 이러한 소비자 불만은 1970년대 미국에서 흔히 나타난 현상인데 특히 의료전문직 배상책임보험이나 제조물배상책임보험 및 자동차보험 분야에 많다.37)

2) 적응성

요율산정의 기본목적인 경쟁력을 가질 수 있는 적정선에서 요율이 정해져야 한다는 점이다. 기본목적에 부합하기 위해서는 손해가 증가했을 때 증가되어야 하고 손해가 감소했을 때 감소되어야 한다. 예컨대 물가상승으로 인해 배상책임액이 증가한다면 해당 증가액을 충당하기 위해 보험요율은 인상되어야 한다. 또한 교통량 및 교통사고가 증가될 때 그러한 증가된 손실을 보상할 수 있도록 보험요율을 인상해야 한다.

3) 손실통제의 촉진

손실통제는 사회적으로나 보험업계에서나 모두 중요하다. 손실통제는 손해방지활동과 손해감소활동이 포함된다. 사고발생은 재산을 파괴시키고 사람을 사망 혹은 부상하게 함으로써 전 사회는 피해를 입는다. 또한 재산의 복구와 인명피해에 대한 보상은

37) 즉 요율의 일정수준(보통 25%)이상 한꺼번에 인상하지 않는 것이 보편화되어 있다. 그런데 미국에 있어서는 보험종류에 따라 100%이상 요율이 인상되기도 했으며 의료전문직 배상책임보험의 요율은 1975년에 일시에 900%이상 인상된 적도 있었다. 요율의 안정성을 제고시키기 위한 방법으로 요율산정에 쓰이는 통계자료에서 대재해손실을 제외하는 방법과 확장담보요율을 적용하는 방법이 있다.

사회에 부담을 주게 된다. 따라서 요율체계는 손실통제를 권장하도록 설계되어야 한다.

요율산정을 통해 손실통제를 권장하는 방법으로는, ㉠ 예정요율(schedule rating), ㉡ 경험요율(experience rating), ㉢ 소급요율(retrospective rating)이 있는데, ㉡과 ㉢ 은 피보험자의 손실통제활동이 실제로 손실을 경감했을 때 요율을 인하해 주는 제도이다.

4) 비상위험의 고려

보험요율은 미래에 지급할 보험금과 사업비를 추정하여 결정되는데 그 때 필수적인 고려사항은 과거손실경험이다. 우발적 사고에 대한 보상, 즉 비상위험에 대한 보상은 예기치 못했던 우연한 손해발생에 대비한 것으로 보험요율에 포함되어야 한다. 그런데 주변 환경의 변화와 대수의 법칙으로 인해 그 추정치는 완전할 수 없다.

5) 단순성

요율체계의 단순성은 모집인들이 고객에게 요율을 제시할 때 생길 수 있는 복잡성과 경비를 최소화시키는데 필요하다. 개인보험의 경우 보험료가 비교적 적으므로 보험료를 산정하는데 시간과 경비가 많이 들면 곤란하기 때문이다. 보험소비자의 입장에서는 요율체계가 간단하면 자신의 보험료가 어떻게 결정되는지를 알 수 있고 자신의 보험비용도 절약할 수 있는 방법을 알 수 있게 된다.

제 2 절 손해보험의 요율산정방법

1 손해보험료의 구성

(1) 순보험료

순보험료(net premium)는 위험보험료(risk premium)라고도 불리며, 보험상품의 정미원가로서 순수한 위험부담의 대가를 말한다. 장래 보험금지급에 충당되는 부분으로 순률과 안전률을 감안하여 결정한다. 순보험료(=총보험료 - 부가보험료)로 계산되고, 손해율은 동질집단의 확률에 의해서 산출되는 것인데, 즉 총보험료 중 순보험료의 비율을 말한다.

1) 순률

우선 동질의 위험집단이 되도록 위험요인에 따라 보험의 목적을 구분한다. 예컨대 화재보험의 경우, 소재지, 건물의 용도, 주위의 상황 등 질적 요인과, 면적, 용량, 규모 등 양적 요인에 따라 동질집단으로 구분한다.

순률은 수지상등의 원칙에 따라 보험집단에서 발생하는 사고발생확률×1사고당 손해율의 평균치로 표시된다. 실무에서는 위험집단의 동질성은 대단히 어려운 문제이며 한계가 있으나 보험수리학의 발전에 의하여 상당한 정확도가 얻어지고 있는 실정이다.

일정기간 내에 발생된 과거의 손해에 관한 자료로부터 장래에 발생되는 손해를 예측하여 이것을 구하기 때문에 통계치와의 괴리현상이 발생한다.

2) 안전률

순률의 통계치와의 괴리현상에 대처하기 위한 것으로, 풍수해, 지진 등의 자연재해는 피해가 큰 지역에 집중되며 손해도 거액에 달한다. 자연재해의 위험에 대한 순률은 장기간에 걸쳐 정리해 두고 자료의 관찰기간과 순률의 산정기간을 일치시키어 순률의 기대치 계산중에 대재해 손해를 포함해야 한다. 실무에서는 이러한 손해율 변동과 이상 재해에 대한 대비를 위한 안전율을 '비상위험준비금'이라고 한다.

(2) 부가보험료

부가보험료(loading charges (premium))는 보험사업경영을 위해 필요한 비용에 충당되는 금액이며 이를 순보험료에 부가해서 보험가입자에게 부담시키는 것을 말한다.

1) 사업비

손해보험사업을 경영하는데 필요한 경비로 고정경비(인건비, 관리비, 임차료 등과 같이 보험계약고의 증감과 직접 관계없이 지출되는 경비)와 가동경비(손해사정비, 대리점수수료, 영업활동비 등 보험계약고의 증감에 따라 수시로 변동하는 것)로 구분된다. 개별계약에 관해서도 1건당 필요경비, 위험보험료의 대소와 관련되어 부담하는 경비, 보험금액의 크기에 따라 부담하는 경비로 나누어 생각할 수 있다. 그러나 영업활동에 따라 소요되는 가동경비는 보험상품종목별로 산출될 수 있다.

2) 이윤

보험회사도 사기업이기 때문에 영업이익을 획득해야 한다. 우리나라에서는 손보사업의 특수성을 감안하여 요율은 기획재정부장관의 인가를 필요로 하며 자동차보험(임의)에서 보는 바와 같이 손해보험사업은 공공성이 강한 사업이기 때문에 원가계산 가운데 사전에 적정이윤을 포함시키는 방법은 중요한 문제로 되고 있다. 그러나 자동차배상책임보험(강제)에서는 국책에 의한 특수한 보험으로 이윤을 포함시키지 않는다. 보험종목에 따라서는 이윤율과 안전율을 합산하여 정해 놓고 있는 경우도 있으나 이것은 합산비율(combined ratio)[38]이 예정치를 상회하는 경우에 허용한계를 표시하는 것으로 해석되는 것이다.

2 보험가격 결정방법

(1) 판단요율방법

판단요율방법(judgement rating)은 보험계약을 신청한 위험에 대한 요율을 개별적으로 산정하는 방법(individual rating)의 대표적인 방법으로 각 위험에 대한 요율결정이 요율산정자의 지식과 경험에 전적으로 의존하는 방법이다. 요율산정자는 기존의 통계자료, 유사한 위험에 이미 책정되어 있는 보험요율, 다른 보험회사와의 경쟁관계 등을 어느 정도 고려하지만, 최종적인 결정은 부보신청위험의 특성에 대한 요율산정자의 판단이 좌우하게 된다.

오늘날은 과학적이고 체계적인 요율산정방법의 발달로 인해 전적으로 요율산정자의 판단에만 의존하는 경우는 많지 않으며, 이 방법은 신뢰성 있는 손실자료의 입수가 어

38) 손해율과 사업비와의 합산치를 말한다.

렵거나 후술하는 집단요율방법의 사용이 불가능한 경우에 주로 사용된다. 현재 이 방법은 해상보험과 일부 운송보험에서 사용되고 있다.

(2) 집단요율방법

집단요율방법 (manual rate, class rate or tariff rate)은 개개 위험을 대상으로 하여 보험요율을 산정하는 것이 아니고, 동일하거나 유사한 위험집단 전체를 대상으로 하여 각종 위험을 일정한 분류방법에 의하여 그 분류에 속하는 위험에 대하여 같은 요율을 적용하는 방식이다.

1) 손실률법

손실률법 (loss ratio method)은 종래의 보험요율을 손해율의 변화에 따라 상하로 조정하는 방법이다. 손해율은 경과보험료 (earned premium)에 대한 지급보험금의 비율을 말하고, 사업비율은 수입보험료에 대한 경비의 비율을 나타낸다. 또한 보험요율은 예정손해율과 예정경비율 및 이윤을 말하며 부가보험료는 예정경비율 및 이윤을 말한다.

장기간의 경험이 있는 보험종목에 있어서는 적정하다고 생각되는 예정손해율과 예정부가율을 알 수 있으며 최근의 손해율 동향도 파악할 수 있다. 또한 과거 수년간의 손해율, 장래에 있어서의 손해발생요인의 변화, 물가상승률 등을 예상하고 예정손해율과 예정부가율과의 비율을 정한 후 그 예정손해율을 기준으로 수입보험료를 필요에 따라 수정하는 방법이다.

예컨대 실제손해율이 66%인 보험종목을 손해율이 50%가 되도록 하고 싶은 경우의 수정율은 다음과 같다.

A－E/E
A : 실제손해율, E : 예정손해율

이 예에서 수정율은, 66 / 100 － 50 / 100 ÷ 50 / 100 = 16 / 50 = 0.32가 된다.

즉 이 경우는 32%의 요율인상을 하면 되는 것이다. 따라서 현행의 수입보험료에 1.32를 곱한 금액을 새로운 수입보험료로 하면 손해율은 예정손해율과 같아진다. 다

만 이 경우의 손해액은 물가상승 등에 의한 변화가 없는 것으로 본 것이다

한편 실제손해율이 40%인 경우에는 다음과 같이 된다.

40 / 100 − 50 / 100 ÷ 50 / 100 = − 10 / 50 = − 0.2

이 경우는 20%의 요율인하를 하면 되고 현행 수입보험료에 0.8을 곱한 새로운 수입보험료로 하면 손해율은 예정손해율과 같아진다. 이 경우에서도 손해액은 물가상승 등에 의한 변화가 없는 것으로 본다.

2) 순보험료법

순보험료법(pure premium method)은 종전의 요율이 있었는지의 유무와 관계없이 독립적으로 순보험요율(예정손해율)을 결정하는 방법이다. 사고발생의 빈도(frequency)와 평균손상도(damageability)와의 누계계산으로 순보험료율을 결정한다(일명 'FD방식'이라 한다).

과거의 통계자료에 따라 대수의 법칙에 바탕을 둔 사고빈도를 계산하고 과거의 사고빈도를 기초로 그 경향 및 장래의 사회경제환경을 예측한다. 통계자료는 새로운 보험사업에 있어서는 보험 이외의 외부자료에 의존할 수밖에 없으나 통상 보험통계를 기본으로 필요에 따라 경제통계 등 외부자료를 추가하면서 각종 통계적 방법을 구사하여 장래에 대한 예측을 할 수 있다. 구체적으로는 보험사고빈도(F)(보험금 지급건수 / 계약건수) 및 평균 지급보험금(D)(지급보험금총액 / 보험금지급건수)을 계산하고 그 영향을 분석한 후, 새로운 요율을 적용하는 기간의 보험사고빈도와 평균지급보험금을 예측하고 이들 곱함으로서 1계약당의 순보험료를 결정한다.

$\gamma = F \times D$, γ : 1계약당 순보험료 F : 보험사고빈도 D : 평균지급보험금

$\gamma = F \times D$, γ: 1계약당 순보험료 F: 보험사고빈도

이 보험사고빈도와 평균지급보험금의 누적계산이 지급보험금의 대가로 되는 순보험료가 된다는 것은 다음의 계산으로 알 수 있다.

$\gamma = F \times D$
= 보험사고빈도 × 평균지급보험금
= 보험금지급건수 / 계약건수 ÷ 지급보험금총액 / 보험금지급견수 = 총지급보험금 / 계약건수
※1계약당 순보험료 × 계약건수 = 총지급보험금
순보험료 = 지급보험금

예컨대 금연도의 계약건수 1,000건, 계약 1건당 순보험료 28,000원, 보험금지급건수 150건, 총지급보험금 3,000만원이라고 할 때, 금년도의 보험사고빈도, 평균지급보험금 및 본래 필요했던 계약 1건당 필요한 순보험료는 다음과 같이 된다.

F = 150 / 1,000 × 100 = 15%, D = 3,000만원 / 150건 = 20만원,

순보험료 = F × D = 15% × 20만원 = 30,000원.

여기서 금년도의 계약자로부터 받은 1건당 순보험료는 28,000원인데 실제로는 계약 1건당 30,000원의 순보험료가 필요하다. 따라서 약 7%의 요율부족을 보이고 있는데, 이와 같이 현재의 보험료가 부족한 것인지, 많은 것인지를 검토하는 것을 '요율검증'이라고 말하고 있다.

다음으로 내년도의 순보험료를 산정해 보면, 금년도는 사고빈도(F)가 15%, 평균지급보험금(D)은 20만원이었으나 내년도는 과거로부터 추출한 결과 사회경제상태, 물가수준, 임금수준 등을 판단하여 F는 다소 하향인 14%, D는 상승하여 22%로 예측되었다고 하자.

순보험료 = F × D = 14% × 22만원 = 30,800원

따라서 현재의 순보험료는 28,000원이지만 내년도는 10%의 요율인상이 필요하다.

여기서는 단순한 예시를 하였으나 실제적으로는 보험가입금액, 면책금액 및 각 요율구분과 기타 각종 요소를 고려해야 한다. 또 보험사고빈도, 평균지급보험금의 장래예측에 대해서도 여러 가지 통계분석이 필요하기 때군에 복잡한 계산을 요구하게 되지만 여기서는 기본적인 방법을 제시한 것에 불과하다.

3) 순보험료법과 손실률법의 비교

순보험료법과 손실률법은 각각 장단점이 있으나 일정한 가정 하에서 일관성을 가지고 적용한다면 동일한 결과를 얻게 된다.

그러나 이중 한 가지 방법을 선택하기 위해서는 다음과 같은 세 가지 사항이 고려되어야 한다.

① 순보험료법은 미래 발생손실과 밀접한 관계가 있는 위험단위의 설정이 필수요건이다. 따라서 위험단위의 측정이 어렵거나 손실과의 연관성이 부족한 경우 이 방법은 사용하기가 어렵다.

② 손실률법은 신규 보험종목에서는 사용할 수가 없다. 이 방법은 기존요율과 일정기간의 실제손실률을 기본으로 하기 때문이다.

③ 평준보험료 계산이 어려운 경우에는 순보험료법을 사용하여야 한다. 그 이유는 순보험료법에서는 경험기간 동안의 경과보험료가 사용되는데, 요율의 변경이 발생할 경우 각 기간의 경과보험료는 변경된 요율을 사용하여 재조정되어야 하기 때문이다.

(3) 수정요율방법

메리트요율법(merit rating)이라고도 불리는 수정요율방법(modification rating)은 전술한 판단요율방법 이외에 개별요율산정의 대부분을 포함한다. 이 방법은 일정한 요율집단 내의 각 위험에 대한 요율을 각 위험 고유의 기대손실 및 비용에 따라 수정하는 것이다. 수정요율방법에는 경험요율법, 소급요율법, 예정요율법, 보험료인하 정책 등이 있다.

1) 경험요율법

예상경험요율법(prospective experience rating)이라고도 하며, 피보험자의 과거 손실경험이 향후 보험요율에 직접적으로 영향을 주기 때문에 피보험자의 적극적인 손실통제참여를 유도하는 방법이다. 이 방법에서의 보험료는 피보험자의 손실경험과 피보험자가 속해 있는 집단요율의 가중평균으로서 정해진다.

$$R + (1 - C)E + C \cdot A$$

여기서 R = 총보험요율

A = 피보험자의 실제손실률

E = 피보험자가 속해 있는 집단의 기대손실률

C = 신뢰도

즉 평가대상이 되는 피보험자(또는 위험)의 새로운 보험요율은 이 피보험자의 실제손실률을 계산할 때 사용된 자료에 대한 신뢰정도에 전적으로 의존하게 되는 것을 알 수 있다. 따라서 경험요율법은 피보험자의 손실경험에 대해 충분한 신뢰성을 부여할 수 있는 경우에 사용된다.

2) 소급요율법

소급경험요율법(retrospective experience rating)이라고도 불리는 이 방법은 계약기간 동안에 나타난 피보험자의 손실경험이 계약기간의 보험료를 최종적으로 결정하게 되는 방법이다. 이 방법은 보험요율의 구성요소인 손해부분 외에 경비부분도 고려하게 되며, 보험자는 보험기간의 초기에 잠정보험료를 보험계약자로부터 징수하고 보험기간 말에 가서 특정한 위험자체의 경험에 의하여 이미 징수한 보험료를 재조정한다.

3) 예정요율법

예정요율법(schedule rating)[39]은 동일부류에 속하는 동질적인 위험의 특이성, 즉 위험의 기술적 특징에 따라 위험집단을 기초로 산출한 요율을 올리거나 내리는 것을 말한다.

이 방법은 대형 공장, 대형 상가, 아파트지역 등 기업형 자산보험에 널리 사용되고 있다. 각 건물들은 주로 건물구조, 점유 보호, 위험노출, 보전유지 등의 요인에 따라

---

39) 이의 장점은 보험계약자나 피보험자가 보험요율을 낮추기 위하여 사고방지시설이나 설비를 자발적으로 하도록 장려한다는 것이다. 그러나 각 자산이 개별적으로 평가되므로 관리비가 상승하고 다른 보험사와의 경쟁으로 인하여 보험료를 할인하는 경우에는 이 방법의 고유 특성이 상실된다는 단점이 있다. 특히 이 방법은 손실과 관련하여 자산의 물리적 특성이 아닌 인적 요소가 중요시되는 경우(예: 산재보험)에는 별로 효과적이지 못하다.

개별적으로 부과된다.

건물구조는 특정 물질의 건축자재의 사용여부, 건물의 층수, 밀집지역에의 위치여부 등을 가리키며, 점유는 건물의 사용목적을 의미하는 것으로 건물에서의 활동이 화재발생과 밀접한가 또는 건물에 인화성 물질을 보유하고 있는가 하는 것 등이다. 보호는 사고가 실제 발생한 경우 손실확대를 얼마나 줄일 수 있는가 하는 것으로, 예컨대 해당 지역의 소방서의 인력 및 소방시설 등을 의미한다. 위험노출은 인근지역의 화재에 대하여 해당 건물이 영향을 받을 수 있는 가능성을 의미하며, 마지막으로 보전유지는 건물의 보수유지 및 보전상태 등을 의미한다.

4) 보험료 할인정책

보험료 할인정책(premium discount plan)은 총보험료가 일정금액 이상을 초과하는 경우 일정 비율을 할인해 주는 방법이다. 이 방법은 보험영업에 필요한 비용이 보험료와 비례적으로 증가하지 않을 때 사용될 수 있다. 즉 보험영업에서 비용상 규모의 경제가 발생하는 범위에서 적용되는 방법이다.

제 3 절 생명보험의 요율산정방법

1 생명보험료의 구성

생명보험 요율구성의 근본원리는 손해보험의 요율구성과 크게 다르지 않다. 즉 보험가입자가 실제로 납입하는 총보험료는 순보험료와 부가보험료로 구성되어 있다. 순보험료(net premium)는 가입자가 사망함으로써 보험자가 지급하게 되는 보험금에 사망확률을 곱한 금액의 현가를 의미하며 부가보험료(loading charges)는 보험영업경비, 비상위험대비액(contingency allowances), 보험회사의 이윤, 배당액 등으로 구성되어 있다.

그러나 생명보험상품의 요율은 손해보험보다 수학적으로 훨씬 정확하게 산정할 수 있는데, 그 이유는 다음과 같다. 첫째, 가입자의 사망시(또는 연금인 경우는 일정 기간의 경과 후) 보험금 지급액이 일정하다. 둘째, 보험요율산정의 기본이 되는 사망률(mortality)은 손해보험의 손실률보다 훨씬 안정적이다. 셋째, 모든 생명보험회사가 거의 같은 방식으로 위험계층을 구분하므로 여러 개의 생명보험회사의 통합자료를 이용하여 신뢰성이 높은 손실통계를 얻을 수 있다.

2 생명보험요율의 결정요소

생명보험의 요율산정을 결정하는 세 가지 주요 요소는 예정사망률, 예정이율 그리고 예정영업비율이다.

(1) 예정사망률

개개인의 수명은 특정 개인에 대해서는 알 수 없지만 다수를 대상으로 하는 대수의 법칙에 의하여 사망비율을 예측할 수 있다. 이 예측된 비율을 '사망률'이라 한다. 보험료 산출시 피보험자가 어느 정도 비율로 사망할 것이라고 미리 예측하여 적용한 사망률을 '예정사망률'이라 한다. 연령별로 예정사망률을 표시한 것을 '사망표(생명표)'(mortality table)라고 하는데, 사망표는 경험기간, 표본인원의 구성에 따라 다르며 나라별로 큰 차이를 보이고 있다. 생명보험의 요율산정은 집단요율법이 주로 사용되는데, 가입자의 연령, 성별 등에 따라서 특정한 집단에 배정되어 표준집단요율이 적용되든지, 흡연여부, 위험직종에의 종사, 과거의 병력 등으로 인해 표준집단보다 사망할 확률이 높다고 예상되는 경우에는 집단요율 이상의 요율이 적용된다.

(2) 예정이율

생명보험은 장기계약이고, 보험료의 일부는 축적되어 운용되기 때문에 여기에 당연히 이자가 발생한다. 은행의 예금 등에 이자가 산입된 후에 원금에 가산해서 지급되는 것과는 달리, 생명보험은 납입된 보험료를 장래 필요할 때까지 운용해서 이 동안에 얻어진 이자를 합계해서 필요한 금액이 되도록 계산되고 있다.

따라서 보험자는 그 동안 적절한 투자활동을 통해 투자수익을 얻게 된다. 예정이율이란 보험자가 계약기간 동안 축적된 자금을 투자하여 얻고자 하는 예상수익률을 말한다. 가입자가 실제로 지급하는 보험료는 이 예정이율로 할인하여 정해지기 때문에 다른 조건이 같다면 소비자는 높은 예정이율이 적용되는 보험계약을 선호하게 된다.

(3) 예정영업비율

보험료의 구성은 순보험료와 부가보험료로 구성되는데 부가보험료 부분은 예정영업비율에 의해서 결정되어진다. 장래에 필요로 하는 예정사업비율은 장래에 보험계약의 한 건을 체결·유지·관리하는데 어느 정도 금액이 소요될 것인가를 예측해서 결정하게 된다.

3 총보험료의 결정

전술한 바와 같이 총보험료 또는 영업보험료는 순보험료에 부가보험료를 합하여 얻어진다. 경쟁시장에서 보험회사 간에 총보험료의 차이가 존재한다면 사망확률의 안정성을 고려할 때, 순보험료의 차이는 주로 예정이율, 즉 예정투자수익률의 차이에서 발생하며, 부가보험료의 차이는 회사의 영업효율성, 주주가 요구하는 자기자본 이익률, 비상위험에 대비하는 경영자의 예측정도에 따라 차이가 발생한다. 실무에서는 부가보험료를 산정할 때 일정한 보험금액이나 계약마다 고정액을 산정하여 여기에 총보험료의 일정비율을 더하여 산정하고 있다.

총보험료는 계약조건에 따라서, 계약초기에 일시불로 지급할 수도 있고 일정기간마다 분납하기도 한다. 또 생명보험의 계약종류(종신보험, 정기보험, 양로보험 등)에 따라 지급하는 보험료에는 큰 차이가 있다.

제 4 절 자본금 및 잉여금 계정

1 자본금 계정

자본금 계정(capital accounts)은 주식회사의 경우에만 해당되는 것으로(상호회사의 경우에는 자본금 계정이 없음) 자본금 규모는 일반적으로 보험회사를 설립할 때 법적으로 최저 규모를 규정한다. 그리고 보험회사의 자본금은 다른 기업과 달라서 보통주의 발행만 허용하고 사채발행은 허용되지 않는 것이 일반적인 선진국의 예이다. 또한 보험회사를 설립한 후에는 보험회사의 형편에 따라서 얼마든지 추가주식발행을 통해서 증자를 할 수 있다. 우리나라의 경우도 보험회사의 형태나 자산규모에 관계없이 법적 최저자본금을 정하고 있을 뿐이다.

2 보험배당금

보험배당금(insurance dividend)은 크게 상호조직에서 지급하는 배당금과 주식회사 형태의 보험조직에서 지급하는 배당금으로 분류할 수 있다. 상호조직에서 지급되는 배당금은 보험계약자로부터 받아들인 보험료 가운데 남은 부분을 보험계약자에 돌려주는 일종의 반려금(rebate)으로서 일반기업에서 지급하는 이익배당금과는 근본적으로 그 성질이 다르다. 반면에 주식회사형태의 보험조직에서 지급되는 배당금은 일반기업에서 주주에게 지급하는 이익배당금과 동일한 성질의 것이다.

3 잉여금계정

생명보험회사의 계약자배당(상호회사의 경우는 사원배당)은 무배당 상품을 판매하지 않는 한 보험료를 산정할 때부터 전제된 것이라고 할 수 있다. 또한 생명보험회사의 안정성을 고려하여 보험료를 징수한 것이므로 계약기간의 경과에 따라 또는 회사의 설립연도가 오래될수록 잉여금이 많이 발생하여 계약자배당을 하게 된다. 잉여금계정(surplus accounts)은 자본금계정과 함께 대차대조표의 자본계정(owner's capital)을 구성하는 요소로서 크게 불입잉여금(paid in surplus)과 이익잉여금(earned surplus)으로 나누어진다.

불입잉여금은 보험기업을 조직할 때 법적으로 불입하여야 하는 잉여금으로 자본금불입이 필요없는 상호회사는 물론 주식회사의 경우에도 자본금 이외에 잉여금을 불입하여야 한다. 일반적으로 주식회사의 경우 주식을 액면가격보다 높은 가격으로 매각함으로서 얻은 이익금을 불입잉여금으로 충당한다. 이에 반해 이익잉여금은 보험경영의 결과 발생하는 흑자로부터 생기는 잉여금으로써 주주나 계약자 배당의 원천이 된다. 그리고 불입잉여금은 고정되어 있는 것이 보통이나 이익잉여금은 영업실적이 좋으면 좋을수록 늘어나는 관계로, 경우에 따라서는 이익잉여금이 너무 거대화되는 것을 막기 위해 보험감독당국은 이익잉여금 적립한도를 설정하고 이 한도를 초과할 경우 초과부분을 주주나 계약자 배당에 사용하도록 한다.

(1) 생명보험에서의 이익잉여금 원천

생명보험에서의 이익잉여금원천은 일반적으로 다음과 같이 분류된다.

1) 사차손익

사차손익이란 예정사망률과 피보험자의 실제사망률과의 차이를 말한다. 따라서 실제의 사망률은 예정사망률 보다 낮은 것이 통상이므로 사차익이 발생한다.

2) 이차손익

이것은 실제이율과 예정이율의 차이를 말한다. 보험자산은 책임준비금이 주종을 이루며, 이를 운용하는데 실제이율에 따른 운용수익이 예정이율에서 예측했던 운용수익보다 많을 경우 발생하는 이익을 이차익이라 한다.

3) 비차손익

비차손익은 실제경비와 예정경비(부가보험료)의 차이를 말한다. 즉 실제사업비가 예정사업비이라고 할 수 있는 부가보험료의 범위 내에서 처리되었을 때는 부가보험료의 과잉분이 비차익이 된다.

4) 자산재평가이익

자산을 재평가함으로써 발생하는 이익을 말한다.

(2) 손해보험에서의 이익잉여금 원천

손해보험에서의 이익잉여금은 효율적인 위험선택(underwriting)의 결과 손실율(loss ratio)이 감소함에 따라 발생하는 위험선택이익(underwriting profit)과 효율적인 투자에 따라 발생하는 투자이익(investment profit)으로부터 발생한다. 그러나 일반적으로 위험선택의 이익은 보험종목별로 변동이 심할 수 있고 해마다 변동할 수 있으므로 위험선택의 이익을 산정할 경우에는 각 종목을 수년 동안 종합하여 검토하는 것이 일반적이다.

제 5 절 계약자배당

1 계약자배당의 의의

생명보험회사의 잉여금 발생원인은 보험료가 필요 이상으로 과다했기 때문이거나 보험회사 임직원의 경영노력의 결과라고 볼 수 있다. 생명보험회사의 잉여금발생은 보험회사의 안정적인 경영을 위해 보험료산정시 보험료를 여유 있게 산정한 것이 가장 큰 원인이다. 따라서 잉여금 중 상당부분은 보험계약자에게 환원되는 것이 당연하다. 즉 생명보험은 장기에 걸쳐 계약을 이행하기 때문에 사망률, 이율, 사업비율에 안전성을 고려하여 보험료를 계산하고, 만약 잉여금이 생긴 경우에는 이것을 계약자에게 각 이원별로 계산하여 되돌려 주는 계약자배당을 실시해야한다.

일반기업과는 달리 보험회사의 경우에는 주식회사이거나 상호회사를 불문하고 잉여금을 임의로 처분할 수 없다. 생명보험회사의 잉여금 또는 이익의 대부분은 보험계약(무배당보험 제외)의 계약자에게 분배되는데, 이 분배금을 상호회사의 경우는 '사원배당'이라 부르고 주식회사의 경우에는 주주배당금과 구별하여 '계약자배당금'이라 한다. 무배당보험의 계산기초율은 실제경험률과 비슷하게 설정되기 때문에 무배당보험의 보험효율은 낮다. 따라서 무배당보험의 경우 잉여금이 발생하더라도 일반적으로 매우 적다.

2 계약자배당금 분배의 계산방법

개개의 계약에 분배하는 계약자배당금(policy-holders dividend)의 액을 산출하는 방법으로 한 때는 납부된 보험료에 비례해서 배당하는 누적배당방식이 주로 사용되었으나, 이 방법은 경영실적을 반영하지 못한다는 등의 단점이 있었기 때문에, 현재는 대개의 경우 이차익, 비차익, 사차익의 3요소만을 고려하는 3요소식 이원별 배당방식(three factor contribution plan)을 많이 채용하고 있다.

이 배당방식은 1863년 미국의 생명보험회사의 보험계리인이었던 호만스(Homans)의 제안에 따라 실시되어 미국 대부분의 생명보험회사가 현재 채택하고 있는 것으로서 배당금 배분의 계산이 과학적으로 이루어지고 그 결과도 비교적 공평한 것으로 평가되고 있다. 이 방식은 생명보험회사 잉여금의 대부분이 전술한 바와 같이 사차손익, 이차손익 및 비차손익의 3요소의 원천으로 구성되어 있는 것에 착안하여, 개개의 계약이 그 연도의 잉여금에 기여한 비율을 사차, 이차, 비차의 세 가지 요소별로 산출하여 이것에 따른 배당액을 결정하는 방식이다.[40)]

3 계약자배당의 분배방법

계약자배당금의 지급방법으로는 배당금을 계약이 소멸할 때까지 혹은 보험계약자로부

---

40) 이 외에도 계약자배당금 분배의 방식으로는 자산할당방식, 경험보험료방식 등이 있다. 먼저 자산할당방식(asset share method)에 따르면 대표적인 보험종류 및 연령을 모델로 하여 각 보험연도별로 실제의 이율, 사망률, 사업비율 등을 기초로 수지계산을 행한 수지차액과 연도말 책임준비금을 비교하여 계약자배당에 배분하여야 할 금액의 기준을 정한 후 이 기준에 근접하도록 3요소식 배당률을 결정하는 방법으로서 이원별 배당의 공평성 체크에도 사용될 수 있다. 한편 경험보험료방식(experienced premium method)은 현실적인 사망률과 사업비율 그리고 예정이율을 사용하여 일종의 경험보험료를 산출하고 영업보험료와 경험보험료와의 차액에 이원별 배당의 이차익의 요소를 가미한 것을 계약자배당으로 하는 방법이다(이은섭, 「보험론」, 삼영사, 1996, p.254).

터 청구가 있을 때까지 보험회사에 적립해 두는 '적립방법'과 보험료에서 배당금을 할인하는 '상계방법' 및 배당금이 발생할 때마다 현금으로 지급하는 '현금지급방법'이 있다. 이 이외에 이자를 붙여 보험회사에 유보해 두고, 계약이 소멸되었을 때 또는 계약자가 청구할 때 지급하는 방법, 배당금을 보험금의 증액 또는 별개의 보험계약의 보험료(일시납)에 자동적으로 대체하는 방법이 있다.

(1) 상계방법

현재 일반적으로 행해지고 있는 방법이다. 현행 방식에서 배당금은 경과 년수에 따라 증가함으로 상계 후의 보험료가 매년 저렴해지므로 이것이 커다란 매력이 되고 있다.

(2) 현금지급방법

상계방법의 변형으로써 보험료 기준인 계약이나 단체계약처럼 보험료와의 상계처리가 부자연스럽거나 사무상 복잡한 경우에 사용되며, 상계방식에서 할당배당금의 표정보험료를 초과하는 경우도 사용된다. 청구시 지급방법은 주로 완납 후 계약에 적용되고 있는 방법이다. 배당금은 신속하고 비용이 들지 않는 방법으로 지급하여야 하는데, 보험회사와 계약자간에 금전거래관계가 있는 경우에는 배당금으로 그 관계를 정산할 수 있으며, 지급하는 배당이 클 경우에는 상대적으로 저렴한 비용으로 송금할 수 있다. 그러나 이들 중 어느 것에도 해당되지 않을 경우에는 회사에 유보해 두는 것이 회사나 계약자 모두에게 유리하다고 할 수 있다.[41]

(3) 보험료 대체방법

청구시 지급방법의 변형이라고 생각할 수도 있는 방법이다. 모처럼 보험회사에 돈을 유보할 바에는 그 돈으로 부보하면 더욱 유효하게 될 것이며, 또한 얼마 안 되는 배당금을 받더라도 낭비할 따름이다. 이 방식은 바로 이러한 생각을 바탕으로 하여 계약자를 위하여 마련한 제도이다. 이 방법은 보험회사 입장에서 생각할 때 장점과 단점이 있다. 장점으로서는 힘들이지 않고 계약할 수 있으며, 자동가입이므로 역선택(adverse

---

41) 김종국, 「생명보험총론」, 형설출판사, 1997, pp.394~395.

selection)의 불안도 없다. 한편 단점으로는 사무적으로 복잡하다는 점이다. 특히 금액이 적고 계속적으로 발생하는 배당금을 그때마다 보험료로 대체하는 것이므로, 이에 따른 독특한 사무체제의 확립이 필요하다.

제 10 장 언더라이팅과 재보험

제 1 절 언더라이팅

1 언더라이팅의 정의 및 목적

(1) 언더라이팅의 유래

언더라이팅은 14세기 경 이탈리아 베니스의 상인이 무역에 따른 여러 가지 위험에 자신이 필요로 하는 담보를 열거한 보험증권에 개인보험자가 자신이 책임질 수 있는 위험의 종류와 크기를 결정하고 자신의 결정에 대한 표시로 보험증권 아래에 자신의 이름을 기재(underwrite)한 데서 시작되었다.

따라서 개인보험자(underwriter)는 보험자 자신으로 자신이 위험을 담보한 만큼 책임을 지게 된다("underwriter"[42]란 위험인수를 결정하는 사람을 말한다).

---

42) 오늘날에는 이 용어는 여러 가지 의미로 사용되고 있다.
① 로이즈의 언더라이팅 멤버 또는 Name(언더라이팅 멤버의 별칭)의 의미.

(2) 언더라이팅 (underwriting)의 정의

고객이 부보하고자 하는 위험을 조사, 분석, 평가하여 그 위험의 인수여부를 결정하여 만약 인수할 경우 그 인수조건(보험료, 담보조건)의 결정, 보유의 결정, 재보험방법 등을 결정하는 등 일련의 의사결정과정을 말한다. 따라서 언더라이팅은 보험서비스제공을 통한 기업가치의 극대화라는 보험회사의 고유목표달성을 위해 가장 중요한 기능의 하나이며, 구체적으로는 위험인지 및 평가를 통한 보험가입신청위험의 선택, 거절, 분류, 적절한 보상범위 및 요율산정, 보험계약증서발행 등을 포함한 복합적인 영업활동을 가리킨다.

언더라이팅의 규정은 개개의 보험분야마다 상이하며 개개의 보험회사마다 차이가 있으나, 일반적으로 언더라이팅의 지침서(manual, guideline)를 만들어 사용하고 있다.

(3) 언더라이팅의 목적

1) 적당한 담보의 제공

보험계약자의 요구를 충족하는 보험보호를 말하는 것으로, 상당수의 보험구매자들 사이에 보험의 요구 또는 욕구가 존재할 때 약간의 수정을 필요로 하는 표준화된 보험(증권)을 제공하고 있는데, 예컨대 자동차보험을 들 수 있다.

2) 선택의 기준유지

위험선택의 기준을 제시하는 것으로, 선택결정은 언더라이팅에 있어서 중추적 역할

---

② 보험자. underwriter라는 말은 일반의 보험자(insurer)와 동의어.

③ 보험자, 즉 로이즈의 신디케이트, 보험회사, 보험인수단체 또는 기타 조직의 종업원으로서 고용주를 위해 위험을 인수·파악하거나 보험조건의 결정권한을 갖는 자.

④ 보험인수대리인(underwriting agency)(로이즈의 보험인수회원을 위해 보험인수업무를 관리·실행하는 사람) 또는 인수책임자의 약칭.

⑤ 미국에서는 생명보험회사의 수수료를 받고 일하는 전임의 보험모집종사자(producer)를 의미함.

⑥ 로이즈 신디케이터를 위해 전임전문가로서 일하는 active underwriter(Name을 위해 신디케이터에서 보험을 인수하는 권한을 부여받고 보험인수의 판단을 내리는 개인).

⑦ lead underwriter는 로이즈 신디케이터의 중심적인 active 멤버임.

⑧ leading underwriter/insurer(leader)(보험자)(특종보험의 전문가 또는 그 부분에서 최대의 수용력을 갖는다고 인식되는 로이즈의 언더라이터 또는 보험회사를 말하며 그들은 제일 먼저 위험의 일부를 인수하고 보험료를 제시).

을 하고 보험자들의 이익에 결정적인 역할을 한다(만약 보험자가 위험선택에 너무 치중하거나 너무 관대하면 이익을 얻을 수 없다). 주요 목적은 역선택(adverse selection)을 방지하고 미래 손실발생의 가능성이 유사한 위험계층을 구성·분류하여 각 인수위험에 적절한 보험료를 책정함으로써, 결과적으로 안전하고 수익성이 높은 보험계약을 체결하는 것이라고 할 수 있다.[43)]

3) 가격결정의 기준유지

각 요율계층내에서 적절한 균형이 이루어져야 한다. 일반적으로 선택된 위험들은 그 특성에 따라 동일한 보험료를 지급하는 요율계층으로 분류된다. 그러나 같은 요율계층에 배정된 모든 위험들이 보험계약기간동안 동일한 손실액을 발생시키는 경우는 거의 없다. 즉 일부위험은 그 계층의 평균보다 더 높은 손실을 일부는 더 낮은 손실을 발생시키게 된다. 따라서 각 요율계층마다 계층요율이 모든 손실과 비용을 충당할 수 있도록 평균이상의 손실과 평균이하의 손실 간에 적절한 균형이 이루어질 수 있도록 위험들의 배정이 이루어져야 한다.

이 외에도 안정된 시장유지, 우량서비스의 제공 및 전문가로서의 능력기준의 유지 등을 들 수 있다.

4) 언더라이팅의 중요성

보험회사의 언더라이팅 결과는 수익성, 지급능력 등 보험회사의 성장 및 존속여부에 영향을 미친다. 보험상품의 판매, 손실통제, 요율산정, 손해사정 등 보험회사의 많은 기능이 외부전문기관에 위임될 수도 있지만, 언더라이팅 기능만은 보험자가 최종적으로 유지하고 있다는 사실은 보험업무 중 언더라이팅 기능이 얼마나 중요한지를 보여 주는 예라고 할 수 있다.

---

43) R. D. C. Brackenridge & W. J. Elder, *Medical Selection of Life Risks*, M. Stockton Press, 1992, pp.36～37.

2 위험선택행위의 내용

(1) 위험선정 (risk selection)

보험자가 미리 마련한 위험인수기준에 맞는 위험을 갖고 있는 보험계약자를 선정한다. 효율적인 위험선정은 보험자의 재무능력의 유지와 기업경영의 안정을 위한 것으로, 예컨대 자동차보험요율산정시, 과거 2년 이내에 자동차교통사고에 대해 3회까지를 표준위험으로 고려했다고 가정할 경우 모든 보험자가 이 기준에 따라 위험을 선정하는데 한 보험자만 4회 이상 표준보험료율을 적용해서 보험을 들게 하면 보험금지급이 수입보험료를 초과하게 되어 이런 위험선정을 중단하지 않는 한 재무능력을 저하시키게 된다.

대형보험사고나 높은 보험사고발생빈도로 인한 보험자의 재무상의 파산가능성을 회피하도록 하기 위한 것이다.

(2) 위험분류 (risk classification)

개개의 위험에 적당한 보험료를 부과하고 위험선정의 합리화를 도모하는데 있다. 예컨대 위험을 상·중·하로 구분하는 것을 말하는데, 생명보험에서 연령, 직업, 인종, 국적, 가족내력, 경제상태 등을 고려하는 것은 하나의 예라고 할 수 있다.

(3) 보험요율산정 및 적용 (rate-making and rating)

각 보험종류나 보험계약자별로 특정한 위험에 상응한 적절한 보험비용을 책정한다.

(4) 마케팅

보험모집활동을 통해 중 이하의 조건이라도 보험인수조건을 조절하거나 보험계약내용의 변화, 손해방지경감대책의 강구 및 보험요율조정 등을 실시한다.

(5) 상품기획 (product design)

보험수요자의 형편에 알맞도록 기존보험상품을 개량·개선하고 특별한 보험상품을 기획한다. 예컨대 특제보험계약(manuscript policy)을 들 수 있는데, 이것은 특별히 한 보험수요자를 위해서 그의 형편에 알맞게 마련한 보험계약이다. 대표적인 것으로는 운송 보험계약이 있다.

(6) 위험관리서비스 (R. M. Service)

위험관리에 관한 자문을 보험수요자에게 유료나 무료로 제공하여 위험의 인수가능성을 높이도록 해야 한다. 예컨대 위험방지경감, 손해사정 및 보험금지급의 신속화를 위한 갖가지 대책을 강구하는 것을 들 수 있다.

(7) 기타의 위험선택

보험인수조건과 비용에 관한 견적, 여러 가지 특약을 포함한 보험증권준비발행, 보험료계산, 해약통지, 보험계약경신통지 등 보험계약자를 위한 실무적인 기능을 말한다.

(8) 광의의 위험선택

위에서 설명한 본래의 전통적인 위험선택행위 외에, ① 보험계약을 통한 위험선택(policy underwriting)이 있는데, 이것은 보험계약조항을 통해 역선택을 사전에 방지해서 보험사고의 빈도와 심도를 줄이는 행위를 말한다. 예컨대 공동보험조항, 타보험조항 등이 있다. ② 보험금지급을 통한 위험선택(claim underwriting)이 있는데, 이것은 사후위험선택행위를 말하며 보험금지급과정을 통해 우량위험과 불량위험을 식별하는 방법을 말한다. 예컨대 보험계약체결과정에서 별로 면밀하게 위험을 검토하지 않고 어느 정도의 위험선택기준에 도달하는 위험은 모두 인수하고 그 후에 보험사고가 발생하는 보험계약에 대해 위험선택자는 그 위험내용을 세밀하게 검토해서 보험계약의 계속여부를 결정하는 것을 말한다.

3 언더라이팅의 수행과정

(1) 정보수집

보험자는 미래손실발생과 관련이 있다고 판단되는 보험계약신청자의 행위, 특성, 과거 수년간의 손실자료, 검사보고서, 의사의 검진보고서, 재정상태등급기관의 자료 등을 이용하여 필요한 정보를 얻고자 노력한다.

(2) 위험인수결정

이것에는, ① 무조건 인수, ② 계약신청의 거절, ③ 특정한 계약조건을 첨가하거나 계약자가 제시한 계약조건을 수정한 후 인수하는 방법이 있다. 이 중에서 일반적으로 ①, ②의 경우는 드물고 주로 ③의 방법이 채택된다. ③의 방법으로서 일반적으로 다음과 같은 네 가지 형태 중 한 가지가 사용되거나 두 가지 이상이 혼합되어 사용된다.

1) 손실조정수단의 채택

보험계약신청자 스스로 미래손실의 발생가능성 및 손실액의 규모를 감소시킬 수 있는 수단을 채택한다는 조건 하에서 인수하는 것을 말하는데, 예컨대 화재보험신청시에 건물에 화재경보기나 스프링클러를 설치한다거나 도난보험신청건물에 도난경보기장치를 설치하거나 경비원의 상주를 조건으로 인수를 승낙하는 것이다.

2) 요율 및 요율구조의 변경

보험계약신청자가 요구하는 보험료나 기존의 요율구조로는 인수를 거절하지만 신청자가 더 높은 보험료를 납입한다거나 보험회사가 변경한 보험료 산정구조를 따른다는 조건 하에 인수를 허가를 하는 것으로서, 예컨대 과거 수회의 사고경력이 있는 운전자는 무사고 운전자에 적용되는 보험료로서는 보험계약이 거절되지만 보다 더 높은 보험료를 지급함으로서 종합보험의 구입이 가능하게 된다.

3) 계약조건의 수정

신청자가 신청한 계약의 형태를 수정한다는 조건으로 위험을 인수하는 것으로서, 예컨대 특정한 손인으로부터의 손실지급을 배제한다거나, 공제액의 설정, 최대지급액의 감소 등을 들 수 있다.

4) 임의재보험이나 공동보험의 활용

신청자의 예상손실액이 거대한 경우에는 보험자가 이미 체결한 특약재보험 (treaty

reinsurance)에서 변제할 수 없거나 보험가입금액이 특약재보험의 지급한도를 초과할 수 있는 경우, 보험자는 임의재보험(facultative reinsurance)이나 공동보험을 사용하여 위험을 분산시킬 수 있다.

4 언더라이팅의 방법[44)]

(1) 제1차 선택

모집종사자에 의한 선택은 보험계약초기단계에서 행해진다는 의미로 제1차 선택이라고 하며 위험선택 중 가장 중요한 부분을 차지한다.

1) 충분한 정보와 자료의 제공

피보험자가 될 청약자를 직접 면접하는 모집종사자는 무선택으로 청약을 취급하는 것이 아니다. 청약자가 피보험체로서 적격성을 가지고 있는가를 외모, 건강상태, 청약동기, 직업, 생활환경 등 여러 방면에서 관찰하고 질문하여 소정의 모집종사자 보고서를 작성함으로써 본사 사정자의 서류심사방법에 의한 선택결정이 완전할 수 있도록 충분한 정보와 자료를 제공해야 한다.

2) 모집종사자의 역할

모집종사자는 통상적으로 계약가입을 권유하는 과정에서 피보험자나 보험계약자와 자주 면접하고 있으므로 피보험자의 건강상태나 생활환경 등의 실태에 관하여 상세히 알 수 있는 입장에 있기 때문에 일반정보는 물론 위험선택상 필요한 정보를 많이 얻을 수 있다. 따라서 계약수령시 보험약관을 충분히 설명하여 교부함과 동시에 올바른 보고를 한다면 유효한 선택이 가능하다. 그리고 도덕적 위험의 발견과 배제는 본사사정자의 서류심사만으로 곤란하므로 피보험자와 많이 접촉하고 있는 모집인이 환경선택상 수행해야할 책임은 극히 크다.

---

44) 김흥기, “보험산업의 국제화에 따른 위험선택상의 문제”, 「무역학회지」, 제19권 제2호, 1994, pp.429~434.

3) 모집종사자의 부정행위

이러한 제1차 선택의 중요성에도 불구하고 현실적으로 제1차 선택업무를 담당하고 있는 모집종사자는 위험선택업무의 중요성을 경시하여 피보험자와 철저한 면접을 하지 않는다거나 피보험자의 건강상태에 관한 중요한 사실을 알고 있음에도 불구하고 많은 신규계약을 위해 부실고지를 권유하거나 보고의무를 태만히 하는 등 모집종사자의 부정행위로 계약성립 후의 계약확인이나 보험금청구에 따른 사실확인의 결과 고지의무위반사실을 판명하여도 고지의부위반에 따른 해지권을 행사할 수 없는 사례가 나타나고 있다.

(2) 의학적 진사(진단)

의학적 진사는 일반적으로 '진사'라고 하며 위험선택의 중요한 제도이다. 이것에는 '사의'와 '촉탁의'로 구분된다.

1) 진사의의 의미

사의는 직원으로 고용되어 진사에 전문적으로 종사하고 있으므로 보험진사에 대해서는 일반적으로 경험이나 신뢰도가 높다. 촉탁의는 대부분이 개업의로서 보험회사와는 민법상의 준위험의 관계에 있으며, 부업으로서 진사에 종사하는 경우가 많다. 진사는 고지청취부분과 검진부분으로 되어 있다. 전자는 진사의가 성명, 생년월일, 성별, 현왕증, 직업, 약물상용 등에 관해 문진하고 고지를 받는 부분이며, 후자는 신체검사를 통해서 생명보험의 의학적 소견을 구하는 부분으로서 시진, 체격(신장, 흉위)의 계측, 혈압측정, 검뇨 등을 실시한다. 또한 필요에 따라서 X선검사, 심전도검사 등도 한다.[45)]

2) 진사와 임상의 진찰과의 관계

이같이 진사는 고지청취와 검진으로 이루어지지만 임상의의 진찰과는 다른 특징이 있다. 고지청취는 임상의의 진료시에 있어서 문진과 유사하지만 임상의학에서는 그다지 중요시하지 않는 기왕증도 불고지 또는 잘못된 고지로 계약해지권과의 관계와는 다르다. 검진은 임상의의 진찰과 유사하지만 임상의학에서 그다지 문제로 되지

45) R. D. C. Brackenrige & W. J. Elder, *op.cit.,* pp.39~40.

않는 것이 자주 문제가 된다. 예컨대 위궤양으로 수술없이 치료한 기왕증의 경우 완치후 임상의에서는 문제가 되지 않지만 완치 후 얼마간은 재발률이 높으므로 특히 질병특약부보험의 진사에서는 문제가 된다. 또 임상의에서는 치료의 대상으로 되지 않는 비만예체, 가벼운 고혈압도 보험에서는 장기에 걸친 계약인수의 경험으로 보면 사망률이 높으므로 역시 문제가 된다. 이와 같이 진사는 임상의학과 같이 질병의 진단이나 치료를 목적으로 하지 않기 때문에 질병이나 이상이 발견되어도 반드시 병명을 진단할 필요는 없다. 진단의의 임무는 올바른 계측, 면밀한 관찰, 명확한 소견을 진사보고서에 보고함으로써 사정을 위한 자료를 제공하는 것이다.

3) 진사의의 역할

사의나 촉탁의를 막론하고 진사의는 회사를 대표하여 진사를 하는 것이기 때문에 진사의 지·부지는 그대로 회사의 지·부지가 된다. 예컨대 촉탁의가 피보험자의 어떤 결함에 관하여 계약전 진료나 진사시에 고지청취 등에 따라 알고 있는 경우에는 진사보고서에 기재가 없어도 보험회사는 이를 모르는 것이라고 주장하여 피보험자에 대항할 수가 없다. 진사의는 이와 같이 보험회사를 대표하여 위험선택의 중요한 책임을 부담하고 있는 것이며, 이 경우 진사의의 책임은 개업의가 기울이는 정도의 주의가 필요하지만 그 정도의 주의를 기울이면 당연히 발견할 결함을 발견할 수 없었을 경우 진사의의 과실로 인정된다. 따라서 피보험자 측에 대해서는 보험회사의 과실로 되는 것이다[46].

(3) 사정과 결정

1) 사정과 결정의 의미

사정이란 보험청약서, 제1차 선택에 있어서의 모집종사자의 보고서, 진사서 및 기

46) 진사시 피보험자로부터 계약상의 중요사항에 관하여 고의 또는 중과실에 의하여 고지가 없었거나 허위고지가 있었을 경우는 고지의무위반으로 보험회사는 계약을 해지할 수 있지만, 종종 분쟁의 원인이 되는 문제가 있으며, 현왕증이나 기왕증에 대한 고지가 없어도 진사의의 과실이 입증된 경우 보험회사 측의 과실로 고지되지 않은 것이 되어 보험회사는 계약해지권을 행사할 수 없는 문제가 있으므로, 진사의는 피보험자로부터 올바른 고지와 진사에 항상 노력해야 한다. 하지만 의학적 진사의 경우 경비문제로 위험선택업무를 제고하는데 제약을 받는다. 우리나라의 경우 진사업무의 효율적 운영을 위하여 1980년 10월 공동촉탁의 제도를 도입하여 실시하여 왔으나 그다지 효과를 보지 못하고 있는 실정이다.

타 위험선택상의 자료를 근거로 하여 피보험자의 위험정도를 의학적, 환경적으로 측정, 판단하여 피보험자가 어떤 사망지수를 나타내는 집단에 속하는 가를 판단하는 것이다. 그리고 사정의 결과를 종합적으로 판단하여 계약청약에 대하여 회사가 최종적으로 계약승낙의 여부나 계약상의 조건을 확정하는 것을 결정이라 한다. 모집종사자에 의한 제1차 선택에 대하여 사정과 결정은 진사의의 진사와 함께 제2차 선택이라고 불리고 있으며 계약성립 전의 위험선택에 있어서 최후의 중요한 부분을 차지하고 있다.

2) 사정의 역할

사정은 의학적 사정과 환경사정으로 나누어진다. 의학적 사정이란 사정자가 진사보고서나 기타 의학적 선택상의 제반 자료에 따라 피보험자의 사망지수를 측정하고 의학적 측면에서 피보험자의 보험체, 비보험체 중의 어느 쪽에 속하는가 또는 특약조건을 부가하면 보험가능체로 될 수 있는가를 판정하는 것이다. 즉 각 보험회사에서 청약자의 사망지수 산정용으로 이미 과거의 경험에 의해 작성하고 있는 사정표준에 따라서 그리고 숫자 사정법에 의거 측정된 사망지수에 따라 보험종류, 보험기간 및 보험금액에 대하여 다음과 같이 보험체(표준체, 표준하체)와 비보험체(계약연기체, 사절체)의 어느 집단에 속하는 가를 분류·판단하는 것이다.[47]

이 경우 중요한 문제는 보험의학과 임상의학의 개념에 대한 인식이다. 생명보험은 장기간의 생활보장을 목적으로 하는 것이므로 통계적으로 어떤 사망지수를 나타내는 가가 중요한 판단요소이며, 질병에 의한 고통의 제거나 사회복귀를 목적으로 하는 임상의학과는 다르다. 즉 질병이 아니라도 높은 사망지수를 나타내는 것이면 표준체로 보지 않는 것이며, 질병이 완치하여 현재 건강하여도 완치후 일정기간 높은 사망지수를 나타내면 역시 표준체로 판단하지 않는 것이다. 건강한 사람이 반드시 표준체 혹은 보험체가 아니다는 이유는 여기에 있다.[48]

---

47) R. E. Holton, *Underwriting*, 2nd ed., The National Underwriter Company, 1981, pp.226~231.

48) 이상의 의학적 사정을 필한 피보험체에 대하여 직업, 관습, 자산수입상태 등은 물론 도덕적 위험의 유무 등의 측면에서 사고발생의 가능성을 증대시킬 요인이 있는가 없는가에 착안하여 위험 측정을 행하는 것이 환경사정이다. 일반적으로 환경사정은 사무계의 사정자가 의학적 사정에 대응하여 행하지만 의학적 사정과 다른 점은

3) 결정의 역할

결정이란 사정결과에 의거 계약청약에 대하여 최종적으로 계약승낙여부, 조건에 관한 보험회사의 의사표시를 하는 것이다. 생명보험계약은 법적으로 낙성계약이며, 보험계약 청약에 대하여 보험회사가 승낙의 의사결정을 하는 것에 의해 성립한다. 이 승낙의 의사결정은 선택자인 결정담당자가 사정결과에 따라 보험회사를 대행하여 행하는 것이다. 모집종사자, 진사의 및 사정자도 제1차, 제2차 선택자로서 중요한 기능을 수행하지만 특히 결정자는 회사의 보험계약승낙여부의 의사결정 권한을 전문적, 최종적인 선택업무를 수행하는 것이므로 그의 책임수행에 있어서 신중한 배려가 필요하다. 또한 결정에 있어서 중요한 문제는 계약상의 책임개시기와 관련문제이다. 즉 청약에 대하여 보험회사의 계약승낙의 의사표시가 이루어져 계약이 성립하더라도 보험회사의 책임개시 시기는 이미 제1회 보험료를 피보험자의 고지시 전에 수령한 경우는 고지시까지 소급한다는 것이다. 다시 말하면 계약의 승낙 전에 보험사고가 발생하여도 만약 사고가 발생하지 않았다면 체격 등으로 보아 당연히 성립되었을 것이라고 생각되는 계약에 대해서는 제1회 보험료 수령시 또는 고지시로 소급하여 회사는 계약상의 책임을 지는 것이다. 더구나 많은 청약 중에는 조건부가 아니면 계약을 승낙할 수 없는 것도 포함되는 문제가 있으므로 결정업무는 청약자를 위해서도 보험회사를 위해서도 신속히 행하는 것이 필요하다.

(4) 계약확인과 보험금확인

1) 계약확인

① 계약확인의 내용

계약성립의 기본적인 요건인 청약자의 고지의무, 모집종사자에 의한 제1차 선택 및 의사 등에 의한 의학적 진사 등의 선택제도만으로는 공평성을 원칙으로 한 적절한 선

도덕적 위험 등 환경측면의 위험은 정확히 예측할 수 없는 경우가 있으며, 더구나 의학적 위험과 같이 사망지수에 의해 수량적으로 나타내는 것이 곤란한 것이다. 따라서 환경측면에서 문제가 있거나 도덕적 위험의 존재가 의심스러운 경우 환경사정자는 계약성립 전의 계약확인이나 기타의 방법을 강구하지만 그래도 위험을 예측할 수 없거나 위험이 크다고 판정되는 경우는 그 계약을 사절 또는 연기한다.

택을 기대하는 것은 불충분하다.

일반적으로 기왕증이나 자각증에 관하여 올바른 고지가 없다면 한정된 보험진사로는 판명하기 어려운 질환이나 결함이 많으며, 특히 후유증이 없는 기왕증이나 질병 등을 안다는 것은 곤란하다. 직업에 관해서도 올바른 직업내용의 고지나 보고가 없으면 청약서만으로 판단이 어려운 경우가 있다.

따라서 이러한 선택제도와 이해관계가 없는 제3자적 입장에 있는 자에 의해 보험청약자나 보험회사 측의 어느 쪽에 부정이나 과실이 있는가 없는가를 확인하고 이것이 원인으로 혼입된 역선택이나 불량계약을 가능한 한 신속히 파악하여 배제하는 것이 생명보험 특유의 공평성을 지키기 위해 중요한 것이다. 이러한 의미에서 제4차 선택이라고 말해지는 계약확인이 필요하다.

② 계약확인의 시기

이것에는 계약성립 전과 계약성립 후로 나눌 수 있다. 계약성립 후 계약확인 등에 의해 청약자 측의 계약상 중요사실의 고지의무위반이 판명되면 피보험자의 생존중이든 사망 후든 계약후 2년내에 계약해지 방법에 의거 당해 계약은 소멸된다. 그러나 보험제도 본래의 취지에서 피보험자 사망 후의 해지는 물론이고 생존 중의 해지에 있어서도 일단 성립한 계약이 해지된다는 것은 청약자나 보험회사나 바람직한 것이 아니다. 또한 사망 후의 해지는 생존 중의 해지에 비하여 분규가 발생하기 쉬운 결점이 있을 뿐만 아니라 고지의위반의 사항과 사인 간에 상당인과관계의 존재를 필요로 한다. 그러므로 계약확인은 계약성립 전에 전체계약에 대하여 행하는 것이 이상적이지만 다량의 청약을 단시일에 실시한다는 것은 실제상 불가능할 뿐만 아니라 막대한 비용을 필요로 하고 대다수의 양질계약의 성립을 지연시키는 등 청약자나 보험회사에 손실을 초래하는 문제가 있다. 이 때문에 계약성립 전의 계약확인은 일정금액이상의 고액계약 및 의학적 혹은 도덕적으로 문제가 있으며 사정 시의 선택자료로서 특히 확인이 필요한 계약에 관해서 실시하고, 계약성립 후의 계약확인은 연령, 금액 등 일정한 기준을 정하여 역선택의 혼입률이 높은 계약집단을 대상으로 실시하는 것이 좋다.

③ 계약확인의 문제점

계약확인은 보험계약의 공평성을 지키기 위한 선택자료수집의 한 수단으로서 꼭 필요한 제도이지만 이는 항상 사생활침해 등의 문제를 유발시킨다. 보험청약자는 보험회사로부터 계약확인을 인정할 의무를 부담하지만 계약확인의 대상이 개인생활, 건강 등에 관한 사항이며, 이 사항 자체가 인격권 혹은 사생활권 등의 대상으로 법적으로 보호될 수 있는 이익이다. 따라서 위험선택상의 계약확인 행위와 피보험자 측의 보호이익이 자칫하면 충돌하여 사생활권 침해의 문제가 발생한다.

그러나 사생활권은 그 발생과정으로 보아 공적 생활의 보호를 목적으로 하는 것이므로 본인의 동의가 있으면 위법성은 없다. 또한 이들 보호이익에 우월하는 다른 보호이익이 존재하면 침해로 되지 않는다고 할 수 있다. 하지만 청약서의 서약문언상의 승낙이나 관습적으로 묵시의 동의에 의한 계약확인이 타당한 범위는 보험계약상의 사정, 결정에 필요한 범위에 한정한다. 따라서 보험회사가 안 비밀을 누설했 때는 물론 동일회사 내부에서도 보험계약의 체결, 보험금지급의 결정 및 고지의무위반에 의한 해지권에 관계하는 부문 이외에 누설했을 때는 사생활 침해의 문제가 발생한다.[49]

2) 보험금확인

보험금확인은 피보험자 사망시, 급부금확인은 각종 급부금지급의 대상이 되는 보험사고 발생시 이루어진다. 계약확인이 보험계약의 성립 전후에 피보험자의 생존중 계약체결의 가부나 조건결정을 위한 선택자료로서 또는 부정하게 혼입된 역선택이나 불량계약의 배제를 위해 이루어지는데 반해 보험금확인이나 급부금확인은 사망이나 입원 등 보험사고 발생시 마다 사망진단서, 사체검안서, 입원·수술 증명서 등에 의거 고지의무위반이나 도덕적 위험이 걱정되는 일부 계약에 관해서 보험금이나 급부금의 지급가부 및 보험계약의 존속을 결정하기 위해 행하는 것이다. 따라서 생존하고 있는 보험계약자·피보험자, 가족, 유족, 모집종사자, 진사의, 주치의, 경찰 기타 관계자 등 담당자가 면접하는 상대는 너무 많다는 문제가 있으며, 조사해야 할 사항도 계약확인과 비교하여 광범위하고 면밀한 것이 된다.

49) S. N. Weisbart & H. D. Skipper, *Privacy and the Insurance Industry*, Georgia State Univ., 1980, pp.138～141.

제 2 절 보험준비금

일반적으로 보험료는 사고발생 전에 납입하고 보험사고의 발생 시 보험금을 지급하는 관계로 보험회사는 향후의 사고발생에 따른 보험금의 지급자금을 사전에 준비하여야 하는데 이것을 보험준비금(insurance reserves) 또는 책임준비금이라고 한다. 따라서 보험준비금은 보험자의 보험계약자피보험자에 대한 부채에 해당하는 것으로서 일반적으로 법적 규정에 의해 요구되며 그 방법과 액수도 법으로 규정하는 것이 보통이다.

1 손해보험의 각종 준비금

손해보험에서는 일반적으로 미경과보험료준비금과 보험금지급준비금이 법적으로 요구되고 있다.

이와 같이 법정준비금(statutory reserves)의 적립을 요구하는 목적은 보험자의 보험금 지급여력(solvency)을 보장하여 보험자의 파산을 방지하고 보험계약자를 보호하는 데 있다. 또한 법정준비금 이외에도 자발적 준비금(voluntary reserves)이 있는데, 이에는 유가증권의 가격변동에 대비한 유가증권평가준비금(securities valuation reserves), 감가상각에 대비한 감가상각준비금(reserves for depreciation), 예기치 않았던 유사시에 대비한 비상준비금(contingency reserves)이 있다.

(1) 미경과보험료준비금

미경과보험료는 총보험료 중 아직 경과되지 않은 기간에 해당하는 보험료를 말한다. 예컨대 1년 계약기간에 총보험료가 120만원이라고 하고, 만약 총계약기간 중 3개월이 지나면 나머지 9개월에 해당하는 보험료 90만원이 미경과보험료에 해당한다.

이러한 미경과보험료에 해당하는 금액을 법적으로 적립해야 하는데 이를 미경과보험료준비금(unearned premium reserve)이라고 한다. 이 미경과보험료준비금은 앞으로의 보험사고를 대비한 자금이기 때문에 보험자소유의 자금이 결코 아니고, 오히려 부채에 해당한다. 그러나 시간이 경과함에 따라 미경과보험료는 경과보험료로 점차 바뀌게 되고(부채계정에서 자산계정으로 바뀜), 계약기간이 종료시점에 가서는 보험료 전부가 경과보험료로 바뀌게 된다.

1) 미경과보험료준비금 적립의 이유

① 손실의 보상

위에서 설명한 바와 같이 보험에서는 보험료를 선지급하고 사고발생시 보상을 하므로, 미래의 사고발생시 미경과부분에 해당하는 미경과보험료준비금을 적립하여야 한다.

② 해약환급금의 지급

보험계약을 계약기간 전에 해제할 경우 보험자는 미경과부분에 해당되는 보험료를 보험계약자에게 돌려주어야 한다. 이런 환급의 경우를 대비해 미경과부분에 해당하는 미경과보험료준비금을 적립하게 된다.

③ 재보험료의 결정

보험자가 재보험에 부보하는 경우 재보험자에게 재보험료를 지급하게 되는데, 이 재보험료는 주로 미경과보험료에 해당하게 된다. 이런 이유로 미경과보험료준비금을 재보험준비금(reinsurance reserve) 이라고 부르기도 한다.

2) 미경과보험료준비금 계산방법

미경과보험료준비금을 계산하는 방법은 여러 가지가 있다. 그 대표적인 방법으로서 1/2분법(annual pro rata method)이 있는데, 이 방법에서는 첫째, 1년 동안 같은 속도로 부보되고(다시 말하면 보험가입자가 1년 중 특정기간에 편중되어 있지 않고 1년을 통하여 분포되어 있다고 가정함), 둘째, 매년 평균적으로 7월 1일에 보험에 가입된다고 가정한다.

예컨대 1년짜리 계약의 경우 12월 31일 현재 계약기간의 1/2이 경과되었다고 보고(왜냐하면 7월 1일이 계약기간의 첫날이므로 12월 31일 현재 1년의 1/2인 6개월이 경과됨), 2년짜리 계약의 경우는 12월 31일 현재 1/4이 경과되고, 3/4이 미경과된 것으로 본다. 3년짜리 계약의 경우는 같은 방식으로 계산하여 12월 31일 현재 1/6이 경과되고, 5/6가 미경과되었다고 본다.

(2) 보험금지급준비금

1) 보험금지급준비금의 대상

보험금지급준비금(loss reserves)이란 사고발생으로 인한 손실을 보상하기 위해 적립된 준비금을 말한다. 여기서 말하는 손실은 여러 단계로 구분되는데 그 단계를 살펴보면 다음과 같다.

① 발생되었으나 보고되지 않은 손실(incurred but not yet reported claim : IBNR).

② 발생·보고·신고되었으나 조정되지 않은 손실(incurred, reported and filed but not yet adjusted claim).

③ 발생되었으나 아직 지급되지 않은 손실(incurred but not paid claim : IBNP).

보험금지급준비금이 대상으로 하는 손실은 위에 열거된 세 가지 손실을 모두 포함하게 된다.

2) 보험금지급준비금의 산정방법

보험금지급준비금의 산정방법은 개별산정방법(individual estimate method), 평균치산정방법(average value method), 손실률방법(loss ratio method), 표를 이용하는 방법(tabular value method)과 같이 크게 네 가지로 분류될 수 있다.

① 개별산정방법

이 방법은 예상되는 손실별로 각기 준비금을 적립하는 방법이다. 이 방법은 손실의 수가 적고 손실의 크기가 일정치 않을 경우에 주로 사용하는 방법이다.

② 평균치산정방법

이 방법은 예상되는 손실들의 평균치를 기준으로 준비금을 적립하는 방법이다. 이 방법은 손실의 수가 많고 손실의 크기가 적고 손실 해결기간이 비교적 짧은 경우에 사용된다. 예컨대 자동차차체손실(automobile physical damage)의 준비금산정에 많이 사용된다.

③ 손실률방법

이 방법에서는 기대되는 손실률을 경과보험료에 곱하므로 준비금을 계산하게 된다. 이 경우 미리 지급된 손실 및 손실경비가 있으면 계산된 준비금에서 빼고 적립하게 된다. 이 방법은 주로 법에 의해 규정되는 경우가 많으며 근로자산업재해보험이나 배상책임보험에 많이 사용된다.

④ 표를 이용하는 방법

이 방법은 손실보상액이 사망률, 이혼율 등 통계적 자료에 의존하는 경우에 많이 사용된다. 따라서 손실보상을 위한 준비금계산도 해당 통계자료표를 참조하여 결정하게 된다.

2 생명보험의 각종 준비금

생명보험에서도 여러 가지 준비금이 있는데 이러한 준비금들이 생명보험자 부채의 주된 부분을 형성하고 있다. 여기서 각종 준비금의 성질, 목적, 종류 및 산출방법에 관해 간단하게 살펴보기로 한다.

(1) 준비금의 성질

앞에서 살펴본 바와 같이 생명보험에서의 평준보험료는 계약초기에 필요 이상으로 많은 보험료를 납부하게 되고 계약 후반기에는 사망보험금을 충당하기에는 충분치 못한 보험료를 납부하는 결과를 가져온다는 사실을 알았다. 여기서 계약 초기에 지급되는 평준보험료 중 필요 이상의 부분이 준비금형성의 기초가 되는 것이다. 다시 말하면 계약 초기의 필요 이상의 보험료와 이 부분에 따르는 이자수입, 그리고 앞으로 납부되는 보험료의 합이 장래의 사망보험금을 충당하는 데 쓰이게 된다. 이러한 관계를 기초로 하여 준비금을 정의한다면 다음과 같은 식으로 나타낼 수 있다.

① 준비금 = 미래의 보험혜택의 현재가치 - 앞으로 낼 순수보험료의 현재가치

② 준비금 = 이미 납부된 순보험료 + 적립된 보험료에 따르는 이자 - 이미 지급된 사망보험금

①과 같은 계산방법을 전향적 계산방법(prospective method)이라고 하고, ②와 같은 계산방법을 소급적 계산방법(retrospective method)이라고 한다.

(2) 준비금의 종류

준비금의 종류는 평가시점에 따라 다음과 같이 세 가지로 분류될 수 있다.

1) 연도말 준비금

특정계약년도말의 준비금으로 환급금(surrender value)의 계산 등에 사용된다.

2) 연초 준비금

특정계약년도 초의 준비금(일반적으로 전년도말 준비금에 금년도 평준보험료를 합친 금액을 말함)으로 배당의 계산시에 사용된다.

3) 평균준비금

연도말 준비금과 연초 준비금의 산술평균치로서 법정준비금으로 사용되고 보험회사결산보고서의 준비금(부채)으로 표시된다.

(3) 준비금의 산출방법

책임준비금의 적립방식은 대표적으로 '순보험료식'과 'Zillmer식'이 있다. 이 외에도 초년도 정기식과 수정 초년도 정기식, 충족보험료식, 영업보험료식 등이 있으며, 또한 이들 방식을 조금씩 응용한 것들이 많아 각 나라의 사정이나 회사의 판단에 따라 다양한 방법을 채택하고 있다. 그러나 각각 다른 방식을 채택하기는 하나 어떠한 방법이든 기본 원리인 장래지출 현가와 장래수입 현가와의 차액, 과거수입 종가와 과거지출 종가와의 차액을 응용한 것이라고 볼 수 있다.

1) 순보험료방식

순보험료방식(full net premium system)은 총보험료 중 순보험료에 해당하는 부분을 계약초년도부터 예외없이 적립하는 방식으로, 이 방법에 의하면 계약초년도에 지출된 제반 경비중 원래 초년도 부가보험료로 설정된 금액을 초과하는 부분을 책임준비금 산출시 적립되어야 할 책임준비금에서 대체충당하여 사용하지 못하며, 다른 재원, 예컨대 보험자 잉여금 계정 또는 구계약의 보험료 등에서 충당하게 된다. 따라서 이 방법은 책임준비금 적립을 두텁게 한다는 관점에서 매우 건실한 방법이라고 할 수 있으나 초년도에 발생되는 초과경비지출에 따른 자금부담과 이로 인한 보험계약자 배당지급의 감소와 지연이 초래될 수 있다. 따라서 이 방법은 주로 자금의 여유가 많은 대규모의 보험자에 의해 사용하게 된다.

2) Zillmer식 산정방법

보험계약의 초년도에 거액의 신규계약비가 소요되기 때문에 초년도에 수입되는 부가보험료만으로는 절대액이 부족하므로 순보험료 부분에서 선대하여 사용하고, 차년도 이후의 부가보험료로 보충해 나가는 방식을 말한다.

초년도에 선대한 신규계약비를 상각하는 기간에 따라 전기 Zillmer식과 단기 Zillmer식으로 나누어지며, 전자는 전체보험료 납입기간에 걸쳐 상각하는 것을 말하고, 후자는 그 보다 짧은 단기간에 상각하는 것을 말한다. 그리고 초년도에 선대하는 신규계약비에 일정한 한도를 두는 경우 그것을 "Zillmer Quota"라고 하며, 그 방법은 여러 가지로 생각할 수 있다. 예컨대 양로보험의 신규계약비인 보험금액 1,000원당 30원 중에서 20만원 선대하도록 한다든지, 초년도 순보험료 중 위험보험료는 남겨두고 저축보험료 부분만 선대(이것을 초년도 전기 Zillmer식이라 함)하도록 하는 방법 등이다.

3) 기타 책임준비금의 산정방식

위에서 살펴본 순보험료 방식, Zillmer 방식 이외에 이를 변형한 방식들이 있는데, 그 중에서 가장 대표적인 것이 초년도 정기방식(full preliminary term system)이다. 이 방식에 의하면 초년도 보험료 전액을 계약시 발생한 제반경비와 보험금 지급에 사용할 수 있으므로 계약 후 1년 동안은 책임준비금을 전혀 적립할 필요가 없다. 다시 말해 이 방식에 따르면 모든 보험계약의 처음 1년 동안은 정기보험(term insurance)으로 보아 책임준비금 적립을 필요로 하지 않는다. 또한 이러한 초년도 정기방식을 여러 가지로 변형한 형태를 수정초년도 정기방식(modified full preliminary term system)이라고 하는데 대표적인 것으로는 미국의 일리노이즈 표준방식(Illinois Standard Method), 전미보험감독관표준평가방식(Commissioners' Standard Valuation Method) 등이 있다. 이 밖에도 처음부터 예정사업비를 신규계약비, 유지비, 집금경비로 나누어 준비금을 적립하는 충족보험료식 책임준비금 등이 있다.

4) 우리나라 생명보험회사의 책임준비금 적립방식

우리나라 생명보험회사의 책임준비금 적립방식은 K식(혼합비례적립방식) 적립방식을 채택하고 있는데 이는 순보험료식에 준비금을 최고한도로 하고 해약환급금식 준비금을 최저한도로 하여 적립하는 혼합방식으로 이를 간단히 살펴보면 다음과 같다.

> 실제 적립준비금 = 해약환급금식 준비금 + K율
> (순보험료식 준비금 - 해약환급금식 준비금)
> (단, K율 : (실제 적립준비금 - 해약환급금식 준비금 / 순보험료식 준비금 - 해약환급금식
> (0 < K < 1)

따라서 여기서 말하는 K율은 해약환급금식 준비금(구체적으로 7년상각 해약환급금식 준비금)을 최저한도로 하여 추가로 적립된 금액의 비율을 나타내고, 전년도 K율보다 하향조정될 수 없도록 준비금 적립의 충실화를 유도하려는 데 그 취지를 두고 있다. 즉 매 사업연도 말 K는 전년도 적립률보다 하향조정될 수 없는 것이 원칙이다.

5) 자발적 적립금

생명보험에서도 손해보험에서와 마찬가지로 법정준비금과는 별도로 자발적으로 준비금을 마련하게 되는데, 이에는 예정했던 사망률이나 생존율이 변동함으로써 발생할 수 있는 손실을 대비한 사망률·생존을 변동준비금, 유가증권 가격변동으로 인한 보험자 손실에 대비한 유가증권평가준비금(securities valuation reserve), 그리고 기타 비상시를 대비한 비상준비금(contingency reserve) 등이 있다.

3 해약환급금

보험계약자가 보험에 가입한 후 보험료의 납입이 일정한 기간을 경과하고도 이루어지지 않거나 또는 보험계약자가 해약 청구한 때 보험자가 보험계약자에게 지급하는 금액을 해약환급금(surrender value)이라고 한다. 이 해약환급금은 계약시점에서 명확히 결정되어야 한다.

해약환급금의 기본이 되는 것은 책임준비금인데 책임준비금 전부를 해약환급금으로 하지 않고 보통 책임준비금으로부터 어느 정도를 공제하는 것이 일반적이다. 이 공제액을 해약공제라고 한다. 따라서 해약환급금은 책임준비금과 혼동할 수 있으나 이는 성질상 엄연히 다른 것이다. 일반적으로 해약환급금은 책임준비금에서 일정금액의 해약공제를 하고 지급하는 관계로 해약환급금은 해약당사자 몫의 책임준비금보다 적게 된다. 이와 같은 해약공제를 하는 이유는 아래와 같이 보험수리적 관점에서 설명될 수 있다.

(1) 신규계약비 지출의 회수

신규계약비는 그 성격상 계약 초기에 지출되고 전 보험기간에 걸쳐 균등하게 납입하게 되는데, 중도해약시에는 해약 이후에 받지 못하게 되는 신규계약비 지출분을 회수하기 위함이다.

(2) 해약으로 인한 역선택 방지 및 피보험 단체의 유지

보험계약자 중에서 건강체(standard risk)는 해약하는 경우가 많고, 표준하체(건강불량체)(substandard risk)는 유지하고자 하는 경향이 있어 해약후 잔존계약의 사망률이 예정사망률보다 높아질 가능성이 크므로 회사는 사망에 대한 위험부담이 커지게 된다.

(3) 투자상의 불이익

해약에 따른 해약환급금을 지급하기 위해서는 평소 그에 해당하는 금액을 보유하게 되며 보유하는 금액이 많을수록 투자기회에 따른 이익이 많이 상실된다.

(4) 수리적 위험의 불안정성 증가

해약으로 인해 계약고가 감소하므로 보험사고의 발생이 대수의 법칙에 의해 성립된 예정률을 초과할 수 있는 불안정성이 증가하게 된다.

(5) 해약방지를 위한 위약금적 성격

해약의 권리가 보험계약자에게 주어져 있기 때문에 그에 대한 대가를 지운다는 의미이다.

이상에서 살펴본 해약공제의 이유 중에서 해약에 따른 제반 경비를 포함하여 (2)~(5)는 계수로 표시하기 어려운 문제점이 있으며, 보통 해약공제라 하면 (1)의 신규계약비 지출의 회수를 의미한다.

그리고 해약환급금 산출방식은 국가에 따라 달라 질 수 있다. 현재 우리나라에서 사용하고 있는 해약환급금의 산출식은 다음과 같다.

해약환급금 = 순보험료식 책임준비금 - (총예정신계약비 - 경과된 신계약비)

다만 경과기간이 3년 이하이고 보험료 납입기간이 10년 이상일 때에는 보험료 납입기간을 10년으로 하고, 경과기간이 3년을 초과하고 보험료 납입기간이 7년 이상인 때에는 보험료 납입기간을 7년으로 한다.

제 3 절 재보험

1 재보험의 의의

재보험(reinsurance)이란 보험자가 피보험자·보험계약자와 계약을 체결하고, 그 인수한 보험의 일부·전부를 다른 보험자에게 인수시키는 것을 말한다. 여기서 피보험자·보험계약자와 계약을 체결한 보험자를 원(수)보험자(ceding company, primary insurer, cedant)라 하며, 원래 계약된 보험의 일부 또는 전부를 재보험자에게 넘기는 행위를 출재라고 하여 '출재보험자'라고도 한다. 또한 원(수)보험자로부터 보험의 일부 또는 전부를 넘겨받는 자를 재보험자(the reinsurer)라고 하며 인수받는 행위를 수재라고 하여 '수재보험자'라고도 한다. 그리고 원수보험자가 보유하는 보험금액을 보유한도(retention)라고 하며, 재보험자에게 전가되는 보험금액을 재보험금액(cession)이라 한다. 또한 재보험자가 다른 보험자에게 재보험을 전가시킬 수 있는데 이를 재재보험(retrocession)이라 한다([그림 Ⅳ-2], [그림 Ⅳ-3] 참조).

재보험은 보험기업경영에 중요한 역할을 한다. 특히 최근 산업발전과 함께 위험이 대형화됨에 따라 재보험의 역할은 날로 중요해지고 있는 실정이다.

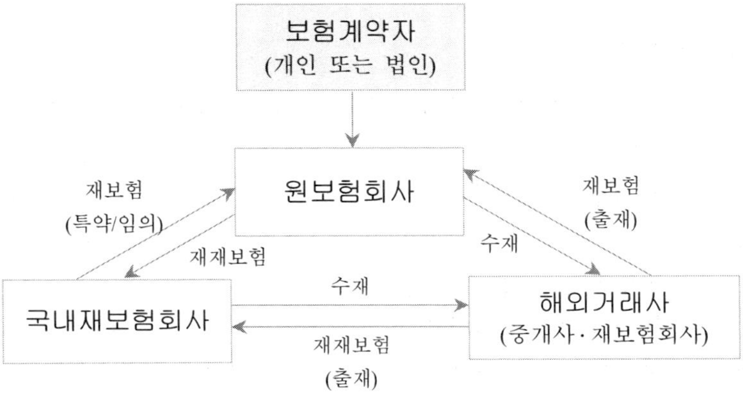

[그림 Ⅳ-2] 재보험계약의 체결구조

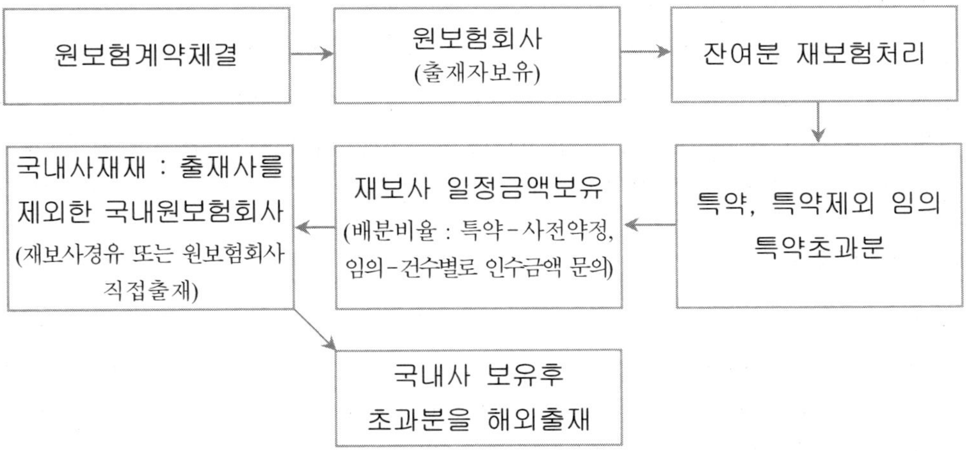

[그림 Ⅳ-3] 재보험처리절차

2 재보험의 기능

(1) 보험자의 인수능력 강화

재보험은 보험자의 인수능력을 증가시킬 수 있다. 보험자는 자신의 인수능력범위를 벗어나서 위험을 인수할 수 없다. 따라서 인수능력(underwriting capacity)을 벗어나는 대형위험이 있을 경우 이를 인수하지 못하거나 보험자들이 나누어서 인수해야 하는 번거로움이 따를 것이다. 그러나 재보험을 이용하면 아무리 규모가 큰 위험이라 하더라도 하나의 보험자가 인수하여, 자신의 인수능력범위에 해당하는 위험은 자신이 보유하고 나머지 부문에 대해서는 재보험처리를 하면 된다. 이와 같이 재보험은 보험자의 인수능력을 증가시킬 뿐 아니라, 아무리 규모가 큰 위험이라 하더라도 보험자들이 나누어서 인수하는 번거로움 없이 하나의 보험자가 인수할 수 있게 한다.

(2) 대형재해로부터 보험자의 보호

보험자는 대형재해가 발생하였을 경우 보상능력을 초과하는 부담을 질 수 있으나 재보험계약을 체결하면 재보험자와 대형손해를 나누어서 부담함으로써 대형재해로부터 보호받을 수 있다. 특히 최근 산업의 고도화 및 기상이변에 따른 홍수, 태풍 등의 자연재해 등에 따른 대형위험을 처리하기 위해서는 재보험을 통한 위험분산이 필수적이다.

(3) 보험수익의 안정

재보험은 원(수)보험자의 보험수익을 안정시킬 수 있다. 원(수)보험자의 수익은 사회적·경제적 조건, 자연재해 등과 같은 대재해의 발생여부에 따라 큰 폭으로 변동할 수 있다. 그러나 재보험을 적절히 이용하면 이러한 변동폭을 일정 범위내로 줄일 수 있어 궁극적으로 전체적인 수익의 안정을 가져올 수 있다. 예컨대 원(수)보험자가 일정금액 이하의 손실에 대하여만 책임을 부담하는 재보험계약을 체결하였다면, 아무리 규모가 큰 손실이 발생하여도 원(수)보험자의 부담은 일정금액 이하로 제한되므로 수익에 대한 예측과 통제가 가능하게 된다.

(4) 영업종목 중지시의 이용

재보험은 원(수)보험자가 현재 영업중인 보험종목의 일부나 전부를 중지할 경우, 기존의 보험계약자를 보호하기 위해 재보험의 형식으로 중지하고자 하는 보험종목의 일부나 전부를 다른 보험자에게 인수시키는데 사용된다. 이와 같이 재보험은 보험영업의 일부 또는 전부를 중지할 경우, 기존 보험계약자에게 보험자의 변동에 따른 피해를 주지 않고 다른 보험자에게 인수시키는데 유용하게 사용된다.

(5) 위험인수에 따른 정보획득

새로이 신설되거나 경험이 부족한 보험회사의 경우 위험인수에 따른 여러 가지 판단이 부족할 경우가 있다. 이 경우 경험이 많고 노련한 재보험자를 이용하면 요율, 보유한도, 보상한도 등 위험선택에 따른 여러 가지 판단을 얻을 수 있다.

3 재보험의 형태

출재회사가 인수한 책임을 재보험자에게 전가하는 방법은 재보험거래유형과 책임부담방법의 차이에 따라 각각 두 가지로 분류되고 있다. 재보험의 거래유형(특별약정의 유무)에 따라 임의재보험과 특약재보험으로 구분되고, 출재회사와 재보험자간의 책임분담방법(비율에 따른 책임분담 유무)에 따라서 비율방식에 의한 재보험과 비율방식에 의한 재보험으로 분류되고 있다(<표 Ⅳ-3>참조).

<표 Ⅳ-3> 재보험의 형태

보험의 종류		주 요 특 징
임의재보험		원(수)보험자가 특별한 약정없이 재보험자에게 재보험조건을 건별로 청약하여 계약을 체결시키는 보험
특약재보험		원(수)보험자가 사전에 재보험자와 기본적인 보험조건을 정한 재보험 특약을 체결하고, 그 특약에 따라 일정기간 동안 재보험계약이 자동적으로 체결되는 보험
비율방식에	비례재보험	원(수)보험자가 매 계약마다 보험금액의 일정비율을 자동적으로 재보

의한 재보험		험자에게 출재하고, 재보험자는 그 한도내에서 책임을 지는 보험(보험금도 이와 비례하여 부담)
	초과액재보험	원(수)보험자가 매 계약마다 자기보유금액의 한도를 정하고 이 금액을 초과하는 보험금액을 원(수)보험자의 보유금액의 일정배수로 정하여 재보험자에게 전가시키는 보험
비비율 방식에 의한 재보험	초과손해액 재보험	원(수)보험자가 한 건의 사고에 대하여 자기부담 손해액을 명확이 정해두고 손해가 그 금액을 초과하는 경우 일정한도까지 재보험자에게 전가시키는 보험
	초과손해율 재보험	원(수)보험자가 사업기간의 누적손해를 기준으로 원(수)보험자의 수입보험료에 대한 일정한 손해율을 초과하는 경우 그 일정율을 한도로 초과액을 재보험자에게 전가하는 보험

(1) 임의재보험과 특약재보험

1) 임의재보험

원(수)보험자와 재보험자 사이에 특별한 협정이 없이 원(수)보험자가 재보험자에게 재보험금액과 재보험료 등의 조건을 건별로 청약하고 재보험자는 청약서를 검토해서 승낙하면 재보험계약이 체결되는 방식이다. 그러므로 임의재보험(facultative reinsurance)은 매 계약건마다 재보험 계약절차가 필요한 방식을 취한다.

임의재보험의 특징으로 원(수)보험자는 계약별로 자기보유규모와 계약조건을 자유롭게 결정할 수 있고, 재보험자 또한 원(수)보험자로 수재여부를 자유로이 정할 수 있다. 이는 대형위험이나 비표준적 위험을 처리하는데 많이 사용된다. 그리고 계약당사자들은 상황에 따라 계약조건을 정할 수 있는 융통성이 있다.

그러나 단점으로는 적당한 재보험자를 구하고 계약조건을 정하는데 업무량의 과다와 사무적인 번잡으로 많은 시간과 노력 그리고 경비가 소요되고, 반복적인 협상으로 상대적으로 높은 관리비용이 필요로 할 수 있다. 또한 재보험자는 원(수)보험자의 제의에 대해 자유롭게 수재여부를 결정할 수 있는 관계로 재보험계약 성립여부가 경우에 따라 매우 불확실할 수 있으며, 경쟁사에 정보가 유출될 수도 있다. 또한 자동적이고 동시적인 재보험담보가 이루어지지 않으므로 재보험처리가 완료되기 전에는 출재회사가 담보능력을 초과하는 위험까지 책임을 지게 되는 수가 있다.

따라서 임의재보험은 특약재보험의 출재한도액을 초과하는 대형위험을 출재할 때나 특약재보험에서 제외되고 있는 위험을 출재하는 경우에 주로 이용된다. 한편으로 임의재보험의 단점을 보완하기 위하여 임의의무 재보험(facultative obligatory reinsurance) 제도가 개발되었다. 이 재보험은 임의재보험의 특징과 의무적 특약의 성격을 아울러 가지고 있다. 예컨대 원(수)보험자는 임의재보험에서처럼 어떤 위험을 출재할 것인가에 대해 재량권을 갖고 있는 반면에 재보험자는 일단 출재된 위험에 대하여는 특약에서와 같이 인수하여야 하는 계약방식을 취하고 있다.

2) 특약재보험

임의재보험의 거래는 재보험자의 인수여부가 불확실하기 때문에 원수보험자가 의도하는 위험분산의 효과가 이루어지지 않을 가능성도 발생할 수 있다. 그래서 원(수)보험자가 포괄적으로 위험을 전가할 수 있도록 고안된 것이 특약재보험이다.

특약재보험(treaty reinsurance)은 자동재보험(automatic reinsurance)이라고도 하며, 원(수)보험자와 재보험자가 사전에 출재대상계약의 범위, 출재사 및 재보험자의 책임한도액, 재보험처리방법 등 기본적인 재보험조건을 정한 재보험특약을 체결하고 그 특약에 따라 일정기간(통상 1년)에 걸쳐 양측의 재보험청약과 인수가 계속적·자동적으로 이루어지는 거래방법이다. 특약재보험은 통상적으로 원(수)보험자가 인수한 모든 위험을 포괄적으로 인수하는 것이 보통이다. 따라서 재보험자는 위험을 개별적으로 검토하지 않으며 계약에 명시된 범위내의 위험에 대한 재보험의 인수를 거부할 수 없다. 따라서 안정된 재보험경영과 비용의 절약을 동시에 도모할 수 있게 해 줌으로써 재보험제도의 건전성을 유지하는 장점이 있으나, 양측 모두 계약체결에 대하여 재량권이 적다는 단점이 있다. 오늘날 재보험의 대부분은 특약재보험의 방법으로 처리되고 있으며 그 외의 부분은 임의재보험으로 거래된다.

(2) 비율방식 및 비비율방식에 의한 재보험

1) 비율방식에 의한 재보험

비율방식에 의한 재보험(proportional reinsurance)에서는 보험금액에 대한 출재회사의 보유액과 재보험자의 인수비율에 따라 보험료가 배분되고 보험사고 발생시 보험금에 대하여도 동일한 비율로 각자의 부담액이 산출된다. 비율방식에 의한 재보험은 출재방법에 따라 비례재보험(quota share reinsurance)과 초과액재보험(surplus reinsurance)으로 구별된다.

① 비례재보험

비례재보험은 원수보험자가 매 계약마다 보험금액의 일정비율을 특약한도 내에서 자동적으로 재보험자에게 출재하며, 재보험자가 원수계약의 성립과 동시에 책임을 부담하는 계약이다. 예컨대 원(수)보험자는 특약한도내에서 그 인수계약의 80%를 보유하고 잔여 20%를 비례재보험으로 출재하는 비례재보험특약을 했다면 모든 계약에 대해 인수분의 20%를 재보험으로 출재하는 것을 말한다. 재보험자는 원(수)보험의 일정비율에 대하여 조건 없이 재보험을 인수할 의무를 진다. 이 경우 재보험료는 재보험비율과 같은 비율의 원(수)보험료가 되며 손해가 발생하는 경우 재보험금도 발생한 손해에 대하여 원(수)보험자가 지급하는 보험금의 동일비율이 된다.

비례재보험에서 원(수)보험자는 개별계약의 크기나 위험의 성격과 관계없이 항상 일정비율의 위험을 보유해야 하기 때문에 실제적으로는 위험의 평균화나 분산을 달성했다기보다는 인수위험을 일정비율로 줄인 것에 불과하다. 그러나 원(수)보험자와 재보험자가 다같이 원(수)계약에 대하여 공통의 이해관계를 갖게 됨으로써 위험분산의 형평성은 유지될 수 있다. 또한 비례재보험 특약은 위험이 비례적으로 분할되고 그에 따른 수수료의 계산도 간단하여 상대적으로 유리한 조건으로 쉽게 재보험자를 찾을 수 있어서 영업경험이 적은 새로운 보험종목이나 신설보험회사의 재보험방법으로 활용되고 있다.

② 초과액재보험

초과액재보험은 원(수)보험자가 계약마다 자기보유금액(retention)의 한도를 정하고 이 금액을 초과하는 보험금액을 특약한도내에서 자동적으로 재보험에 들도록 하는 방법이다. 이 때 재보험에 부보되는 초과액(surplus)은 원(수)보험자가 보유하는 보유액의 일정배수로 정하며 이 배수는 원(수)보험자의 계약내용이나 보유능력에 따라 달라질 수 있다. 어떤 보험계약에 대하여 원(수)보험자가 자신의 보유한도액(top retention)을 결정하면 이것이 곧 스스로 부담하는 최고금액이 되며 재보험자는 원(수)보험자에게 물건별, 계약조건별로 이 보유한도액표를 제출하도록 하여 재보험인수한도액을 원(수)보험자의 보유액의 일정 배수로 정한다. 이 방법을 '라인별 재보험인수'라고도 하는데,

이 때 1개의 라인은 원(수)보험자의 보유액을 의미한다. 예컨대 3 라인(line) 계약이 있고, 원(수)보험회사는 한 위험의 보유액을 2,000만원으로 하고, 이 특약에 출재되는 위험의 책임액 6,000만원의 계약이 있다고 하자. 원(수)보험에서 6,000만원의 계약이 있다고 하면, 보유액 2,000만원, 재보험특약이 4,000만원으로 처리된다. 보유액의 10배까지 재부보할 수 있는 특약을 10라인 특약(10 line teaty)이라고 한다.

원(수)보험자로서는 이 라인의 수가 많을수록 풍부한 자동재보험 소화능력을 가지게 되며 원(수)보험자가 영업활동을 원활히 할 수 있도록 도움을 준다. 그러나 재보험자의 입장에서 보면 라인의 수가 많을수록 위험이 커진다. 초과액재보험은 현저히 차이가 나는 위험 또는 개별계약의 보험금의 크기를 평준화하는데 적절하게 사용할 수 있다.

2) 비비율방식에 의한 재보험

비비율방식에 의한 재보험(non-proportional reinsurance)은 보험계약금액을 기준으로 재보험 처리를 하는 것이 아니고 손해가 발생하는 경우 그 손해액을 기준으로 출재회사와 재보험자의 책임이 분담되는 것을 말한다. 비비율방식에 의한 재보험은 원수보험회사가 책임을 지는 미리 정해진 일정 손해액을 초과하는 모든 손해액에 대하여 재보험자가 책임을 지도록 하는 방식이다. 재보험료는 초과손해액의 발생가능성과 손해액의 규모를 감안하여 결정되므로 원(수)보험요율과 관계없이 독립적으로 결정된다.

비비율방식에 의한 재보험의 형태는 초과손해액재보험(excess of loss reinsurance)과 초과손해율재보험(excess of loss ratio reinsurance, stop loss cover)이 있다.

① 초과손해액재보험

초과손해액재보험은 원(수)보험자가 하나의 사고에 대하여 자기부담 손해액을 명확히 정해 두고 손해가 이 금액을 넘을 경우 재보험자가 그 초과부분을 일정한도까지 담보해 주는 재보험의 형태이다. 예컨대 원(수)보험자가 사고로 부담하는 손해액을 2억원으로 하고, 이를 초과하는 손해액을 재보험자가 책임을 지되, 그 상한선을 5억원이라고 하자. 이 경우 손해가 4억원이라고 하면, 원(수)보험자의 보유손해액은 2억원이며, 재보험자의 책임액은 2억원이 된다. 재보험자는 책임액 5억원을 상회하는 경우 보상하지 않는다.

초과손해재보험은 손해액의 한도를 매 위험(per risk basis)별로 결정하는 방식과 하나의 재해로 인하여 발생할 총손해액을 기초로 결정하는 재난적 초과손실(catastrophe excess) 방식의 두 가지가 있다. 초과액재보험 또는 비례재보험에서는 재보험자가 손해액을 재보험비율에 따라 비례적으로 부담하지만 초과손해액재보험에서는 원(수)보험자의 부담한도를 넘은 손해액을 재보험자가 직접 부담한다. 초과손해액재보험은 비례재보험이나 초과액재보험의 경우에서처럼 부담해야 할 보험금액의 크기를 제한함으로써 위험의 평준화를 꾀하지 않고 직접적으로 손해액의 크기를 한정함으로써 위험의 평준화를 꾀한다.

② 초과손해율재보험

초과손해율재보험은 초과손해액재보험과 달리 1건 또는 1건의 손해규모에 의해 재보험의 보험금 지급이 결정되는 것이 아니라 원(수)보험자의 사업기간(보통 1년)의 누적손해를 기준으로 원(수)보험자의 수입보험료에 대한 일정 손해율을 초과한 경우에, 그 일정률을 한도로 초과액에 대해 전액 재보험자가 부담하는 형식이다. 예컨대 "손해율 70%를 초과하는 모든 손해에 대해 그 90%를, 손해율 30%로까지 또는 X원 중에서 낮은 쪽을 한도로 지급한다"는 원칙으로 운용되는 방식이다. 이 방식은 우박손해(hail)의 초과보험에서 사용되고 있다.

4 재보험활용의 형태

재보험은 보험자의 보험인만큼 고도로 전문화된 영역이다. 따라서 재보험의 활용에는 전문지식이 필요하거나 전문적인 조언을 필요로 하는 경우가 많다. 이 때문에 재보험시장은 원(수)보험자와 재보험자 이외에 재보험과 관련된 전문적인 서비스를 제공하는 전문브로커와 위험관리자문회사(risk management consulting firms)들도 많이 참여하고 있으며 이들이 활용되는 경우가 많다.

재보험활용의 일반적인 형태는 원(수)보험의 경우와 크게 다르지 않다. 원(수)보험자는 자신의 필요에 따라 다양한 재보험의 형태 중에서 적절한 계약의 형태를 결정하고 다른 원(수)보험자와 재보험교환계약을 체결하거나 전업재보험자로부터 해당 계약을 체결하면 된다. 그러나 재보험이 필요한 원(수)보험자의 경우 해당 위험과 계약에 대한 지식이 부족한 경우가 많기 때문에 직접 재보험자를 찾기보다는 재보험 전문브로커를 통해서 구입하는 경우가 많다. 전문브로커는 원(수)보험자를 대신해서 적절한 재보험계약의 형태와 유리한 가격의 재보험자 선정에 조언을 해 줄 뿐만 아니라 원(수)보험자의 언더라이팅과 위험관리에 관한 자문을 해주기도 한다.

또한 원(수)보험자의 위험관리자가 위험의 많은 부분을 다른 재보험자에 다시 전가할 것을 조건으로 면허가 없거나 소규모인 재보험자로부터 재보험을 구입하는 경우도 있는데 이것을 프런팅(fronting)이라고 한다. 재보험 프런팅을 하는 이유는 면허가 없는 재보험자의 경우 보험요율이 일반적으로 싸며, 계약조건상 다른 면허재보험자(admitted reinsurers)보다 양호하게 제공할 수 있고, 이들은 특정 분야에 전문성을 가지고 있어 보다 나은 서비스를 제공하는 경우가 많기 때문이다.

5 재보험자의 형태

재보험자의 형태는 기준에 따라 다양하게 분류할 수 있지만 규제상의 특성에 비추어 분류해 보면 다음과 같은 네 가지 형태를 들 수 있다.

(1) 원(수)보험자의 재보험부서

원(수)보험자는 재보험을 담당하는 부서로 교환재보험 또는 특약재보험을 다룬다. 우리나라에서 손해보험회사는 재보험도 취급할 수 있으며 외국의 경우에도 일정한 조건을 갖춘 원(수)보험자는 대부분 재보험거래도 할 수 있다.

(2) 전업재보험자

전업재보험자는 재보험과 재보험관련 서비스만 취급하는 회사이다. 특히 이러한 재보험자 중에는 정부가 요구하는 면허를 취득한 전문재보험자(admitted professional reinsurer)가 있는 반면, 면허를 취득하지 않고 재보험사업을 영위하는 무면허재보험자(nonadmitted reinsurer)도 있다. 전업재보험자의 경우 Munich 재보험이나 Swiss 재보험과 같이 대규모인 경우도 있지만 프런팅 위주의 영업을 하는 소규모 전업회사도 무수히 많다.

(3) 재보험 풀

재보험 풀은 특히 위험도가 높거나 위험의 금액이 크기 때문에 재보험의 소화가 곤란한 특수한 위험에 대하여 다수의 보험자가 공동으로 재보험을 인수하는 집합적 재보험의 방법이다. 원(수)보험자는 인수한 위험의 전액 또는 우선보유 후의 잔액을 풀(공동인수조직)에 제공하고 풀로부터 미리 정한 비율에 따라 배분된 재보험을 인수하는 방식을 취한다. 풀에의 출재는 비례재보험 또는 초과액재보험의 형태를 취하며 이렇게 모인 재보험은 일정한 비율로 가맹보험회사에 재분배된다. 이 경우 풀의 회원사인 원(수)보험자에게 출재된 재보험을 모두 배분하는 방법과 일정한 금액을 초과하는 금액에 대해서는 회원이 아닌 재보험자에게 모두 출재하고 그 이하의 자체보유분에 대해서만 회원사들에게 배분하는 방법이 있다.

풀 형태의 재보험은 풀에 가입한 보험회사들이 일정한 비율로 다양한 위험을 인수함으로써 위험분산을 달성할 수 있으며, 기존의 보험조직으로 대규모 위험의 인수를 가능하게 해 줌으로써 상대적으로 낙후된 보험산업을 가지고 있는 시장이 재보험 수요에 손쉽게 대응할 수 있는 수단을 제공해 준다.

(4) 로이즈보험조합

로이즈(Lloyd's)조직에서 보험인수의 주체는 개인언더라이팅회원(underwriting member)이지만 통상적으로 이들은 보험 종류별로 신디케이트(보험인수단)를 구성한다. 각 신디케이트는 언더라이팅 대리인에 의해 운영된다. 그러나 이 대리인은 인수업무를 하지 않으며 대리인이 선임한 보험전문가인 영업인수인(active underwriter)이 인수업무를 맡는다.

로이즈는 영국보험시장의 중심적 위치를 차지하고 있으며 특이한 언더라이팅에 기초하여 거대위험의 담보력, 신속한 상품화에 의해 원(수)보험시장과 재보험시장에서 상당한 위치를 차지하고 있다.

제 V 부

각종의 보험상품

11. 자동차보험
12. 해상보험
13. 화재보험
14. 생명보험
15. 사회보험
16. 제조물책임보험

제 11 장

자동차보험

제 1 절 자동차보험의 역할

1 자동차의 보급

국내의 자동차 보급대수가 이미 오래 전에 1,000만대를 넘어서 사회활동을 하는 모든 사람들에게 자동차는 생활필수장비로 되었다고 할 수 있다. 19세기말 유럽에서 최초로 탄생한 후 자동차는 각국에서 그 당시까지의 주요 교통기관이었던 마차, 기차, 전차 등을 누르고 오늘날 볼 수 있는 바와 같이 압도적 우위를 확립했다.

오늘날 세계 자동차의 최선진국은 미국이며, 동 국가에는 2억대가 넘는 자동차(2억 2,147만대(2000년), 단 이 숫자는 4륜차만을 가리키며 3륜차, 경·자동 1륜차를 포함하지 않는다—이하 동일—)를 보유하고 있다. 이어서 일본도 2000년 12월말에 7,264만대의 자동차를 보유하고 있으며 보유대수의 점에서는 단연히 세계의 제2위를 자랑하고 있다. 이하 제3위는 독일(4,730만대), 제4위는 이탈리아(3,616만대), 제5위는 프랑스(3.381만대), 제6위는 영국(3,142만대), 제7위는 러시아를 중심으로 한 CIS(독립국가공동체) 가맹국가(2,563만대), 제8위는 스페인(2,142만대), 제9위는 캐나다(1,757만대), 제10위는 브라질(1,546만대) 순으로 되고 있다.

한편 건설교통부 자료에 따르면, 우리나라의 2006년도 자동차등록대수는 15,895,234대를 기록하여 2005년 동기대비 3.2% 증가하였다. IMF 이후 1998년에 0.5%의 증가율을 보인 이래, 1999년부터 2002년까지 7% 이상의 등록대수 증가율을 나타낸 것과 비교하면 2003년 이후 자동차 등록대수는 상당히 낮은 증가율을 보였으나, 2006년에는 0.1%p 증가하여 약간의 회복세를 보였다.

2 자동차의 쾌적함

오늘날 자동차가 세계에서 중요한 교통기관이 될 수 있었던 것은 여러 이유를 생각할 수 있지만 그 중에서도 다음의 점이 그 근본이라고 생각한다. 그것은 자동차가 보유하고 있는 자유자재·쾌적함을 들 수 있다. 즉 도로만 있으면 아니 도로가 없더라도 평탄한 지면만 있으면 언제라도 어디에나 자유롭게 달릴 수 있는 자유자재를 들 수 있다. 그런데 철도에는 이러한 자유자재가 없다. 즉 철도를 이용하는 경우에 사람은 가장 가까운 역까지 도보, 전차 또는 자동차로 철도역까지 가지 않으면 철도의 이용은 불가능하다. 이 점은 물자수송의 경우에도 마찬가지이며 가장 가까운 역까지의 수송과 거기서 화차로의 환적작업이 불가피하다. 이것에 비해 자동차는 문전에서 문전까지 현관에서 현관까지 자유자재로 사람이나 물건을 운반한다. 따라서 번거로운 환승이나 환적도 필요없다. 즉 그 만큼 낭비시간 및 비용을 줄이고 따라서 그 만큼 보다 빠르고, 확실하게 목적지에 도달할 수 있다. 이와 같은 환승과 환적이 필요없는 편리함이야말로 자동차가 철도를 물리친 최대의 이유라고 할 수 있다.

자동차도 그 탄생기에는 보행자의 안전을 고려하여 시속 4마일(1마일≒약 1.609㎞. 4마일≒약 6.436㎞) 이상으로 달려서는 안 된다는 속도제한이 있었으며 또한 자동차의 선도자가 자동차의 약 50m 전방을 낮 동안에는 붉은 깃발을 밤에는 붉은 램프를 가지고 자동차를 선도하고 사람들에게 미리 자동차의 통행을 알리도록 의무화했다.[50] 이래서 자동차

50) 자동차의 운전에 관해 규정한 1865년 영국의 법률에서는 자동차 — 당시는 아직 가솔린자동차가 발명되기 이전의 것이므로 여기에 말하는 자동차는 증기자동차를 말한다 — 의 운전을 할 때는 승무원을 3명 이상으로 하고 그들 중 1명은 자동차의 약 60야드(1야드는 약 0.9m, 60야드는 약 54m에 해당) 전방을 붉은 깃발을 가지고 달리며 자동차의 진행을 통행인에게 알리도록 의무화하고 있었다.

는 사람의 빠른 걸음정도이상의 속도로 달리는 것이 금지되고 있었지만 그것도 순식간의 일로 자동차는 일분일초를 다투는 속도광시대를 지나 오늘날에는 시속 100~200㎞정도는 달릴 수 있는 고속자동차의 시대로 되고 있다.

3 사고희생자의 발생

그 결과 무엇이 발생했는가에 대해서는 사람 및 물자가 순식간에 목적지에 운반되게 된 반면 시속 100~200km라는 고속으로 달리는 자동차는 자동차에 의해 부상당하는 사람이 계속해서 나오게 되고 또한 자동차의 소유자 자신도 다른 자동차와의 충돌, 건조물·전주 등과의 충돌·접촉으로 생명을 잃게 되는 사례가 빈발한 것이다.

덧붙여 현재 약 2억대 이상이라는 세계 최고의 자동차보유대수를 자랑하는 미국에서 자동차의 희생자가 어느 정도 되는가에 대한 통계자료를 보면 20세기부터 즉 1901년에서 1976년까지 76년간에 미국의 자동차에 의한 사망자수의 총수는 200만명, 부상자는 약 1억명이나 되고 있으며 이 200만명이라는 사망자의 숫자는 미국이 1775년의 독립전쟁 이후의 모든 전쟁에서의 전사자수(64만명)의 3배를 초월하는 것이다. 또한 미국에서는 오늘날에도 1년간에 약 4만명이 자동차사고로 사망하고 약 320만명이 부상을 당하고 있다(이상의 숫자는 모두 1999년의 것이다).

자동차의 보유대수로 세계 제2위를 자랑하는 일본의 경우는 제2차 세계대전 종료(1945년 8월)후에 자동차가 본격적으로 보급되기 시작하여 특히 1965년 이후 문자 그대로 자동차화의 시대에 돌입하게 되는데 종전의 다음 해인 1946년부터 2000년까지 55년간에 자동차사고에 의한 사망자의 누계는 55만 1,496명, 부상자는 3,149만 2,064명이 되고 있다. 2001년 1년간에 자동차사고에 의한 사망자수는 8,747명, 부상자는 118만 955명이 되고 있다.

한편 우리나라는 자동차등록대수의 증가에도 불구하고 2006년도의 자동차 10,000대당 교통사고 사망자수는 2005년(3.4명)보다 낮아진 3.2명을 기록하였다. 그러나 우리나라의 OECD 기준 자동차 10,000대당 사망자수는 2003년에 4.4명으로 OECD 평균인 1.78명보다 높은 것으로 나타났으며, 2006년에는 사망자수가 3.2명으로 감소하였지만 아직 선진국 수준에는 미치지 못하여 지속적인 사고예방활동 및 안전관리 노력이 필요한 것으로 보인다. 2006년 음주로 인한 교통사고 현황을 보면 전체 교통사고의 14.0%인 29,990건이 발생하여 920명이 사망하고 54,255명이 부상을 당하였다. 음주운전 사고는 2005년도 26,460건보다 13.3% 증가한 것으로, 경찰의 지속적인 음주단속에도 불구하고 국민들의 음주운전에 대한 경각심은 오히려 낮아진 것으로 분석된다. 따라서 음주운전에 대한 강력한 대책을 마련하고 이를 지속적으로 추진함으로써 잘못된 음주문화와 이에 대한 국민적 계몽이 필요하다. 시간대별 교통사고 현황을 보면 퇴근시간인 16~22시(14.0%)에 많이 발생하고 있는 것으로 나타났다.

그런데 이와 같은 숫자의 사고희생자와 그 유족의 경제적 구제면에서 자동차보험이 담당해온 역할은 결코 무시할 수 없다. 그러므로 자동차보험의 역할을 간단하게 말하면 그것은 자동차화의 진행과 함께 빈발한 많은 사고희생자와 그 유가족에 대한 경제적 보장의 제공이라고 해도 좋을 것이다.

제 2 절 자동차보험의 역사

1 자동차의 개량·보급

19세기 종반에 가까운 1886년에 독일에서 Gottlieb Daimler와 Carl Friedrich Benz가 각각 별도로 세계에서 처음으로 가솔린자동차를 발명한 이래 사람들은 이 도로를 달리는 “생물”을 조금이라도 쾌적한 승차물로 하기 위해 악전고투해 왔다. 초기의 자동차는 소음이 많고 운전석 주위를 둘러싸는 지붕 및 프론트유리가 없었다. 그 때문에 자동차의 운전은 춥고 비가 내리면 그대로 젖는 상태이었다. 또한 당시는 자동차에 예비의 타이어를 싣지 않았기 때문에 타이어의 수리에 반나절이나 걸리는 일도 드물지 않았다. 그러나 이와 같은 자동차도 전술한 Daimler 및 Benz, 나아가 영국의 Henry Royce 및 Charles Stewart Rolls 등 많은 사람들의 노력에 의해 점차적으로 개량되어 이윽고 오늘날 볼 수 있는 “소형의 호텔”과 같은 쾌적함을 구비한 고속자동차의 출현을 보게 된 것이다. 이래서 제1차 세계대전(1914~1918)후에 사람들의 기대에 부응할 수 있는 자동차가 드디어 출현하여 당시 일반적으로 타고 다녔던 마차를 대신함과 동시에 자동차는 고속과 쾌적함이 초래한 위험한 면을 보이기 시작했다. 즉 자동차는 현대생활의 쾌적함과 부(富)의 상징임과 동시에 그것은 놀라운 흉기도 될 수 있다는 것을 증명한 것이다.

2 자동차손해배상책임보험의 강제화

제1차 세계대전 후 일찍이 자동차라는 문명의 편리한 기계의 은혜를 받은 유럽·미국에서 자동차에 의한 사고희생자의 구제문제가 자주 논의되게 되었다. 그 결과 유럽·미국에서는 1910년대부터 30년대에 자동차의 소유자에게 손해배상책임보험의 계약을 강제함으로써 빈발하는 사고희생자를 구제해야 한다는 움직임이 활발해져 각국에서 동 보험의 강제화가 진행되고 있다. 즉 1912년 노르웨이, 1917년 덴마크, 1929년 뉴질랜드와 스웨덴, 1930년 영국, 1932년 스위스, 1939년 독일 등이 그 예이다. 더구나 제2차 세계대전 후에 동 보험을 강제화한 국가로서는 1955년 룩셈부르크와 일본, 1956년 벨기에, 1959년 프랑스, 1962년 스페인, 1963년 네덜란드, 1969년 이탈리아(단 실시는 1971년)를 들 수 있다. 이상과 같이 자동차는 많은 사람의 노력의 결과 우리들이 기대한 바와 같은 승차물로 되어 보급되기 시작함과 동시에 그것이 초래하는 폐해의 면도 크게 크로즈업되어 그로 인해 많은 국가의 자동차손해배상책임보험이 계속적으로 강제화되고 피해자의 경제적 구제가 일찍이 강구된 것은 매우 상징적인 일이라고 할 수 있다.

제 3 절 자동차보험의 의의 및 구성

자동차보험이란 자동차[51]를 소유, 사용 또는 관리하는 동안에 발생한 사고로 생긴 손해를 보상할 것을 목적으로 하는 보험이다.

즉 자동차를 운행하는 사람은 언제 어떠한 형태로 일어날지 모르는 자동차사고에 대하여 항상 불안감을 가지지 않을 수 없는데, 이러한 불안감을 경제적 측면에서 해소시키기

51) 자동차란 원동기에 의하여 육상에서 이동할 목적으로 제작한 용구를 말하며, 자동차를 승용자동차, 승합자동차, 화물자동차, 특수자동차 및 2륜자동차로 구분하고 있다.

위해 보험자에게 일정한 액수의 보험료를 내고 사고가 발생할 경우 인적·물적 손해를 보상받는 제도가 자동차보험이다.

자동차사고를 분류해 보면 인사사고와 재물사고로 나눌 수 있다. 다시 인사사고는 자기신체사고와 타인신체사고로, 재물사고는 자기재물사고와 타인재물사고로 나눌 수 있다. 또 자기재물사고는 자기차량사고와 기타 자기재물사고로, 타인재물사고는 타인차량사고와 기타 타인재물사고로 세분할 수 있다. 이중 자기신체사고는 종합보험의 자기신체사고 종목에서 타인신체사고(대인사고)와 타인차량사고 및 기타 타인재물사고(대물사고)는 종합보험의 배상책임 종목에서 담보하고, 자기차량사고는 종합보험의 자기차량손해 종목에서 각각 담보된다([그림 V-1] 참조).

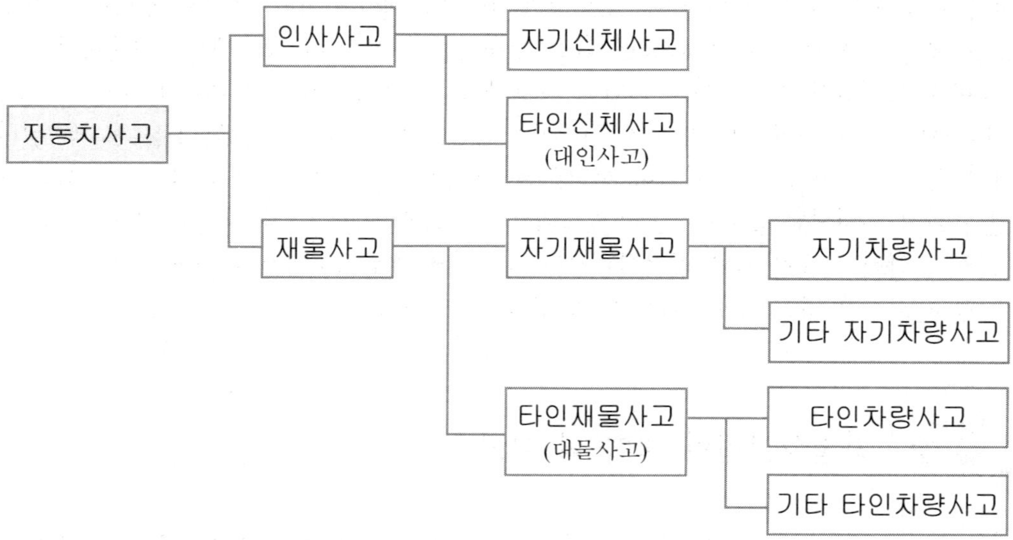

[그림 V-1] 자동차사고와 담보종목

제 4 절 자동차보험의 종류

자동차보험은 종전에는 자동차손해배상보장법(자배법)에 의한 강제보험인 자동차손해배상책임보험(자배책보험)과 임의보험인 자동차종합보험, 운전자보험, 외화표시자동차보험으로 구분하였다. 그러나 책임보험과 종합보험 대인배상의 이중계약오해와 이로 인한 사무의 번잡 등 문제가 제기되고, 자동차보험이 위험의 정도에 따라 적절히 구분되지 못했다는 사유로 책임보험이 종합보험 담보종목의 하나로 편입되고, 자동차의 소유자, 차종, 운행용도에 따라 다음 <표 V-1>과 같은 체계로 대폭 정비되었으며, 담보종목도 무보험자동차에 의한 상해와 다른 자동차 운전담보가 추가되었다.

<표 V-1> 자동차보험의 종류

상 품 명	보통약관상 담보종목	가 입 대 상
개인용자동차보험	대인배상 I (책임보험)· II, 대물배상, 자기신체사고, 무보험자동차에 의한 상해, 자기차량손해	자동차등록원부상 소유자가 개인(자연인 및 개인사업자)인 자가용 승용차(승차정원 6인이하)
업무용 자동차보험	상 동	비사업용 자동차중 위의 개인용자동차보험 가입대상이 아닌 모든 자동차, 이륜자동차는 제외
영업용 자동차보험	무보험자동차에 의한 상해 제외, 기타 상동	모든 사업용 자동차
운전자보험	운전자의 사망, 후유장애, 부상 및 운전자 구속 또는 입원시 가족의 생계비, 판결에 의한 벌금, 방어비용 등	개인용과 영업용 운전자를 대상으로 자동차 운전면허소지자, 건설기계조종사면허소지자
외화표시 자동차 보험	신체상해책임, 재물손해배상책임, 차량손해, 의료비	외국인 또는 외국기관 소유자동차나 외국군부대에 용역·납품 등을 위하여 출입하는 자동차
자동차 취급자보험	대인배상 II, 대물배상, 자기차량손해	자동차탁송업자, 자동차판매업자, 자동차정비업자 등 자동차취급을 업으로 하는 자
이륜자동차 보험	업무용 자동차보험과 동일	이륜자동차 및 원동기 장치 자전거
농기계보험	대인배상, 대물배상, 자기신체 사고, 농기계손해	농기계, 트랙터 등

주 : 보험연수원, 「자동차보험이론」, 형설출판사, 1998, p.7.

1 개인용자동차보험

개인용자동차보험은 개인 또는 개인사업자가 소유한 자가용 승용자동차만을 대상으로 하고 있어 승차정원이 6인을 초과하는 봉고 승합차 등은 소유자가 개인이라도 업무용 자동차보험에 계약하여야 한다.

또한 자동차의 용도에 따라 주로 출퇴근 및 가정용으로 사용하는 경우에는 출퇴근 및 가정용으로, 상품배달이나 세일즈 등 주로 사업용으로 사용하는 경우에는 개인사업용 및 기타 용도로 보험에 계약하여야 한다. 개인용자동차보험의 담보종목은 다음과 같으며, 이 중 선택적으로 일부만 계약할 수 있다. 다만 대인배상 I은 대인배상 Ⅱ와 같은 회사에 계약하여야 한다.

(1) 대인배상 Ⅰ, Ⅱ

1) 의의

대인배상 I은 자배법에 의거하여 자동차의 보유자, 운전자가 자동차의 운행에 의해서 타인의 신체 또는 생명을 사상케 한 경우에 법률상의 손해배상책임을 부담함으로써 생긴 손해를 보장하는 보험이다. 이 보험은 가해자의 배상능력을 확보함으로써 피해자를 보호하고 나아가 자동차운행의 건전한 발전을 목적으로 한 강제보험이다. 그래서 자동차를 운행하기 위해서는 이 보험에 계약을 하여야 한다.

2005년 2월부터 자동차 책임보험 보상한도액이 사망이나 후유장해(1급)은 8,000만원에서 1억원으로, 부상(1급)은 1,500만원에서 2,000만원으로 인상되었다. 따라서 책임보험만 계약한 차량이나 무보험, 뺑소니 차량에 의한 교통사고 피해자들에 대한 보상이 확대되었다. 또 대물보험에 계약하지 않은 차량사고로 인한 피해를 보상하기 위해 책임보험 계약자에 대해 최소 1,000만원 이상 대물보험 계약이 의무화되었다.

대인배상 Ⅱ는 자동차의 소유자가 자동차의 소유, 사용, 관리에 기인하여 타인의 생명 또는 신체를 사상케 함으로써 법률상 손해배상책임을 부담하게 되는 경우, 대인배상 I을 초과하는 손해를 보험계약금액 한도내에서 보상하는 보험이다.

2) 대인배상의 처리사례 및 유의점

① 피해자의 직접청구

가해자에게 아무리 연락해도 연결이 안 될 때, 사고를 낸 가해자가 잘못을 인정하지 않고 배상도 이행하지 않을 때 및 가해자가 보험회사에 통지하지 않을 때, 즉 보험에 계약한 차주와 피해자 간의 사고내용 등에 대한 분쟁으로 인해 차주가 보험회사에 접수하는 것을 거부하는 경우 피해자는 자동차 손해배상 보장법과 상법에 규정한 피해자 직접청구권을 행사함으로써 법률에 의거 보호를 받을 수 있다.

피해자의 직접청구가 있게 되면 보험회사에서는 가해자(보험에 계약한 피보험자, 또는 가해운전자 등)가 피해자에게 손해배상금을 지급한 사실이 있는지의 여부에 대하여 확인하는 절차를 거쳐 가해자가 타당한 이유없이 보험금 지급을 하지 말 것을 요구한다든가 또는 일정기간 동안(통상 7일간의 여유를 두고 보험회사에서 가해자에게 손해배상금청구에 대한 의견청취 발송) 회신이 없을 때에는 피해자에게 관련보험금을 지급하게 된다.

② 안경 및 보철비 보상

안경은 신체의 일부로 보아 대인배상에서 보상처리를 한다. 안경에 대한 보상은 사고 전에 착용하고 있던 안경이 파손된 경우와 교통사고로 시력이 손상되어 새로이 안경을 착용해야 하는 경우로 구분할 수 있다. 앞의 경우에는 사고 전에 착용하고 있던 안경과 동일한 제품을 구입하는데 필요한 비용을 보상하며, 뒤의 경우에는 국산품을 기준으로 보편타당한 실비를 인정하게 된다. 하지만 선글라스 등의 경우에는 소지품으로 보아 보상하지 아니한다.

치아에 대한 보철비는 기존의 보철물이 파손되었을 때에는 원상회복에 소요되는 비용을 지급하며, 입은 사고로 본인의 영구치가 파손되어 보철이 필요한 경우에는 우선 초회의 보철에 소요되는 치아보철비와 10년 단위로 보철을 새로 하는데 필요한 비용을 지급한다. 따라서 피해자의 성별과 연령을 기준하여 한국인의 평균여명표에 의해 여명을 구한 후 잔여기간을 10년 단위로 구분하여 해당기간 동안의 중간이자 공제방식인 라이프니쯔계수를 적용하여 산출된 향후 치아보철비를 지급한다.

③ 특수촬영 및 성형수술비 보상

근래에 들어 검사기기의 발달로 컴퓨터 단층촬영(CT)이나 자기공명촬영(MRI)과 같은 특수검사기기에 의한 고가의 검사를 시행하는 경우가 있다. 의료보험과 마찬가지로 자동차보험에서도 치료를 담당한 주치의가 치료목적상 필요하다고 인정하여 촬영의뢰서를 발급한 경우에 한하여 해당 검사비를 지급하고 있다. 따라서 의사의 지시없이 피해자나 가족의 원에 의해 촬영하는 경우에는 해당 검사비를 보상받지 못하는 문제가 발생할 수 있다. 또한 이러한 고가의 검사비용은 의료법에 의거 촬영을 시행한 병원과 보험회사간에 정산할 부분이기 때문에 피해자가 임의로 자비를 들여 촬영하는 것은 바람직하지 못하다.

그리고 교통사고로 부상에 대한 치료를 시행하였으나 영구적으로 남게 되는 상처가 잔존하는 때에는 보험회사의 부담하에 성형수술을 받아 상흔을 제거하게 되며, 만일 피해자의 연령 등의 문제로 지금 당장 성형수술을 할 수 없을 때에는 성형외과 전문의사의 판단을 받아 향후 성형수술비로 나중에 성형수술을 할 경우에 소요될 것으로 예상되는 성형관련 치료비를 보험회사로부터 먼저 수령할 수 있다.

④ 일반 대중병실과 상급병실의 차액 보상

병원의 사정상 병실이 부족하여 부득이하게 상급병실을 사용한 경우에는 7일 이내를 한도로 하여 보험회사에서 병실차액을 부담한다. 그리고 남에게 전염될 우려가 있거나 혐오감을 줄 수 있어 격리수용이 불가피하다고 의사가 판단할 때에는 병실차액을 보험회사에서 부담하는 경우가 있다.

그러나 보험회사에서 부담하는 치료비는 손해배상의 법리에 의거 사회통념상 보편적이고 일반적인 치료에 소요되는 비용을 부담하는 것이 원칙이므로 피해자나 가족의 원에 의해 상급병실을 사용한 경우에는 보상책임을 지지 않는다. 또한 이 차액에 대하여는 가해자도 법률적으로 배상할 책임이 없다고 보는 것이 우리나라 법원의 입장이므로 피해자의 주장에 의해 상급병실을 사용한 때에는 본인이 부담하게 됨에 유의하여야 한다.

⑤ 타인의 해석문제

아래에서는 자기차량에 처와 아이들, 그리고 동생과 동생의 처 및 아이들이 함께 타고 휴가를 다녀오던 중 차량이 전복되는 사고로 부상하였다면 어떤 보상을 받을 수 있는지에 대해 설명한다.

자동차보험에서는 차주 및 운전자와 그의 부모, 배우자, 자녀가 교통사고로 죽거나 다친 경우에는 보상하지 않는 손해로 규정하고 있다. 즉 타인이 아니다. 따라서 이런 사고의 경우 차주와 그의 배우자, 자녀는 자기신체신고로 상해급수별로 정해진 보험금의 한도 내에서 실제 지급한 치료비를 보상받게 되며, 나머지 동생과 동생의 배우자 및 동생의 자녀는 자기차량이 부보된 대인배상으로 보상처리를 받게 된다.

⑥ 보험처리를 원치 않을 경우

피해자에 대한 손해액이 경미하여 보험처리를 취소하고자 할 경우에는 전화 등을 이용하여 보상직원에 보험처리를 취소하겠다는 의사표시를 하면 보험회사에서는 청구포기에 의한 면책 조치를 하게 되며, 따라서 지급할 보험금이 없으므로 다음 보험갱신계약시 할증이 되는 것을 막을 수 있다.

⑦ 보험금지급전 (치료 중) 할증

교통사고가 발생하여 보험회사에 접수되면 보험회사에서는 피해자의 진단서, 직업, 연령, 사고내용 등을 종합적으로 조사, 검토한 후 피해자의 치료가 종결되면 지급될 것으로 예상되는 보험금, 즉 추산보험금을 산정하여 전산에 입력하게 된다. 물론 정확한 추산보험금을 산정하기 위하여 보험회사에서는 그 간의 사고처리 통계자료와 제반 요소들을 감안하여 지급될 것으로 예상되는 보험금을 사전에 예측하기 때문에 대부분 큰 차이없이 예상한 수준에서 처리되고 있다.

그런데 대인사고에 있어서는 피해자의 상해진단명에 따라 할증의 폭이 결정되므로 이미 장래에 지급될 보험금을 산정하는 시점에서는 손해액의 규모가 대부분 파악되었고, 이번 보험기간에 발생한 사고는 다음 계약에 반영되어야 되기 때문에 실제 보험금이 아직 한 푼도 지급되지 않았다 하더라도 다음계약의 할인·할증에 영향을 주게 된다.

⑧ 기타 유의사항

사고 당시에는 괜찮다고 해서 헤어졌는데 나중에 아프다고 할 경우를 대비하여 피해자의 말만 믿고 가볍게 지나치는 것보다는 다음과 같이 조치를 취해 두는 것이 좋다.

- 피해자로부터 다친 곳이 없다는 확인서를 받아 두거나,

- 피해자를 인근병원으로 데려가 X-Ray 촬영 등을 하여 의사로부터 이상이 없다는 소견서를 확보해 놓거나,
- 피해자도 가버리고 목격자도 없는 등 여의치 않을 때에는 관할 경찰서에 신고하여 신고확인서를 받아두는 것이 바람직하다. 어찌되었든 사고 당시에는 괜찮다고 하여 헤어졌으나 나중에 아프다고 하는 경우에도 즉시 보험회사에 통보하면 보험처리가 가능하다. 이 때 보험회사에서는 피해자가 호소하는 상해내용이 이번 교통사고와 상당 인과관계가 있다는 것이 전문의 등에 의해 객관적으로 입증되어야 보상처리를 한다.

(2) 대물배상

1) 의의

자동차의 소유자가 자동차의 소유, 사용, 관리에 기인하여 타인의 재물에 손해를 입혀 법률상 손해배상책임을 부담하게 됨으로써 생긴 손해를 매사고에 대하여 1사고당 보험계약금액 한도내에서 보험금의 지급기준 또는 확정판결에 따라 보상하는 보험이다.

2) 대물배상의 처리사례 및 유의점

① 수리공장의 결정방법

수리공장은 반드시 보험회사에서 지정하는 곳에서만 수리가능한 것은 아니다. 본인이 평소에 거래하던 곳에서도 가능하다. 단 보험회사의 보상업무에 협조적이지 않은 공장은 수리 후에 하자 등이 발생했을 때 원만히 서비스를 받는데 문제가 생길 수 있다. 그러므로 이런 경우에는 보험회사의 보상직원과 협의하여 수리할 공장을 결정하는 것이 좋다.

그리고 차량수리 완료 후 사고 전에는 없었던 잡음이 들리거나 차량이 한 쪽으로 쏠리는 등 하자가 있는 것 같은 경우에는 수리 후 하자가 생겼는지 여부에 따라 재수리 가능 여부가 결정된다. 수리를 담당한 정비공장과는 논란이 있을 수 있으므로 그럴 때에는 즉시 보험회사 보상직원에게 도움을 요청하여 조치를 받는 것이 좋다. 통상적으로 각 지역의 정비업체 별로 보상직원이 일정하게 지정되어 있으므로 정비공업사 명을 알려 주어 보험회사 담당자에게 문의하면 쉽게 확인할 수 있다.

② 폐차기준

절대전손(차량이 대파되어 현실적으로 수리가 불가능한 경우)이나 추정전손(시세가 격보다 수리비가 더 많이 소요될 것으로 예상되는 경우)의 경우는 중고차량 시세기준으로 처리하고 수리할 수 있으나 피해자가 폐차를 원하는 경우는 보험수가로 환산한 미수선수리비를 지급한다. 그리고 피해차량을 폐차하고 신차를 구입할 경우 자동차세, 채권매입비용, 보험료를 제외한 신차구입시 들어가는 취득세, 등록세, 교육세, 면허세(승용차를 제외한 비사업용자동차) 및 기타 비용(인지 및 증지대, 신차인수운반비, 교통안전협회비, 검사수수료)도 보험회사에서 보상한다.

③ 각종비용 보상

견인비는 사고 장소에서 가장 가까운 정비공장 등으로 견인하는데 드는 비용만을 보상한다. 따라서 차주가 원하는 곳으로 옮기고자 하여 다시 견인하고자 할 때에는 보험회사에서 부담하지 않는다.

④ 소지품파손 미보상

소지품은 탑승자나 보행인이 통상적으로 몸에 지니고 다니는 만년필, 라이터, 카메라, 손목시계, 반지, 지갑, 포켓용라디오, 녹음기, 전자계산기, 손가방 등을 말하며, 이의 파손은 보상하지 않기 때문에 가해자 개인이 민법상 손해배상책임을 져야 한다. 그러나 안경은 신체의 일부로 보아 대인배상에서 보상한다.

⑤ 운송중인 물품파손의 미보상

자기차량에 싣고 있는 물품이 남의 것이라 하여 대물배상에 의해 보상받는 것으로 잘못 알고 있는 경우가 있는데 대물배상에 관한 약관규정은 피보험 자동차에 싣고 있거나 운송중인 물품에 대하여 생긴 손해는 보상하지 않는 것으로 정하고 있다. 이것은 차주, 즉 피보험자의 관리책임하에 있는 물건이기 때문에 자동차보험이 아닌 운송보험을 계약하여 만일의 사고에 대한 보상대책을 마련하여야 한다. 그러나 자기차가 아닌 남의 차량, 즉 피해차량에 싣고 있던 물품을 파손시킨 경우에는 소지품을 제외하고는 대물배상의 계약금액 한도내에서 보험회사가 보험처리를 한다.

⑥ 실화의 미보상

자기차량에 발생한 화재로 남의 재물에 옮겨 붙어 손해가 발생한 경우인 실화의 경우에는 실화책임에 관한 법률에 의하여 중대한 과실이 있는 경우에 한하여 실화한 사람이 배상책임을 지게 된다.

따라서 나의 중대한 과실이 없는 화재로 인하여 남의 재물에 옮겨 붙어 발생한 손해에 대하여는 배상책임이 발생하지 않아 보험회사에서도 대물배상으로 보상하지 않는다. 만일 화재로 손실을 입은 차량이 자기차량손해에 계약되어 있으면 자기차량으로 보상처리를 받게 되며, 남의 집이라든가 벽, 대문 등은 건축물의 소유주가 부보한 화재보험으로 보상받을 수 있다.

⑦ 타인의 해석문제

차주가 동일한 차량 상호간의 충돌사고의 경우, 대물배상은 자동차사고로 남(타인)의 재물에 끼친 손해를 보상하는 것을 내용으로 하고 있고, 피보험자나 그 부모, 배우자, 자녀가 소유, 사용, 관리하는 재물에 생긴 손해에 대하여는 보상하지 않는 손해로 규정하고 있다. 법인의 경우에도 동일법인 소속차량이 상호간의 충돌사고로 손해가 발생한 경우 소유자가 같기 때문에 민법상 손해배상책임이 발생하지 않아 대물배상으로 보상하지 않는다. 따라서 이 경우 보상받을 수 없다. 하지만 양 차량이 자기차량손해에 부보되어 있다면 각각 자기차량손해로 보상받을 수 있다.

(3) 자기신체사고

1) 의의

자동차를 소유, 사용, 관리하는 동안에 발생한 우연한 자동차사고로 피보험자 자신이 사상된 경우에 입은 손해가 일정 한도를 초과하는 경우 보험계약금액 한도내에서 보상하는 보험이다.

자기신체사고의 피보험자는 대부분 대인배상Ⅱ에서 보상받을 수 없는 자가 대상이 된다.

2) 자기신체사고의 처리사례 및 유의점

① 적재함 사고

트럭적재함에 탑승 중 사고의 경우, 자기신체사고의 약관규정은 정규승용차용 구조장치가 아닌 곳에 탑승 중 사고는 보상하지 아니한다고 규정하고 있으므로 보상받을 수 없다. 그 이유는 정규 승차용 구조장치가 아닌 곳에 탑승한 때에는 사고발생의 위험이 높기 때문에 통상의 위험이 아닌 까닭이다.

그러나 화물적재함에서 올라가 적재작업 중 차량의 요동 등으로 떨어져 부상한 경우는 장소적 이동을 목적으로 탑승한 것이 아니므로 보상한다.

② 대인배상 Ⅰ,Ⅱ의 보상을 받은 경우

자기신체사고의 약관규정에 의하면 타차량과의 충돌사고로 타차량이 부보한 대인배상에 의해 보상을 받을 수 있는 경우에는 자기신체사고보험금에서 타차량의 대인배상으로 받은 금액을 공제한 나머지 금액을 지급한다. 따라서 상대차량(가해차량)의 대인배상 I, 또는 대인배상 II에 의해 보상을 받은 경우에는 자기신체사고보험금으로 지급할 수 있는 금액은 거의 없다고 봄이 타당하다.

③ 산재보상을 받은 경우

자기신체사고는 일종의 상해보험이므로 산업재해보상보험법에 의한 재해보상을 받은 경우에도 지급한다.

3) 자기차량손해

① 의의

자동차를 소유, 사용, 관리하는 동안에 발생한 우연한 자동차사고(타차량 또는 타물체와의 충돌, 접촉, 추락, 전복, 도로운행 중 차량침수손해 및 화재, 폭발, 낙뢰, 날아온 물체, 떨어지는 물체로 인한 손해)로 피보험자동차에 생긴 손해 또는 자동차 전부의 도난으로 생긴 손해 등과 같은 피보험자동차에 생긴 직접손해를 보험계약금액 한도 내에서 보상하는 보험이다. 사고가 발생한 때와 장소의 시가를 기준으로 실손해를 보상한다.

② 자기차량손해의 처리사례 및 유의점

㉠ 차량도난의 경우

도난이란 불법영득의 의사를 가지고 타인의 소유차량을 절취한 경우를 말하며 영득의사가 없는 일시 무단사용의 경우는 도난차량으로 보지 않는다. 그러므로 아무도 모르는 사이에 소유차량이 감쪽같이 없어졌다면 우선은 가족이나 친지 등이 일시 무단사용한 것이 아닌가, 혹은 불법주차문제로 견인차량 보관소에 견인된 것은 아닌지 확인해 보고 도난이 분명하다고 판명되면 다음과 같이 대처하면 된다.

가. 도난신고

도난신고는 전화나 서면으로는 수사상 어려움이 따르므로 피해당사자의 도난발생지를 직접 관할하는 경찰서 형사과를 방문하여 도난사실을 신고하는 것이 바람직하다. 도난신고를 받은 경찰서에서는 신고 즉시 범죄차량으로 전국 경찰에 전산망을 통해 긴급 수배조치하고 추적수사를 전개하게 된다.

나. 보험회사에 통지 및 보험금청구

관할경찰서에 도난신고 후 30일이 지나면 보험금을 청구할 수 있기 때문에 도난사실을 바로 통지하여 두는 것이 유리하다. 도난신고 후 30일이 지나면 자동차 말소등록[52] 및 소정의 구비서류를 작성하여 보험회사에 보험금을 청구하여야 하며, 보험금은 도난차량의 연도별 차량 기준가격표에 의거 해당 차량가격을 지급받게 된다. 하지만 차량도난시 보험금청구는 자차보험(자기차량손해)에 계약했을 경우에만 가능하다.

다. 도난차량회수시 처리

도난보험금을 받기 전인, 즉 도난발생일로부터 30일이 경과하기 이전에 차량을 회수한 때에는 차량이 도난되어 파손된 부분에 대한 수리비를 보상한다. 그리고 30일이 경과되어 이미 도난보험금을 받은 이후 차량을 회수한 때에는 계약자의 의사에 따라 차량의 인수를 희망하면 계약자로부터 보험금을 환입한 후 차량을 인도해 주며, 차량인수 의사가 없을 때에는 보험회사가 매각처분하게 된다.

---

52) 도난말소등록은 경찰에 도난신고한 날로부터 30일이 되면 관할구청 자동차민원실(등록계)에 해야한다. 30일의 기한을 두는 이유는 대개의 경우 30일 이내에 도난당했던 차량을 다시 찾는 경우가 대부분이고 또한 말소등록을 한 후 다시 신규(분할)등록을 할 때에는 별도의 비용이 들기 때문에 30일을 기다리는 것이 차주에게 유리하기 때문이다. 또한 도난발생 후 차량말소등록을 하지 않으면 자동차세 등 제세금의 부과와 자동차 소유자로서의 제반 책임문제가 따르게 되므로 차량말소등록의 절차를 밟아야 한다(http://www.drbohum.co.kr).

㉡ 보상액 결정시기

보험계약 당시의 차량가액은 1,000만원이었으나 사고 당시의 차량가액은 900만원 정도라면 전손의 경우에 보상액은 사고 당시의 차량가액인 900만원이다.

여기서 말하는 차량가액은 사고발생 당시 보험개발원이 정한 최근의 차량기준가액표상의 금액을 말하며, 자기차량손해는 정액보험이 아니고 실손보상의 원칙 및 이득금지의 원칙에 의거 사고당시의 가치를 보상하는 것이기 때문에 사고당시의 차량가액을 기준으로 하고 있다. 간혹 계약당시의 가액으로 보상을 요구하는 계약자가 있으나 이는 계약 당시 보험료산출을 위한 기준일 뿐이다.

㉢ 면책금제도

자신이 계약한 면책금액의 종류에 따라 자기차량사고로 수리를 하였을 때 해당 면책금액을 수리업자에게 계약자가 지급한 후 차량을 찾게 된다. 이 면책금제도는 보험회사의 소액손해에 대한 사무처리의 효율성을 높이고 계약자에게는 보험료부담을 낮추게 하는 효과가 있다. 그러나 차량가액 전액에 해당하는 손해, 즉 전손사고나 도난사고에 대하여는 면책금을 공제하지 않는다.

㉣ 부품의 교환여부 결정기준

부품의 교환여부 결정은 수리를 함으로써 주행안전도가 크게 저하되거나, 파손부품의 수리가 곤란하거나 판금, 교정, 용접 등의 방법으로 수리를 함으로써 부품의 기능 및 내구성이 상당히 저하될 경우 교환부품가액 보다 수리비(탈부착공임 제외)가 더 많이 소요되는 경우 등을 고려하여 부품교환여부를 결정하게 되며, 파손정도를 보아 수리가 가능하다면 수리를 하는 것이 원칙이다.

㉤ 정비공장의 보관료

폐차하기 위해 정비공장에 입고시켰는데 정비공장에서 보관료라는 주차비를 내라고 하는 경우가 있다. 자기차량손해의 보상은 차량수리비와 비용을 물어주게 되어 있는데 이때 말하는 비용은 손해방지 경감비용, 권리보전 행사비용 등은 있으나 주차비는 비용에 포함되지 않는 손해이므로 보험회사에서 보상하지 않는다.

㉥ 추가장착부품의 보상

출고 후 추가로 장착한 TV, CD, 스테레오, 무선전화기, 보조범퍼 등은 보험회사에 통보 후 추가보험료를 납부하여야 사고시 보상혜택을 받을 수 있다.

㉦ 일부 부분품의 도난 손해

간혹 차량 주차 중 차량의 일부 부분품을 도난 당하는 사례가 발생한다. 차량의 전부 도난으로 인한 손해는 보험회사에서 보상하지만 카 스테레오 등 자동차의 일부 부분품, 부속품, 부속기계장치만의 도난은 보험사고발생 사실의 입증, 객관적인 손해액산정 등이 곤란하기 때문에 보험회사와 피보험자(보험계약자) 사이의 분쟁을 사전에 막기 위하여 약관에서 이를 보상하지 않는 손해로 규정하고 있다.

㉧ 자차에 발생한 화재손해

자기차량손해의 약관규정에는 타차 또는 타물체와의 충돌, 접촉, 전복으로 인한 손해, 화재, 폭발, 낙뢰, 날아온 물체, 떨어지는 물체에 의한 손해 그리고 피보험자동차 전부의 도난으로 인한 손해를 물어주도록 규정하고 있으므로 이처럼 화재가 발생한 경우에도 보상을 받을 수 있다.

한편 자차에 발생한 화재로 옆에 주차중인 다른 차량에 불이 옮겨 붙어 남의 차량에 피해가 발생한 경우, 실화책임에 관한 법률에 의거 피보험자의 중대한 과실이 있는 경우를 제외하고는 남의 차량이나 남의 재물에 불이 옮겨 붙어 발생한 손해에 대해서는 피보험자의 책임이 없으므로 대물배상은 없으나 자차 및 상대편 차량 모두 자기차량손해로 보상받을 수 있다.

㉨ 전기적·기계적 손해의 미보상

자기차량손해 약관에서는 우연한 외래의 사고에 직접관련되지 아니한 전기적·기계적 손해, 이른바 고장손해에 대해서는 보상하지 않는다고 규정하고 있다. 따라서 주행중 배선이 합선되어 일부부품이 고장난 것은 화재로 인한 손해도 아니고, 외래의 사고와 관련이 없는 전기적·기계적 손해에 해당되므로 보험처리가 되지 않는다.

예컨대 주행중 브레이크가 파열되어 도로변 가로수를 충격하여 차량이 대파된 경우에 자차보험에서는 자동차의 결함이나 관리소홀 등에 의한 전기적·기계적 손해, 즉 고장손해는 보상하지 않는다. 그러나 고장이 원인이 되어 충돌, 추락, 전복, 화재 등으로 확대된 후발손해는 보상한다. 따라서 기계적 손해에 해당하는 브레이크 자체의 고장손해는 보상하지 않으나 확대된 차량파손 손해는 보상받을 수 있다.

㉧ 천재지변에 의한 손해

갑자기 닥친 태풍으로 소나기가 쏟아져 강물이 불어나 차량이 강물에 떠내려간 경우, 또는 가족과 같이 피서지 바닷가에 차량을 주차시켜 놓았다가 해일로 차량이 바닷물에 침수된 경우와 같이 보험에서는 지진, 분화, 태풍[53], 홍수, 해일 등의 천재지변으로 인한 손해는 그 위험 범위를 예측할 수 없고, 또한 통상의 보험료만으로는 담보할 수 없을 정도로 거대하기 때문에 보험의 대상에서 제외하고, 보상하지 않는 손해로 규정하고 있다.

그러나 천재지변(태풍, 홍수 등)으로 침수된 지역을 운행하던 중 도로에 파인 웅덩이에 차량이 빠져 발생한 손해나 우천으로 인해 차가 미끄러져 교량 아래로 추락 후, 폭우로 인해 떠내려간 사고 등은 보상처리를 받을 수 있다. 한편 비오는 날 천둥번개(벼락)에 의해 가로수 등이 자기차량 위로 쓰러져 차량이 크게 파손된 경우에도 약관 규정에 의거 낙뢰 또는 떨어지는 물체에 의한 손해로서 보험처리를 받을 수 있다.

㉨ 차량의 파손

주차 중 누군가의 소행에 의해 차량이 심하게 파손되었거나 못 등에 의해 차량에 흉칙한 손상이 가해진 것을 발견하는 경우 손해발생사실을 통지하여 보상처리를 받을 수 있다. 다만 가해자가 밝혀지면 보험회사에서는 계약자의 차량에 발생한 손해를 물어 준 금액의 범위내에서 가해자에게 청구하여 보험금을 환입해야 하므로 가능한 가까운 경찰서나 파출소 등에 신고를 해 놓는 것이 좋다.

㉩ 가해차량의 미보험

상대 가해차량이 자기차량에 발생한 손해를 물어줄 책임이 있으나 보험에도 계약되

53) 태풍, 홍수 등의 구분은 기상대에서 "태풍 제○○호"라고 발표하는 것과 호우주의보 및 경보, 재해대책본부의 홍수주의보 발령을 기준으로 적용한다.

어 있지 않고 차일피일 배상을 미루어 곤란을 겪고 있을 때에는 자신이 계약한 자기 차량사고의 보험금을 청구할 수 있다. 보험회사에서는 계약차량에 대한 손해를 우선 보상처리한 후 가해차량측에 구상권을 행사한다. 따라서 차량간의 충돌사고가 발생한 때에는 상대차량번호, 운전자, 연락처, 보험계약 유무 등을 확인하여 두었다가 상대측으로부터 배상처리를 받지 못하는 경우에는 보험회사에 이러한 내용을 알린 후에 가해자에게 청구할 수 있도록 협력하여야 한다. 만일 이러한 조치를 태만히 하여 상대방으로부터 회수할 수 없는 때에는 보험처리를 못 받게 되는 경우도 발생한다.

5) 무보험차에 의한 상해

무보험자동차[54]에 의한 상해는 자동차보험에 무보험차 상해를 계약한 후 교통사고 발생시 상대방 차량이 무보험상태이거나 사고후 도주(뺑소니)를 하였을 때 상대방(가해자)에게 보상여력이 없어서 보상을 받을 수 없는 경우 본인의 자동차보험에서 피보험자에게 발생한 손해를 대인배상의 지급기준과 동일한 방법으로 산정하여 보험금을 지급받는 것을 말한다.

그러나 부보시 전담보(책임, 대인, 대물, 자손, 차량, 무보험)를 부보해야 완전한 보상을 받을 수가 있으며, 만일 부분적으로 부보된 경우에는 부보된 부분의 손해만 보상받을 수가 있다. 예컨대 자손부분을 부보하지 않았을 경우에 무보험차량에 사고를 당하여도 보험으로 보상을 받을 수가 없다.

그리고 기명피보험자는 자동차의 탑승여부에 불문하며, 기명피보험자를 제외한 기명피보험자의 부모, 배우자, 자녀 및 피보험자를 위하여 자동차를 운전중인 자는 자동차에 탑승 중 무보험차량이나 보유불명차량(뺑소니차량)에 의해 죽거나 다친 사고이어야 한다.

---

54) 무보험자동차란 피보험자동차 이외의 자동차로서 피보험자가 소유한 자동차를 제외한 다음과 같은 자동차를 말한다. ① 가해차량이 대인배상 Ⅱ나 공제계약이 없는 자동차(책임보험만 체결한 자동차는 무보험자동차임), ② 가해차량의 대인배상 Ⅱ나 공제계약에서 면책손해에 해당되어 보상을 받지 못하게 된 때, ③ 무보험자동차에 의한 상해에서 보상될 수 있는 금액보다 보상한도가 낮은 대인배상 Ⅱ나 공제계약이 적용되는 자동차, 즉 가해차량이 부보는 되어 있으나 보상한도가 정해져 있는 유한계약에 부보하고 있는 경우, ④ 피보험자를 사상하게 한 자동차가 명확히 밝혀지지 않은 경우의 그 자동차.

2 업무용 자동차보험

개인 및 개인사업자가 소유한 자가용승용차를 제외한 모든 비사업용 자동차와 건설기계[55])를 대상으로 하는 종합보험을 말하는데 이는 개인용자동차보험과 동일하다. 현재 모든 손해보험회사들은 요율자율화가 시행되면서 범위요율제도를 적용하고 있다. 그러나 보험회사들이 상호 경쟁적으로 영업을 하는 관계로 거의 동일 수준의 범위요율 할인할증폭을 적용하고 있다.

3 영업용 자동차보험

모든 사업용(영업용 및 대여용) 자동차 및 건설기계를 대상으로 한 보험으로 담보종목은 무보험자동차에 의한 상해담보종목이 없다는 점을 제외하고는 업무용 자동차보험과 동일하다.

그러나 비사업용의 경우와는 달리 사업용 자동차의 경우에는 운행에 따른 위험도가 크기 때문에 대인배상Ⅱ 또는 이에 해당하는 공제의 일정금액 이상의 부보가 자동차손해배상보장법에 의해 강제되어 있다.[56])

4 운전자보험

영업용과 자가용운전자를 대상으로 하는 보험으로 운전자가 자동차의 운행 중 생긴 우연한 자동차사고로 남을 죽게 하거나 다치게 함으로써 운전자가 입은 손해와 운전자 자신이 죽거나 다침으로써 생긴 손해를 보상하는 보험이다.

보상내용은 운전자가 구속 또는 입원시 가족의 생계비와 판결에 의한 벌금 방어비용,

---

55) 건설기계란 건설공사에 사용할 수 있는 기계로서 덤프트럭, 타이어식으로 된 자주식 기중기, 트럭적재식으로 된 원동기를 가진 콘크리트 믹서, 트럭적재식으로 된 콘크리트펌프, 트럭적재식으로 된 아스팔트 살포기, 타이어식으로 된 굴삭기를 포함한다.

56) 보험연수원, 전게서, p.17.

사망보험금 및 후유장해보험금이며, 특약가입시 운전자 자신이 부상한 때의 의료비를 보상하게 된다.

5 외화표시자동차보험

외국인 또는 외국기관 소유 자동차나 외국 군부대에 용역납품 등을 위해 출입하는 자동차를 대상으로 하는 보험으로 보험금액과 보험료가 외화로 표시된다. 담보내용은 신체상해배상책임(Bodily Injury Liability Coverage), 재물손해배상책임(Property Damage Liability Coverage), 차량손해(Physical Damage Coverage), 포괄담보(Comprehensive Coverage)와 충돌담보(Collision Coverage) 중 택일, 의료비(Medical Payment) 등이다.

6 자동차취급업자 종합보험

이 보험은 자동차탁송업자나 자동차판매업자, 자동차정비업자, 그리고 세차업자 등 자동차를 취급하는 것을 업으로 하는 자의 배상책임과 차량손해를 보상하는 보험이다. 담보종목은 자기신체사고가 없다는 것을 제외하고 영업용 자동차보험과 동일하다.

제 5 절 교통사고처리특례법 (1981. 12. 31 법률 제3490호)

1 특례법의 제정경위

자동차교통사범에 대하여 종래에는 업무상 과실치사상죄 등을 적용하여 형사범으로 처벌하였다. 따라서 경미한 과실사범도 동일하게 취급함으로써 사회 활동에 많은 제약을 받아왔다.

그러나 자동차가 필수화되고 있는 현실에서 이 같은 형사처벌 일변도의 법체계는 사회적 조류에 부적합하다는 여론에 따라 1980년대말 도로교통법을 개정하여 물적 사고의 경우 피해자가 가해자에 대한 처벌을 원하지 않는 의사가 있을 때에는, 즉 피해자가 사고운전자를 처벌하지 말아달라는 의사를 표시하면 사고운전자를 형사처벌할 수 없는 이른바 '반의사불벌죄'를 적용하여 1981. 4. 1부터 시행한데 이어, 1981. 12. 31 교통사고처리특례법을 제정·공포하여 운전자가 인사사고를 내더라도 사망사고나 중과실사고가 아닌 경미한 과실로 인한 사고인 때에는 물적 손해의 경우와 같이 반의사불벌죄를 적용하여 형사처벌을 하지 않도록 하였다. 그 후 1984. 8. 4 개정되어 업무상 과실 또는 중과실로 치사상죄를 범한 경우에도 피해자와 합의하면 원칙적으로 처벌받지 않게 되었다.

2 특례법의 주요내용

(1) 차의 운전자가 형법 제268조의 업무상 과실치사상죄를 범한 때에는 5년이하의 금고 또는 2,000만원 이하의 벌금에 처한다[57].

(2) 차의 교통으로 업무상과실치상죄 또는 중과실치상죄와 건조물·재물의 손괴를 범한 운전자에 대하여는 피해자의 명시한 의사에 반하여 공소를 제기할 수 없으며, 교통사고를 일으킨 차가 보험업법, 육운진흥법 또는 화물자동차운수사업법의 규정에 의하여 보험 또는 공제에 계약·가입된 경우에는 당해 차의 운전자에 대하여 공소를 제기할 수 없다.

3 보험 등에 계약된 경우의 특례와 적용제외

특례법 제4조 제1항에 의하면 교통사고를 일으킨 자가 자동차보험(종합보험)이나 공제계약에 계약한 때에는 피해자의 의사에 상관없이 사고운전자를 처벌할 수 없도록 하고 있다. 그러나 차의 운전자가 업무상과실치사상죄 또는 중과실치상죄를 범하고 피해자를 구호하는 등 사고발생시의 조치를 하지 않고 도주[58]하거나 피해자를 사고장소로부터 옮

57) 형법 제268조의 업무상 과실치사상죄는 5년 이하의 금고 또는 200만원 이하의 벌금형으로 처벌되는데 이 법은 형법보다 무거운 벌금형을 부과하고 있다.

58) 도주(뺑소니)란 사고운전자가 사상자나 대물피해가 있는 것을 인식하고도 피해자나 대물피해에 대한 구호의무

겨 유기하고 도주한 경우와 신호 등의 위반, 중앙선침범 등과 제한속도 초과, 앞지르기의 등의 위반, 건널목 통과방법 위반, 횡단보도보행자보호의무 위반, 무면허운전·음주운전·보도횡단방법 위반, 승객 추락방지의무 위반 등의 항목에 해당하는 행위로 인하여 그 죄를 범한 때에는 그러하지 않는다.

를 이행하지 않고 사고현장을 이탈하는 것을 말한다. 도주하겠다는 생각을 가지고 도주한 경우뿐만 아니라 교통사고 후 구호조치를 취하지 않는 것만으로도 도주에 포함시킨다. 도주에 대한 형사처벌은 피해규모에 따라 달리 적용되는데, 피해자가 사망시에는 무기 또는 5년 이상의 징역이고, 피해자가 상해만 입었을 경우에는 1년 이상의 징역에 처해진다. 특히 사고피해자를 사고현장에서 옮긴 상태에서 사망한 때에는 사형이나 무기 또는 10년이상의 징역에 처한다. 그리고 대물피해사고시에는 5년이하의 징역이나 300만원이하의 벌금형에 처한다. 한편, 뺑소니사고는 구속수사를 원칙으로 한다.

제 12 장

해상보험

제 1 절 해상보험의 역할

제2차 세계대전 이후 세계경제는 대량생산·대량소비를 배경으로 한 발전을 계속해 왔다. 따라서 경제성을 추구한 시대의 요청에 대응하기 위해서는 다양한 대량화물운송과 그것을 가능하게 하는 선박의 대형화·고속화가 불가결하다. 그러므로 일반적인 경향으로도 해상손해는 점점 다양화되고 거액화되고 있다. 따라서 큰 손해는 1척의 초대형선박이나 여기에 적재된 화물만에 한정된 특수한 예는 아니라는 것이다.

더욱이 지구의 표면적의 2/3는 바다이기 때문에 육지에 의해 타국과 접하지 않은 국가에 있어서는 특히 대량의 화물을 장거리에 싸게 운반할 수 있는 선박은 무엇보다도 실용에 적합한 교통수단일 뿐만 아니라 해상손해발생의 기회도 크다고 할 수 있다.

우리나라의 경우를 생각해 보자.

우리나라는 천연자원이 부족하여 필요자원의 대부분을 해외에 의존하고 있다. 따라서 외국과의 무역에 의존하지 않으면 한국의 경제는 성립되지 않고 풍족한 국민생활의 유지는 곤란하다. 대량의 원자재를 해외로부터 수입해 그것을 가공하여 완성품을 수출한다.

이와 같은 무역화물의 운송에는 항공기도 사용되고 있지만, 대부분은 대량화물의 장거리 운송이 가능한 선박에 의존하고 있다. 중근동으로부터 원유의 수입에는 대형 탱크가 사용되고, 액화 가스의 수입에는 LPG탱크가, 시멘트 운송에는 시멘트 탱크가 사용되며 또한 석탄이나 철광석, 목재, 청과물의 운송에는 각각의 전용선이 사용되며 더욱이 잡화나 상품류의 운송에는 컨테이너선이 자동차운송에는 자동차전용의 운반선이 이용되고 있는 것이 현실이다.

그러나 이러한 선박운송은 항공기나 철도, 트럭 등의 운송기관과 비교해 시간이나 안전성이 뒤지고 있다. 공업기술의 발전과 함께 선박의 성능이나 내구성이 향상되어 항만시설이나 항로표식 및 등대 등의 안전·보안설비도 확충정비되어 항해기술도 예전과 비교해서 한층 진보했다고 할 수 있다. 따라서 현대에서는 콘치키호라는 뗏목으로 태평양을 횡단한 하이엘다나 수명의 요트맨과 같은 모험가들을 제외하고 콜럼부스나 바스코 다가마, 마젤란과 같이 죽음을 무릅쓰고 항해에 나선 항해업자 등은 없을 것이다. 그러나 그래도 항해에는 비교적 많은 일수가 걸리고 그 기간에 그들의 선박이나 적재화물은 화재, 충돌, 폭발, 침몰, 좌초, 교사, 전쟁, 해적 그 이외에도 다양한 해상위험에 노출되고 있다. 이러한 위험은 다종다양, 복잡다양하며 이들의 발생을 완전히 예방하고 진압하는 것은 불가능하다.

그래서 자기 선박이나 화물이 이러한 해상위험에 노출되어 있는 것에 의해 거대한 손해를 입어 운송비나 이윤, 수수료 등의 금전적 이익의 획득을 위협받거나 제3자에 대해 각각의 책임을 부담할 수 있을 선박회사나 무역상사, 아니면 조선업자나 수선업자 등의 해사관련 기업은 이러한 손해에 대한 선후책으로 과학적으로 산출된 비용(보험료)으로, 언제 일어날지 모르는 해상위험에 의한 장래의 불확정한 거액의 손해에 준비하지 않으면 안 된다.

즉 해상보험은 선박을 기업활동의 용구로서 이용해 이를 위해 그 선박이나 선박으로 운송되어지는 화물이 해상위험에 노출되어 그 결과 거액의 손해를 입을 가능성이 있는 해사기업에 있어서는 필요불가결의 경제제도라고 할 수 있다.

제 2 절 해상보험의 역사

1 베니스의 상인

영국의 문호인 셰익스피어가 저술한 "베니스의 상인"이라는 희극이 있다. 이 희극에서 베니스의 외딴 마을 벨몬토에 살고 있는 포샤라는 아름다운 여인에 반한 친구 바사니오의 여비를 조달하기 위해 무역업자인 안토니오는 유대인의 고리대금업자인 사일록으로부터 3,000다카토의 금전을 빌린다. 언제나 안토니오에게 장사의 방해를 받고 있던 사일록은 종교적인 감정도 있어 '3개월 이내에 빌린 돈을 갚지 않으면 안토니오 신체중 1파운드를 자른다'는 조건을 제시한다.

안토니오의 4척 선박중 1척은 트리폴리, 1척은 인도, 1척은 멕시코, 그리고 남은 1척은 영국에 항해 도중이었는데 2개월이 지나면 귀항할 것이라고 믿고 안토니오는 사일록의 이러한 조건에 대차계약을 체결하였다. 그러나 불행하게도 안토니오의 4척의 선박은 모두 조난되어 1척도 귀항하지 못했다. 사일록은 채무이행이 도래하여 법원에 고소했다. 이때 법관으로 변장한 포샤가 '안토니오의 살 1파운드는 계약 그대로 사일록의 것이다. 하지만 한 방울의 피라도 내면 그것은 계약위반이다'라고 말해 안토니오를 궁지에서 구했다는 이야기이다.

셰익스피어는 1564년 4월 23일에 태어나 1616년 4월 23일에 사망했다고 전해지고 있지만, 정확한 날짜는 알 수가 없다. 그러나 그는 "베니스의 상인"을 1596년경에 저술했다고 전해지고 있다.

그런데 1500년대 초반에 영국에서는 해상보험이 이미 행하여지고 있었고 이 이야기의 무대가 된 베니스에서는 그 이전부터 해상보험이 행하여지고 있었다. 안토니오가 자신의 선박과 화물에 해상보험계약을 체결했더라면, 살을 베일 뻔한 위험을 범할 필요가 없었을 것이다. 셰익스피어가 안토니오에게 해상보험계약을 체결하게 하지 않았던 이유는 아마도 셰익스피어가 아직 해상보험을 알지 못했기 때문이었을 것이다.[59] 이것은 박식한 셰익스피어 조

차도 아직 해상보험의 존재를 모를 정도로 16세기 말의 영국에서는 일부 상인들만이 해상보험을 이용하고 있었다는 알 수 있을 것이다. 그러나 베니스(베네치아)를 시작으로 제노바, 피렌체, 피사, 플란토 등 아드리아해나 리그리아해에 인접한 북이탈리아의 상업도시에서는 이미 14세기 후반에 오늘날과 같은 형식이나 내용의 해상보험이 행해지고 있었다. 마르코다티니나 델베네라는 상인들이 보험자가 되어 해상보험을 인수한 것이 시초가 되었다고 한다.

현존하는 세계최고의 진정한 해상보험증권은 1379년 4월 13일 피사의 보험증권이지만 그 때부터 이탈리아에서 해상보험은 상인들간에 상당히 넓게 이용되어지게 되었는데, 예컨대 피사대학의 메리스교수가 이전 피렌체의 북서 마을 플랑도르에 있는 다티니 문고의 자료로부터 400통에 달하는 보험증권을 발견하였는데 그 중에는 1379년 4월 13일의 보험증권부터 1401년 3월 15일의 보험증권까지 피사에서 작성된 보험증권이 실로 150통이나 있었고, 또한 제노바의 어느 공증인이 1393년 8월 21일부터 9월 15일까지 1개월이 채 되지 않는 기간에 80통 이상의 해상보험증권을 작성했다고 하는 기록도 있다. 이들은 당시 해상보험이 상인들 사이에서 얼마나 많이 확산되었는지를 보여주는 증거라고 할 수 있다.

2 모험대차

그런데 해상보험은 그 당초부터 현재 이용되는 것과 같은 형식을 갖고 시작된 것이 아니라, 그리스·로마 시대부터 지중해 연안지방에서 행하여지고 있던 “foenus nauticum”에서 전화된 것이라고 전해지고 있다.

Foenus nauticum은 ‘모험대차’ 또는 ‘해상대차’라고 해석되는 금전소비대차계약의 일종으로 항해업자(선주 또는 화주)가 선박이나 적하를 담보로 하여 금융업자로부터 돈을 빌려 선박이 무사하게 귀항하면 원금에 거액의 이자(그 중에는 한번 항해에 대해 원금 1/3에 달하는 고율의 것도 있었다고 전해지고 있다)를 붙여서 변제하고, 선박이 항해중 해적을 만나게 되어 전손이 된 경우에 빌린 돈의 변제가 면제되는 계약이다. 따라서 금융업자는 항해자금의 융자를 함과 동시에 해상위험을 부담하는 것이 됨으로 위험부담료를 포함한 이자는 당연히 통상이 이자보다 고율이었다.

---

59) 셰익스피어는 해상보험의 존재를 알고 있었다는 설도 있다. 그러나 그것은 어디까지나 추측에 불과하다.

12, 13세기경이 되자 해상사업의 발달과 함께 모험대차는 이탈리아, 프랑스, 스페인 등 지중해 연안국가의 항구에서 성황리에 행하여지게 되었다.

그런데 1230년경 180대 로마법왕 그레고리우스 9세(Gregorius Ⅸ, 1170~1241년, 재위 1227~1241년)는 기독교적 이웃사랑을 중시해 이자의 수수를 죄악시하는 교회법에 근거해 소위 '징리금지령'을 발표해 모든 이자 수수를 금지했다. 이자를 취득하는 것은 교회 설교 «mutuum date, nihil inde sperantes.»(어떤 물건이든 구하지 않고 서로 나누어준다)의 가르침에 정면으로 반대되는 행위이다. 이자의 취득은 인간애의 가면을 쓴 사기이고 빈궁자로부터 착취라는 것이다. 당시 북이탈리아 롬바르디아지방을 중심으로 축제와 이자증식을 훈계하고 많은 금액의 차입금이나 고율의 이자에 시달리는 사람의 구제나 부채법의 적용완화를 요구해 하나님의 평화와 고해를 구하면서 '할렐루야, 할렐루야'라고 각각 소리내어 왜치면서 탁발승출신의 설교사들은 선두에 서서 거리를 누비는 기독교도의 세상변화운동('대 할렐루야' 운동)이 폭발해 화염과 같이 민중의 마음을 휘어잡았다. 이와 같은 민중운동이 징리금지령의 배경이 된 것도 사실일 것이다. 이노센트 3세(Innocentius Ⅲ, 1160~1216년, 재위1198~1216년)부터 그레고리우스 9세때까지는 로마법왕이 유럽의 피라미드적 교회조직의 정점에서 종교적으로는 물론 정치적으로나 경제적으로도 절대적인 권력을 휘둘렀다. 이 때는 소위 중세 로마법왕권의 최전성기이었다. 초국가적 권위의 상징인 법왕이 정한 법령은 신의 정의 그대로였으므로 이 법령에 위반하는 것은 불가능했다.

3 가장보험계약

그러나 오랫동안 모험대차를 운영해 온 금융업자들에게는 징리금지령에 의해 이자있는 임차의 금지는 사활문제 아니면 적어도 수입원의 소멸로 이어진 것이다. 물론 고리를 지급하고도 항해자금을 조달하고 싶다고 생각하는 선주나 화주도 많았을 것이다.

여기서 그들은 이자를 계약의 표면에 내세우지 않고 징수하는 다양한 방법을 생각해 내었다. 어떤 때는 금융업자의 서비스에 대한 보수(recompensatio utiliium serviciorum)의 명목으로, 어떤 때는 빌려준 돈과 변제금을 다른 화폐로 지급, 양 주화의 시세의 차이를 이용해서 더욱이는 무상의 소비대차(mutuum gratis et amore)나 매매를 가장하여 거액의 이자를 징수하고 모험대차와 동일한 기능을 달성하고자 생각했었다.

무상의 소비대차를 가장한 경우에는 대차증서에 실제의 대차금액보다도 큰 금액을 기입해 두었다. 또한 매매를 가장한 경우에는 항해개시 전에 금융업자가 선주나 화주로부터 그 선박이나 화물을 산 대금을 지급하고 항해가 무사히 종료하면 그 매매계약은 해제되어 대금이 변제되고 선박이 해난을 만나 전손이 되었을 경우는 매매계약은 유효하게 존속한다. 따라서 선박이나 화물의 소유자가 된 금융업자가 손해를 부담하게 된다. 항해가 무사히 종료하면 계약해제에 따라 금융업자에게 변제되는 대금은 항해개시 전의 계약에 의해 선박이나 화물의 매매대금보다 월등히 많았다. 이와 같이 선주나 화주는 항해개시 전에 자금을 조달가능하고 동시에 해상위험을 금융업자에게 전가할 수가 있었다. 금융업자도 항해가 무사히 종료하면 이자상당액을 거액에 포함한 매매대금변제를 받아 이자는 표면에 나타나 있지 않아도 이것은 모험대차 그 자체인 것을 알 수가 있다.

이렇게 해서 모험대차는 모습을 바꿔 각양각색의 방법으로 계속되었던 것이다. 그러나 무엇보다 항해 중 해난을 만나 선박이나 화물이 전손이 되면 빌린 돈을 변제하지 않아도 되므로 항해업자 중에는 자신의 선박이나 화물이 전손되었다고 거짓을 하는 사람이 나타나게 되었다. 이것과 동시에 모험적인 항해를 중복해서 상당한 재산을 축적, 이제 항해개시전의 자금조달이 불필요하게 된 항해업자도 점차로 증가했다. 그들에 있어서 새로운 항해의 좌절에 의해, 애써서 축적한 재산을 잃는 것이 가장 두려운 것이었다.

이와 같은 상황 하에서 금융업자들은 모험대차에 의해 사전에 자금을 융통해 빌린 돈을 떼이는 위험보다는 사후에 손해보상을 하는 쪽이 유리한 계책이라고 생각하게 되었다. 즉 모험대차의 융자와 위험부담이라는 두 가지의 기능 중, 후자만을 취한 제도가 여기서 생겨나게 되었으며 이것이 바로 해상보험 그 자체라고 할 수 있을 것이다.

그러나 당시의 일반법규나 교회법하에서는 계약이라고 하면 매매계약이나 소비대차계약, 코멘다계약과 같은 몇 가지의 종류밖에 없었으므로 해상보험이 하나의 계약(contractus sui generis)으로서 시민권을 쟁취했다고 할 수는 없다. 따라서 예컨대 1347년 10월 23일 및 1348년 1월 15일의 제노바 해상보험계약은 무상의 소비대차를 가장하고 있었고, 1370년 7월 12일의 해상보험계약은 매매를 가장한 것이었다. 즉 무상의 소비대차를 가장한 보험계약의 경우에는 보험자가 선주나 화주로부터 무이자로 일정액의 돈을 빌어(실제는 금전수수는 하지 않았다), 해난을 만났을 때는 빌린 돈의 변제(보험금의 지급)을 요하지만 항해가 무사히 종료하면 그 계약은 무효가 되었고 변제를 요하지 않는 방법이 취해졌다. 또한 매매를 가장한 보험계약의 경우는 항해개시 전에 보험자가 선주나 화주로부터 그 선박이나 화물을 매입해서 이들이 해난을 만났을 때는 매매대금(보험금)을 지급하지만 항해가 무사히 종료하면 이 계약을 무효로 하는 방법이 취해졌다.

이와 같이 14세기 전반 이후 이탈리아에서는 매매나 무상의 소비대차를 가장한 해상보험계약이 행하여지게 되었지만 이 같은 가장보험계약을 '보험대차' 또는 '준보험'이라고 하기도 한다. 이 가장보험계약은 14세기 중엽부터 후반에 점차로 형식을 정리해 형식적으로나 내용적으로도 지금의 해상보험계약과 동일하게 독립된 종류의 계약으로 변용되었다.

이 시기에 지중해에서는 해도나 나침반이 항해업자의 불가결한 항해용구로서 널리 이용되고 등대 등의 설비도 정비되어 선박은 더욱더 대형화·고속화되고 있다. 육상에서는 소 10마리가 끄는 화차라고 해도 겨우 2톤의 화물을 하루에 5~7마일 운반하는 것이 고작이었으나 선박으로는 그 수백 배의 화물을 하루에 20~30마일 운반할 수가 있다. 더욱이 해상에서는 세관 등의 장해물이 없다. 이러한 해상운송이 비약적으로 발전함과 동시에 해적이나 폭풍우와 같은 해상위험에 의한 손해가 빈발해 상인 사이에 해상보험의 중요성이 더욱더 인식되게 되었다.

이와 같이 해상보험은 지중해상업의 발전과 이탈리아인의 활약과 오스만 토르크의 대두에 의한 동방무역의 쇠퇴로 인해 롬바드인을 중심으로 한 이탈리아인의 국외이주와 더불어 이탈리아로부터 지중해 서해안의 마르세이유나 바르셀로나, 발렌시아, 리스본, 아베니용, 리용, 보르도, 라로세르, 낭트, 루앙, 브루즈, 앤트워프 등 유럽 대륙을 북상하는 형태로 전파되어 16세기에는 브루즈, 앤트워프를 중심으로 한 플랑드르지방이 이탈리아를 대신해서 해상보험의 중심지가 되었다. 더욱이 해상보험은 북상해, 함부르크, 암스테르담 또는 영·불해협을 건너서 현재 해상보험 중심지인 런던에 전해지게 되었다.

4 로이즈

(1) 로이즈의 기원

런던에 해상보험이 전해진 정확한 시기는 알 수가 없지만, 국경을 넘어 안주의 땅을 찾아서 13세기 초엽에 영국에 건너온 롬바드인이 주로 금융업을 함과 동시에 1500년대 전반에 해상보험을 이식했다고 전해지고 있다. 영국 최고의 보험계약으로서 1547년 9월 20일자 포도의 화물보험증권과 1548년 11월 26일자 직물의 화물보험증권 기록이 현재 남아 있지만, 이 보험증권은 어느 쪽이든 본문이 이탈리아어로 쓰여져 있어 영국의 초기해상보험이 이탈리아인에 의해 독점적으로 운영되었다는 증거가 되고 있다.

그러나 1500년대 초반부터 중반에 걸쳐서 영국은 절대왕정의 확립과 중상주의정책의 추진에 의해 국가의 경제적 기반이 서서히 강화되어 후진국으로부터 선진국으로 길을 걷기 시작했다. 상품의 유통을 원활히 하기 위하여 화폐와 도량형의 통일을 하고 항해법을 발령하여 영국해운의 보호·육성을 도모하고 더욱이 금융제도를 정비하여 외국인에 의한 금융지배로부터 벗어나 제외국과의 자유무역을 보증하는 한편, 종래부터 런던의 Steelyard를 근거로 영국의 무역을 지배해온 한자상인이나 베네치아상인에 대해서는 강경한 수단을 강구하고 자주권의 획득에 노력했다. 그 결과 16세기 중반이후 영국은 중상주의적 부국강병책에 의한 세계 제일의 해운력과 광대한 식민지를 보유하여 세계시장의 제패로 움직이기 시작했다.

이와 같은 정황 가운데 런던의 Lombard Street에 근거지를 둔 금융업이나 해상보험업을 영위하고 있던 롬바드인이 1483년 이후 계속되는 법적 억압에 견디지 못해 영국을 떠난 후 해상보험거래는 1568년 설립된 왕립거래소(Royal Exchange)를 중심으로 행하여지게 되었다.

그러면서 세계 해상보험거래에서 차지하는 영국의 지위를 결정적인 것으로 전환시킨 것이 사실은 하나의 커피점이었다.

1652년 레반토무역에서 재산을 축적하여 귀국한 산다스라는 상인이 라구자에서 동반한 그리스인의 하인인 파스카로제가 개업한 커피점이 호황을 누리게 되자 런던에서는 많은 커피점이 생겨났다(1700년경, 런던에만 2,000～3,000개의 커피점이 있었다고 전해진다).

Oliver Cromwell(1599～1658년)이 권세를 휘둘렀던 당시의 영국에서는 모든 향락을 죄악시하는 청교도적인 생활 가운데 커피점만이 시민이 죄악감을 갖지 않고 이용 가능한 유일한 사교장이었다. 그러므로 각자가 단골가게를 가지고 그곳에 모여서 커피의 신비적인 향기를 즐기며 담론이나 상담에 꽃을 피우고 있었다. 이렇게 커피점이 증가하면서 각각의 가게가 특색을 갖고 그곳에 모이는 손님의 성향이나 인종, 직업도 일정하게 되었다.

1688년경 에드워드 로이드(Edward Lloyd)라는 사람이 시작한 커피점에는 테임즈강의 선착장에 가까운 Tower Street라는 거리가 있는 관계로, 당초 선원이 모이는 장소로 되었지만 그들이 갖고 있는 세계 각국으로부터의 최신정보를 입수하기 위해 선주나 무역업자가 다수 출입하고 더욱이 해상보험자도 가세해 선박이나 화물의 매매와 해상보험의 거래가 성행하게 되었다. 공간이 좁게된 로이즈의 커피점(Lloyd`s Coffee House)이 1691년 말에 롬바드 스트리트로 이전하자 해상보험의 중심으로 더욱더 번창해 그곳을 근거지로 한 개인의 해상보험자는 "Underwriters of Lloyd`s Coffee House"로서 일반에게 알려지게 되었다.

당시 해상보험의 거래는 개인보험업자에 의해 로이즈 커피점 이외에서도 거래되었지만 1720년 법률에 의해 London Assurance사와 Royal Exchange사 라는 2개의 특허회사가 설립되어 이 2개사에 법인으로서 해상보험업의 독점권이 부여되어졌다. 개인보험업자는 로이즈 커피점에 결집하게 되었고 1720년대 중엽에는 그들만으로 런던은 해상보험 거래 가운데 약 90%를 인수하게 되었다. 1720년 법률이 위의 2개사의 특허회사 이외의 회사에 해상보험영업을 금지했지만, 개인보험업자에 의한 영업은 금지하지 않았기 때문에 로이즈의 개인보험업자들이 급속하게 이 정도의 실력을 갖추게 되었다. 그리고 위의 2개사는 화재보험거래에 중점을 두고 해상보험에는 주력하지 않게 된 것이지만[60], 물론 그들 개인보험업자들의 내부노력도 간과할 수 없다. 그 후 약 1세기가 경과해 1842년에 알리안스사(The Alliance)및 인뎀니티사(The Indemnity)가 설립되어 해상보험업의 독점이 법률상 폐지된 때, 1,000명 이상의 개인보험업자로 구성되어 로이즈의

60) 木村榮一, 「ロイズ」, 日經新書, 1981, pp.42～46.

해상보험시장에서의 지위는 부동의 것이 되어 있었다.

(2) 로이즈의 법인화

더욱이 1871년에는 국회제정법인 로이즈법(Lloyd`s Act)가 제정되어 로이즈는 '로이즈보험조합'(Corporation of Lloyd`s)이라는 일종의 특권을 가진 조합으로서 법인격을 가지게 되었다.

로이즈 수입보험료의 75%는 영국이외의 국가로부터의 수입이라고 말해지고 있다. 이는 개인보험업자(Underwriter ; Name)의 조합이지 보험회사가 아니다. 현재 로이즈의 보험인수회원은 약 20,000명 정도이다. 단 위험이 거대화된 오늘날에는 각자가 개개로 직접 보험을 인수하지 않고 각자 해상, 비해상, 항공, 자동차, 생명의 5분야로 나누어진 200개 신디케이트에 소속하여 신디케이트를 통해 보험을 인수하고 있다.

그러나 각 개인은 그 인수액에 관해 무한책임을 지며 신디케이트는 연대책임을 지지 않는다. 법인인 로이즈는 보험거래를 위한 장소를 제공(로이즈조합과 보험계약되는 것이 아님)할 뿐이며 보험은 개개의 보험자와 계약이 체결되고 있다. 로이즈의 보험자는 로이즈에서 Lloyd's Broker(약 210사)가 세계의 각지에서 가져온 위험을 인수하지만, 보험계약자와 직접거래는 하지 않는다.

5 한국

우리나라에 해상보험이 도입되게 된 배경은 1876년의 강화도조약체결이 계기가 되었다. 동 조약체결로 인해 부산, 원산, 인천 등의 항구가 개항되고 외국의 금융기관과 무역업자가 진출하게 되었는데 이들은 대부분 자국보험회사의 대리점 업무도 겸영하고 있었다.

우리나라에서는 1880년에 동경해상화재보험주식회사(Tokyo Marine Fire Insurance Co.)가 제일 먼저 진출하여 제일은행 부산지점과 보험업무 대리점 계약을 체결하였다.

그 후 우리나라는 1922년에 일본인이 세운 조선화재해상보험주식회사가 그 효시이며 일본인의 자본으로 운영된 것으로서 사실상 화재보험에만 주력하였고 해상보험에 참여할 능력이 없었다.

그러나 1945년 해방과 더불어 일본인의 보험회사가 퇴거함으로서 보험업은 비로소 우리의 힘으로 운영하게 되었다. 해방 이후 설립된 손해보험회사는 10여개 회사에 이르렀으나 모두 해상보험을 취급하지 않았다. 그 이유는 그 당시 우리나라는 선박이 없었으며 대외무역거래도 미미했고 해상보험에 대한 실무도 까다로웠기 때문이다. 따라서 필요한 경우 부보는 무역업자에게 의뢰하거나 부득이한 경우 국내에서 영업을 하고 있던 외국보험회사의 대리점에 의존하여 이루어졌다.

1952년부터 전시무역체제의 변화와 외국 원조물자의 도입 등으로 해상보험의 개업을 재무부에서 권고하기에 이르렀으나 해상보험에 대한 경험이 없고 자료부족과 영업수지에 자신이 없어 Pool체제로 운영하기로 하여 1952년 12월에 해상보험 Pool로서 '대한해상운송보험공동사무소'가 발족되어 1953년 2월 1일부터 영업을 개시하였다. 이것이 우리나라가 독자적으로 해상보험을 인수하고 민족자본에 의해 영위한 우리나라 최초의 해상보험 사업체이다.

1967년 3월부터는 해상보험을 영위하는 국내 10개사의 합의에 의해 해상보험의 취급을 단일창구화하고 이를 '한국해상보험공동사무소'라고 불렀다. 보험의 판매 및 이재보상금 지급 등의 능률화 및 합리화를 도모하고 보험자 상호간의 과당경쟁을 배제하고자 함이 그 설립이유였으나, 무역업계의 요청과 기업형태로의 본연적인 복귀를 위하여 1968년 11월에 위의 공동사무소도 해체되어 개별회사에 의한 해상보험의 영위가 재개되어 오늘에 이르고 있다.

현재는 손해보험회사가 독자적으로 해상보험업무를 취급하고 있는 것이 실정이다. 그런데 해상재보험계약에 대해서는 코리안리재보험(주)과 서울보증보험(주)에서 인수하고 있으며, 총톤수 500톤 미만의 소형선박보험 및 방위산업과 관련되는 선박건조보험은 손해보험협회에서 Pool제로 인수하고 있다.

제 3 절 해상보험의 의의

화물을 적재한 선박이 좌초하여 선박이나 화물에 손상을 입히게 되면 선주 및 화주는 선박이나 화물 자체의 물적손해뿐만 아니라 여러 가지의 손해를 입게 된다. 그밖에도 해상위험으로 인하여 선주나 화주는 손해배상책임을 지는 경우도 있다. 이와 같이 해상보험은 선박의 운항이나 화물의 수송과 관련하여 폭풍우, 침몰, 좌초, 충돌, 화재 등의 해상위험에 의해서 발생하는 손해보상을 목적으로 하는 보험이다.

제 4 절 해상보험의 종류

1 선박보험

선박보험(hull insurance)이란 선박을 보험의 목적으로 하며, 선박이 항해에 관한 사고에 의해서 입은 손해를 보상하는 보험이다. 그런데 선박을 보험의 목적으로 하는 보험은 모두 선박보험이라고 할 수 있지만 보통 선박보험이라고 하면 선주가 자기의 선박에 대해서 가지는 이익, 즉 소유자이익의 보험을 의미한다. 선박보험에서 보험의 목적은 상선, 비상선 또는 개인선박이나 공용선박을 막론하고 거래 통념상의 선박으로 인정되는 것은 모두 포함하고 있다(<표 Ⅴ-2>참조). 예컨대 화물선, 유조선, 예인선, 컨테이너선, 원자력선, 페리보트, 요트, 어선 등은 물론 관측선, 해양박람선, 석유굴착선 등 해상에 떠올라 있거나 해상 이동이 가능한 것, 그리고 건조중이거나 예인중, 또는 수선중에 있는 선박까지도 포함되고 있다. 또한 선체외에도 기관, 조타기, 권양기, 추진기, 나침반, 해도 등 선박의 속구와 선박의 운항에 필요로 하는 연료, 식료, 소모품 등도 선박보험의 대상이 된다.[61]

---

61) 김주동, 「손해보험론」, 형설출판사, 1997, p.315.

<표 V-2> 선박보험의 종류

<table>
<tr><th colspan="2">선박보험의 형태</th><th>보험
계약자</th><th>주 요 내 용</th></tr>
<tr><td colspan="2">선박불가동손실보험</td><td>선 주</td><td>선박이 해상위험으로 운항되지 못함으로써 선주가 입게 되는 경제적 손실을 보상하는 보험</td></tr>
<tr><td rowspan="4">선박
수선에
관한
보험</td><td>선박
수선보험</td><td>선 주</td><td>선주가 선박의 수선 또는 개조공사중에 해상 또는 육상위험에 의한 선박의 손해를 보상받는 보험</td></tr>
<tr><td>선박수선자
공사보험</td><td>선 박
수선자</td><td>선박수선자가 선박의 수선 또는 개조공사중에 해상 또는 육상위험에 의해 선박 또는 공사자재에 발생한 손해를 보상받는 보험</td></tr>
<tr><td>선박수선자
배상
책임보험</td><td>선 박
수선자</td><td>선박수선자가 수선공사를 하는 중에 조선소의 과실에 의해 선박에 손해를 입힘으로써 수선의뢰인 또는 제3자에게 배상책임을 지는 경우 그 배상책임을 보상하는 보험</td></tr>
<tr><td>선박수선비
보험</td><td>선 박
수선자</td><td>선박수선자가 선박의 수선 또는 개조공사중에 해상위험 또는 육상위험의 발생으로 수선재료비, 공임 등 수선비를 수령하지 못하는 경우 그 수선비를 받지 못하는 손해를 보상하는 보험</td></tr>
<tr><td colspan="2">선박건조보험</td><td>선 박
건조자</td><td>선박건조자가 건조중, 진수시 및 시운전시 해상위험 이나 육상위험의 발생으로 입은 손해를 보상받을 수 있는 보험</td></tr>
<tr><td colspan="2">P&I 보험</td><td>선 주</td><td>선주가 선원 및 화주에 대한 배상책임, 충돌조항에서 제외된 배상책임 등의 손해를 보상받는 보험</td></tr>
<tr><td colspan="2">선비보험</td><td>선 주</td><td>선주는 항해에 필요한 제비용(연료, 식료, 소모품, 선원의 급료, 선박 및 선비에 대한 보험 등)을 지출하였음에도 불구하고 운임을 받지 못함으로써 발생한 손해를 보상하는 보험</td></tr>
</table>

(1) 선박불가동손실보험

선박이 해상위험으로 인하여 운항을 할 수 없게 되어지면 선박소유자는 그 가동능력이 회복될 때까지 운임 또는 용선료 등의 수입중단에 의한 경제력 손실을 입게 된다. 일반 선박보험이 해상위험에 의한 선박의 물적 손해를 보상하는데 주력하고 있음에 반하여 선박불가동손실보험은 특정한 해상위험에 의해 선박이 불가동상태에 빠진 경우에 선박 소유주가 입는 경제적 손실을 보상하는 보험이다.

(2) 선박수선에 관한 보험

선박수선에 관한 보험은 수선 대상이 되는 선박이 수선공사 중에 입게 되는 위험을 담보하는 보험으로써 선주가 부보한 선박수선보험과 조선소가 부보하는 선박수선자 공사보험, 선박수선자 배상책임보험, 선박수선비보험 등이 있다.

1) 선박수선보험

선주가 자신의 소유자 이익을 부보하는 것이며 선박의 수선 또는 개조 공사기간 중에 해상위험 또는 육상위험에 의하여 선박에 발생한 손해를 보상받는 보험이다.

2) 선박수선자공사보험

선박수선자가 선박의 수선 또는 개조공사기간 중에 해상위험 또는 육상위험에 의해서 선박의 수선 또는 공사자재에 발생한 손해를 보상받는 보험이다.

3) 선박수선자배상책임보험

선박수선자가 수선의뢰인인 선사 또는 선박임차인으로부터 도급한 선박의 수선공사를 시공하는 사이에 조선소의 과실에 의해서 선박 또는 화물에 손해가 발생함으로써 수선의뢰인 혹은 제3자에 대하여 법률상의 배상책임을 지는 경우가 있다. 이 보험은 법률상의 배상책임을 보험의 목적으로 하며, 조선소를 보험계약자 또는 피보험자로 하고, 피보험자가 법률상 부담하는 배상책임을 보상하는 보험이다.

4) 선박수선비보험

조선소가 선박의 수선 또는 개조공사기간 중에 해상위험 또는 육상위험에 의해서 사고가 발생하여 그때까지 지출한 수선재료비, 공임, 기간비용 등 수선비를 선주로부터 수령하지 못함으로써 손해를 입게 되는데 이를 보상하는 보험이다.

(3) 선박건조보험

선박건조보험(builder risk insurance)은 선박의 건조중, 진수시 및 시운전시에 해상위험이나 육상위험에 의하여 발생하는 선박건조자의 손해를 보상할 것을 목적으로 하는 것이다. All Risk 보험으로는 화재, 풍수해, 전복 등이 있으며 진수시나 시운전시에 침몰, 좌초, 충돌 등의 위험을 담보하고 있다.

(4) P & I 보험

해상보험의 기본당사자라고 할 수 있는 선주가 부담하는 손해 및 배상책임을 보상받기 위해서는 해상보험회사와 선박보험계약을 체결하여 해결할 수 있다. 그러나 통상 충돌조항에서 제외된 배상책임, 선원의 사상에 대한 배상책임 및 비용, 선하증권의 면책조항에 해당하지 않는 배상책임 등은 선박보험에서 보상을 받지 못한다. 이러한 위험을 부담하는 보험으로 선주책임상호보험조합이 인수하는 경우와 선박보험자가 특별약관에 의해서 인수하는 경우가 있다. 세계적으로는 전자가 주로 이용되고 있다. 이 보험의 명칭을 P&I 보험(Protection and Indemnity Insurance)이라 하며, P&I에서 담보하는 위험은 Protection과 Indemnity로 나눌 수 있는데, Protection은 선주의 제3자에 대한 배상책임 및 선원에 대한 고용주로서의 배상책임을, Indemnity는 주로 화물의 운송인으로서의 화주에 대한 배상책임을 담보위험으로 하고 있다.

한편 우리나라도 한국선주상호보험조합이 2000년 1월 25일에 설립인가를 받아 현재 운영되고 있는 실정이다.

(5) 선비보험

선비보험(disbursement insurance)이란 선박을 운항하기 위하여 항해에 필요한 연료, 식료, 음료수 기타의 소모품, 선원의 급료, 선박 및 선비에 대한 보험료 등의 비용을 지출하였음에도 불구하고 그 대상이익으로 당연히 획득되어야 할 운임 등의 이익을 해상위험의 발생으로 인하여 획득이 불가능하게 되는 경우에 이같이 선박운행에 지출된 제비용을 보험의 목적으로 하는 보험을 말한다. 즉 선박이 항해를 하기 위하여 지출된 비용은 운임을 통하여 보상받는데 선주가 운임을 획득하지 못함으로써 항해지출비용을 획득하지 못하여 손해를 입는다. 이러한 비용손해를 보험의 목적으로 하여 보상하는 것이 선비보험이다.

2 적하보험

적하보험(cargo insurance)이란 해상운송 중에 해상위험에 의하여 발생하는 화물의 손해를 보상할 것을 목적으로 하는 보험이다. 영국해상보험법에 의하면, 적하보험계약은 보험자가 피보험자에 대하여 그 계약에 의해 합의된 방법과 범위내에서 해상손해, 즉 해상사업에 수반하는 손해를 보상할 것을 약속하고 있는 화물에 대하여 해상위험으로 인하여 발생한 손해를 보상할 것을 약속하는 계약이다고 규정하고 있다. 이러한 적하보험계약을 이행하기 위하여 보험자는 손해보상을 약속하고 보험계약자는 그 반대급부로서 보험료를 약인으로 보험자에게 제공함으로써 보험계약의 효력이 발생하며, 계약의 내용을 명확히 준수하기 위하여 보험증권이 교부되고 있다.

한편 적하보험은 해상구간을 담보할 뿐만 아니라 해상항해에 수반하는 육상 또는 내륙수로의 위험까지 담보하고 있다. 이는 보통 '창고간담보조항(Warehouse to Warehouse Clause)'이라 하여 해상과 육상위험을 담보하고 있다(<표 Ⅴ-3>참조).

<표 Ⅴ-3> 화물보험

보험의 종류	주 요 내 용
적하보험	해상운송중에 해상위험에 의하여 화주가 입은 손해를 보상하는 보험
희망이익보험	화물이 목적지에 도착함으로써 화주가 당연히 얻게 되는 희망이익을 해상위험의 발생으로 상실된 경우 그 상실된 희망이익을 보상하는 보험
수입세보험	수입화물의 전부 또는 일부가 항해중 손상된 경우 화주가 정해진 수입세를 지급함으로써 입은 손해를 보상하는 보험
컨테이너 보험	컨테이너에 화물을 싣고 운송되는 경우 컨테이너와 관련된 보험으로 컨테이너 자체 보험, 컨테이너 소유자의 제3자에 대한 배상책임보험, 컨테이너 운영자의 화물손해배상책임보험으로 구분되고 있는 보험

또한 적하보험은 수출입화물을 대상으로 하는 외항화물해상보험과 우리나라의 국내연안상호간을 수송하는 화물을 대상으로 하는 내항화물해상보험으로 구별된다. 외항화물 해상보험은 원칙적으로 외화로 보험계약을 맺고 보험증권이나 보험증명서도 영문으로 발행

하며, 보험금 청구에 대한 보험회사의 책임유무 및 정산에 대해서는 영국의 법률 및 관습에 준거한다.

이에 반하여 내항화물 해상보험은 보험계약을 원화로 맺고 보험증권 및 보험인수증도 국문으로 발행된다. 그리고 보험약관의 규정에 없는 사항이 야기되었을 때에는 우리나라의 법률에 따른다.

(1) 희망이익보험

화물이 선적지에서 최종목적지에 무사히 도착한다면, 화주가 얻을 수 있는 것으로 기대되는 이익을 희망이익(expected profit)이라고 하고, 이 이익에 대한 보험을 희망이익보험(expected profit insurance)이라 한다. 화주의 희망이익은 대부분 화물보험으로 체결되고 있다.

희망이익은 화물의 도달에 의하여 이익의 획득을 기대할 수 있는 사람에게 귀속되는 것이므로 화물의 소유주만이 이 같은 수익이익을 가진다.

(2) 수입세보험

수입화물의 전부 또는 일부가 항해 도중에 손해를 입는 경우에는 손해를 입은 부분에 대해서는 수입세를 지급할 필요가 없다. 그러나 손해를 입은 화물이 수입항에 도달하였지만, 종량세로 부과되는 화물에 대해서는 도달수량에 변경이 없는 한 아무리 손상상태의 화물이라도 감세되지 않는 경우가 있다.

또한 화물이 손상상태로 수입항에 도착하였지만, 수입절차만료 전에 이를 미처 발견하지 못한 경우에는 정품으로서의 수입세를 지급할 수밖에 없는 경우도 있다. 이같이 수입업자가 입는 수입세의 손해에 대해 담보하는 보험을 수입세보험(import duty insurance)이라 한다.

(3) 컨테이너보험

컨테이너보험는 복합운송에 사용되어 컨테이너운송을 전제로 하고 있다. 컨테이너 보험은 컨테이너 자체의 보험(container itself insurance), 컨테이너 소유자(임차인도 포함)의 제3자에 대한 배상책임보험(container owner's third party liability insurance), 컨테이너 운영자의 화물손해배상책임보험(container operator's cargo indemnity insurance) 등으로 나누며, 이들 세 가지 보험을 일괄하여 하나의 증권으로 인수할 뿐만 아니라 계약자의 요청이 있으면 잔해제거, 소독, 검역비용담보특약(special cover for wreck removal, disinfection and quarantine expense)도 담보된다.

제 13 장

화재보험

제 1 절 화재보험의 역할

화재보험의 역할에는 여러 가지 있지만 여기서는 다음 세 가지만을 지적하고자 한다. 즉 ① 경제생활의 안정, ② 신용의 증대, ③ 손해의 예방이다.

1 경제생활의 안정

보험은 우리들 경제생활의 안정에 모두 도움이 되는 성질을 가지고 있는데 그 중에서도 화재보험은 만일의 화재발생에 의해 신속하게 소정의 보험금을 지급해 주는 결과 재해자로서는 입은 재해의 신속한 복구가 가능하게 된다. 이와 같이 손해를 입은 재해자가 용이하게 종래대로의 안정된 경제생활에 복귀할 수 있도록 하는 의미에서 경제생활의 안정을 화재보험의 가장 중요한 역할로 간주하는 것은 타당할 것이다. 최근에는 화재보험도 화재위험 외에 낙뢰, 파열·폭발이라는 각종의 위험을 포함하여 담보하는 것 외에 점포 및 공장 등이 재해를 당한 경우에는 그 직접의 손해인 물적손해에 대한 보상 외에 그 간접손해인 영업 또는 사업중단(휴지)중의 수익손해(순이익 및 경상비의 상실), 또한 가계의 경우에는 가옥의 소실에 수반하는 집세수입의 상실 등도 계약자가 희망에 따라 담보하는 외에 간접

손해인 각종의 비용손해(임시생계비, 잔존물처리비용 등)도 포함하여 보상하게 된다. 따라서 그 만큼 만일의 경우 보험계약자의 경제생활 보장도 더욱더 완전에 가까운 것이 된다고 할 수 있다. 이와 같이 만일 화재위험을 당해도 지급되는 보험금에 따라 과거와 같은 신속한 복귀가 가능하기 때문에 사람들의 사업의욕도 왕성하게 되며 이래서 화재보험의 존재는 단지 사경제의 안정이라는 소극적인 영역을 벗어나 보다 적극적으로 국민경제의 안정과 성장에 크게 공헌하고 있다. 화재를 당한 주택 및 공장·점포 등이 몇 개월 이내에 원래대로 복구되어 종래대로 경제활동을 회복할 수 있는 것도 화재보험의 덕분이라고 할 수 있다.

2 신용의 증대

1591년에 함부르크의 맥주양조업자가 만든 화재보험조합이 금융편의의 획득을 목적으로 하고 있었던 것과 같이 화재보험의 체결은 공장·작업장 등의 재산이 만일 화재에 의해 소실되어도 지급되는 보험금으로 즉시 복구되어 조업의 신속한 재개가 가능하다는 점에서 대부해준 금융기관에서 보아도 매우 안전도가 높은 우량대부의 대상이 된다. 더구나 개인이 새롭게 사업을 개시하는 경우 또한 새롭게 주택을 건설하는 경우에도 대출로 건설되는 공장·점포·창고·주택 등에 화재보험이 체결된 결과 만일 이들이 화재에 의해 소실되어도 대출한 금융기관에는 화재보험에서 우선적으로 보험금이 지급되고 있는 것이 일반적이다. 이같이 대출대상물건에 대한 만일의 소실위험과 그것에 수반되는 채무의 변제불능이라는 위험이 화재보험의 존재로 완전하게 불식되면 금융기관도 비교적 용이하게 개인을 위한 대출에 부응하게 된다. 그 의미에서 대출을 촉진(신용의 증대)하는 화재보험의 커다란 역할을 간과하여서는 안 된다.

3 손해의 예방

화재보험에 의해 화재위험의 개선, 화재의 예방·진압이 촉진되는 면이 있다. 화재보험본래의 기능은 화재에 의한 손해를 보상하여 경제생활의 안정에 기여하는 것이지만 이것은 어디까지나 화재를 당한 사후의 처리이다. 사회적으로나 경제적으로 보아도 화재의 발생을 사전에 예방하고 발생한 화재를 신속하게 진압하여 손해확대를 방지하는 것이야 말로 최선의 대책이다.

미국에서는 공장관계의 화재보험단체가 일찍부터 "예방이 제1, 보험은 제2 (Prevention first, insurances second)"를 슬로건으로 하여 화재를 미연에 방지하는 것을 최대의 목적으로 노력해 왔다. 특히 건물의 구조, 설비, 소방시설 등이 개선된 경우에는 화재보험요율을 즉시 인하하는 소위 계발적 요율산정방식을 채용하고 있다. 이 경우에는 화재위험의 개선이 촉진되어 화재의 예방, 손해의 경감에 도움이 되는 것은 분명하다. 우리나라도 미국과 일본을 모방하여 화재보험업자가 기술과 또는 방재과 등 방재전문의 부문을 신설하여 보험가입자의 희망에 따라 또는 자사의 계약인수의 필요에서 보험의 대상물에 대한 예비조사를 하여 위험의 개선·손해의 방지에 관한 보고와 권고를 하고 있다. 또한 손해보험협회내에 안전방재부서를 두어 화재의 예방·손해의 방지에 관해 일반사회에 계몽선전활동을 하고 나아가 소방자동차의 기증을 하는 등 이 방면에 크게 일조를 한 것은 우리나라 화재보험의 커다란 진보라고 할 수 있다.

제 2 절 화재보험의 역사

세계의 보험은 영국을 중심으로 한 영리주의보험의 계보와 독일을 모국으로 하는 상호주의보험의 계보로 대별된다. 그래서 아래에서도 이들 세계의 2대 조류의 원천인 영국과 독일의 화재보험에 대한 발전을 살펴본다.

1 영국의 화재보험

(1) 런던대화재와 화재보험의 출현

영국의 화재보험은 당시 런던시의 85%에 해당하는 13.200가옥을 4주야에 걸쳐 소실시킨 1666년 9월 2일의 유명한 런던대화재(영국에서는 이 대화재를 "Great Fire"라고

함)를 계기로 탄생했다.

종래는 이 런던대화재의 다음 해에 니콜라스 버본(Nicholas Barbon)이라는 의사가 영국최초의 화재보험영업을 개시했다고 되어 있었지만 최근의 연구에서는 그것은 잘못이며 실제로는 이 버본 외에 3명이 영리를 목적으로 1681년 9월에 설립한 Fire Insurance Office라는 합자회사가 최초의 화재보험회사라고 보고 있다. 영국에서는 동 년 11월에 런던시가 중심이 되어 시민상호의 부조라는 입장에서 시영의 화재보험을 실시하였는데 시(市)가 이러한 종류의 위험한 상사부문에 관여하는 것에 대한 반발이 강해 결국 런던시의 공영보험은 발족 후 1년만에 해산되었다. 더구나 3년 후인 1684년에 영국에서 두 번째의 사영의 화재보험회사인 Friendly Society사가 William Hale과 Henry Spelman에 의해 창립되어 영업을 개시하였지만 동 회사는 회사명의 '우애조합'과는 반대로 창업자인 2사람에게만 유리한 영리성이 강한 것이었다. 다음으로 1696년에 창업한 Hand-in-Hand사이다. 동 회사는 이전의 Friendly Society사와는 달리 완전한 상호주의회사로 매우 저렴한 비용으로서 화재보험의 제공에 성공하였다.

(2) 동산보험의 등장

위에 설명한 바와 같이 17세기말의 런던에서는 "대화재"를 계기로 Fire Insurance Office, Friendly Society, Hand-in-Hand의 3개사가 영업을 하고 있었는데 3개사는 모두 건물의 화재보험만을 취급하고 동산은 담보하지 않았다. 그러나 얼마 되지 않아 영국 최초의 동산보험의 인수가 소화기의 발명자로 알려진 Charles Povey에 의해 1706년에 개시되었다. Povey가 동산의 화재보험을 인수하기 위해 만든 Exchange House Fire Office사의 영업은 2년 후에 명문회사인 Sun Fire Office사에 인계되었다. 동 회사는 동 회사의 인수물건에 대한 소화와 화재시의 동산반출을 돕기 위해 제복차림에 소정의 배지를 붙인 30명의 튼튼하고 정직한 젊은이를 항상 고용하고 있었다고 한다.

1714년 동일하게 가재와 상품의 화재보험인수를 목적으로 한 Union Fire Insurance Office사가 영업을 개시하고 또한 1717년에는 Westminster Fire Office사가 웨스트민스터지구에 소재한 건물의 화재보험인수를 목표로 영업을 개시하였다. 또한 1720년에 영국의 보험사상 저명한 2대 특허회사인 London Assurance사와 Royal Exchange Assurance사가 설립되었다. 양 회사는 설립된 다음 해(1721년)부터 화재보험의 인수도 개시하여 영국의 화재보험은 양 회사의 설립에 의해 비로소 주식조직의 근대적인 보험회사를 보유하게 되었다.

2 독일의 화재보험

(1) 화재공제조합

일반적으로 화재보험의 시작은 중세 프랑스 왕조시대에 발생한 길드에 있었다. 이 길드는 중세에 유럽대륙의 북부에 존재한 공제조합으로 그 주요한 것은 사람의 사망 및 화재발생 때에 구제를 목적으로 하는 것이었다. 15세기에 화재의 공제만을 목적으로 하는 화재공제조합(Brandgilde)이 슈레스비히=홀슈타인지방(덴마크에 인접한 독일 북부의 주)에 발달하고 그 후 다른 독일북부지방에도 이것을 모방하는 것이 빈발했다.

그 중에서도 1591년에 함부르크에서 100명의 맥주양조업자가 만든 함부르크화재보험조합(Hamburger Feuerkontrakt)이 유명하다. 17세기에 동 시는 대소다수의 화재를 당해 이 타격으로 인해 이들 공제조합은 대단히 어려움에 빠지게 되어 드디어 1676년에 이들 조합을 통합하여 시영의 건물보험기관인 함부르크일반화재보험금고(Hamburger General Feuerkasse)가 설립된다. 세계에서 이 화재보험금고는 공영화재보험의 최초라고 말해지고 있다.

(2) 공영화재보험의 발달

한편 독일은 신구 양 크리스트교도의 항쟁에 근거한 30년 전쟁(1618~1648년)의 전장으로 된 결과 국토의 피폐가 현저하고 생산기구는 장기간에 걸쳐 파괴되고 제후의 재원이 고갈되었기 때문에 각 영주는 무언가 특별한 재원획득대책을 찾아야 했다. 그래서 위에 설명한 함부르크화재보험금고의 예를 모방하여 화재보험제도를 실시하는 것이 각 영주의 관심을 모을 것이라 생각했다.

그 결과 우선 프러사에서 1781년에 베를린시 시영의 화재보험소(Feuersozietät)가 설립된 것을 계기로 각지에 관영 또는 공영의 화재보험소가 계속 출현한다. 이어 독일의 각 지역(작센왕국, 우르텐베르크왕국 등)에서 이 종류의 관·공영의 화재보험소가 계속 설립되어 1820~30년경까지 독일국내의 대부분의 국토에서 건물에 대한 관·공영의 화재보험제도가 완비되게 되었다. 그 대부분은 보험의 가입강제와 재축(再築)의무를 건물 소유자에게 부과했다.

(3) 사영보험의 대두

한편 독일은 1861년에 건물에 대한 화재보험의 사영이 허용되게 된 결과 지금까지 오로지 동산담보의 인수와 관·공영보험의 초과위험 재보험의 인수만을 하고 있던 사영의 보험회사도 건물에 대한 화재보험 인수를 개시하게 되었다. 19세기말에는 동산보험의 인수증가 등으로 인해 계약금액상에서는 사영회사가 관·공영단체의 그것을 훨씬 능가하기까지 되었다. 원래 독일의 관·공영 화재보험은 위에 설명한 바와 같이 시민의 경제적 필요에 따라 실시되었다기보다는 각 시·군·읍 또는 연방정부의 재정정책 내지 공안정책으로서 실시된 것이었으므로 사기업의 발달과 함께 화재보험도 점차로 사영조직으로 이행되어 현재로서는 공영보험도 건물의 화재보험부문에서 역사적인 발자취와 지위를 차지하는데 그치고 있다.

제 3 절 화재보험의 의의

화재보험(fire insurance)이란 화재의 발생으로 인하여 보험의 목적에 발생한 손해를 보상하는 재산보험을 말한다. 즉 화재보험은 개인이 소유하는 주택, 가재도구, 상점, 창고, 기업의 생산시설, 제품 또는 원재료 등에 화재로 인한 멸실·손상 등의 직접손해뿐만 아니라 이익의 상실, 잔존물의 제거비용, 피난손해, 소방손해 등과 같은 간접손해를 보상해 준다.

화재보험은 화재로 인한 각종의 재산상의 손해를 보상함으로써 가계에는 생활의 안정을 확보해 주고, 기업에 대해서는 원활한 경영활동을 보장함으로써 국민생활 및 경제활동에 중요한 역할을 하고 있다. 또한 개인이 주택자금을 대출받거나 기업이 경영자금을 대출받을 때 담보가 되는 주택, 공장, 기계 등에 화재보험을 체결함으로써 화재에 직면한 경우에 지급되는 보험금으로서 채권을 보전하는 역할도 하고 있다.

화재보험은 원래 그 원인 여하를 막론하고 화재에 의해서 발생하는 손해를 보상하여야 하지만 실제로는 보험약관에 의해서 담보위험의 범위가 상당히 제한되고 있다. 예컨대 낙뢰·자연발화·자연발열·폭풍우 등에 기인하는 화재손해는 보상되지만, 폭발·파열·전쟁·폭동·방사능오염 등에 속하는 손해는 보상되지 않는다. 또한 화재보험의 손해보상범위는 화재에 따른 직접손해는 물론이고 화재진압에 따른 소방손해 및 화재에 따른 피난손해 등의 간접손해까지 확장담보하고 있다.

화재보험의 종류로는 화재위험만을 대상으로 하는 것에서부터 화재 이외의 각종의 위험이나 이익을 동일한 증권으로 함께 담보하는 종합보험 혹은 계약자의 다양한 요구에 부응하기 위하여 주계약인 화재보험에 부가하여 그 급부내용을 확대하거나 피보험자의 범위를 확대하는 특수한 계약방식의 화재보험 등이 있다.

제 4 절 화재보험의 종류

화재보험에서는 보험의 목적으로 상법상 건물과 동산을 들고 있으며, 동산으로는 기계, 기구, 시설, 원·부자재 등이 포함되고 있다. 화재에 부보하려면 구체적으로 부보대상에 범위를 정해야 한다.

화재보험은 대상물건에 따라 세 가지로 구분하고 있는데 주택, 아파트 등을 대상으로 하는 주택물건과 점포, 사무실 및 창고물건을 대상으로 하는 일반물건 그리고 공장을 대상으로 하는 공장물건 등이 있다. 이러한 부보대상물건에 따라 화재보험은 주택화재보험, 일반화재보험, 공장화재보험 그리고 이들을 혼합한 종합보험이 있다(<표 Ⅴ-4>참조).

<표 Ⅴ-4> 화재보험의 주요 종류

구 분	보험가입 대상	보상하는 손해(보통약관)
주택화재보험	주택물건(단독주택, 아파트, 별장 등)	• 화재(벼락 포함)에 따른 직접손해, 연기·변색손해, 소방손해, 피난손해(피난지에서 보험기간내의 5일 동안에 생긴 위의 손해) • 위의 사고로 인한 잔존물 제거비용, 손해방지비용
일반화재보험	주택물건 및 공장물건을 제외한 물건(시장물건 포함)(사무실, 점포, 학교, 병원, 소규모 창고, 농·수협창고, 보세창고 등)	
공장화재보험	각종 공장 또는 작업장(부속창고, 부속동력실)	

1 주택화재보험

주택화재보험은 주택물건(전용주택, 아파트, 별장, 연립주택 또는 일정조건을 갖춘 점포겸용주택이나 가재도구)과 병용주택 중 교습소(피아노, 꽃꽂이, 국악 등)와 치료소(접골, 조산원, 침뜸 등)에 대하여 화재, 낙뢰, 폭발, 파열에 의해서 발생한 손해 외에 잔존물 정리비용도 일정한 범위내에서 보상된다.

2 일반화재보험

일반화재보험은 화재보험 보통약관에 근거하여 계약이 체결된다. 화재에 의해서 주택, 공장, 창고물건 이외의 모든 물건 및 수용동산으로 사무실, 점포, 병원, 학교, 농수협창고, 보세창고, 전문창고업자창고에서 화재로 인한 손해를 보상하는 보험이다.

3 공장화재보험

공장화재보험은 공업상 작업에 사용하는 동력설비 20KW, 전력설비 40KW 또는 상시작업인원 20인 이상 중 어느 하나에 해당하는 공장의 건물, 장치 및 수용동산에서 화재로 발생한 손해를 보상한다. 구체적인 대상물건은 공장, 부속동력실, 부속작업장, 일반부속시설, 부속창고 등이다.

4 주택 · 점포종합보험

주택·점포종합보험은 화재 또는 그 외 다수의 위험을 한 장의 보험증권으로 인수하는 보험이며 주택종합보험과 점포종합보험으로 나뉘어진다.

주택종합보험은 주거전용건물 또는 일정조건의 점포겸용주택이나 가재도구를 보험의 목적으로 하고 종합적인 위험에 의한 손해나 비용을 보상하며 각종의 보험급부가 일괄적으로 되어 있는 보험이다.

점포종합보험은 점포·사무실·작업장의 건물이나 그 수용물 등에 담보위험이 발생함으로써 야기된 손해나 비용을 보상하는 보험이다.

5 장기종합보험

전용주택, 점포겸용주택의 건물이나, 가재도구를 대상으로 보험기간이 장기간이며 직접 손해나 비용을 보상하고 만기시에는 보험금액의 상당액이 만기 반환금으로 지급되는 경우도 있다.

6 화재부가특약

화재부가특약은 화재, 폭발 등에 의해서 보험의 목적이 손해를 입음으로써 영업이 중지되었을 때에 발생한 희망이익의 상실, 경상비의 손실 등을 보상하는 보험이다. 이 보험은 이와 같이 영업이익이나 경상비의 손실 등 간접손해를 보상함으로써 정상적으로 영업활동을 계속하고 있었던 것과 같이 안정된 경제 상태를 약속하는 이른바 기업의 수지균형을 유지하는 보험이라고 할 수 있다.

제 14 장

생명보험

제 1 절 생명보험의 역할

보험사고 발생의 대상을 기준으로 해서 보험은 상법상 인보험과 손해보험으로 분류하고 있다. 전자는 또한 신체상의 사고(사망, 노령, 상해, 질병)에 대한 보험과 경제상의 사고(실업)에 대한 보험으로 나눌 수 있다.

1 가계관점의 역할

(1) 사망보장

가계에 있어 생활비를 벌고 있던 가장이 사망할 경우 통상, 유족은 즉시 생활곤란에 빠진다. 특히 유아가 있는 비교적 젊은 층의 부부에게 이러한 사태가 발생했을 때 일반 저축으로 그것에 대처하는 것은 어려운 일이다. 그럴 때 생활유지에 필요한 자금을 바로 조달하는 것은 생명보험에 의한 것이 합리적이라고 할 수 있다.

(2) 노후보장

후생연금중의 노령연금은 고령화의 영향으로 지급개시연령이 높아지기 시작하는 등 그 급부액이 향후 감소경향에 있을 것이 예상되어진다. 그 결과 공적연금을 보완하기 위해 가계레벨에서 경제준비를 할 필요가 있다.

(3) 의료보장

가계는 질병 또는 상해에 의한 소득의 상실·의료비의 부담을 강요당하고 있다. 우리나라에서는 전국민보험 체제 하에서 건강보험 또는 국민건강보험 등에 의해 전국민이 적어도 일정한 자기부담으로 보험의 현물급부를 받을 수 있다. 하지만 자기부담이 사회보장 재정건전화의 명목하에 증액되거나 공적보험의 대상이 되지 않는 의료범위가 확대되는 등 가계 자체가 자금준비를 할 필요도 증가하고 있다.

2 기업관점의 역할

한 국가의 경제라는 그라운드에서 플레이하는 경제주체에는 가계 외에 기업이 있다(또한 정부도 있을 수 있다). 여기서는 기업용의 생명보험상품으로써 대표적인 2가지를 설명한다.

(1) 사업자보험

이 보험은 기업이 계약자가 되어 그 기업의 최고경영자 등이 피보험자가 되는 보험계약이다. 보험종목으로써는 양로보험이 이용되며 경영자가 사망한 경우의 신용실추, 새로운 경영자를 고용하는 비용, 조위금 등의 경제적 손실을 보상하는 것이다.

(2) 단체정기보험

여기서의 단체보험이란 특정한 공통적인 성격을 가진 인적집단을 일괄하여 단일계약으로 부보하는 사보험을 말한다. 그 중 일정기간(통상 1년)의 사망위험 등의 보장을 목적으로 하는 것이 단체정기보험이다. 또한 특정의 공통적인 성격을 가진 인적집단이란 회사, 사무소, 노동조합, 공제조합, 협동조합 등을 말한다.

이 보험의 계약자는 단체 또는 피보험단체의 대표자이며 보험사고는 피보험자의 사망 또는 고도장해이다.

3 국민경제관점의 역할

보험자금은 장래의 보험금·연금 등의 지급을 위해 계약자로부터 위탁받은 재산일 뿐이다. 따라서 자산위험을 가능한 관리하면서 원금을 보전하는 안전한 운용이 필요하다(안전성의 원칙). 또한 생명보험은 손해보험과 달리 일반적으로 계약자가 장기에 걸쳐 보험료를 납부하는 보험이므로 생명보험회사가 획득하는 운용수익은 사전에 '예정이율'에 의해 할인되어 있다. 즉 생명보험회사는 적어도 그 예정이율을 명백하게 하는 운용을 하지 않으면 안 된다(수익성의 원칙).

따라서 생명보험회사는 가계 또는 기업의 영세자금의 집적인 총자산을 국민경제 전체의 이익에 합치되도록 운용하지 않으면 안 된다(공공성의 원칙). 마지막으로 주의해야 될 점은 보험급부의 현금지급이 원칙인 이상 운용할 때는 유동성이 높은 운용 대상(현금·예금, 금전신탁, call-loan 등)에도 일정한 자금을 분산시킬 필요가 있다(유동성의 원칙).

제 2 절 생명보험의 역사

1 초기의 생명보험

각종의 보험 중에서 가장 빠른 시기에 성립된 것은 해상보험이다. 기상레이더는 물론 나침반도 발명되지 않았던 시대, 해상무역을 하던 상인들은 항상 커다란 위험에 직면하고 있었다. 해상보험은 자금융통기능과 위험부담기능이 결합된 '모험대차'가 각종 요인에 의해 변화·발전을 통해 오늘날과 같은 형태로 이행되었다.

생명보험은 해상보험의 담보대상이 확대된 결과로써 탄생되었다. 즉 해상보험에 있어서는 선박과 적하만을 보험의 대상으로 하였지만, 결국은 선장, 해원 또는 승객의 '생명'에도 보험을 들 수 있도록 되어 여기에 생명보험의 역사가 시작된 것이다. 단 초기의 생명보험은 현재 인정되고 있는 생활보장기능이 기대되어지는 것이 아니었으며, 보험자·계약자 모두 생명보험을 생명을 건 도박으로 생각하고 있었다. 계약자에게는 어떠한 이해관계도 없는 죄인이나 유명인의 생사를 건 '도박'이 생명보험의 명목 하에 행해졌다. 그 후 유럽각국은 법률에 의해 이러한 거래를 금지하게 되었다.[62]

2 근대적 생명보험의 성립

여기서는 생명보험의 역사에 있어 그 선도역을 한 영국의 상황을 살펴본다.

(1) Equitable사 이전

17세기말 영국에서는 세계 최초의 생명보험기업[63]이나 부과식의 생명보험조합[64]이 설립되었지만 양자는 합리적인 계산기초를 바탕으로 하고 있지 않아 결국은 그 자취가 사라졌다. 18세기에 들어(1706년) 특허장을 바탕으로 한 최초의 생명보험조직이라 불리는 The Amicable Society for a Perpetual Assurance사가 설립되었다. 동 회사는 그때까지의 조직과 마찬가지로 합리적인 조직이라고 말하기 어렵다. 계약자(2,000명을 상한)의 연령을 12세에서 45세까지 한정하고 연령이나 건강정도와는 무관계로 일률적인 갹출금을 받고 갹출총액에서 적립분(거출액의 1/6)을 뺀 잔액을 그 해에 사망한 자 사이에서 균등하게 분배되었다. 즉 실제로 받을 때까지의 보험금이 불확정하다는 중대한 결점이 있었다.

(2) Equitable사의 성립

보험요율을 연령별로 설정한 세계 최초의 근대적 생명보험회사는 Equitable(the Society

---

62) 각국에서 금지한 년도는 네덜란드(1570년), 이탈리아(1588년), 프랑스(1681년), 영국(1774년) 등이다.

63) 목사 William Assheton에 의한 것으로 목사의 부인을 위한 과부연금급부를 목적으로 한 Mercers' Company사였다.

64) Stansfeld에 의해 설립된 The Society of Assurance for Widows and Orphans사이다. 가입자의 정원이 2,000명이며 가입자 중에 사망자가 나오면 5실링씩 모아 그 총액을 급부하는 것으로 되어 있었다. 그런데 조합원수가 급속하게 증가하지 않아 1707년에 1,104명에 불과하였다.

for the Equitable Assurance on Lives and Survivorships)사이다. 수학자 James Dodson은 위에 설명한 에미커블사에 보험계약을 신청했지만 당시 50세이던 그는 연령제한으로 거절을 당했다. 그래서 그는 새로운 생명보험회사를 설립하고 할리(Edmund Halley, 1693년에 과학적인 생명표를 공표)가 주장한 피보험자의 연령별 보험료를 채용하려고 했다. Dodson은 Equitable사의 설립(1762년)을 보지 못하고 사망하였지만, 그의 사업은 그의 친구인 Thomas Shimpson에 의해 승계되었다. 그들은 당초 계획하고 있던 '특허장'을 획득하지 못하였지만 현대 생명보험회사의 기본적인 특징을 점차적으로 구비해갔다. 개별적으로는, ① 평균보험료식 보험의 도입, ② 엄격한 위험선택의 실시[65], ③ 고보험금액의 제한[66], ④ 정기적인 결산으로 계약자에게 배당, ⑤ 해약환급금의 지급 등을 들 수가 있다.

(3) 간이보험의 개시

근대적 생명보험회사의 성립 후에 있어서도 생명보험의 계약자는 중산계급이나 전문직업인에 한정되어 있었다. 그 후 자본주의 경제의 진전에 따라 자신의 노동력을 자본가에게 팔아 임금을 얻는 것 이외에는 생활수단을 가지지 못하는 임금노동자층이 탄생했다. 19세기 중엽까지는 그들에게 주어진 생활보장의 기회는 우애조합(Friendly Societies)에 한정되어 있었다. 이러한 임금노동자에 대해 프루덴셜(1848년에 The Prudential Mutual Assurance, Investment and Loan Association으로 설립)은 1854년에 간이생명보험(Industrial Assurance)의 제공을 개시했다. 보험금액이 소액으로 의사에 의한 진료(1860년에 폐지)가 없고, 또한 보험료가 주단위 납입이라는 특징을 가진 동 보험은 계약이 용이하다는 점에서 급속히 발전하게 되었다.[67]

자본주의 경제의 한편의 담당자인 임금노동자에게도 생명보험이 넓게 공급되어 근대적 제도로써 확립되었다고 평가할 수 있다.

---

65) Equitable사에 있어서 의적(醫的)선택은 1858년이 되어 처음으로 실시되었다.

66) 당초 동일 피보험자에 체결된 보험금액에는 제한이 없었던 것으로 보여지지만, 최고보험금액의 한도는 1775년에 1,500파운드에서 2,000파운드, 1783년에는 3,000파운드, 1790년에는 5,000파운드, 1856년에는 10,000파운드로 인상되었다.

67) 1854년 동 회사의 간이보험업무에 의한 보험료수입은 3,000파운드였지만, 1870년에는 30만건의 계약을 보유하여 26만파운드의 보험료수입이 있었다.

제 3 절 생명보험의 의의

1 생명보험의 개념

생명보험은 사람이 일생을 살아가는 동안, 언제, 어느 곳에서 발생하게 될지도 모를 질병, 상해, 고도의 장해, 사망과 퇴직(노령)으로 인한 개인의 소득상실의 위험에 대비하기 위해 만들어진 상부상조의 경제적 제도이다. 즉 생명보험회사는 많은 사람들로부터 보험료를 받아 공동준비재산을 마련하여 그 중 불의의 사고를 당한 사람에게 사전에 약정한 보험금을 지급함으로써 계약자에게 경제적 손실을 보전시켜 주는 제도이다.

오늘날 고도의 산업화와 생활의 복잡화로 현대를 살아가는 사람들은 언제 발생할지 모를 각종 위험(재해, 사망, 교통사고, 성인병, 각종 질병)과 핵가족화로 인한 노후생활대책 등 장래문제에 대한 불안 속에서 생활하고 있다. 생명보험은 이러한 불안 속에서 생활하는 사람들에게 각종 위험에 대한 대비를 통하여 현재와 미래의 안정된 생활을 보장하는 기능을 한다. 또 각종 위험뿐만 아니라 사람들은 일생을 살면서 가정의 생활자금, 노후생활자금, 주택마련자금, 자녀의 교육 및 결혼자금, 긴급예비자금 등 경우에 따라서는 큰 자금이 필요할 때가 있기 마련이다. 이러한 자금은 갑자기 그 자금이 필요할 때 즉시 마련할 수 있는 것이 아니므로 장기간에 걸친 계획과 준비를 해 두어야 하는데 생명보험은 이러한 문제를 해결할 수 있는 준비제도이다.

생명보험은 재산증식을 위한 경제적 준비수단이란 점에서 은행 등 다른 금융기관의 저축과 비슷한지만 그 특성이나 기능면에서는 많은 차이점이 있다(<표 Ⅴ-5>참조).

즉 은행의 저축은 개인의 재산증식수단으로서 저축기능만을 갖고 있는데 비해, 생명보험은 저축기능과 함께 보험기간 중에 발생하는 각종 위험에 대해서도 보장해 주는 보장기능이 있다.

<표 Ⅴ-5> 생명보험과 저축과의 차이

구 분	생 명 보 험	저 축
목 적	사건발생의 자체와 시기가 우연한 것으로 인한 경제적 수요의 충족	확정된 사건, 즉 발생이 확실한 것으로 인한 경제적 수요의 충족
제 도	동일한 위험을 느끼는 많은 사람들이 공동으로 재산을 형성한 후 개개인의 사고발생시 경제적 손실을 보상	각 개인이 스스로를 위하여 재산이나 수요자금을 마련
기 능	저축기능과 보장기능	저축기능

2 생명보험의 기능

생명보험의 기능에 대해 가계나 기업측면과 사회전체 측면을 나누어 고찰한다.

(1) 가계나 기업측면에서의 기능

1) 저축과 보장기능

은행상품은 개인의 재산증식 수단으로서 단순한 저축기능만을 갖고 있는데 반해 생명보험상품은 저축기능은 물론 보험기간 중에 발생하는 각종 위험에 대해서도 폭넓게 보장을 해준다.

2) 가정생활의 안정장치

나날이 늘어나는 각종사고와 질병으로부터 경제적 손실을 당했을 경우 이를 보전하여 줌으로써 가정의 생활안정을 도모해 주고, 핵가족화 및 평균수명의 증가에 따른 늘어나는 노후기간을 안심하고 생활할 수 있도록 안정장치 역할을 해줌으로써 불안감과 근심거리를 해소시켜 준다.

3) 올바른 생활설계로 삶의 윤택

사람의 생애에 있어서 반드시 맞이하게 되는 생, 노, 병, 사를 슬기롭게 대처하게 함은 물론, 인생주기에 맞춰 준비해야 할 자녀교육 및 결혼자금, 주택자금, 가족의 생활안정자금, 노후생활자금 등 각종 생활자금을 필요에 따라 계획적으로 준비할 수 있도록 설계해 준다.

4) 배당이익확보 및 정보제공

제조업체에 있어서 발생이익은 전부가 회사 또는 주주에게 귀속됨에 비해 생명보험의 발생이익은 배당상품의 경우 상당부분이 배당을 통해 계약자에게 환원된다. 또한 계약시부터 계약유지 및 만기시까지 계약자 무료검진 서비스, 대출, 생활정보지 제공 등 각종 건강 및 생활서비스를 제공해준다.

(2) 사회 전체적인 측면에서의 기능

1) 국가의 부담감소

생명보험은 조기사망으로 인하여 경제적으로 어려운 사람을 생활 보조하여야 하는 국가의 부담을 감소시킨다.

2) 국민경제에 이바지

생명보험회사들은 계약자들로부터 받는 보험료의 많은 부분을 책임준비금으로 적립하고 있으며, 이 자금은 유가증권이나 기업대출에 투자되어 국민경제발전에 기여하고 있다.

제 4 절 생명보험의 종류

생명보험은 사람의 사망 또는 생존을 조건으로 보험금을 지급하는 것이기 때문에 기본적으로는 사망보험, 생존보험 혹은 이 두 가지를 혼합한 생사혼합보험이 생명보험의 원형이라고 할 수 있다.

보험상품은 생존보험과 사망보험이 여러 가지 비율로 혼합되어 있는 경우가 대부분이며 주계약에 특약이 부가된 조립상품이 일반적이다. 생명보험은 여러 가지 기준에 의해서 분류

정리될 수 있으며, 주요한 분류기준으로서는 보험사고, 보험료 납입기간, 보험료 지급방법, 보험금 지급방법, 계약자 배당의 유무, 피보험자의 수, 피보험자의 건강상태 등이 있다. 이하에서는 생명보험의 분류에 있어서 가장 기본적인 보험사고를 기준으로 분류하여 설명한다 (<표 V-6> 참조).

<표 V-6> 생명보험의 분류

보험종류	보험금의 지급사유	보험종목
생존보험	일정 보험기간까지 생존시	연금보험, 교육보험
사망보험	일정 보험기간내 사망시	정기보험, 종신보험
생사혼합보험	일정 보험기간내에 사망시(사망보험금) 및 보험기간까지 생존시(만기보험금)	보통 사망보험과 생존보험을 2 : 1 또는 3 : 1로 조합

1 생명보험의 기본형

(1) 생존보험

생존보험(assurance providing a benefit payable only in case of survival)이란 사망보험과는 반대로 피보험자가 보험기간이 종료할 때까지 생존하고 있을 때에만 보험금이 지급되는 보험이다. 즉 어느 일정시점까지 생존하고 있다는 것을 조건으로 보험금이 지급되는 것으로써 보험기간중에 피보험자가 사망하였을 때는 보험금은 지급되지 않는다. 그러나 실제로 판매되고 있는 생존보험은 어느 정도 사망보장을 가미시켜 보험기간 중에 사망한 경우에도 사망시까지 납입된 보험료 상당액이 급부되고 있다. 우리나라에서 판매되고 있는 생존보험은 연금보험과 교육보험으로 나누어진다.

1) 연금보험

연금보험은 일정기간 또는 지정된 피보험자의 생존기간 동안 주기적으로 일정금액을 지급하는 보험이다. 연금보험의 종류를 연금지급총액에 따라 분류하면, 피보험자의 종신까지 지급하는 불확정연금과 피보험자의 생사에 관계없이 일정기간 동안만

지급하는 확정연금이 있다. 또한 연금지급개시 시기에 따라 분류하면 계약후 즉시 연금지급을 개시하는 즉시연금과 몇 년후 또는 피보험자의 일정연령부터 지급이 개시되는 거치연금이 있다. 그리고 피보험자의 수에 따라 분류하면 단일피보험자가 계약의 대상이 되는 단생연금과 두 사람 이상의 피보험자를 정해서 연합된 생존자들에게 연금을 지급하되 최후의 생존자가 사망할 때까지 연금을 지급하는 연생 또는 연합연금이 있다.

2) 교육보험

교육보험은 자녀의 교육자금을 마련할 수 있도록 하기 위해 개발된 저축성 생존보험이다. 이것은 자녀가 사망하였을 때 납입된 보험료를 환급하는 생존보험의 일종이다. 또한 보험가입자를 피보험자로 하고, 피보험자가 사망한 때에는 그 유족인 자녀들의 교육비와 생활비까지 보장해주는 보험도 개발되어 있다.[68]

(2) 사망보험

사망보험(insurance payable at death)이란 피보험자가 사망한 경우에만 보험금이 지급되는 보험을 말한다. 이 보험은 피보험자의 사망에 의하여 발생하는 보험수익자(보통 사망한 사람의 가족)의 경제적 필요를 충족시켜주는 것을 목적으로 한다.

사망보험은 만기보험금의 약속이 없기 때문에 극히 저렴한 보험료의 납입으로 큰 보장을 약속하는 뛰어난 보장기능은 있으나 저축기능이 없다는 결함을 지니고 있다.

사망보험에는 일정한 보험기간내에 사망한 경우 보험금 지급을 약속하는 정기보험과 일정한 기간을 정하지 아니하고 피보험자의 사망시(제1급 장애상태가 되었을 때에도 사망과 동일하게 간주한다) 언제든지 보험금을 지급하는 종신보험으로 나뉘어진다.

1) 정기보험

정기보험(term insurance)이란 보험기간, 예컨대 5년, 10년, 20년과 일정기간을 한정하고 그 기간 중에 피보험자가 사망하였을 때에 한하여 보험금이 지급되는 보험이다. 따라서 계약기간 최종일까지 생존해 있을 경우에는 보험금이 지급되지 않을 뿐

68) 정규명·정영동, 「생명보험론」, 형설출판사, 1997, pp.160～161.

만 아니라 납입된 보험료도 반환되지 않고 계약은 소멸한다. 정기보험에는 만기보험 시의 지급에 대비한 축적부분이 없기 때문에 보험료부담으로 고액의 사망보장을 받을 수 있는 것이 특색이다.

2) 종신보험

종신보험(whole life insurance)이란 피보험자의 일생을 담보하고, 피보험자가 사망하였을 때에 보험금이 지급되는 이른바 보험기간이 종신에 걸친 사망보험이다. 따라서 이 보험은 피보험자가 사망하면 보험금이 지급되기 때문에 유족보장이 유일한 목적이다.

정기보험은 계약기간이 종료하면 만기보험금이나 해약환급금이 없지만 종신보험은 보험료 납입을 중단하기로 한 경우 환급금이나 만기보험금을 지급한다.

종신보험은 보험료의 납입기간에 따라서 피보험자가 사망할 때까지 일생 보험료를 납입하는 보통종신보험과 일정기간에 한정하여 납입하는 유한납입종신보험, 1회의 보험료납입을 한정하는 일시종신보험으로 나눌 수 있다.

3) 생사혼합보험 (양로보험)

생사혼합보험(endowment insurance)은 생존보험과 사망보험 양자의 기능을 가지고 있으며 또 일반적으로 양로보험이라고 불리는 보험이다 이 보험은 보험기간 내에 피보험자가 사망한 경우에는 사망보험금이 지급되고, 보험기간이 만료되고 피보험자가 생존하고 있는 경우에는 생존보험금이 지급되는 보험이다.

양로보험은 생존보험에서 사망시에 보험료를 환급하지 않는 단점을 보완하고 있으며, 우리나라의 생명보험상품의 주종을 이루고 있다.

2 생명보험의 내용

생명보험의 기본적인 종류는 앞서 언급한 바와 같이 사망보험, 생존보험, 생사혼합보험의 세 가지로 대별할 수 있지만, 실제로는 이들 보험이 상품으로 판매되는 경우에는 개인을 대상으로 하느냐, 다수인을 일괄대상으로 하느냐에 따라 개인보험과 단체보험으로 나뉘어진다([그림 V-2] 참조).

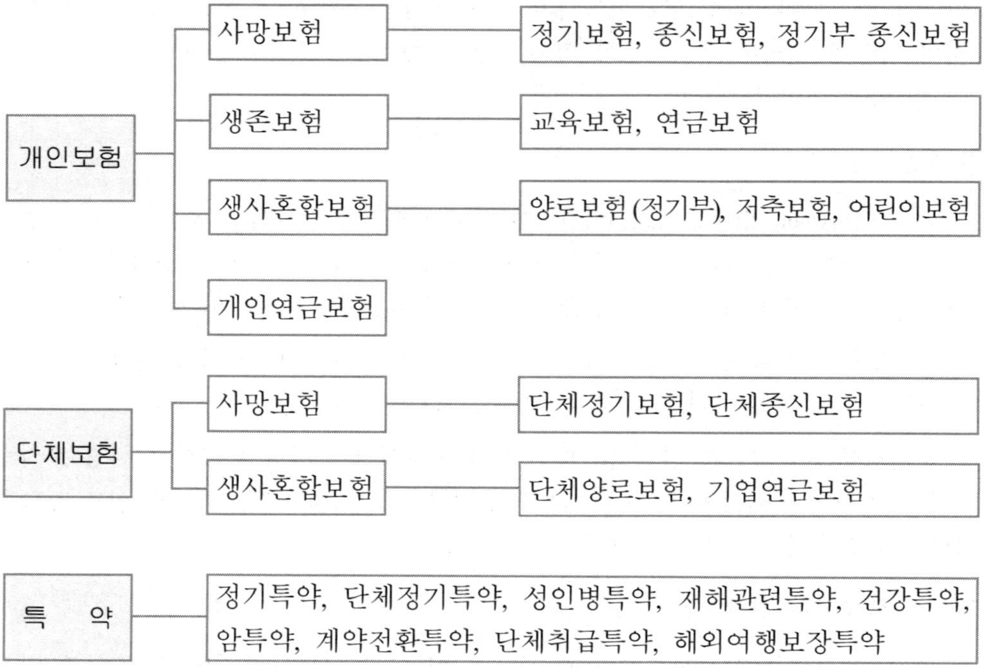

[그림 Ⅴ-2] 생명보험내용의 유형

(1) 개인보험

개인보험(private life insurance)이란 개인의 생활과 관련된 여러 가지 경제적 위험을 보장할 목적으로 이용되는 보험이며, 앞서 생명보험의 기본형에서 설명된 정기보험이나 종신보험, 양로보험은 물론 이외에도 개인연금보험, 저축보험, 어린이보험 등이 이에 속한다.

1) 개인연금보험

개인연금보험이란 생존보험의 만기보험금을 매년 지급하는 보험이다. 이 보험은 피보험자가 연금지급 개시전에 사망한 경우에는 보통 이미 납입된 보험료의 상당액이 반환된다. 개인연금보험은 연금의 지급방법에 따라 다음과 같이 분류된다.

① 피보험자가 사망할 때까지 연금이 지급되는 종신형 연금

② 피보험자의 생사에 관계없이 정해진 기간까지 연금이 지급되는 기간확정형 연금

③ 피보험자가 사망할 때까지 일정기간 연금이 지급되는 기간형 종신연금

2) 저축보험

저축보험은 3년, 5년, 10년과 같은 비교적 단기의 자금축적을 목적으로 한 보험이다. 그러나 피보험자가 만기까지 생존하고 있었던 경우에는 생존보험이 지급되며, 보험기간 중에 병으로 사망하는 경우에는 이미 불입된 보험료의 상당액이 반환된다. 또한 재해나 법정지정전염병으로 사망한 경우에는 소정의 재해사망보험금이 지급된다.

3) 어린이보험

어린이보험은 어린이를 피보험자, 부양자를 보험계약자로 하여 어린이 생존보험과 부양자의 사망보험을 혼합한 특수한 보험이다. 우리나라에서는 다소 변경된 형태지만 교육보험이나 학자금보험이란 제도가 이에 속한다.

이 보험은 피보험자가 되어 각급 학교 진학시기를 만기로 해서 필요한 일정금액의 학자금을 보험금으로 지급하고 보험기간 중 보험계약자가 사망하거나 계약에 규정하는 장해가 발생한 때 보험금에서 앞으로 납부할 보험료를 공제한 잔액을 양육자금이란 이름으로 제공한다.

(2) 단체보험

단체보험(group life insurance)이란 기업체, 국영기업체, 관공서, 조합, 법인 등 특정의 단체에 소속하는 자를 피보험자, 단체의 대표자를 계약자로 일괄하여 단일보험계약으로 담보하는 생명보험이다. 단체보험은 동질의 위험을 대상으로 하기 때문에 보험계약 체결이 편리하며, 보험료의 일괄납입 등 계약관리가 편하기 때문에 보통 예정사업비를 낮게 책정하여 보험료가 저렴한 것이 특징이다.

단체보험은 개인보험과 달리 취사선택의 대상을 개인으로 하지 않고 피보험자 집단을 하나의 그룹으로 취급하고 있기 때문에 원칙적으로 개개인에 대한 의사의 진단을 실시하지 않는다.

이 보험은 계약대상이 되는 단체범위를 한정하며, 단체의 최저인원의 규제, 단체 소

속원의 일정비율 이상이 계약강제, 단체 소속원의 보험금액의 결정방법에 객관적 기준을 두고 개인이 임의선택을 허용하지 않는 등의 제한을 두고 있다. 그러나 이 같은 제한에도 불구하고 단체보험은 사무경비나 진단경비를 절감함으로써 보험료율을 낮게 할 수 있기 때문에 기업의 종업원 복지증진의 목적으로 널리 이용되고 있다.

1) 단체정기보험

단체정기보험이란 일정한 단체성을 갖춘 단체의 대표자를 계약자로 하고, 그 단체에 소속하고 있는 전부 또는 일부를 일괄하여 피보험자로 하며, 피보험자가 사망하였을 때 보험금이 지급되는 생명보험으로 계약은 1년마다 자동적으로 갱신된다. 단체의 연령구성은 고령자가 탈퇴하여도 젊은 사람이 신규계약하기 때문에 평균연령은 매년 크게 변화하지 않는다. 따라서 보험료도 거의 일정하다.

피보험자의 사망보장을 목적으로 하고 있기 때문에 임원 및 근로자의 사망퇴직금, 조위금제도, 종업원 유족보장제도, 산업재해제도의 보완수단으로 널리 활용되고 있다. 원칙적으로 단체마다 보험수지가 계산되고 잉여금이 발생하면 배당금으로 지급된다. 또 기업이 부담한 보험료는 전액 손금으로 처리할 수 있도록 세법상의 특전도 있다.

2) 단체양로보험과 단체종신보험

단체양로보험이란 기업 종업원의 사망보장 및 퇴직금의 준비 등을 목적으로 하는 보험으로 피보험자인 종업원이 도중에 사망한 경우, 또는 만기까지 생존하고 있었던 경우에 보험금이 지급된다. 이 보험은 저축과 보장을 겸하고 있으며, 일시지급형과 연금형이 있다.

단체종신보험이란 기업의 종업원이 재직 중에는 물론 퇴직 후에도 사망급부를 행할 것을 목적으로 한 최장기 보장성 보험이다.

3) 기업연금보험

기업연금보험은 기업의 대표자를 계약자로 하고, 종업원을 피보험자로 하는 단체보험이다. 이 보험은 정년퇴직자의 노후생활을 보장하는 것을 목적으로 하고 있기 때문에 주계약에 의한 급부는 정년퇴직자자의 급부로 하고, 정년전 생존퇴직자에 대한 급부를 위해서는 중도탈퇴특약이, 사망퇴직자에 대한 급부는 유족연금특약이 준비되어 있다.

(3) 특약

정기보험, 종신보험, 양로보험 등의 주계약에 특별한 계약으로써 특약을 부가하는 것은 해당 주계약의 보장내용을 더욱더 충실하게 하기 위한 것이다. 특약은 보험료납입방법 등에 대해 주계약과 다르게 체결할 수도 있으며, 보험계약자의 다양한 욕구를 충족시킬 수도 있다. 현재 주계약에 다양하게 부가되고 있는 주요한 특약들을 다음 <표 Ⅴ-7>에 간략하게 설명한다.

<표 Ⅴ-7> 주요 특약의 종류와 보장내용

종 류	이 용 목 적	특 징
정기특약	사망, 1급장해 시에 대한 보장목적	피보험자가 사망이나 1급장해 시에 특약보험금액을 지급한다.
재해관련특약	질병 이외의 우연한 재해로 인한 사망, 1급장해 및 상해에 대한 보장목적	재해로 인해 피보험자의 사망, 1급장해, 기타 재해시 계약에서 정한 보험급여금을 지급하며, 재해입원특약은 재해사고일로부터 계속해서 일정기간 입원시 급여금 일액 × (입원일수－입원개시일 포함 3일)의 입원 급여금을 지급한다.
성인병특약 (건강특약)	성인병으로 입원, 치료, 수술에 대한 치료목적	성인병 (암, 고혈압성질환, 심장질환 등)으로 일정기간 계속해서 입원한 때에 재해관련 특약시와 같은 방법으로 입원 급여금을 지급한다. 또 성인병으로 수술을 받았을 때 소정의 수술급여금을 지급한다.
암관련특약	암(간암, 위암 등)으로 입원, 치료, 수술, 사망에 대한 보장목적	암질병만을 특약으로 부가하여 암으로 인한 입원시 재해관련 특약시와 같은 방법으로 입원급여금과 사망보험금을 지급한다.
계약전환특약	이미 계약한 보험계약을 활용하여 새로운 보험에 가입할 목적	이미 계약한 보험계약(전환전 계약)의 전환가격(책임준비금, 배당금 등의 합계액)을 신계약(전환후 계약)의 적립금의 일부로 충당하여 계약을 전환시킨다. 이 경우 신규로 가입하는 것보다 보험료가 저렴해지므로 새로운 생활설계에 근거한 보장내용을 변경할 수 있다.
단체취급특약	동일단체에서 5인 이상 계약시 보험료의 할인혜택이 주어짐	동일단체에 소속된 계약자 또는 피보험자 5인 이상이 보험료의 납입방법 및 납입일을 단일로 하여 계약하면 이들을 단체로 취급하여 보험료의 할인혜택이 주어진다.

3 최근의 생명보험상품

전통형 종신보험상품은 보험료가 정해지면 매기마다 내는 금액이 고정되고 납기일도 정해져 있기 때문에 보험계약기간 동안에 자금사정이 어려워진 보험계약자에게는 보험료 납입이 매우 부담스러울 수 있다. 더욱이 보험금도 계약당시에 확정되기 때문에 보험계약기간 중에 물가상승이 높으면 보험금의 실질가치는 크게 떨어지고 보험계약액은 경제적으로 도움이 되지 않는 경우가 많이 있다. 상품의 수익률 측면에서도 실세금리가 반영되지 못하고 보험계약당시에 보수적으로 책정된 금리가 반영되는 것도 소비자의 불만 사항으로 표출되기도 하였다. 또한 상품의 투명성이 결여되어 보험계약자가 상품을 이해하고 신뢰하기가 어려운 점도 많이 있다. 이러한 여러 가지 문제점을 해소하고 소비자의 욕구를 충족시켜 주기 위하여 여러 각도로 새로운 보험상품이 개발되고 있으며 대표적인 상품은 다음과 같이 정리할 수 있다(<표 Ⅴ-8>참조).

<표 Ⅴ-8> 최근의 생명보험상품의 특징

생명보험의 종류	주 요 특 징
실세감응형 종신보험	계약자가 보험계약후 실세금리의 변화에 따라 보험료 또는 해약환급금을 변경하거나 이들의 변화없이 보험금을 변경할 수 있는 보험이다.
변액생명보험	보험료를 고정시키고 분리계정 보험료의 투자실적에 따라 보험금 또는 해약환급금을 변동시킬 수 있는 보험이다.
조정형생명보험	계약자가 보험금액과 보험료를 정하고 보험회사가 보험종목을 선택하거나 또는 계약자가 보험금액과 보험종목을 정하고 보험회사가 보험료를 결정하는 보험이다. 또한 계약후 계약자가 보험금액과 보험료를 변경하면 보험회사는 보험기간과 보험료납입기간으로 조정할 수 있다.
유니버설보험	계약자가 일정한 한도내에서 보험금 및 보험료를 설정할 수 있고 계약후에도 이들 금액 및 납입기간에 대하여 변경이 가능한 보험이다.
탄력보강형 보통생명보험	계약자가 보통생명보험에 배당금 등으로 일정범위내에서 보험료와 보험금 수준을 조정할 수 있게 한 보험이다.
변액유니버설 보험	변액보험에 유니버설보험의 탄력성을 추가한 보험으로 계약자가 보험료를 결정할 수 있으며, 투자운용실적에 따라 보험금을 증감시킬 수 있다.

(1) 실세금리감응형 종신보험

종신보험으로 된 배당상품은 나중에 영업실적에 따라 계약자 배당형태로 개략적으로 계산하여 보험료를 정산해 줄 수 있는 길이 있다. 한편 무배당상품인 경우에는 보험계약 후 금리가 상승하거나 실제 보험금 지급사유가 예상한 것보다 적게 발생하여도 이를 정산해 주는 방법이 없다. 이러한 편차가 사소한 경우에는 문제가 없지만 큰 경우에는 소비자(경우에 따라서는 공급자)의 불만이 발생할 수 있다

무배당 종신보험의 이러한 한계점을 극복하기 위하여 정기적으로 실세금리, 최근의 사망률 및 사업비지출 예정률을 반영하여 보험료율, 보험금 및 계약환급금을 변동할 수 있다. 이러한 보험을 실세가정형 종신보험(current assumption whole life: CAWL)이라고 부른다.

실제가정형 종신보험 상품의 경우 보험가입자들은 보험료와 투자이익이 상품의 가격을 결정하는 3가지 요소, 즉 사업비지출, 보험금지급, 이자의 적립(crediting)에 어떻게 할당되어 사용되는지 그 체계를 알 수 있기 때문에 전통적인 종신보험에 투명성을 제고하고 있다.

그러나 현실적으로 사망률 및 사업비지출 예정율은 수시로 빈번히 변동하는 것이 아니지만 실세금리는 수시로 변하며 특히 금융자율화 시대에는 변동폭이 크기 때문에 기간별로 새로운 금리를 적용하여 보험료를 다시 조정하든지 상품의 현재 환급가치를 다시 산출하는 것이 필요하다. 따라서 보험계약후 실세금리의 변화에 따라 보험료율 또는 해약환급금을 변경하거나 이들 변화없이 보험금을 변경할 수 있는 상품이 실세금리감응형 종신보험(interest-sensitive whole life)이다.

실세금리감응형 종신보험은 실세금리의 변화에 따라 계약자가 보험료율의 인하 또는 해약환급금의 인상을 요구할 수 있다. 또한 보험료율의 인하 또는 해약환급금의 인상없이 보험금의 증액을 요구할 수 있는 경우도 있다. 또한 보험료율이 인상되는 경우에 보험료는 원래대로 하고 보험금액을 감액하여 계약을 하든지 또는 보험금액은 원래대로 하고 보험료를 증액하든지, 어느 경우를 선택할 수 있다.

(2) 변액생명보험

미국에서는 1976년에 처음으로 에퀴터블생명의 자회사(Equitable Variable Life Insueable

: EVLICO)에서 일반대중을 위하여 개발·판매되었다.

변액생명보험(variable life insurance : VLI)은 보험급부(사망보험금, 해약환급금)의 크기를 투자운용실적에 반영하여 변동시키는 것이다. 즉 보험금의 일부를 일반계정(general account)과는 별도로 분리된 특별계정(separate account)으로 적립하고 이 적립금의 투자실적(운용성과)에 따라 보험금 또는 해약환급금을 변동시킬 수 있는 보험상품이다.

변액보험의 형태로는 종신보험형태을 취하는 변액보험(종신형)과 양로보험형태를 취하는 변액보험(정기형)의 두 가지 형태가 있다. 종신형 변액보험은 보통의 종신보험과 같이 피보험자의 생애를 통하여 사망보장을 하며 피보험자가 사망한 경우에 지급되는 사망보험금액은 특별계정의 자산운용실적에 따라 매월 증감한다. 단 계약시에 정한 보험금액(기본보험금액)의 수준은 보장된다. 정기성 변액보험은 보통의 양로보험과 같이 보험기간의 종료시점까지 피보험자에 대한 사망보장이 되며 사망시에 지급되는 보험금액은 특별계정의 자산운용실적에 기초하여 매월 증감한다. 또한 만기보험금도 특별계정의 자산운용실적에 따라 적립된 금액이 되며, 보험기간중의 자산운용실적에 따라 계약시에 정한 기본보험금액이 감소하는 경우도 발생한다. 따라서 변액보험의 경우 자산운용의 실적에 따라 고수익을 얻을 수도 있지만 주가의 하락이나 환율의 변동 등으로 투자자산의 시장평가하락에 따른 투기위험도 항상 존재한다. 이들 위험은 보험계약자가 부담한다.

변액보험은 주식투자와 유사하기 때문에 변액상품과 이를 판매하는 보험회사는 보험업법과 증권거래를 규제하는 제법규에 의하여 감독·규제를 받는다

(3) 탄력형 생명보험

1) 조정형 생명보험

조정형 생명보험(adjustable life insurance)은 1971년 미네소타 상호보험회사(Minnesota Mutual Life insurance Company)에 의해서 개발·보급되었다.

이 보험은 가입자의 보험욕구에 부응하여 보장내용을 변경할 수 있는 생명보험이다. 첫째, 보험계약자가 보험금액과 보험료를 결정하고 보험회사가 그것에 기초하여 보험종목을 선택한다. 이 경우 보험종목은 짧은 보험기간의 정기보험에서부터 유한납입 종신보험에 이르기까지 어느 것이든 선택이 가능하다. 둘째, 보험계약자가 보험

금액과 희망하는 보험종목을 정하고, 그것에 기초하여 보험회사가 보험료를 계산할 수 있다. 그리고 계약후에 계약자가 특정한 범위내에서 보험금액과 보험료의 변경을 자유롭게 할 수 있다. 예컨대, 보험료의 감액 또는 보험금의 증액을 하게 되면 그 보험계약의 보험기간의 단축 또는 보험료 납입기간의 연장으로 조정하게 된다[69].

조정가능생명보험에 있어서 계약내용의 변경은 새로운 보험증권의 발행을 필요로 하지 않기 때문에 계약자에게 변경에 따른 수수료를 부담시키지 않는다. 그러므로 보험욕구의 변화에 따라 새로운 보험을 계약하는 것보다 조정가능생명보험의 계약내용변경은 통상 편안하게 해결된다. 하지만 복잡한 계약내용의 변경에 대응할 수 있는 사무처리 체제를 필요로 하고, 계약의 유지관리비용이 많이 들기 때문에 가입당시 보험료가 높은 것이 일반적이다.

2) 유니버설보험

유니버설보험은 1978년에 캘리포니아 생명보험사(Life of California Company)가 처음으로 상품화에 성공하였다.

이것은 일정한 한도내에서 보험금 및 보험료의 금액을 자유롭게 설정할 수 있고, 계약후에도 이들 금액 및 납입기간을 변경할 수 있는 종신보험이다. 유니버설보험은 보험료납입의 자유자재성과 사망보험금의 조정성을 동시에 지니고 있는 보험이다. 최소한 요구되는 초회보험료를 납입한 후에 보험계약자는 보험료의 납입액과 납입시기를 조정할 수 있으며, 적립금액이 필요한 보험료수준을 넘는 경우에 보험료납입을 생략할 수 있다. 동시에 보험계약자는 사망보험금을 비교적 쉽게 증가시키거나 감소시킬 수 있다.

또한 유니버설보험은 보험계약자가 매회에 지급하는 납입보험금의 구성요소인 순수사망보장부분(위험보험료), 저축부분(저축보험료) 및 경비부분(부가보험료)을 명확하게 공시하는 것이 특징이라 할 수 있다.[70]

---

69) 다만 어떠한 조정도 보험금액과 보험료액이 계약에서 결정된 최저에서 최고의 조정변동폭에 머물도록 하는 것이 필요하다. 그리고 보험금 증액의 경우는 보험계약가능체라는 증명(건강 등에 관한 고지 및 의사의 진단)이 요구된다.

70) 오창수·김경희, 「생명보험론」, 박영사, 1999, pp.110～111.

3) 탄력보강형 보통생명보험

유니버설보험에서 계약자는 보험료를 납입하기로 약속되어 있기 때문에 경제적 곤경에 처하면 보험계약이 중단되기 쉽다. 또한 유니버설보험에서 보험료의 흐름은 예측하기 힘들며, 적립금액의 인출도 쉽기 때문에 유니버설보험의 자산은 단기상품에 투자가 된다. 단기투자상품은 장기투자상품에 비하여 변동성이 높고 장기적으로 수익률이 낮다. 따라서 많은 보험자들은 유니버설보험과 경쟁할 수 있는 전통적 형태의 상품을 원하게 되었으며, 이에 부응하는 상품이 탄력보강형 보통생명보험(flexible enhanced ordinary life : FEOL)이다.

미국에서는 일부 상호회사(mutual company) 형태의 생명보험회사들이 계약자 배당금을 현금으로 지급하는 대신에 보험료에만 충당하도록 특별 지정하여 보험계약 후반에는 계약자의 보험료 부담을 낮추어 주거나 혹은 완납(paid-up) 보험으로 바꿀 수 있는 배당형 종신보험을 개발하였는데, 이것을 개량형 보통생명보험(enhanced ordinary life : EOL)이라고 부른다.

개량형 보통생명보험은 원래 고정보험료를 납입하는 상품인데 이에 유니버설보험의 일부 탄력성을 도입하여 탄력보강형 보통생명보험(flexible enhanced ordinary life : FEOL)으로 개발되었다. 이 보험상품은 개량형 보통생명보험의 전통적 보험에 계약자가 일정범위 내에서 보험료수준과 보험금 수준을 조정할 수 있게 허용된 보험이다. 탄력보강형 보통생명보험에서 배당이나 정기적으로 납입되는 추가보험료 등은 정기보험료를 상계시키거나 추가적인 보험급부를 제공하는데 사용된다.

4) 변액 유니버설보험

변액보험은 사망급부나 환급금이 유동적이며, 저축보험료에 대한 투자를 탄력적으로 할 수 있다는 특징을 지니지만 일반적으로 보험료의 납입방법은 고정적이다. 이 전형적인 변액보험에 유니버설보험의 탄력적 성격(예컨대 보험료 납입에 융통성 부여)을 추가함으로써 상품의 신축성을 극대화한 것이 변액 유니버설보험(variable universal life : VNL)이다. 이 보험은 미국에서 1985년도에 개발되었다. 변액 유니버설보험은 계약자가 일정범위내에서 납입할 보험료를 결정할 수 있으며, 또 사망보험금을 증감시길 수 있다. 이때 사망보험금은 최저한도가 있으며, 증액시는 보험가능제증명이 필요하다.

변액 유니버설보험이 유니버설보험과 다른 점은 변액 유니버설보험의 자산은 한가지 이상의 분리계정으로 투자된다는 점이다. 이와 같은 점에서 변액 유니버설보험은 변액보험과 유사하며, 따라서 적립금액은 보장되지 않고 있다. 변액 유니버설보험의 투자위험은 계약자가 책임진다.

변액 유니버설보험도 변액보험처럼 보험업법과 증권거래법에 의하여 규제를 받는다.

제 5 절 생명보험상품의 개발

1 상품개발 및 상품구성

(1) 상품개발 및 판매

1) 상품개발

생명보험상품은 인간의 생명과 신체를 보험의 목적으로 하기 때문에 과학적이고 합리적인 방법, 즉 대수의 법칙, 생명표, 수지상등의 원칙 등을 기초로 하여 보험가입자가 납입하는 보험료 총액과 보험회사가 지급하는 보험금이 서로 일치하도록 개발하여 판매한다.

보험회사에서 보험상품을 개발하여 판매하고자 할 때에는 정관을 제외한 사업방법서, 보험약관, 보험료 및 책임준비금 산출방법서 등의 기초서류를 작성하여 금융위원회의 확인을 받도록 하고 있다.

2) 상품판매

회사는 판매상품에 대한 인가를 받고, 검증이 끝나면 상품을 판매할 수 있다. 상품판매시에는 상품판매방법의 변경 및 판매중지 등 상품판매 상황을 매 분기별로 금융위원회에 보고하여야 한다.

(2) 상품구성 기본요건

상품구성 = 주계약 + 특약

보험계약에 있어서 기본이 되는 중심적인 보장내용을 주계약 또는 주보험이라고 한다. 주계약에 보장을 추가하여 보험가입자의 편의를 도모하기 위한 보험을 특약이라고 한다. 주계약 자체만으로도 보험계약은 성립할 수 있으나 다수의 보험계약자들의 다양한 욕구를 모두 충족시킬 수는 없다. 따라서 보험회사들은 계약자들의 다양한 욕구에 맞추어 여러 가지 특약을 부가하여 보험상품을 조립하여 판매하고 있다. 특약은 그 부가방법에 따라 상품개발시 주계약에 포함되어 있는 고정부가 특약과 보험계약시 계약자의 선택에 의해 가입할 수 있는 선택부가 특약으로 구분된다.

2 상품개발방향

(1) 보장성 상품의 개선

생명보험의 주목적은 보장성이고, 그 바탕위에 저축성을 가미하는 것이다. 따라서 상품의 보장성을 강화한 정기부 종신보험이나 장기양로보험 등을 다양하게 개발하여야 한다. 또한 보장성 상품의 확대를 위해서는 개인보험에 대하여 투자수익율을 높이고, 사업비를 조정하여 적정수준의 보험료를 산출하며, 판매전략을 개선하여 장기계약자에 대하여는 서비스를 강화하여 판매유인력을 높여야 한다. 단체보험에 대해서는 고액계약 단체할인, 우량단체 환급 등을 적극 활용하여 판매력을 제고해야 한다.

(2) 3층보장제도 보완

복지국가라면 보험의 3층보장이 잘 이루어진다고 한다. 3층보장이란 공적보장, 기업보장, 사적보장을 들 수 있다. 현대사회는 고도화되고 산업화됨에 따라 각종 위험들이 발생하고 있으며, 세분화되고 있다. 따라서 국민연금, 의료보험 등과 같은 공적보장제도만으로는 사회전체의 위험을 보전하기는 힘들 것이다. 그러므로 공적보장제도는 기본적인 보장을 하고, 일정수준 이상에서 요구되는 보장에 대해서는 사적보장이 보완적인 관계를 유지해 나간다면 보험의 역할은 증대될 것이다. 즉 공적보장으로 위험을 보전하지 못하는 부분들, 자녀의 교육, 신체의 건강, 산재 등 의험에 대한 상품개발을 통하여 상호보완 된다면 생명보험은 발전할 수 있을 것이다.

(3) 시장개방에 대응한 상품개발

1980년대부터 생명보험 산업에 대하여 많은 시장개방이 이루어져 외국보험사 또는 합작사들이 국내에 진출하고 있어 기존생명보험회사의 영업에 지장을 초래하고 있다. 이러한 난관을 극복하기 위해서는 우선 상품개발 정책에 많은 변화가 요구된다.

계약자의 다양한 수요를 파악하고 상품의 활용목적 및 활용방법을 다양화하여 상품의 효용성을 증가시켜야 하며, 계약자배상, 보험금 전환제도, 금융서비스 등을 상품개발시 적극 반영하여 시장개방에 대처하여야 한다.

(4) 금융자율화에 대비한 상품개발

금융기관의 업무영역확대로 종합금융서비스 상품에 대한 수요의 증가가 예상되고 있다. 생명보험산업도 이러한 시대적 흐름에 맞추어 다양한 금융서비스를 제공할 수 있는 상품을 개발하여야 한다. 개발방향은 다음 4가지로 나눌 수 있다.

첫째, 종합금융형 상품분야이다. 저축과 보장을 분리하여 저축부분에 대하여 단기시장금리와 연동한 고수익형 상품개발, 고객의 재산관리, 투자수익 제고목적의 변액형 상품개발, 보험의 보장성기능과 은행의 저축기능을 연결하는 제휴형 상품개발 등을 들 수 있다.

둘째, 금융서비스 및 판매채널 분야이다. 계약자 서비스용 정보시스템개발, 은행 등과의 업무협조에 의한 종합금융 서비스형 상품개발, 판매채널 다각화 상품개발(점두판매, 창구판매, 우편판매 등), 매스 마케팅 상품개발 등이다.

셋째, 신용분야이다. 신용판매 이용자(차량, 전자제품 등)의 사망, 입원에 대한 채무변제용 상품개발을 한다든지, 은행대출 및 신용판매 시장에 침투가능한 신용상품의 개발 등을 들 수 있으며, 아울러 리스산업의 발달에 의한 상품개발에도 관심을 가져야 한다.

넷째, 신탁분야이다. 지급보험금에 대한 보험금 예탁제도를 확대하거나, 만기보험금의 신탁연결형 상품을 개발하여 자금을 흡수할 수 있도록 하여야 한다.

생명보험산업은 이상에서 언급한 상품 이외에 업무의 다각화를 통하여 업무영역을 확대하여야 하며, 자산의 관리측면에서 소비자금융을 확대하여 계약자에 대하여 서비스를 확대하고, 투자자문 및 기업의 연금관리 업무에 관한 서비스 제공으로 종합금융회사로 발돋움을 해야 한다.[71)]

71) 김종국, 전게서, pp.202∼205.

제 15 장

사회보험

제 1 절 사회보험의 역할

1 사회보험의 이념

옛날 형태의 인간사회에 원시공동체(Gemeinschaft)라는 것이 있다. 이것은 때때로 희생사회라고 불리는 경우도 있지만 이러한 사회에 사람들은 혈연이나, 지연이라는 자연적인 조건에 의해 강하게 결속되어 있고 사회의 전 구성원은 자신의 소유물이라는 것을 가지지 않고 전체의 소유에 대한 몫을 가진 것뿐이었다. 각 구성원은 자신이 생활상의 수단을 정비할 필요가 없고 또한 자신의 생활에 대해 걱정할 필요도 없다. 이러한 사회에는 사회 그 자체가 하나의 보장이며 각 구성원은 그 사회에 소속해있는 한, 생활에 대해 전혀 걱정할 필요가 없었다.

하지만 시간이 경과함에 따라 사람들은 자기소유를 인정하게끔 되어 자기의 생활에 대해서도 자기 자신이 책임을 지지 않으면 안 되게 되었다. 결국 일부의 사람들은 부를 축적해 풍요로운 생활을 즐기는 것이 가능하게 되었지만 반면, 빈곤에 빠진 많은 사람들이 출현하게 되었다. 부자는 돈의 힘으로 빈곤자를 마음대로 일하게 만드는 것이 가능하다고 생각하게 되고 한편 빈곤자는 부자들의 이러한 생각에 강한 반발을 표시하게 되었다. 여기에 '가진 자'와 '가지지 못한 자'의 대립이 생겨 그 대립은 빈부의 격차에 의해 더욱 심각하게 되어 간다.

이러한 사회가 되면서 많은 사람들은 소득이 소액인 관계로 그날그날 살아가는 것에 힘에 겹고, 장래의 생활에 대해 배려할 여유 등이 없어지게 된다. 그래서 이러한 사람들은 더욱 보험의 도움을 필요로 하고 있으나 보험료를 낼 능력이 없기 때문에 보험적 보호를 받을 수 없게 된다. 더욱이 그들의 생활을 불안에 빠지게 하는 위험의 대부분은 사회의 구성자체에서 발생하는 것이기 때문에 그들 개인의 힘으로는 어떻게도 할 수 없는 성질의 것이라는 것이다. 그래서 그들은 이러한 사회에 대해 불만을 갖고 국가에 대한 불신감이 강해져가게 된다.

하지만 이러한 상황을 언제까지나 방치해서는 사회적인 안정을 지켜가는 것이 어렵다. 여기에 국가는 소득의 불균형을 시정하고 국민 생활의 최저한도를 보장하고 사회적인 약자를 돕기 위해 여러 제도를 실시하게 된다. 우리나라도 타 선진국과 같이 고령, 유족, 장해, 산업재해, 보건의료, 실업 등을 위해 거액의 비용을 지출해서 국민의 생활을 안정시키기 위해 노력하고 있다.

2 사회보험의 제도

이 보험은 국민의 생활을 지키며 안정시키기 위해 보험의 방식을 이용하여 일정한 급부를 행하는 제도라고 할 수 있다. 이것을 좀 더 상세하게 설명하면 사회보험이란 국민이 질병, 부상, 고도장해, 노령, 사망 등에 의해 노동능력을 감퇴 혹은 상실한 경우 또는 실업에 의해 노동의 기회를 상실한 경우, 국민의 경제적인 생활보장을 달성하기 위해 일정기준의 급부를 행하는 보험이라고 할 수 있다.

보통 일반국민은 위와 같이 불의의 재해를 당하게 되면 충분한 경제적 준비가 되어있지 않기 때문에 본인은 물론 그 가족도 생활이 어려워지게 된다. 이러한 경우 그 생활을 안정시키고 노동력을 확보하는 제도가 필요하게 되는데 사회보험은 확실히 이러한 사태에 대비하기 위한 보험이라 할 수 있다.

사회보험이 사회정책과 보험을 조합시킨 합성체라고 불리는 것은 이 때문이다. 하지만 이 경우의 조합은 양자 대등한 조합이 아닌, 어디까지나 사회정책을 실현하기 위해 보험의 구조와 기술을 차용하는 것뿐이다. 결국 여기서 보험적인 요소는 정책실현을 위한 수단일 뿐이며 그 이상의 것은 아니라는 것이다.

3 사회보험의 구조

사회보험의 구조는 한마디로 말하면 부조의 구조라고 할 수 있다. 우리들이 병, 부상, 출산, 사망 등 불시의 비용지출을 필요로 할 경우 또는 나이를 들거나 심신장해가 되거나 간병이 필요하게 되거나 실업 등으로 소득을 잃게 되는 경우에 우리들의 생활이 곤경에 처하지 않게 하도록 많은 사람들이 연대해서 공통의 준비재산을 만들고 생활을 위협하는 사고가 발생했을 경우에 의료비나 연금 등을 지급한다는 것이 사회보험의 구조이다. 혼자로서는 도저히 감당할 수 없는 경제적인 부담도 이렇게 많은 사람들이 협력하는 것으로 극복해 나갈 수 있다.

이러한 경우 같은 위험에 처해있는 다수의 사람(보험계약자)들을 모아서 하나의 집단이나 단체를 형성해 합리적인 구조와 기술을 적용해서 경제적인 필요를 충족시키기 위한 기관이 필요하게 되는데 이러한 기관을 '보험자'라고 부른다. 사회보험의 경우에는 나라의 공공기관이 보험자로 되어 있다. 사회보험에서는 보험자인 나라가 국가적인 목적을 달성시키기 위해서 법률에 의해 보험에 계약하는 것을 강제한다. 대부분의 계약자가 자진해서 보험에 계약하는 것이 아니라 법률에 의해 계약을 강요당해 자기의 의지와는 달리 계약하게 되는 것이 된다.

또한 사회보험에서 계약자가 부담하는 보험료는 그 사람이 처한 위험과는 관계없이 대부분의 경우 그 사람의 임금 또는 소득을 기준으로 결정된다. 따라서 고소득자나 부자가 저소득자나 빈곤자를 위해 추가로 보험료를 지급하게 된다. 이로 인해 비교적 소득이 많은 노동자가 소득이 적은 노동자보다 더 많은 보험료를 부담하게 되어 노동자 계급간에서 소득의 재분배도 이루어진다. 이와 같이 계약자 중 고소득자가 저소득자를 위해서 추가로 비용을 부담하는 것에 의해 저소득자의 부담을 덜어주는 것을 통상 '잠재적 부양성'이라고 한다.

또 이미 설명한 바와 같이 사회보험은 사회보장의 중심을 이루고 있으며 국민이 건강하고 문화적인 생활수준을 유지해 가는 데에 있어 큰 역할을 완수하고 있기 때문에 국가가 이것에 관여함과 동시에 국고에서 그 비용의 일부를 부담하고 있다. 여기서는 보험자인 국가는 재정상의 이익을 생각하기보다 오히려 사회경제후성의 증진을 위해 거대한 재정지출을 하여 보험을 영위하게 된다. 노동자를 고용하는 사업주도 또한 비용의 일부를 부담하는 의무가 주어지게 된다. 이와 같이 사회보험에서는 소요의 보험료 전액을 자기가 부담할 수 없는 사람도 보험계약을 할 수 있도록 계약자의 부담을 적게 하기 위해 국가와 사업주가 비용의 일부를 부담하는데 이것은 일반적으로 '현재적 부양성'이라 불린다.

지금까지 설명한 바와 같이 국가적 부양성이 가해지는 것에 의해 빈곤자와 소득자도 보험의 혜택을 받을 수 있게 된다. 거기에 그들이 받는 급부는 원칙으로 그들보다 더 많은 보험료를 부담한 고소득자와 부자와 질과 양에 있어서 동일하다. 이것은 흔히 '비례갹출·균일급부'라는 말로 표현된다.

4 사회보험의 특징

여기서는 사회보험과 사보험을 비교하여 사회보험의 주된 특징을 설명한다.

① 보험을 보험발생의 대상을 기준으로써 형태적으로 구별했을 때 사회보험에 속하는 보험은 인보험에 한정되지만 사보험의 경우에는 인보험 외에 물보험과 재산보험도 포함해서 그 범위는 더 넓어진다.

② 보험급부의 면에서는 사회보험이 사회적으로 결정된 일정한 기준에 의거한 법정급부를 행하는 것에 비해, 사보험에서는 계약에 바탕을 둔 개인적·주관적인 부보액에 의해 지급한다.

③ 경영의 주체인 보험자에 대해 보면 사회보험은 전부 국영이나 공영의 보험인 것에 비해 사보험은 거의 대부분이 사영·민영의 보험이다.

④ 보험계약의 면에서는 사회보험이 강제계약의 원칙을 취하는 것에 비해, 사보험은 임의계약이 원칙이다.

⑤ 경영 또는 운영의 원리에 대해 보면 사회보험은 비영리적인 것에 비해 사보험은 영리의 추구를 목적으로 하고 있다.

⑥ 보험료의 결정방법으로서는 사회보험이 원칙으로서 임금 또는 소득을 기준으로 사회계층별로 보험료를 결정하는 것에 비해, 사보험은 예상되는 사고 등에 의거해서 개인별로 결정한다. 말하자면 사보험에서는 '급부·반대급부 균등의 원칙'이 존중된다.
⑦ 보험료의 조달방법인데 사회보험에서는 피보험자의 보험료 전부 혹은 일부를 사업주가 부담하거나 보험급부 부분에 해당하는 순보험료의 일부를 국가가 부담하기도 하지만, 사보험에서는 각 계약자가 위험에 상응한 보험료 전액을 부담한다.
⑧ 보험사업비의 부담은 사회보험은 국가가 그 전부 또는 일부를 부담하는 것에 비해 사보험에서는 부가보험료로서 피보험자 자신이 부담한다.

5 사회보험의 기능

사회보험은 보통, ① 의료보험, ② 연금보험, ③ 고용보험, ④ 산재보험 및 ⑤ 공적간병보험으로 크게 구분되지만 여기에서는 각 보험부문이 가지고 있는 기능에 대해 설명한다.

① 의료보험에서는 질병, 상해, 사망, 분만 등의 단기적인 경제적 손실에 대해 급부된다. 이 경우의 의료급부는 원칙으로써 진단이나 치료에 해당하는 현물급부의 형식을 취하고 있으며 금전의 지급이라는 방법은 취해지지 않는다. 보험자는 의료서비스에 소요된 비용을 후일 의료기관에 지급하는 방법을 취하고 있다. 또한 이 보험에서는 의료급부외에 '상병수당금'이라 하여 요양 때문에 일을 못하는 사람을 위해 수당금이 지급되고 있다.
② 연금보험에서는 노령, 고도장해, 사망 등의 보험사고가 발생했을 경우에 각종의 연금을 급부하지만 그 목적은 계약자 본인 또는 유족의 생활을 보장하는 것이다.
③ 고용보험은 노동자의 실업에 대해 실업급부를 행하는 동시에 구직활동 기간중의 생활보장과 재취직을 위한 원조를 한다. 이 외에도 고용안정사업, 고용개선사업 및 고용복지사업을 행하고 고용에 관한 종합적인 보장기능을 수행하고 있다.
④ 산재보험에서는 업무상 또는 통근도중의 재해로 인한 질병, 상해, 고도장해 및 사망에 대해 의료보험과 연금보험과 같은 급부를 행하고 있다. 이 보험은 생활보장을 직접적인 목적으로 하지 않고 상실된 노동능력을 회복할 때까지의 기간에 대해 보상을 한다.

⑤ 간병보험은 누워서 지내는 노인과 치매 등으로 간병이 필요로 하게 된 경우 간병서비스의 제공과 시설에 입소 등 간병보장을 사회보험방식으로 행하는 제도이다.

제 2 절 사회보험의 역사

1 독일의 사회보험

근대적인 사회보험제도의 역사는 1883년 6월 15일에 독일에서 제정되어 그 다음해 1884년 12월 1일부터 시행된 노동자의 질병보험에 관한 법률로 시작된다고 전해지고 있다.

당시 독일은 유럽에서 가장 늦게 유입된 자본주의를 급속히 발전시키기 위해 국가통제를 펴는 등 여러 가지로 무리를 거듭한 결과 국가주의와 자본주의의 폐해를 가장 많이 가진 나라로 되어 있었다. 이 때문에 시회문제는 서양의 다른 어떤 나라보다 심각하였고 세금의 과중과 임금착취에 반대하는 사회운동이 심해져 노사간에는 격렬한 계급투쟁이 전개되고 사회주의사상은 전국적으로 만연되어 갔다. 1878년 두 번에 걸쳐 카이젤황제를 저격하는 사건이 일어나는 등 독일의 노동운동은 사회를 근저부터 뒤흔들게 되었다. 여기에 철혈제상 비스마르크(Otto Eduard Leopold Bismarck) 는 한편에서는 그 유명한 '사회주의자 진압법'을 제정해서 사회주의자들의 탄압을 강행하면서 다른 한편에서는 노동자를 회유하기 위해 건강보험과 산재보험 등 사회보험의 계획을 입안·실시해서 노동자의 복지를 적극적으로 증진시킴으로서 사회적 재난·재앙을 바로 잡으려고 노력한다. 이것이 이른바 비스마르크의 "채찍과 사탕"의 양면정책이라 불리는 것이다.

물론 그 이전에도 주로 노동자를 대상으로 한 공제조합제도는 있었지만 그 운영주체는 잡다했고 급부도 불충분한 것이었다. 비스마르크는 이러한 제도를 개혁해서 정부의 감독하에 두는 것과 동시에 고용주에게도 그 비용을 분담시킴에 따라 노동정책적인 또한 노무관리적인 것으로 고치려고 했다.

우선 1883년에는 질병보험이, 이어서 1884년에는 재해보험이, 그리고 1889년에는 질병

노령보험이 창설되었다. 그 후에 1911년에는 질병, 산재 및 연금보험법 등을 통합한 '독일보험법'이, 그리고 1912년에는 봉급생활자에 대한 건강보험과 연금보험을 통일적으로 실시하기 위한 '직원보험법'이, 그리고 1927년에는 직업소개·실업보험법이 제정되어 독일의 사회보험은 일단 그 형태를 갖추게 된다. 독일의 이와 같은 움직임이 계기가 되어 서양의 각국과 서양 이외의 여러 나라에서도 19세기말부터 20세기 초에 각종의 사회보험이 차례로 창설되게 되었다.

2 영국의 사회보험

영국은 자본주의의 선진국이며 또한 제도로서의 사회보험을 갖춘 최초의 나라라고 불리고 있다. 영국에서는 15세기말부터 16세기초에 구빈법에 의한 구제사업이 또한 16세기에는 길드의 유파를 이어받은 친목과 상호부조를 목적으로 한 우애조합(Friendly Society)이 노동자를 위한 공제조합으로 발전해서 노동자의 질병, 재해, 실업, 노후의 보장을 목적으로 한 공제사업이 실행되었다. 정부도 노동자의 생활보험제도를 대신하는 것으로서 이러한 조합을 장려했다. 그런데 20세기에 들어서면서 영국도 독일이나 미국 등의 후진국에게 경제적으로 밀려 심각한 대외경쟁을 겪게되기 때문에 영국 노동자들의 생활은 빈궁함이 더 심해져 갔다. 계속되는 불황과 그로 인해 발생되는 노동자에 대한 억압과 착취, 이것에 반대하기 위한 노동운동의 격화, 그리고 결국에는 파업이나 노동조합의 정치운동용인과 노동자를 둘러싼 환경은 크게 변하게 되었다.

1908년에는 70세 이상의 자력조사(Means Test)의 결과, 빈곤이라고 인정된 사람들에 대해 지급되는 '무거출노령연금법'이 제정되어 빈곤자에게는 매주 1실링에서 5실링까지의 연금이 부여되게 되었다.

또한 1911년 12월 16일에는 당시의 제상 로이드 죠지(David Lloyd George)의 노력에 의해 강제건강보험과 실업보험에 관해 규정한 '국민보험법'이 공포되어 다음 해인 1912년 7월 15일부터 실시되었다. 이 법률은 전문 제114조, 그 제1부에서는 건강보험에 대해, 제2부에서는 실업보험에 대해 규정하고 있다. 결국 세계 실업보험의 역사는 영국에서 시작된 것이 된다.

다음으로 영국의 사회보험을 이야기할 때 잊어서는 안 되는 것이 있다. 그것은 유명한

‘비버릿지보고’라고 불리는 것이다. 이 비버릿지보고라는 것은 당시 영국 실업문제의 권위자였던 비버릿지경(Sir Willam Beveridge)을 위원장으로 하는 ‘사회보험 및 이것에 관한 여러 시설에 대한 각성 관계관위원회’가 제2차 세계대전 후 영국국민의 경제생활을 어떻게 하면 안정시킬 수 있을까라는 것에 대해 구체안을 만들기 위해 약 1년에 걸쳐 연구조사하여 1942년 11월 20일에 정부에 제출한 보고서이다.

이 보고서는 영국의 사회보장제도, 즉 영국국민의 한 사람 한사람에 대해 ‘요람에서 무덤까지’의 전생에 걸쳐 그 생활을 종합적으로 보장하는 제도에 관해 기술하고 있다. 이 비버릿지안에 의하면 사회보장제도의 중심이 되는 것은 사회보험이라고 하면서 그 기본원칙은, ① 최저균일의 급부, ② 균일거출성, ③ 관리책임의 통일화, ④ 급부의 충분성, ⑤ 포괄적 보험급부, ⑥ 피보험자의 분류의 여섯 가지를 들고 있다.

이 보고서는 또한 정부에 의해 한층 더 검토와 수정이 가해져 1944년 9월에 정부안으로 백서의 형식으로 공포되었다. 그 후 1945년의 가족수당법, 1946년의 국민보험법 등 여섯 개의 법률이 제정되어 1948년 7월 4일부터 사회보장제도는 전면적으로 실시되었다.

제 3 절 사회보험의 종류

사회보험의 영역은 현대사회의 대표적인 사회적 위험의 영역을 대부분 포괄하고 있다. 사회보험의 종류에는 인간의 대표적 위험이고 누구나 직면하게 되는 사망이라는 위험으로 인하여 초래되는 유족들의 소득 감소에 대비하고, 노령으로 인한 노동능력 상실문제에 대비하며, 인간이 살아가면서 누구에게나 노출되기 쉬운 위험인 질병이나 각종 사고에 의한 부상으로 장애가 발생한 경우를 대비하는 보험인 국민연금이 있고, 질병이나 부상의 치료 또는 재활을 위한 국민건강보험(의료보험)과 회사에 다니는 근로자를 대상으로 업무상 재해가 발생한 경우를 대비하기 위한 산업재해보상보험이 있으며, 근로자가 실직할 경우 본인 및 그 가족에게 생계비를 보장하는 고용보험이 있다. 이와 같이 인간의 대표적인 위험인 노령, 사망, 질병, 사고로 인한 부상, 업무상 재해 및 실직 등에 대비하기 위하여 국가에서 정책적으로 실시되고 있는 국민연금보험, 국민건강보험(의료보험), 산업재해

보상보험 및 고용보험을 4대 사회보험이라고도 한다(<표 V-10>참조).

<표 V-10> 우리나라의 사회보험 종류

구분	관련 법령	가입대상	보험급여	시행기관
국민 연금보험	국민연금법(86.12.31 제정) ※ 당초법률 : 국민복지연금법(73.12.24)	• 사업장 가입자 : 18세 이상 60세 미만의 근로자 및 사용자 • 지역가입자 : 27세 이상 60세 미만의 농어민 및 도시자영자(공무원, 군인, 사립학 교교직원 및 별정우체국 직원 제외)	• 노령연금 • 장이연금 • 유족연금 • 반환일시금 • 사망일시금	• 보건복지부 • 국민연금 관리공단
국민 건강보험 (의료보험)	국민건강보험법(99.2.8 제정) ※ 당초 법률 : 의료보험법(63. 12. 26) 공무원 및 사립학교교직원의료보험법(77.12.31) 국민의료보험법(97.12.31)	국내 거주 모든 국민(사업장 근로자, 공무원 및 사립학교 교직원, 농어민, 자영자 등)	• 진찰, 수술, 치료 및 의약품 비용 지급 • 입원, 간호, 이송 비용 지급	• 보건복지부 • 국민건강 보험공단
산업재해 보상보험	산업재해보상보험법(1963.11.5 제정)	사업장 근로자	• 요양급여 • 휴업급여 • 장해급여 • 유족급여	• 노동부 • 근로복지공단
고용보험	고용보험법(1993.12.27 제정)	사업장 근로자	• 구직급여 • 고용안정사업 • 직업능력 개발사업	• 노동부

제 16 장

제조물책임보험

2002년 7월 1일부터 제조물책임법(Product Liability Law)의 시행에 따라 제조물의 결함으로 인한 손해배상책임의 요건이 완화되어 소비자의 피해구제가 용이하게 되었다. 그러나 소비자보호의 법체제가 정비되어도 거기서 인정된 손해배상책임이 확실히 이행되지 않으면 결국 피해자는 현실적으로 구제받지 못하게 된다. 피해를 입은 소비자가 현실적으로 구제받기 위해서는 손해배상책임이 법적으로 인정될 뿐만 아니라 그것이 확실하게 이행되어야 한다. 따라서 손해배상 이행이 확보되기 위해 어떠한 조치를 취하는 가도 중요한 문제라고 할 수 있다.

손해배상이행을 확보하는 가장 효과적인 조치는 법령 등에 의해 제조물책임보험(Product Liability Insurance)의 계약을 의무화하는 것이다. 그러나 제조업자 및 제품에 따라 위험은 다양하므로 모든 제조업자 및 제품을 대상으로 보험가입을 획일적으로 강제하는 것은 곤란하므로 이미 제조물책임(Product Liability : PL. 이하, 'PL'이라 함)제도를 확립하거나 도입한 나라들을 보아도 모든 제조업자에게 보험계약을 강제하고 있는 나라는 없다.

우리나라에서도 법령 등에 의해 배상이행확보조치를 의무화하지 않고 임의의 생산물배상책임보험 등에 의해 확보해 가는 것이 필요하다 하겠다.

그러나 상공회의소가 전국 제조·유통·무역업체 303사를 대상으로 실시한 PL제도에 대한 기업의 대응방안 설문조사에 의하면 적극적으로 대응하겠다는 기업은 30.3%에 불과했으며 PL 보험 가입률도 19%에 불과했다.

이러한 상황에서 미국이나 일본의 PL사고의 예에서 알 수 있듯이 제조물에 의한 피해의 대형화에 대비하여 기업의 배상이행을 확보하기 위한 PL보험의 효과적인 활용을 고찰해 볼 필요가 있다고 하겠다.

제 1 절 제조물책임법의 내용

1 제조물책임법의 개요

우리나라에서는 1982년에 "제조물책임법안"이 비로소 제언되었지만 실현되지 않고 1999년 11월 8일에 의원입법에 의해 "제조물책임법안"이 국회에 제출되어 동년 12월 16일에 국회를 통과하여 2000년 1월 12일에 "제조물책임법"(법률 제6109호)으로서 공표되었다. 이것은 미국에서 1965년에 간행된 제2차 불법행위법 리스테이트먼트(이하, '제2차 불법행위법'라고 함) 제402A에 비교하면 35년(1998년 제3차 불법행위법 리스테이트먼트(이하, '제3차 불법행위법'이라 함)에 비교하면 2년), 유럽의 EC지침에 비교하면 15년, 일본의 제조물책임법에 비교하면 6년이나 지연된 것이 된다.

우리나라의 제조물책임법은 본문 8개조와 부칙 2개조로 구성되어 있는 비교적 간결한 법률로서 제1조는 제조물의 결함에 의해 피해가 발생한 경우의 제조업자 등의 손해배상책임에 관해 규정하는 것에 의해 결함제품에서 피해자를 보호한다는 본법의 주요한 목적을 들고 있으며, 제2조는 그 대상인 제조물의 범위를 제조·가공한 동산에 한정하여 결함을 정의함과 동시에 제조업자 등의 범위를 규정하고 있다. 제3조는 제조업자 등의 무과실손해배상책임을 규정하고 있으며, 제4조는 개발위험의 항변, 부품·원재료 제조업자의 항변 등, 네 가지의 면책사유를 규정하고 있다. 제5조는 동일한 손해에 대해 배상하는 책임이 있는 자가 2명 이상 있는 경우 연대책임의 원칙을 규정하고 있으며, 제6조는 제조업자의 손해배상책임을 면제·제한하는 특약은 무효로 한다는 면책특약의 제한을 규정하고 있으며, 제7조는 피해자청구권의 행사기간은 손해의 발생 및 배상의무자(가해자)를 안 날로부터 3년의 시효기간과 제조업자 등이 당해 제조물을 공급한 때부터 10년의 제척기간을 두고 있다. 한편 축적손해 및 잠복손해에 대해서는 손해가 발생한 날로부터 기산하는 것에 의해 그 기산점을 늦추고 있다. 끝으로 제8조는 제조물책임과 민법의 관계를 규정한 것으로 제조물책임법에 별도의 규정이 없는 사항에 대해서는 민법의 규정이 적용된다는 것을 분명히 하고 있다.

2 제조물책임법의 주요한 내용

(1) 책임원칙

우리나라 PL법에서는 제조업자는 제조물의 결함에 의해 생명·신체 또는 재산에 손해(당해 제조물에 대해서만 발생한 손해를 제외한다)를 입은 자에 대해 그 손해를 배상해야 한다고 되어[72], EC지침, 일본 PL법 및 미국 제3차 불법행위법[73]과 동일한 무과실책임원칙을 규정하고 있다.

(2) 제조물의 범위

"제조물"이란 다른 동산 및 부동산의 일부를 구성하는 경우를 포함한 제조 또는 가공된 동산을 말한다.[74] 이것은 EC지침 및 일본 PL법[75]이 규정하는 것과 거의 동일한 규정이다. 그런데 우리나라 및 일본에서는 전기, 열, 광선 등의 무형의 에너지가 포함

---

72) 제조물책임법 제3조.

73) EC지침 제1조, 일본 제조물책임법 제3조(제조물책임) 및 미국 제3차 불볍행위법 제1조. 결함상품에 의해 야기된 피해에 관한 판매업자 또는 공급업자의 책임.

74) 제조물책임법 제2조 제2항.

75) EC지침 제2조 및 일본 제조물책임법 제2조. 일본의 경우 '제조'란 제품의 설계, 가공, 검사, 표시를 포함한 일련의 행위로서 위치되어 일반적으로 원재료에 가공하여 새로운 물품을 만드는 것을 말한다. 생산보다는 좁은 개념이며 소위 제2차 산업에 관련되는 생산행위를 가리키고, 제1차산품의 산출, 서비스의 제공에는 사용되지 않는 것으로 되어 있다. 또한 '가공'이란 동산을 재료로 하여 이것에 공작을 부가하여 그 본질은 유지시키면서 새로운 속성을 부가하여 가치를 추가하는 것을 말한다. 일련의 제조과정을 거친 완성품은 제조된 동산에 해당되지만 제조과정의 중도단계에 있다고 생각되는 반제품, 부품, 부속품 또는 원재료 등 다른 제품을 구성하는 물건도 제조물책임법의 대상이 된다. 한편 가공 혹은 미가공의 판단은 구체적으로는 개개의 사안에 있어 당해 제조물에 추가된 행위 등 여러 사정을 고려하여 사회통념에 비추어 판단되는 것이지만, 예컨대 가열(볶거나, 데우거나 굽는 경우), 맛의 추가(조미, 소금절이, 훈제) 등은 가공에 해당되는 것에 비해 단순한 절단, 냉동, 냉장, 건조 등은 기본적으로 가공에 해당되지 않는 것으로 보고 있다. 따라서 구체적으로는 생우유, 계란, 냉동·냉장한 육류 및 생선은 미가공으로 생각되는 것에 비해 우유, 밀가루, 설탕, 과자, 주스, 햄소시지는 가공된 것으로 본다.

되지 않지만, EC지침에서는 전기 등 무형의 에너지는 제조물에 포함되어 있다.[76]

한편 미국 제3차 불법행위법에서는 제조물이란 사용 또는 소비를 위해 상업적으로 공급되는 유체동산(tangible property)를 말하고 부동산 및 전기는 그 공급 및 사용의 관계가 유체동산의 공급 및 사용과 비슷하여 제3차 불법행위법에 설명하고 있는 규칙을 적용하는 것이 적절한 경우에는 제조물인 것에 비해 서비스와 인간의 혈액(human blood) 및 인체의 조직(human tissue)은 가령 상업적으로 제공되는 경우에도 제조물의 대상범위에서 제외된다.[77]

우리나라와 주요국의 제조물의 범위에 대해 그 규정내용을 비교하면 <표 Ⅴ-11>과 같다.

<표 Ⅴ-11> 주요국의 제조물 범위의 비교

<table>
<tr><th colspan="3">제조물</th><th>한국</th><th>일본</th><th>EC지침</th><th>미국(제3차불법행위법)</th></tr>
<tr><td rowspan="3">유체물</td><td colspan="2">부동산</td><td>×</td><td>×</td><td>×</td><td>○</td></tr>
<tr><td rowspan="2">동산</td><td>일반동산</td><td>○</td><td>○</td><td>○</td><td>○2)</td></tr>
<tr><td>미가공농산물</td><td>×</td><td>×</td><td>△</td><td>×</td></tr>
<tr><td>에너지</td><td colspan="2">전기</td><td>×</td><td>×</td><td>○1)</td><td>○</td></tr>
<tr><td colspan="3">서비스</td><td>×</td><td>×</td><td>×</td><td>×</td></tr>
</table>

주 : 1) 선택조항 2) 인간의 혈액과 인체의 조직은 제외.

(3) 책임주체

책임주체로 되는 제조업자란 제조업자, 가공업자, 수입업자, 표시제조업자 또는 오인표시의 제조업자 등을 말한다.[78] 이들 제1차적인 책임주체가 특정되지 않는 경우는 제조물을 영리를 목적으로 판매·대여 등의 방법에 의해 공급한 자가 2차적인 책임주체로 된다. 단 공급업자가 상당한 기간내에 그 제조업자, 또는 공급한 자를 피해자 또는 그

76) EC지침 제2조. 종래의 EC지침에서는 제1차 농산물 및 수렵물을 제조물 중에 포함시켰지만 1999년 5월에 동 지침이 개정되어 제1차농산물 및 수렵물을 대상 외로 하고 있기 때문에 향후 EU가맹국 중에서 룩셈부르크, 프랑스, 스페인 등에서는 법의 개정이 필요하다.

77) 미국 제3차 불법행위법 제19조. 제조물의 정의.

78) 제조물책임법 제2조 제3항.

법정대리인에게 고지하지 않았을 때는 이들 제조업자 또는 공급업자는 면책이 된다.[79] 이것은 EC지침 및 일본 PL법[80]이 규정하는 것과 거의 동일한 내용의 규정인데 제조업자를 특정할 수 없는 경우에 우리나라 PL법 및 EC지침에서는 보완적으로 공급업자(판매업자)가 책임주체가 되지만,[81] 일본에서는 판매업자는 책임주체가 되지 않는다는 점에서 그 차이가 있다.[82] 한편 미국 제3차 불법행위법에서는 책임주체로 되는 자는 상업적인 비완제품의 공급업자(임대인, 기탁자 등)도 포함되어 있는 점에서 주요국의 PL법보다도 그 범위가 넓다고 할 수 있다.[83]

또한 동일한 손해에 대해 배상책임을 지는 자가 2명 이상일 때는 연대하여 그 손해에 대해 배상책임을 지게 되며[84], EC지침[85]이 규정하는 것과 동일한 내용이다.

책임주체에 대해 우리나라와 주요국의 그 규정내용을 비교하면 <표 V-12>와 같다.

<표 V-12> 책임주체의 비교

책임의 주체	한국	일본	EC지침	미국(제3차 불법행위법)
제조업자	○	○	○	○
표시제조업자	○	○	○	○[1)]
오인표시제조업자	○	○	×	○[2)]
수입업자	○	○	○	○
공급업자(판매업자)	○	×	○	○[3)]
임대인·기탁자	×	×	×	○

주 : 1)·2) 미국 제3차 불법행위법 제14조.
3) 상업적인 제품의 판매업자로는 제조업자, 도매업자, 소매업자 등이 포함된다.

79) 제조물책임법 제3조 제2항.

80) EC지침 및 일본 제조물책임법 제2조 제3항. 후자의 경우, 그 책임주체의 유형에 관해서는 현실의 제조업자(제1호), 표시상의 제조업자(오인표시의 제조업자를 포함)(제2호), 실질적인 제조업자(제3호)로 나누어져 있다.

81) 이것은 최종적인 배상의무자로 되어야 할 제조업자 등이 피해자에 있어 명확하지 않는 경우에 이것을 분명히 하는 수단으로서 강구된 정책적인 규정이라 해석된다.

82) 판매업자가 제조업자 등과 마찬가지로 제조물책임을 져야 할 근거가 부족한 점, 판매업자의 책임은 계약책임의 법리에 의해 해결할 수 있다는 등의 사정에 근거하고 있다.

83) 미국 제3차 불법행위법 제20조. 판매 또는 기타 배급하는 자의 정의.

84) 제조물책임법 제5조.

85) EC지침 제5조.

(4) 결함

"결함"이란 당해 제조물에 다음에 해당하는 제조·설계 또는 지시상의 결함, 기타 통상 기대할 수 있는 안전성을 결여하고 있는 것을 말한다.[86] 여기서 결함을 유형화하여 그 요건을 규정하고 있는 점에서는 미국 제3차 불법행위법[87]과 유사하지만 후자의 부분은 EC지침 및 일본 PL법이 규정하는 것과 거의 동일한 내용이다. 단 EC지침 및 일본 PL법에서는 우리나라 법과 달리 결함을 판단할 때의 고려사항이 구체적으로 규정되어 있다.[88] 그리고 EC지침에서는 나중에 보다 우량의 제조물이 유통과정에 두어진 것만을 이유로써 결함이라 하지 않는다는 것을 추가하여 규정하고 있다.[89]

(5) 면책사유

제조업자의 면책사유로서 다음 네 가지를 규정하고 있다. 즉 ① 제조업자가 당해 제조물을 공급하지 않았다거나, ② 제조업자가 당해 제조물을 공급한 때 과학 또는 기술수준에 있어서는 그 결함의 존재를 발견할 수 없었거나(개발위험의 항변), ③ 제조물의 결함이 제조업자가 당해 제조물을 공급한 때의 법령이 규정하는 기준을 준수하는 것에 의해 발생했거나(법령기준준수의 항변), ④ 원재료, 부품의 경우에는 당해 원재료 또는 부품이 부착된 제조물의 제조업자의 설계 또는 제작에 관한 지시에 의해 그 결함이 발생한 때(부품제조업자의 항변)이다.[90] 이것에 비해 일본 PL법에서는 두 가지의 면책사유, 즉 개발위험의 항변과 부품제조업자만[91]을 규정하고 있으며 EC지침에서는 여섯 가지의 면책사유가 규정되어 있다.[92]

---

86) 제조물책임법 제2조 제2항. 결함을 제조상의 결함, 설계상의 결함, 표시상의 결함의 세 가지의 유형으로 분류하여 규정하고 있다.

87) 미국 제3차 불법행위법 제2조. 제품의 결합의 유형.

88) EC지침 제6조 제1항 및 일본 제조물책임법 제2조 제2항.

89) EC지침 제6조 제2항.

90) 제조물책임법 제4조 제1항.

91) 일본 제조물책임법 제4조 제1항.

92) EC지침 제7조. ① 제조업자가 그 제품을 유통상태에 두지 않았거나, ② 여러 사정을 고려하면 그 손해를 발생시킨 결함은 제조업자가 그 제품을 유통상태에 두었을 때는 존재하지 않거나 그 후에 발생한 개연성이 있거나, ③ 제조업자가 그 제품을 경제적 목적을 가지고 판매 기타의 방법에 의해 배포하기 위해 제조하지 않았거나 업으로서 제조 또는 배포하지 않은 경우이거나, ④ 그 결함이 그 제품을 공적기관이 규정하는 강제적 기준에 따

우선 개발위험의 항변에 관해서는 한국, EU국가 및 일본 모두 대개 동일한 취지인데 EC지침만이 선택(option)에 의해 이것을 면책으로 하지 않는다는 것을 규정하고 있다.[93] 미국에서 이 문제는 기술수준(현실적 또는 실제적인 달성가능성, 특정 업계에서의 과학적 및 기술적 수준으로 해석되고 있다)의 문제로서 취급되고 있지만 1980년 후반이후 엄격책임하에서 기술수준에 관한 증거 및 항변을 인정하여 예측불가능한 위험에 관해서는 제조업자 등에 책임을 부과하지 않는 판례 및 주법이 많아지고 있다.

다음으로 부품제조업자의 항변에 관해서도 한국, EU국가 및 일본 모두 대개 동일한 내용인데 일본 PL법만은 과실이 없는 것을 요건으로 하고 있다.[94]

한국과 주요국의 면책사유에 관한 규정내용은 <표 V-13>과 같다.

<표 V-13> 면책사유의 비교

면책사유	한국	일본	EC지침	미국(제3차 불법행위법)
불유통항변	○	○[1)]	○	×
유통시,무결함의 항변	×	×	○	×
비영리목적의 항변	×	×	○	×
법률상의 강제기준준수의 항변	○	×	○	×
개발위험의 항변	○	○	○[2)]	×
부품제조업자의 항변	○	○	○	×

주 : 1) 제3조(제조물책임)에서 인도한 때의 결함에 의해 발생한 손해에 대해 배상책임을 진다고 하는 것에서 동일한 취지라고 할 수 있다.
2) 선택조항이다.

라 제조된 것에 기인하거나, ⑤ 제조업자가 그 제품을 유통상태에 둔 시점에서 과학·기술 수준에 따라서는 그 결함의 존재를 인식할 수 없었거나, ⑥ 구성부품의 제조업자에 대해서는 결함이 그 구성부품에 포함된 제품의 구조, 그 제품의 제조업자가 행한 지시에 기인할 것 등이다.

93) EC지침 제15조 제1항 제(b)호 참조.

94) 일본 제조물책임법 제4조 제2항.

(6) 면책특약의 제한

우리나라 PL법에 의한 손해배상책임을 면제·제한하는 특약은 무효로 되며,[95] 이 점은 EC지침 및 미국 제3차 불법행위법과 거의 동일한 내용이 되고 있다.[96] 단 우리나라 법에서는 자신의 영업에 이용하기 위해 또는 제조물을 공급받은 자의 영업용재산에 관해 발생한 손해에 대해 그 종류의 특약을 체결한 경우에는 그러하지 않다고 되어 있다.[97]

또한 일본 PL법은 이 점을 명기하지는 않고 있지만 민법의 규정에 따르기로 하고 있으므로 우리나라의 PL법과 동일한 취지이다.[98]

(7) 기간제한

피해자의 손해배상청구권의 소멸시효는 피해자 또는 그 법정대리인이 손해 및 우리나라 PL법 제3조에 의해 손해배상책임을 지는 자를 안 날로부터 3년 동안 이것을 행하지 않을 때는 시효에 의해 소멸한다고 규정하고 있다. 또한 제조업자가 손해를 초래하게 한 제조물을 공급한 날로부터 10년이 경과하면 손해배상청구권은 소멸한다고 되어,[99] EC지침 및 일본 PL법이 규정하는 것과 동일한 내용이다.[100] 단 한국법 및 일본법에서는 축적손해와 잠복손해에 대한 PL의 제척기간의 기산점을 당해 제조물을 공급한(인도한) 때부터가 아니라 그 손해가 발생한 때부터라고 되어 있다.

한국과 주요국의 기간제한에 대한 비교는 <표 V-14>와 같다.

---

95) 제조물책임법 제6조.

96) EC지침 제12조 및 미국 제3차 불법행위법 제18조. 인체손해에 관한 제조물책임소송에 대한 항변으로서의 책임의 면제, 제한. 권리포기 및 기타 계약상의 면책조항.

97) 제조물책임법 제6조. 단서조항.

98) 大羽宏一·村田學, "PLと改正民事訴訟法", 日本經濟新聞社, 1997, pp.94~95.

99) 제조물책임법 제7조.

100) EC지침 제10조 제1항·제11조 및 일본 제조물책임법 제5조.

<표 V-14> 기간제한의 비교

기간제한	한국	일본	EC지침	미국 (제3차 불법행위법)
제소기간	피해자가 손해 및 배상의무자를 안 날로부터 3년의 시효	좌동	원고가 손해, 결함 및 제조업자를 알거나 알 수 있었던 날로부터 3년	×
구상권	×	×	×	×
책임기간 (제척기간)	공급한 날로부터 10년1)	인도한 때부터 10년2)	유통상태에 둔 때부터 10년	×

주 : 1)·2) 축적손해와 잠복손해의 경우 그 책임기간의 기산시점을 손해가 발생한 때부터로 하고 있다.

(8) 민법의 적용

제조물의 결함에 의한 손해배상책임에 관해 이 법률에 따르는 외에 민법의 규정에 따르는 것으로 되어[101] 이 점은 일본 PL법과 동일한 규정이 되고 있지만,[102] EC지침 및 미국 제3차 불법행위법은 이 점에 관한 아무런 규정이 없다.

한편 민법과 PL법의 손해배상책임의 요건을 비교하면 <표 V-15>와 같다.

<표 V-15> 민법과 PL법의 손해배상책임의 요건 비교

구 분	민 법	PL 법
손해배상 책임요건	제조 등의 고의, 과실	제조물 결함
	손해의 발생	손해의 발생
	고의, 과실의 손해와의 인과관계	결함과 손해와의 인과관계

101) 제조물책임법 제8조.
102) 일본 제조물책임법 제6조.

3 제조물책임법에 포함되지 않는 내용

(1) 추정규정

추정규정이란 일정 조건 하에서 결함의 존재를 추정하여 결함과 손해의 인과관계를 추정하는 것에 의해 피해자의 입증부담을 경감하는 것으로 소비자측은 이것의 도입을 강하게 요구한 것에 대해 산업계는 이것에 반대해 왔다. 이것은 과거에 발표된 우리나라 제조물책임법안의 일부에서는 도입되었지만 일본과 동일하게 최종의 PL법에는 포함되지 않고 있다. 그 이유로서는, ① 결함과 손해와의 인과관계를 추정하는 입법례가 없다는 점, ② 결함과 손해간의 인과관계를 추정하는 것이 되면 소비자에게는 유리하지만 기업의 반대가 심해 PL법을 제정하는데 있어 가장 걸림돌이 된다는 점, ③ 추정규정을 두지 않고도 재판실무에서 입증책임의 전환이라든지 소비자의 입증책임의 경감 등을 통해 추정규정을 둔 것과 유사한 효과를 거둘 수 있으며 현재의 재판도 이와 같은 방향으로 나아가고 있다는 것 등을 들 수 있다.

한편 미국 제3차 불법행위법 제3조에서는 원고가 제품의 특정한 결함을 증명하지 않아도 법원이 일정한 조건하에서 상황증거에 의해 결함을 추정할 수 있다는 취지의 규정이 있다.

(2) 징벌적 배상규정

"징벌적 배상"(punitive damages)이란 제조업자에게 고의 또는 중대한 과실이 인정되는 경우에 손해배상액 이외의 제재로서 징벌적 손해배상금 등을 부과하는 제도로 이런 종류의 규정을 도입한 법안(1989년)이 과거 한 번 있었지만, 우리나라 PL법은 일본과 마찬가지로 미국이 도입한 징벌적 배상제도를 채용하지 않았다. 미국에서는 징벌적 배상이 인정되고 있지만 배심제도와 어울려 때로는 배상액이 거대화되기 때문에 비판의 소리도 적지 않다. 일본의 경우 징벌적 배상제도는 피해자에게 발생한 손해를 보상한다는 손해배상제도 본래의 목적을 넘어 새로운 법적제재제도를 두는 것이므로 이와 같은 제도를 도입하는 것은 적당하지 않다고 생각하여 이것을 채용하지 않고 있다.

(3) 책임한도액의 설정

"책임한도액"이란 배상액에 책임한도액을 설정하는 제도로, 예컨대 EC지침 제16조에서는 동일한 결함을 가진 동종의 제품에 기인하는 사망 또는 신체장해에 의한 손해에 대해 그 제조업자의 책임총액을 7,000만ECU를 하회하지 않는 금액으로 제한할 수 있다고 규정하고 있다.

우리나라 PL법은 일본과 동일하게 외국의 일부국가[103]에서 채용하고 있는 이 제도를 채용하지 않는 이유로서, ① 배상최고한도의 설정은 피해자가 청구할 수 있는 범위를 사전에 규정하는 것으로 다수의 집단에 피해가 발생한 때 배상을 받을 자와 받지 못하는 자가 발생하는 것이 되어 형평성에 문제가 있다는 점, ② 모든 피해자가 배상을 받으려고 하려면 비율적 배상의 문제가 발생한다는 점, ③ 배상한도내에서 배상을 받을 수 있을지 여부를 피해자가 알 수 있는 방법도 명확하지 않고 PL법을 근거로 손해배상을 청구해야 할지, 배상금액에 제한이 없는 다른 방법에 의해 손해배상을 청구해야 할지 선택의 곤란함이 있다는 것을 들 수 있다.

(4) 증거개시규정

과거 우리나라에서 발표된 PL법에서는 이것에 관해 아무런 언급도 없지만 일본에서는 일본변호사연합회가 1991년 3월에 공표한 일본 제조물책임법요강 제6조[104]에 이것과 관련된 내용이 있을 뿐이다.[105]

우리나라의 PL법은 일본과 마찬가지로 이 제도를 채용하지 않았다. 미국에는 증거개시제도(discovery)라 불리는 제도가 있다.

---

103) EU가맹국 중 책임한도액을 도입하고 있는 국가는 독일, 포르투갈, 스페인, 그리스 및 아이슬란드 등 5개국이다.

104) 이 법률에 근거한 소송에 있어 제조물의 안전성에 관한 정보를 소지하는 자에게는 정당한 이유가 있는 경우를 제외하고 피해자의 청구에 의해 이들을 개시해야 한다.

2. 제조업자 또는 제조업자를 위해 전 항에 규정하는 정보를 소지하는 자가 정당한 이유없이 그 정보를 개시하지 않는 경우에는 법원은 당해 제조물에 결함이 있다는 것으로 인정할 수 있다.

105) 그 후 일본에서는 1998년 1월에 민사소송법의 개정이 있어 그 중에 당사자조회가 신설되어 문서제출명령이 개정되는 등이 행해지고 있다. 그 결과 미국의 증거개시제도에 근접했다고 할 수 있다.

(5) 배상이행확보조치

과거 우리나라에서 공표된 일부의 제조물책임법안[106]에서는 손해를 배상하기 위한 조치를 강구하지 않으면 제조물의 유통을 금지하고(손해배상조치의 강제), 손해배상조치는 PL보험계약·PL보증계약으로 할 것(손해배상조치의 종류) 및 정부가 보장사업을 행할 것(제조물배상보장)이 제안되었다. 이같이 하여 결함제품에 의해 손해를 입은 소비자가 배상을 받을 것을 확실하게 하려고 했다.

우리나라 PL법은 일본과 마찬가지로 외국의 일부에서 채용되고 있는 이 제도를 채용하지 않았다.

(6) 과실상계규정

"과실상계"란 가해자측에게 전면적으로 손해배상책임을 지게 하는 것이 공평하지 않는 사정이 피해자측에 있는 경우에 손해배상액을 감액하는 제도이며 배상되어야 할 손해액을 규정하는데 있어 피해자의 과실을 고려한다는 것이다.

과거 우리나라에서 공표된 일부의 제조물책임법안[107]에서는 피해자에게 중대한 과실이 있다거나 피해자가 결함이 있는 것을 알고 제조물을 사용한 때 법원은 제조업자 등의 손해배상책임을 경감 또는 면제할 수 있다는 것이 제안되었다.

우리나라 PL법은 일본과 마찬가지로 외국의 일부[108]에서 채용하고 있는 이런 종류의 제도를 채용하지 않았다. 과실상계는 민법의 과실상계규정에 의해 처리가능하므로 이 법률에서 취급해야 할 사항이 아니라는 의견도 있었다.

---

106) 1982년 제조물책임법안(제12~14조) 및 1989년 제조물책임법시안(제12조·제13조)에서 규정하고 있지만 후자의 경우 정부의 보장사업에 관한 규정은 없다.

107) 1982년 제조물책임법안 제7조, 1989년 제조물책임법시안 제6조, 1994년 제조물책임법안 제9조, 1995년 제조물책임법안 제9조 및 1999년 제조물책임법안 제8조 등.

108) 미국 제3차 불법행위법 제17조.

제 2 절 제조물책임보험의 운영현황

PL법이 공표되어 2002년 7월 1일부터 시행, 동일자 이후 인도된 제조물에 대하여 적용되게 되었다.

동법에 의거하는 피해자구제를 실효성 있는 것으로 하기 위해 이행확보제도의 정비·충실이 불가결하다. PL책임분야에 있어서 이행확보수단으로서 가장 효율적인 기능을 하고 있는 것은 PL보험이고, 이행확보제도의 중핵이 되는 것은 PL브험이라고 생각되어 진다.

PL보험에서 지급하는 보험금은 피보험자가 부담하는 손해태상, 소송비용·변호사 비용, 응급처치에 대한 비용, 피보험자가 우리나라 회사의 조사·소송에 협력·대응하기 위해 지출한 비용이 있다. 한편 지급할 수 없는 경우로는 계약에 의해 가중된 책임, 제품자체의 손해, 제품회수비용 등을 들 수 있다.

또한 지급대상이 되는 제품에 대해서는 계약 당시 미리 대상제품을 결정한다. 또 그 제품이 몇 가지 부품으로 이루어지는 경우에도 부품제조업자를 피보험자에 포함시킴으로서 부품의 결함에 따른 사고도 대상이 된다.

피보험자의 범위로는 계약당시 미리 피보험자의 범위를 결정하며, 부품제조업자, 수출업자, 수입업자도 공동피보험자로서 피보험자에 포함할 수 있다. 또한 보험기간은 1년으로 하고 기간 중 손해배상청구를 받았을 때를 그 보험의 대상으로 한다.

보험한도액(지급할 보험금의 한도액)은 통상적으로 대인 및 대물의 한도액(Combined Single Limit)이란 형식으로 한 사고당 및 보험기간 중의 한도액을 설정한다.

한편 면책금액은 사고 발생시 1사고에 대해 피보험자가 부담할 금액을 말한다. 그러나 이 면책금액은 원칙적으로 피보험자에게 지급할 배상금액에 대하여만 적용하고 소송비용에는 적용하지 않는다.

우리나라의 보험회사가 사용하고 있는 PL보험약관에는 국문약관과 영문약관의 두 가지가 있다. 국문약관은 종전에는 영업배상책임약관(보통약관)에 생산물책임특별약관을 붙여 사용하였는데, 2002년 6월 상품정비이후 PL보험을 영업배상 특약형태에서 보통약관형태로 변경한 것이 큰 차이점이다. 영문약관은 1986년 ISO 표준약관인 Products / Completed

Operations Liability Policy에 특별약관을 첨부하여 사용하고 있다.

참고로 국문약관과 영문약관을 비교·분석하여 정리해 보면 <표 Ⅴ-16>과 같다.

<표 Ⅴ-16> 보험약관의 비교

구분	국문약관	영문약관
보통약관	• 생산물배상책임보험 (손해사고기준, 배상청구기준)	• Products/ Completed Operations Liability Policy (Ⅰ, Ⅱ)
특별약관	• 도급업자특별약관 • 효능불발휘부담보특별약관 • 판매인특별약관 • 인증기관마크계약특별약관 • 보험료정산특별약관 등	• Additional Insured(Concessionaires) Clause • Additional Insured(Vendors) Clause • Premium Adjustment Clause • Punitive Damage Exclusion Clause • Deductive Liability Insurance Clause
보험요율	표준요율, 매출액 1,000억이상시 재보험자 협의요율	재보험자 협의요율
가입대상	국내판매 생산물	해외수출 생산물
방어의무	보험회사에 의무 없음	보험자는 피보험자에 대신하여 의무를 짐

주 : 1) Ⅰ은 손해사고기준증권, Ⅱ는 손해배상청구기준증권

2) 2002년 5월에 상품정비로 국문약관은 PL보험을 영업배상 특약형태에서 보통약관형태로 변경

자료 : 보험개발원, 「PL법 시행에 따른 PL보험 시장전망과 선진사례 시사점」,2002, p.21을 참조하여 재작성.

1 시장규모

국내 PL보험의 시장규모는 2000년 12월 기준으로 237억원으로 이는 전체 손해보험규모 16조원의 0.14%로, 전체보험시장에서 차지하는 비율이 미미한 실정이다. 나아가 국내 PL보험의 보험료는 국내소비제품과 해외수출품 모두 꾸준히 증가하고 있으며 특히 2000년 1월 PL법 제정이후 PL보험계약이 증가하였음을 알 수 있고 2000년 12월 기준 전체보험료 237억원 중 전자가 차지하는 비율(40%)보다 후자가 차지하는 비율(60%)이 높음을 알 수 있다. <표 Ⅴ-17>에서 보듯이 1998～2000년 국내 PL보험의 손해율은 2000년에 42.3%로 최저였고, 1998년에는 77.3%로 최고였다. 또한 위의 기간 중 국내소비제품의 손해율과

해외수출품의 손해율은 1998년을 제외하고는 양자간에 큰 차이가 없음을 알 수 있다.

<표 V-17> 국내 PL보험 실적

(단위 : 백만원)

연도 (U/Y)	국내소비제품		해외수출		합산	
	보험료	손해율	보험료	손해율	합산보험료	합산손해율
1998	6,600	139.8%	8,727	30.1%	15,327	77.3%
1999	7,866	50.3%	10,828	56.0%	18,694	53.6%
2000	9,457	41.0%	14,294	43.2%	23,751	42.3%

한편 PL보험의 보급률에 대하여는, 재정부에 따르면 2002년 6월 PL보험상품인가 이후 4개월 만인 9월말 현재 PL보험계약건수는 5,063건, 보험료는 93억원에 달하는 것으로 집계됐다. 이는 2002년 7월말 계약건수는 1,658건, 보험료는 48억원인 것에 비하면 PL법의 시행 후 PL에 부보하는 기업수가 점점 증가하는 경향을 보이고 있다.

2 중소기업 PL보험제도

PL제도 시행 이후 중소기업들이 철저히 제품관리를 하면서 경쟁력이 높아지고 있다. PL제도 시행 1년을 넘기면서 중소기업들의 PL 대응수준이 상당히 향상된 것으로 나타났다.

중소기업청 관계자는 PL제도가 시행될 때만 해도 중소기업들은 소송에 연좌될 경우 회사 문을 닫는 게 아니냐며 걱정하였다. 하지만 결함상품에 따른 소비자 피해사고가 발생, 직접 배상하거나 보험처리하는 경우는 증가하고 있다.

보상건수는 2001년 46건, 2002년 93건에서 2003년 2월까지는 40건에 달했다. 2003년 5월 중소기업청이 중소기업의 PL대응실태를 조사한 결과 중소기업의 PL인지도가 97.3%에 이르는 것으로 나타났다.

중소기업청은 중소기업 933개사를 대상으로 PL법 대응실태를 조사한 결과, PL에 부보한 업체가 전체의 26.2%로 2002년 8월 조사 당시의 15.8%보다 증가했다고 밝혔다.

또 PL에 부보하지 않은 업체 중 48.4%는 PL보험을 계약할 예정이라고 응답했다. 현재 PL대책을 추진하고 있다고 응답한 업체는 전체의 70.2%인 것으로 집계되었으며 PL담당자를 지정하고 있는 업체는 61.6%, PL담당부서를 운영하고 있는 기업은 45.5%로 2002년(59.8%, 43.2%)보다 모두 늘어난 것으로 조사됐다.

PL보험은 기협중앙회, 대한상공회의소, 중견기업연합회, 한국무역협회[109] 등 4개 기관에서 중소기업을 대상으로 보험계약을 받고 있다.

계약실적을 연도별로 보면 1999년 32건 9,500만원, 2000년 95건 5억 800만원, 2001년 195건 11억1,400만원, 2002년 1,947건 50억 700만원으로 조사됐다.

2003년 6월말 기준으로 756건 23억 700만원을 계약, 금액기준으로 전년 동기 대비 106%로 크게 증가, 기업들의 안전의식이 높아진 것으로 나타났다.

기협중앙회는 삼성화재 등과 협약을 맺고 중소기업 PL단체보험(<표 Ⅴ-18>참조)가입을 진행 중인데 할인 등의 혜택으로 계약하는 기업이 늘고 있다고 설명했다.[110] 이는 2002년 6월부터 운영에 들어간 중소기업 PL분쟁조정위원회에서도 아직 분쟁을 조정해준 기업이 없다며 이는 중소기업들이 안전을 위한 기술개발 등 PL준비를 철저히 하고 있기 때문이라고 보고 있다.

하지만 중소기업들은 아직 PL제도에 대한 안전장치가 미흡한 상태로 정부당국의 지속적인 지원이 필요하다고 주장했다.

<표 Ⅴ-18> 중소기업을 위한 단체보험의 한·일 비교

	한 국	일 본	
종류	중소기업 PL보험	중소기업 PL보험	중견기업용 PL보험
주관	무역협회, 중소기업협동조합중앙회	3개의 상공단체	일본상공회의소
피보험자	중소기업	중소기업	중견기업·대기업
할인율	20～30%	약 47%	5～20%
보상한도액	<국내용>	1억엔, 2억엔, 3억	2억엔, 3억엔, 5억엔

109) 한국무역협회도 2002년 7월부터 제조물책임법이 시행되면서 무역업계의 보험 부담료가 늘 것으로 보고 이를 덜기 위한 PL단체보험을 실시키로 하였다.

110) 2002년 6월 21일 현재까지 PL단체보험에 든 중소기업은 288개사에 436건에 불과하다고 밝혔다(2002년 6월 21일자 한국경제신문 참조). 2001년 2월말 현재 9개 손해보험사는 공동으로 141건(약 6억원)의 PL보험을 인수, 62건(8,000만원)의 손해를 보상하였다(http://www.eiak .org.default.html).

	1억원, 2억원, 3억원, 5억원 <해외수출용> U$50만,U$100만, U$200만, U$300만	엔의 3종류	의 3종류
비고	계약유형과 다른 계약조건 가능	보험한도액이 3가지 형태뿐임	

또한 중소기업측은 PL제도의 중요성을 인식하고 철저히 대응하고 있으나 중소기업으로서는 보험료가 부담이라며 정부가 중소기업에 대해 일정액의 보험료의 보조를 요구하고 있다.

이와 관련 중소기업청은 PL관련 책자 발간, 교육지원, 기술지원 등 중소기업에 대한 PL지원을 확대해 나가기로 했다.

또한 PL법 시행과 관련하여 업계가 필요로 하는 사항은 PL관련 정보제공(51.6%), 업종별 매뉴얼 보급(38.0%), PL교육지원(35.2%) 등의 순서로 나타났다.[111]

한편 PL보험제도 이외의 제도로 운영되고 있는 중소기업 PL공제제도는 중소기업의 수출촉진 및 경영안정지원을 위하여 중소기업청에서 특별히 마련한 중소기업지원제도로 중소기업협동조합중앙회가 중소기업자를 대상으로 공제가입자를 모집하고 PL공제계약을 인수한 후 9개 손해보험사와 일괄단체계약을 체결하는 방식으로 PL(제조물책임)공제사업을 운영하고 있다. 이는 중소기업의 부담경감을 위하여 기존의 PL보험료(생산물배상책임보험의 보험료)에 비해 20%~30% 정도 할인된 저렴한 비용으로 부보할 수 있는데 그 실적은 아직은 저조한 편이다.

이는 결함제품에 따른 우연한 사고가 발생한 경우 PL클레임 처리에 풍부한 경험이 있는 손해보험회사의 노하우를 활용하여 사고원인 규명에서부터 합의, 소송에 이르기까지 사고처리를 신속·공정하게 처리해 준다. 특히 해외PL 클레임의 경우 현지 사정에 밝은 사고처리 Agency(손해보험회사 현지법인 포함)를 통하여 안정적인 사고처리를 보장해 주고 있다.[112]

111) http://www.hankyung.com/cgi-bin/kisaview.cgi?NewsID

112) http:///www.plkorea.com.

3 기업소송위험과 보험

기업을 상대로 한 소송이 늘어나면서 기업들의 부담이 무거워지고 있다. 주주 또는 소비자 관련 소송에 대비해 들어 두는 손해배상책임보험료가 급증하는 등 소송위험이 새로운 족쇄가 되고 있기 때문이다.

대한상공회의소가 2003년 5월 28일 기업의 소송위험 전망과 정책대응과제보고서를 통해 PL보험과 임원배상책임보험부담액이 1997년 142억원에서 2002년에는 1,150억원으로 7배 이상으로 급증했다고 밝혔다(<표 Ⅴ-19>참조).

<표 Ⅴ-19> 기업들의 소송대비 손해배상 책임보험 가입추이

(단위 : 억원)

구 분	1997	1998	1999	2000	2001	2002
제조물책임보험료	122	155	188	237	334	480
임원배상책임보험료	20	225	400	500	620	670
총보험료	142	380	588	737	954	1,150

자료 : 대한상공회의소

이 보고서에 따르면 증권 관련 소송은 1997년의 106건에서 외환위기 직후인 1998년에는 610건으로 급증한 뒤 1999년 312건, 2000년 279건으로 감소추세로 돌아섰다. 그러나 정부 방침대로 2003년에 증권부문 집단소송제를 도입하고 2004년에 정부가 피해자 대신 소송을 제기할 수 있는 공익소송제 입법을 추진하면 향후 2, 3년 내에 외환위기 직후와 같은 소송대란 사태가 발생할 수 있다는 것이다.

대한상공회의소는 이 같은 예상의 근거로 집단소송제와 회계제도개혁을 한국보다 앞서 시행중인 미국의 경우 2002년 증권 집단소송 건수는 5년 전에 비해 두배 이상 증가한 259건이었으며 2002년 회계제도개혁법(사베인스－옥슬리 법) 도입 이후 기업의 소송방지와 대응비용이 1년 사이에 90% 이상 증가한 점을 들었다.

정부는 기업의 준법경영을 유도하여 기업이 소송의 홍수에 빠지지 않도록 시기와 속도를 조절할 필요는 있겠지만, 증권 집단소송제의 경우 법원에서 집단소송 사전 허가절차를 거치도록 하고 있기 때문에 소송이 남발될 가능성은 낮으며 책임경영 문화를 정착시키기 위해서는 하루빨리 집단소송제가 도입돼야 한다고 본다.

한편 미국의 경우는 PL법 관련 집단소송과 징벌적 손해배상, 배심원제 등으로 1982년 세계 최대 석면회사인 맨빌이 1천 300억달러의 배상책임을 지고 파산했으며 1998년에는 다우커밍사가 32억달러의 피소를 당한 후 파산신청을 낸 바 있다.

재경부는 특히 결함상품에 대한 리콜(<표 V-20>참조)이 2000년과 2001년에 각각 41건과 66건에 그쳤으나 PL법이 시행된 2002년에는 106건으로 급증, 기업들이 제품의 안전성 확보를 위해 노력하고 있음을 반영했다고 강조했다.

<표 V-20> PL제도와 리콜제도의 비교

구 분	PL제도	리콜제도
성 격	민사책임원칙의 변경	행정적 규제
기 능	사후 손해배상책임을 통해 간접적인 소비자 안전확보	사전 제품회수를 통해 예방적, 직접적인 소비자 안전 확보
근 거	제조물책임법	소비자보호법, 자동차관리법, 식품위생법, 대기환경보건법, 전기용품안전관리법, 품질경영 및 공산품안전관리법
요 건	제조물의 결함, 손해의 발생, 결함과 손해와의 인과관계	제조물의 결함으로 위해가 발생하였거나 발생할 우려가 있을 때

재경부는 2003년 소비자보호시책을 소비자안전강화에 두고 소비자안전법 제정과 소비자안전센터설치, 소비자의 위해요소 감시 및 경고활동의 강화시책 등을 추진하고 있다고 밝혔다.

4 기타 생산물관련보험

생산물결함으로 인한 생산물배상책임보험 이외에 생산물관련보험으로는 생산물결함자체의 손해를 담보하는 생산물보증배상책임보험(product guarantee legal liability policy)과 생산물회수비용을 담보하는 생산물회수비용보험(product recall insurance)이 있는데 계약건수는 미미한 실정이다(<표 V-21>참조).

<표 Ⅴ-21> 생산물관련보험

보험종류 / 담보손해	생산물자체의 수리, 교환비용		생산물의 회수비용	제3자에 대한 손해배상책임	휴업손해
생산물배상책임보험	×		×	○	○
생산물보증배상책임보험	○	×	×	×	×
생산물회수비용보험	△(회수에 한정)		○	×	×

자료 : 보험개발원, 「생산물회수비용보험」, 1995.2, p.8.

제 3 절 제조물책임보험의 효과적인 대응방안

지금까지 내용을 바탕으로 PL보험의 효과적인 대응방안을 살펴보면 다음과 같다.

1 피보험자의 추가

PL보험의 경우 보상한도액이 설정되어 있으므로 보험을 공유하는 피보험자 수가 많을수록 자사 이외의 피보험자에 의해 보상한도액이 소진되어 자사를 위한 보상한도액이 불충분하게 될 가능성이 높으므로 피보험자는 자사 1사로 하는 것이 바람직하다.

따라서 추가피보험자의 범위를 설정할 때는 관련회사, 자회사 등 사실상 자사와 일체인 경우에는 전부 포함하고, 그 이외의 경우에는 거래상 부득이 한 경우와 보험료의 분담을 하는 경우에 한하여 검토해야 할 것이다.

또 해외 판매업자가 매매계약상 PL을 부보하게 한 후 "Additional Insured (Vendors - Form) - 추가피보험자추가조항(판매인용)"을 특약으로 추가하고 당해 판매업자를 피보험자로 명기하도록 요구하는 경우가 있다. 이 조항은 판매업자 자신이 잘못은 없지만 제품의 매도인이기 때문에 배상책임을 지는 경우 보험금을 지급하기 위해 만들어진 것이다. 그러나 판매시의 설명이나 포장의 잘못 등 본래 판매업자의 책임인 부분을 면책으로 하므로 부품제조업자를 추가피보험자로 하는 것과는 달리 한정적인 담보로 되는 것에 주의해야 할 것이다.

2 OEM 제품의 취급

자기가 제조한 제품에 주문자의 상표를 부착하여 판매하는 OEM 제품에 대하여는 실제상의 제조업자도 표시상의 제조업자도 PL소송에 말려들 가능성이 있으므로 보험수배를 검토할 필요가 있다.

보험계약 방법은 각각 독자적으로 PL보험을 수배하는 방법과 어느 일방이 보험계약자로 되어 양자를 피보험자로 하는 계약을 체결하는 두 가지 방법을 생각할 수 있는데, OEM 공급계약 체결시 계약서에 PL관련조항도 규정해 두는 것이 바람직하다 하겠다. 이는 계약당사자간의 불필요한 혼란을 피하게 하고, 신속히 피해자에 대한 보상조치도 가능하게 하므로 필요하다고 생각된다.

3 일부 품목에서의 PL부보의 의무화

미국, EU, 일본 등의 PL선진국에서도 위에 설명한 바와 같이 PL법이나 EC지침 등에서 배상책임이행확보수단으로서 PL부보를 의무화하고 있지 않다. 이는 우리나라의 PL법도 마찬가지이다. 그러나 PL보험의 의무화와 관련하여 모든 제품을 대상으로 하지 않고 우선 극히 위험한 생산물에 한정하여 제조업자에게 배상책임이행확보수단으로서의 보험계약체결을 의무화하는 방안을 고려해 볼 필요가 있다고 하겠다. 이렇게 함으로써 신속한 손해배상이 이루어질 것으로 기대할 수 있다.

4 "PL단체보험"의 적극적인 활용

배상이행확보조치가 강제되지 않는 이상 이를 확보하는 조치로 PL보험의 계약률을 향상시키는 "PL단체보험" 계약방식을 생각할 수 있다. 이는 계약이 간단하고 보험료도 저렴하므로 중소기업과 영세기업에 있어 큰 장점이라 할 수 있어 이를 잘 활용하면 배상이행을 확보하는 조치로서 유효하다고 할 수 있겠다.

위에 설명한 바와 같이 PL부보를 할 수 없었기 때문에 폐업하게된 미국기업의 보험위기의 상황 등을 타산지석으로 삼아 중소기업의 부담경감을 위해 중소기업협동중앙회와 9

개 손해보험회사가 공동으로 운영하는 "PL단체보험"을 적극적으로 이용하여야 할 것이다.

5 보험상품개발을 통한 부보확대

위에 설명한 바와 같이 2002년 6월 PL보험상품인가 이후 4개월 만인 9월말 현재 PL보험가입건수는 5,063건, 보험료는 93억원에 달하는 것으로 집계되었지만 아직도 보험실적은 미미하다고 할 수 있다. 일본의 경우 기업의 규모에 따라 계약대상이 정해지고 할인율도 차이가 나는 두 가지의 PL보험제도, 즉 중소기업 PL보험제도와 중견기업용 PL보험제도를 마련하여 PL보험을 운용하고 있다. 우리나라도 이를 참조하여 신규창출을 위해 저렴한 보험료로 기업의 배상이행능력 확보와 부담경감을 꾀할 수 있는 다양한 보험상품을 개발하여 기업의 보험가입을 확대해 나가야 할 것이다.

6 제조·판매가 중단된 제품에 대한 부보

PL보험은 보험기간중에 발생한 보험사고를 대상으로 하고 있고 사고의 원인이 된 제품의 제조·판매시기를 묻지 않는다.

따라서 과거 판매한 제품에 기인한 사고가 발생하여도 그 제품이 대상제품의 정의와 일치하면 문제는 발생하지 않는다. 이미 제조·판매가 중단된 제품이 있는 경우에는 보험계약시 그 제품이 대상제품 정의에서 빠져 있는지 확인할 필요가 있으며, 대상제품을 "모든 제품"으로 계약할 경우 이미 제조·판매가 중단된 제품에 관한 정보를 보험회사에 통지한 후 계약하지 않으면 보험회사와 분쟁이 발생할 수 있으므로 주의를 요한다.

7 해외현지법인이 제조·판매하는 제품의 부보

최근의 통상마찰 등으로 인해 기업의 다국적화가 진전되어 해외에 현지법인을 설립하는 경우가 증가하고 있다. 이러한 상황에서 해외법인이 제품을 제조·판매하는 경우의 PL보험에 대하여 고찰해 볼 필요가 있겠다.

부록

APPENDIX

1. 상법 (보험편)
2. 보험업법

1. 상법 (보험편)

제1장 통칙

제638조 (의의) 보험계약은 당사자 일방이 약정한 보험료를 지급하고 상대방이 재산 또는 생명이나 신체에 관하여 부확정한 사고가 생길 경우에 일정한 보험김액 기타의 급여를 지급할 것을 약정함으로써 효력이 생긴다.

제638조의2 (보험계약의 성립) ①보험자가 보험계약자로부터 보험계약의 청약과 함께 보험료 상당액의 전부 또는 일부의 지급을 받은 때에는 다른 약정이 없으면 30일내에 그 상대방에 대하여 낙부의 통지를 발송하여야 한다. 그러나 인보험계약의 피보험자가 신체검사를 받아야 하는 경우에는 그 기간은 신체검사를 받은 날부터 기산한다.
②보험자가 제1항의 규정에 의한 기간내에 낙부의 통지를 해태한 때에는 승낙한 것으로 본다.
③보험자가 보험계약자로부터 보험계약의 청약과 함께 보험료 상당액의 전부 또는 일부를 받은 경우에 그 청약을 승낙하기 전에 보험계약에서 정한 보험사고가 생긴 때에는 그 청약을 거절할 사유가 없는 한 보험자는 보험계약상의 책임을 진다. 그러나 인보험계약의 피보험자가 신체검사를 받아야 하는 경우에 그 검사를 받지 아니한 때에는 그러하지 아니하다.
[본조신설 1991.12.31]

제638조의3 (보험약관의 교부·명시의무) ①보험자는 보험계약을 체결할 때에 보험계약자에게 보험약관을 교부하고 그 약관의 중요한 내용을 알려주어야 한다.
②보험자가 제1항의 규정에 위반한 때에는 보험계약자는 보험계약이 성립한 날부터 1월내에 그 계약을 취소할 수 있다.
[본조신설 1991.12.31]

제639조 (타인을 위한 보험) ①보험계약자는 위임을 받거나 위임을 받지 아니하고 특정 또는 불특정의 타인을 위하여 보험계약을 체결할 수 있다. 그러나 손해보험계약의 경우에 그 타인의 위임이 없는 때에는 보험계약자는 이를 보험자에게 고지하여야 하고, 그 고지가 없는 때에는 타인이 그 보험계약이 체결된 사실을 알지 못하였다는 사유로 보험자에게 대항하지 못한다. <개정 1991.12.31>
②제1항의 경우에는 그 타인은 당연히 그 계약의 이익을 받는다. 그러나, 손해보험계약의 경우에 보험계약자가 그 타인에게 보험사고의 발생으로 생긴 손해의 배상을 한 때에는 보험계약자는 그 타인의 권리를 해하지 아니하는 범위안에서 보험자에게 보험김액의 지급을 청구할 수 있다.<신설 1991.12.31>
③제1항의 경우에는 보험계약자는 보험자에 대하여 보험료를 지급할 의무가 있다. 그러나 보험계약자가 파산선고를 받거나 보험료의 지급을 지체한 때에는 그 타인이 그 권리를 프기하지 아니하는 한 그 타인도 보험료를 지급할 의무가 있다.<개정 1991.12.31>

제640조 (보험증권의 교부) ①보험자는 보험계약이 성립한 때에는 지체없이 보험증권을 작성하여 보험계약자에게 교부하여야 한다. 그러나 보험계약자가 보험료의 전부 또는 최초의 보험료를 지급하지 아니한 때에는 그러하지 아니하다.<개정 1991.12.31>

②기존의 보험계약을 연장하거나 변경한 경우에는 보험자는 그 보험증권에 그 사실을 기재함으로써 보험증권의 교부에 갈음할 수 있다.<신설 1991.12.31>

제641조 (증권에 관한 이의약관의 효력) 보험계약의 당사자는 보험증권의 교부가 있은 날로부터 일정한 기간내에 한하여 그 증권내용의 정부에 관한 이의를 할 수 있음을 약정할 수 있다. 이 기간은 1월을 내리지 못한다.

제642조 (증권의 재교부청구) 보험증권을 멸실 또는 현저하게 훼손한 때에는 보험계약자는 보험자에 대하여 증권의 재교부를 청구할 수 있다. 그 증권작성의 비용은 보험계약자의 부담으로 한다.

제643조 (소급보험) 보험계약은 그 계약전의 어느 시기를 보험기간의 시기로 할 수 있다.

제644조 (보험사고의 객관적 확정의 효과) 보험계약당시에 보험사고가 이미 발생하였거나 또는 발생할 수 없는 것 인때에는 그 계약은 무효로 한다. 그러나 당사자 쌍방과 피보험자가 이를 알지 못한 때에는 그러하지 아니하다.

제645조 삭제 <1991.12.31>

제646조 (대리인이 안것의 효과) 대리인에 의하여 보험계약을 체결한 경우에 대리인이 안 사유는 그 본인이 안 것과 동일한 것으로 한다.

제647조 (특별위험의 소멸로 인한 보험료의 감액청구) 보험계약의 당사자가 특별한 위험을 예기하여 보험료의 액을 정한 경우에 보험기간중 그 예기한 위험이 소멸한 때에는 보험계약자는 그 후의 보험료의 감액을 청구할 수 있다.

제648조 (보험계약의 무효로 인한 보험료반환청구) 보험계약의 전부 또는 일부가 무효인 경우에 보험계약자와 피보험자가 선의이며 중대한 과실이 없는 때에는 보험자에 대하여 보험료의 전부 또는 일부의 반환을 청구할 수 있다. 보험계약자와 보험수익자가 선의이며 중대한 과실이 없는 때에도 같다.

제649조 (사고발생전의 임의해지) ①보험사고가 발생하기 전에는 보험계약자는 언제든지 계약의 전부 또는 일부를 해지할 수 있다. 그러나 제639조의 보험계약의 경우에는 보험계약자는 그 타인의 동의를 얻지 아니하거나 보험증권을 소지하지 아니하면 그 계약을 해지하지 못한다.<개정 1991.12.31>
②보험사고의 발생으로 보험자가 보험김액을 지급한 때에도 보험김액이 감액되지 아니하는 보험의 경우에는 보험계약자는 그 사고발생후에도 보험계약을 해지할 수 있다.<신설 1991.12.31>
③제1항의 경우에는 보험계약자는 당사자간에 다른 약정이 없으면 미경과보험료의 반환을 청구할 수 있다.<개정 1991.12.31>

제650조 (보험료의 지급과 지체의 효과) ①보험계약자는 계약체결후 지체없이 보험료의 전부 또는 제1회 보험료를 지급하여야 하며, 보험계약자가 이를 지급하지 아니하는 경우에는 다른 약정이 없는 한 계약성립후 2월이 경과하면 그 계약은 해제된 것으로 본다.
②계속보험료가 약정한 시기에 지급되지 아니한 때에는 보험자는 상당한 기간을 정하여 보험계약자에게 최고하고 그 기간내에 지급되지 아니한 때에는 그 계약을 해지할 수 있다.
③특정한 타인을 위한 보험의 경우에 보험계약자가 보험료의 지급을 지체한 때에는 보험자는 그 타인에게도 상당한 기간을 정하여 보험료의 지급을 최고한 후가 아니면 그 계약을 해제 또는 해지하지 못한다.
[전문개정 1991.12.31]

제650조의2 (보험계약의 부활) 제650조제2항에 따라 보험계약이 해지되고 해지환급김이 지급되지 아니한 경우에 보험계약자는 일정한 기간내에 연체보험료에 약정이자를 붙여 보험자에게 지급하고 그 계약의 부활을 청구할 수 있다. 제638조의2의 규정은 이 경우에 준용한다.
[본조신설 1991.12.31]

제651조 (고지의무위반으로 인한 계약해지) 보험계약당시에 보험계약자 또는 피보험자가 고의 또는 중대한 과실로 인하여 중요한 사항을 고지하지 아니하거나 불실의 고지를 한 때에는 보험자는 그 사실을 안 날로부터

1월내에, 계약을 체결한 날로부터 3년내에 한하여 계약을 해지할 수 있다. 그러나 보험자가 계약당시에 그 사실을 알았거나 중대한 과실로 인하여 알지 못한 때에는 그러하지 아니하다.<개정 1991.12.31>

제651조의2 (서면에 의한 질문의 효력) 보험자가 서면으로 질문한 사항은 중요한 사항으로 추정한다.
[본조신설 1991.12.31]

제652조 (위험변경증가의 통지와 계약해지) ①보험기간중에 보험계약자 또는 피보험자가 사고발생의 위험이 현저하게 변경 또는 증가된 사실을 안 때에는 지체없이 보험자에게 통지하여야 한다. 이를 해태한 때에는 보험자는 그 사실을 안 날로부터 1월내에 한하여 계약을 해지할 수 있다.
②보험자가 제1항의 위험변경증가의 통지를 받은 때에는 1월내에 보험료의 증액을 청구하거나 계약을 해지할 수 있다.<신설 1991.12.31>

제653조 (보험계약자등의 고의나 중과실로 인한 위험증가와 계약해지) 보험기간중에 보험계약자, 피보험자 또는 보험수익자의 고의 또는 중대한 과실로 인하여 사고발생의 위험이 현저하게 변경 또는 증가된 때에는 보험자는 그 사실을 안 날부터 1월내에 보험료의 증액을 청구하거나 계약을 해지할 수 있다.<개정 1991.12.31>

제654조 (보험자의 파산선고와 계약해지) ①보험자가 파산의 선고를 받은 때에는 보험계약자는 계약을 해지할 수 있다.
②제1항의 규정에 의하여 해지하지 아니한 보험계약은 파산선고 후 3월을 경과한 때에는 그 효력을 잃는다.<개정 1991.12.31>

제655조 (계약해지와 보험금액청구권) 보험사고가 발생한 후에도 보험자가 제650조, 제651조, 제652조와 제653조의 규정에 의하여 계약을 해지한 때에는 보험금액을 지급할 책임이 없고 이미 지급한 보험금액의 반환을 청구할 수 있다. 그러나 고지의무에 위반한 사실 또는 위험의 현저한 변경이나 증가된 사실이 보험사고의 발생에 영향을 미치지 아니하였음이 증명된 때에는 그러하지 아니하다.<개정 1962.12.12, 1991.12.31>

제656조 (보험료의 지급과 보험자의 책임개시) 보험자의 책임은 당사자간에 다른 약정이 없으면 최초의 보험료의 지급을 받은 때로부터 개시한다.

제657조 (보험사고발생의 통지의무) ①보험계약자 또는 피보험자나 보험수익자는 보험사고의 발생을 안 때에는 지체없이 보험자에게 그 통지를 발송하여야 한다.

②보험계약자 또는 피보험자나 보험수익자가 제1항의 통지의무를 해태함으로 인하여 손해가 증가된 때에는 보험자는 그 증가된 손해를 보상할 책임이 없다.<신설 1991.12.31>

제658조 (보험금액의 지급) 보험자는 보험금액의 지급에 관하여 약정기간이 있는 경우에는 그 기간내에 약정기간이 없는 경우에는 제657조제1항의 통지를 받은 후 지체없이 지급할 보험금액을 정하고 그 정하여진 날부터 10일내에 피보험자 또는 보험수익자에게 보험금액을 지급하여야 한다.
[전문개정 1991.12.31]

제659조 (보험자의 면책사유) ①보험사고가 보험계약자 또는 피보험자나 보험수익자의 고의 또는 중대한 과실로 인하여 생긴 때에는 보험자는 보험금액을 지급할 책임이 없다.
②삭제 <1991.12.31>

제660조 (전쟁위험등으로 인한 면책) 보험사고가 전쟁 기타의 변란으로 인하여 생긴 때에는 당사자간에 다른 약정이 없으면 보험자는 보험금액을 지급할 책임이 없다.

제661조 (재보험) 보험자는 보험사고로 인하여 부담할 책임에 대하여 다른 보험자와 재보험계약을 체결할 수 있다. 이 재보험계약은 원보험계약의 효력에 영향을 미치지 아니한다.

제662조 (소멸시효) 보험금액의 청구권과 보험료 또는 적입금의 반환청구권은 2년간, 보험료의 청구권은 1년간 행사하지 아니하면 소멸시효가 완성한다.

제663조 (보험계약자등의 불이익변경금지) 이 편의 규정은 당사자간의 특약으로 보험계약자 또는 피보험자나

보험수익자의 부이익으로 변경하지 못한다. 그러나 재보험 및 해상보험 기타 이와 유사한 보험의 경우에는 그러하지 아니하다.<개정 1991.12.31>

제664조 (상호보험에의 준용) 이 편의 규정은 그 성질이 상반되지 아니하는 한도에서 상호보험에 준용한다.<개정 1991.12.31>

제2장 손해보험

제1절 통칙

제665조 (손해보험자의 책임) 손해보험계약의 보험자는 보험사고로 인하여 생길 피보험자의 재산상의 손해를 보상할 책임이 있다.

제666조 (손해보험증권) 손해보험증권에는 다음의 사항을 기재하고 보험자가 기명날인 또는 서명하여야 한다.<개정 1991.12.31>

1. 보험의 목적
2. 보험사고의 성질
3. 보험김액
4. 보험료와 그 지급방법
5. 보험기간을 정한 때에는 그 시기와 종기
6. 무효와 실권의 사유
7. 보험계약자의 주소와 성명 또는 상호
8. 보험계약의 연월일
9. 보험증권의 작성지와 그 작성년월일

제667조 (상실이익등의 부산입) 보험사고로 인하여 상실된 피보험자가 얻을 이익이나 보수는 당사자간에 다른 약정이 없으면 보험자가 보상할 손해액에 산입하지 아니한다.

제668조 (보험계약의 목적) 보험계약은 김전으로 산정할 수 있는 이익에 한하여 보험계약의 목적으로 할 수 있다.

제669조 (초과보험) ①보험김액이 보험계약의 목적의 가액을 현저하게 초과한 때에는 보험자 또는 보험계약자는 보험료와 보험김액의 감액을 청구할 수 있다. 그러나 보험료의 감액은 장래에 대하여서만 그 효력이 있다.
②제1항의 가액은 계약당시의 가액에 의하여 정한다.<개정 1991.12.31>
③보험가액이 보험기간중에 현저하게 감소된 때에도 제1항과 같다.
④제1항의 경우에 계약이 보험계약자의 사기로 인하여 체결된 때에는 그 계약은 무효로 한다. 그러나 보험자는 그 사실을 안 때까지의 보험료를 청구할 수 있다.

제670조 (기평가보험) 당사자간에 보험가액을 정한 때에는 그 가액은 사고발생시의 가액으로 정한 것으로 추정한다. 그러나 그 가액이 사고발생시의 가액을 현저하게 초과할 때에는 사고발생시의 가액을 보험가액으로 한다.

제671조 (미평가보험) 당사자간에 보험가액을 정하지 아니한 때에는 사고발생시의 가액을 보험가액으로 한다.

제672조 (중복보험) ①동일한 보험계약의 목적과 동일한 사고에 관하여 수개의 보험계약이 동시에 또는 순차로 체결된 경우에 그 보험김액의 총액이 보험가액을 초과한 때에는 보험자는 각자의 보험김액의 한도에서 연대책임을 진다. 이 경우에는 각 보험자의 보상책임은 각자의 보험김액의 비율에 따른다.<개정 1991.12.31>
②동일한 보험계약의 목적과 동일한 사고에 관하여 수개의 보험계약을 체결하는 경우에는 보험계약자는 각 보험자에 대하여 각 보험계약의 내용을 통지하여야 한다.<개정 1991.12.31>
③제669조제4항의 규정은 제1항의 보험계약에 준용한다.

제673조 (중복보험과 보험자 1인에 대한 권리포기) 제672조의 규정에 의한 수개의 보험계약을 체결한 경우에 보험자 1인에 대한 권리의 포기는 다른 보험자의 권리의무에 영향을 미치지 아니한다.<개정 1991.12.31>

제674조 (일부보험) 보험가액의 일부를 보험에 붙인 경우에는 보험자는 보험김액의 보험가액에 대한 비율에 따라 보상할 책임을 진다. 그러나, 당사자간에 다른 약정이 있는 때에는 보험자는 보험김액의 한도내에서 그 손해를 보상할 책임을 진다.<개정 1991.12.31>

제675조 (사고발생 후의 목적멸실과 보상책임) 보험의 목적에 관하여 보험자가 부담할 손해가 생긴 경우에는 그 후 그 목적이 보험자가 부담하지 아니하는 보험사고의 발생으로 인하여 멸실된 때에도 보험자는 이미 생긴 손해를 보상할 책임을 면하지 못한다.<개정 1962.12.12>

제676조 (손해액의 산정기준) ①보험자가 보상할 손해액은 그 손해가 발생한 때와 곳의 가액에 의하여 산정한다. 그러나 당사자간에 다른 약정이 있는 때에는 그 신품가액에 의하여 손해액을 산정할 수 있다.<개정 1991.12.31>
②제1항의 손해액의 산정에 관한 비용은 보험자의 부담으로 한다.<개정 1991.12.31>

제677조 (보험료체납과 보상액의 공제) 보험자가 손해를 보상할 경우에 보험료의 지급을 받지 아니한 잔액이 있으면 그 지급기일이 도래하지 아니한 때라도 보상할 김액에서 이를 공제할 수 있다.

제678조 (보험자의 면책사유) 보험의 목적의 성질, 하자 또는 자연소모로 인한 손해는 보험자가 이를 보상할 책임이 없다.

제679조 (보험목적의 양도) ①피보험자가 보험의 목적을 양도한 때에는 양수인은 보험계약상의 권리와 의무를 승계한 것으로 추정한다.<개정 1991.12.31>
②제1항의 경우에 보험의 목적의 양도인 또는 양수인은 보험자에 대하여 지체없이 그 사실을 통지하여야 한다.<신설 1991.12.31>

제680조 (손해방지의무) ①보험계약자와 피보험자는 손해의 방지와 경감을 위하여 노력하여야 한다. 그러나 이를 위하여 필요 또는 유익하였던 비용과 보상액이 보험김액을 초과한 경우라도 보험자가 이를 부담한다.<개정 1991.12.31>
②삭제 <1991.12.31>

제681조 (보험목적에 관한 보험대위) 보험의 목적의 전부가 멸실한 경우에 보험김액의 전부를 지급한 보험자는 그 목적에 대한 피보험자의 권리를 취득한다. 그러나 보험가액의 일부를 보험에 붙인 경우에는 보험자가 취득할 권리는 보험김액의 보험가액에 대한 비율에 따라 이를 정한다.

제682조 (제삼자에 대한 보험대위) 손해가 제삼자의 행위로 인하여 생긴 경우에 보험김액을 지급한 보험자는 그 지급한 김액의 한도에서 그 제삼자에 대한 보험계약자 또는 피보험자의 권리를 취득한다. 그러나 보험자가 보상할 보험김액의 일부를 지급한 때에는 피보험자의 권리를 해하지 아니하는 범위내에서 그 권리를 행사할 수 있다.

제2절 화재보험

제683조 (화재보험자의 책임) 화재보험계약의 보험자는 화재로 인하여 생길 손해를 보상할 책임이 있다.

제684조 (소방등의 조치로 인한 손해의 보상) 보험자는 화재의 소방 또는 손해의 감소에 필요한 조치로 인하여 생긴 손해를 보상할 책임이 있다.

제685조 (화재보험증권) 화재보험증권에는 제666조에 게기한 사항외에 다음의 사항을 기재하여야 한다.

1. 건물을 보험의 목적으로 한 때에는 그 소재지, 구조와 용도
2. 동산을 보험의 목적으로 한 때에는 그 존치한 장소의 상태와 용도
3. 보험가액을 정한 때에는 그 가액

제686조 (집합보험의 목적) 집합된 물건을 일괄하여 보험의 목적으로 한 때에는 피보험자의 가족과 사용인의

물건도 보험의 목적에 포함된 것으로 한다. 이 경우에는 그 보험은 그 가족 또는 사용인을 위하여서도 체결한 것으로 본다.

제687조 (동전) 집합된 물건을 일괄하여 보험의 목적으로 한 때에는 그 목적에 속한 물건이 보험기간중에 수시로 교체된 경우에도 보험사고의 발생시에 현존한 물건은 보험의 목적에 포함된 것으로 한다.

제3절 운송보험

제688조 (운송보험자의 책임) 운송보험계약의 보험자는 다른 약정이 없으면 운송인이 운송물을 수령한 때로부터 수하인에게 인도할 때까지 생길 손해를 보상할 책임이 있다.

제689조 (운송보험의 보험가액) ①운송물의 보험에 있어서는 발송한 때와 곳의 가액과 도착지까지의 운임 기타의 비용을 보험가액으로 한다.
②운송물의 도착으로 인하여 얻을 이익은 약정이 있는 때에 한하여 보험가액중에 산입한다.

제690조 (운송보험증권) 운송보험증권에는 제666조에 게기한 사항외에 다음의 사항을 기재하여야 한다.

1. 운송의 노순과 방법
2. 운송인의 주소와 성명 또는 상호
3. 운송물의 수령과 인도의 장소
4. 운송기간을 정한 때에는 그 기간
5. 보험가액을 정한 때에는 그 가액

제691조 (운송의 중지나 변경과 계약효력) 보험계약은 다른 약정이 없으면 운송의 필요에 의하여 일시운송을 중지하거나 운송의 노순 또는 방법을 변경한 경우에도 그 효력을 잃지 아니한다.

제692조 (운송보조자의 고의, 중과실과 보험자의 면책) 보험사고가 송하인 또는 수하인의 고의 또는 중대한 과실로 인하여 발생한 때에는 보험자는 이로 인하여 생긴 손해를 보상할 책임이 없다.

제4절 해상보험

제693조 (해상보험자의 책임) 해상보험계약의 보험자는 해상사업에 관한 사고로 인하여 생길 손해를 보상할 책임이 있다.<개정 1991.12.31>

제694조 (공동해손분담액의 보상) 보험자는 피보험자가 지급할 공동해손의 분담액을 보상할 책임이 있다. 그러나 보험의 목적의 공동해손분담가액이 보험가액을 초과할 때에는 그 초과액에 대한 분담액은 보상하지 아니한다.<개정 1991.12.31>

제694조의2 (구조료의 보상) 보험자는 피보험자가 보험사고로 인하여 발생하는 손해를 방지하기 위하여 지급할 구조료를 보상할 책임이 있다. 그러나 보험의 목적물의 구조료분담가액이 보험가액을 초과할 때에는 그 초과액에 대한 분담액은 보상하지 아니한다.
[본조신설 1991.12.31]

제694조의3 (특별비용의 보상) 보험자는 보험의 목적의 안전이나 보존을 위하여 지급할 특별비용을 보험김액의 한도내에서 보상할 책임이 있다.
[본조신설 1991.12.31]

제695조 (해상보험증권) 해상보험증권에는 제666조에 게기한 사항외에 다음의 사항을 기재하여야 한다.<개정 1991.12.31>

1. 선박을 보험에 붙인 경우에는 그 선박의 명칭, 국적과 종류 및 항해의 범위
2. 적하를 보험에 붙인 경우에는 선박의 명칭, 국적과 종류, 선적항, 양륙항 및 출하지와 도착지를 정한 때에는 그 지명
3. 보험가액을 정한 때에는 그 가액

제696조 (선박보험의 보험가액과 보험목적) ①선박의 보험에 있어서는 보험자의 책임이 개시될 때의 선박가액을 보험가액으로 한다.
②제1항의 경우에는 선박의 속구, 연료, 양식 기타 항해에 필요한 모든 물건은 보험의 목적에 포함된 것으로 한다.<개정 1991.12.31>

제697조 (적하보험의 보험가액) 적하의 보험에 있어서는 선적한 때와 곳의 적하의 가액과 선적 및 보험에 관한 비용을 보험가액으로 한다.<개정 1962.12.12>

제698조 (희망이익보험의 보험가액) 적하의 도착으로 인하여 얻을 이익 또는 보수의 보험에 있어서는 계약으로 보험가액을 정하지 아니한 때에는 보험김액을 보험가액으로 한 것으로 추정한다.

제699조 (해상보험의 보험기간의 개시) ①항해단위로 선박을 보험에 붙인 경우에는 보험기간은 하물 또는 저하의 선적에 착수한 때에 개시한다.
②적하를 보험에 붙인 경우에는 보험기간은 하물의 선적에 착수한 때에 개시한다. 그러나 출하지를 정한 경우에는 그 곳에서 운송에 착수한 때에 개시한다.
③하물 또는 저하의 선적에 착수한 후에 제1항 또는 제2항의 규정에 의한 보험계약이 체결된 경우에는 보험기간은 계약이 성립한 때에 개시한다.
[전문개정 1991.12.31]

제700조 (해상보험의 보험기간의 종료) 보험기간은 제699조제1항의 경우에는 도착항에서 하물 또는 저하를 양륙한 때에, 동조제2항의 경우에는 양륙항 또는 도착지에서 하물을 인도한 때에 종료한다. 그러나 부가항력으로 인하지 아니하고 양륙이 지연된 때에는 그 양륙이 보통종료될 때에 종료된 것으로 한다.<개정 1991.12.31>

제701조 (항해변경의 효과) ①선박이 보험계약에서 정하여진 발항항이 아닌 다른 항에서 출항한 때에는 보험자는 책임을 지지 아니한다.
②선박이 보험계약에서 정하여진 도착항이 아닌 다른 항을 향하여 출항한 때에도 제1항의 경우와 같다.
③보험자의 책임이 개시된 후에 보험계약에서 정하여진 도착항이 변경된 경우에는 보험자는 그 항해의 변경이 결정된 때부터 책임을 지지 아니한다.
[전문개정 1991.12.31]

제701조의2 (이로) 선박이 정당한 사유없이 보험계약에서 정하여진 선로를 이탈한 경우에는 보험자는 그때부터 책임을 지지 아니한다. 선박이 손해발생전에 원항로로 돌아온 경우에도 같다.
[본조신설 1991.12.31]

제702조 (발항 또는 항해의 지연의 효과) 피보험자가 정당한 사유없이 발항 또는 항해를 지연한 때에는 보험자는 발항 또는 항해를 지체한 이후의 사고에 대하여 책임을 지지 아니한다.
[전문개정 1991.12.31]

제703조 (선박변경의 효과) 적하를 보험에 붙인 경우에 보험계약자 또는 피보험자의 책임있는 사유로 인하여 선박을 변경한 때에는 그 변경후의 사고에 대하여 책임을 지지 아니한다.<개정 1991.12.31>

제703조의2 (선박의 양도등의 효과) 선박을 보험에 붙인 경우에 다음의 사유가 있을 때에는 보험계약은 종료한다. 그러나 보험자의 동의가 있는 때에는 그러하지 아니하다.
1. 선박을 양도할 때
2. 선박의 선급을 변경한 때
3. 선박을 새로운 관리로 옮긴 때

[본조신설 1991.12.31]

제704조 (선박미확정의 적하예정보험) ①보험계약의 체결당시에 하물을 적재할 선박을 지정하지 아니한 경우에 보험계약자 또는 피보험자가 그 하물이 선적되었음을 안 때에는 지체없이 보험자에 대하여 그 선박의 명칭, 국적과 하물의 종류, 수량과 가액의 통지를 발송하여야 한다.<개정 1991.12.31>

②제1항의 통지를 해태한 때에는 보험자는 그 사실을 안 날부터 1월내에 계약을 해지할 수 있다.<개정 1991.12.31>

제705조 삭제 <1991.12.31>

제706조 (해상보험자의 면책사유) 보험자는 다음의 손해와 비용을 보상할 책임이 없다.<개정 1991.12.31>

1. 선박 또는 운임을 보험에 붙인 경우에는 발항당시 안전하게 항해를 하기에 필요한 준비를 하지 아니하거나 필요한 서류를 비치하지 아니함으로 인하여 생긴 손해
2. 적하를 보험에 붙인 경우에는 용선자, 송하인 또는 수하인의 고의 또는 중대한 과실로 인하여 생긴 손해
3. 도선료, 입항료, 등대료, 검역료, 기타 선박 또는 적하에 관한 항해중의 통상비용

제707조 삭제 <1991.12.31>

제707조의2 (선박의 일부손해의 보상) ①선박의 일부가 훼손되어 그 훼손된 부분의 전부를 수선한 경우에는 보험자는 수선에 따른 비용을 1회의 사고에 대하여 보험김액을 한도로 보상할 책임이 있다.
②선박의 일부가 훼손되어 그 훼손된 부분의 일부를 수선한 경우에는 보험자는 수선에 따른 비용과 수선을 하지 아니함으로써 생긴 감가액을 보상할 책임이 있다.
③선박의 일부가 훼손되었으나 이를 수선하지 아니한 경우에는 보험자는 그로 인한 감가액을 보상할 책임이 있다.
[본조신설 1991.12.31]

제708조 (적하의 일부손해의 보상) 보험의 목적인 적하가 훼손되어 양륙항에 도착한 때에는 보험자는 그 훼손된 상태의 가액과 훼손되지 아니한 상태의 가액과의 비율에 따라 보험가액의 일부에 대한 손해를 보상할 책임이 있다.

제709조 (적하매각으로 인한 손해의 보상) ①항해도중에 부가항력으로 보험의 목적인 적하를 매각한 때에는 보험자는 그 대김에서 운임 기타 필요한 비용을 공제한 김액과 보험가액과의 차액을 보상하여야 한다.
②제1항의 경우에 매수인이 대김을 지급하지 아니한 때에는 보험자는 그 김액을 지급하여야 한다. 보험자가 그 김액을 지급한 때에는 피보험자의 매수인에 대한 권리를 취득한다.<개정 1991.12.31>

제710조 (보험위부의 원인) 다음의 경우에는 피보험자는 보험의 목적을 보험자에게 위부하고 보험김액의 전부를 청구할 수 있다.<개정 1991.12.31>

1. 피보험자가 보험사고로 인하여 자기의 선박 또는 적하의 점유를 상실하여 이를 회복할 가능성이 없거나 회복하기 위한 비용이 회복하였을 때의 가액을 초과하리라고 예상될 경우
2. 선박이 보험사고로 인하여 심하게 훼손되어 이를 수선하기 위한 비용이 수선하였을 때의 가액을 초과하리라고 예상될 경우
3. 적하가 보험사고로 인하여 심하게 훼손되어서 이를 수선하기 위한 비용과 그 적하를 목적지까지 운송하기 위한 비용과의 합계액이 도착하는 때의 적하의 가액을 초과하리라고 예상될 경우

제711조 (선박의 행방부명) ①선박의 존부가 2월간 분명하지 아니한 때에는 그 선박의 행방이 부명한 것으로 한다.<개정 1991.12.31>
②제1항의 경우에는 전손으로 추정한다.<개정 1991.12.31>

제712조 (대선에 의한 운송의 계속과 위부권의 소멸) 제710조제2호의 경우에 선장이 지체없이 다른 선박으로 적하의 운송을 계속한 때에는 피보험자는 그 적하를 위부할 수 없다.<개정 1991.12.31>

제713조 (위부의 통지) ①피보험자가 위부를 하고자 할 때에는 상당한 기간내에 보험자에 대하여 그 통지를 발송하여야 한다.<개정 1991.12.31>
②삭제 <1991.12.31>

제714조 (위부권행사의 요건) ①위부는 무조건이어야 한다.
②위부는 보험의 목적의 전부에 대하여 이를 하여야 한다. 그러나 위부의 원인이 그 일부에 대하여 생긴

때에는 그 부분에 대하여서만 이를 할 수 있다.
③보험가액의 일부를 보험에 붙인 경우에는 위부는 보험금액의 보험가액에 대한 비율에 따라서만 이를 할 수 있다.

제715조 (다른 보험계약등에 관한 통지) ①피보험자가 위부를 함에 있어서는 보험자에 대하여 보험의 목적에 관한 다른 보험계약과 그 부담에 속한 채무의 유무와 그 종류 및 내용을 통지하여야 한다.
②보험자는 제1항의 통지를 받을 때까지 보험금액의 지급을 거부할 수 있다.<개정 1991.12.31>
③보험금액의 지급에 관한 기간의 약정이 있는 때에는 그 기간은 제1항의 통지를 받은 날로부터 기산한다.

제716조 (위부의 승인) 보험자가 위부를 승인한 후에는 그 위부에 대하여 이의를 하지 못한다.

제717조 (위부의 부승인) 보험자가 위부를 승인하지 아니한 때에는 피보험자는 위부의 원인을 증명하지 아니하면 보험금액의 지급을 청구하지 못한다.

제718조 (위부의 효과) ①보험자는 위부로 인하여 그 보험의 목적에 관한 피보험자의 모든 권리를 취득한다.
②피보험자가 위부를 한 때에는 보험의 목적에 관한 모든 서류를 보험자에게 교부하여야 한다.

제5절 책임보험

제719조 (책임보험자의 책임) 책임보험계약의 보험자는 피보험자가 보험기간중의 사고로 인하여 제3자에게 배상할 책임을 진 경우에 이를 보상할 책임이 있다.

제720조 (피보험자가 지출한 방어비용의 부담) ①피보험자가 제3자의 청구를 방어하기 위하여 지출한 재판상 또는 재판외의 필요비용은 보험의 목적에 포함된 것으로 한다. 피보험자는 보험자에 대하여 그 비용의 선급을 청구할 수 있다.
②피보험자가 담보의 제공 또는 공탁으로써 재판의 집행을 면할 수 있는 경우에는 보험자에 대하여 보험금액의 한도내에서 그 담보의 제공 또는 공탁을 청구할 수 있다.
③제1항 또는 제2항의 행위가 보험자의 지시에 의한 것인 경우에는 그 금액에 손해액을 가산한 금액이 보험금액을 초과하는 때에도 보험자가 이를 부담하여야 한다.<개정 1991.12.31>

제721조 (영업책임보험의 목적) 피보험자가 경영하는 사업에 관한 책임을 보험의 목적으로 한 때에는 피보험자의 대리인 또는 그 사업감독자의 제3자에 대한 책임도 보험의 목적에 포함된 것으로 한다.

제722조 (피보험자의 사고통지의무) 피보험자가 제3자로부터 배상의 청구를 받은 때에는 지체없이 보험자에게 그 통지를 발송하여야 한다.

제723조 (피보험자의 변제등의 통지와 보험금액의 지급) ①피보험자가 제3자에 대하여 변제, 승인, 화해 또는 재판으로 인하여 채무가 확정된 때에는 지체없이 보험자에게 그 통지를 발송하여야 한다.
②보험자는 특별한 기간의 약정이 없으면 전항의 통지를 받은 날로부터 10일내에 보험금액을 지급하여야 한다.
③피보험자가 보험자의 동의없이 제3자에 대하여 변제, 승인 또는 화해를 한 경우에는 보험자가 그 책임을 면하게 되는 합의가 있는 때에도 그 행위가 현저하게 불당한 것이 아니면 보험자는 보상할 책임을 면하지 못한다.

제724조 (보험자와 제3자와의 관계) ①보험자는 피보험자가 책임을 질 사고로 인하여 생긴 손해에 대하여 제3자가 그 배상을 받기 전에는 보험금액의 전부 또는 일부를 피보험자에게 지급하지 못한다.
②제3자는 피보험자가 책임을 질 사고로 입은 손해에 대하여 보험금액의 한도내에서 보험자에게 직접 보상을 청구할 수 있다. 그러나 보험자는 피보험자가 그 사고에 관하여 가지는 항변으로써 제3자에게 대항할 수 있다.<개정 1991.12.31>
③보험자가 제2항의 규정에 의한 청구를 받은 때에는 지체없이 피보험자에게 이를 통지하여야 한다.<신설 1991.12.31>
④제2항의 경우에 피보험자는 보험자의 요구가 있을 때에는 필요한 서류·증거의 제출, 증언 또는 증인의 출석에 협조하여야 한다.<신설 1991.12.31>

제725조 (보관자의 책임보험) 임차인 기타 타인의 물건을 보관하는 자가 그 지급할 손해배상을 위하여 그 물건을 보험에 붙인 경우에는 그 물건의 소유자는 보험자에 대하여 직접 그 손해의 보상을 청구할 수 있다.

제725조의2 (수개의 책임보험) 피보험자가 동일한 사고로 제3자에게 배상책임을 짐으로써 입은 손해를 보상하는 수개의 책임보험계약이 동시 또는 순차로 체결된 경우에 그 보험김액의 총액이 피보험자의 제3자에 대한 손해배상액을 초과하는 때에는 제672조와 제673조의 규정을 준용한다.
[본조신설 1991.12.31]

제726조 (재보험에의 적용) 이 절의 규정은 재보험계약에 준용한다.<개정 1991.12.31>

제6절 자동차보험

제726조의2 (자동차보험자의 책임) 자동차보험계약의 보험자는 피보험자가 자동차를 소유, 사용 또는 관리하는 동안에 발생한 사고로 인하여 생긴 손해를 보상할 책임이 있다.
[본조신설 1991.12.31]

제726조의3 (자동차 보험증권) 자동차 보험증권에는 제666조에 게기한 사항외에 다음의 사항을 기재하여야 한다.

1. 자동차소유자와 그 밖의 보유자의 성명과 생년월일 또는 상호
2. 피보험자동차의 등록번호, 차대번호, 차형년식과 기계장치
3. 차량가액을 정한 때에는 그 가액

[본조신설 1991.12.31]

제726조의4 (자동차의 양도) ①피보험자가 보험기간중에 자동차를 양도한 때에는 양수인은 보험자의 승낙을 얻은 경우에 한하여 보험계약으로 인하여 생긴 권리와 의무를 승계한다.
②보험자가 양수인으로부터 양수사실을 통지받은 때에는 지체없이 낙부를 통지하여야 하고 통지 받은 날부터 10일내에 낙부의 통지가 없을 때에는 승낙한 것으로 본다.
[본조신설 1991.12.31]

제3장 인보험

제1절 통칙

제727조 (인보험자의 책임) 인보험계약의 보험자는 생명 또는 신체에 관하여 보험사고가 생길 경우에 보험계약의 정하는 바에 따라 보험김액 기타의 급여를 할 책임이 있다.

제728조 (인보험증권) 인보험증권에는 제666조에 게기한 사항외에 다음의 사항을 기재하여야 한다.<개정 1991.12.31>

1. 보험계약의 종류
2. 피보험자의 주소·성명 및 생년월일
3. 보험수익자를 정한 때에는 그 주소·성명 및 생년월일

제729조 (제3자에 대한 보험대위의 금지) 보험자는 보험사고로 인하여 생긴 보험계약자 또는 보험수익자의 제3자에 대한 권리를 대위하여 행사하지 못한다. 그러나 상해보험계약의 경우에 당사자간에 다른 약정이 있는 때에는 보험자는 피보험자의 권리를 해하지 아니하는 범위안에서 그 권리를 대위하여 행사할 수 있다.<개정 1991.12.31>

제2절 생명보험

제730조 (생명보험자의 책임) 생명보험계약의 보험자는 피보험자의 생명에 관한 보험사고가 생길 경우에

약정한 보험김액을 지급할 책임이 있다.

제731조 (타인의 생명의 보험) ①타인의 사망을 보험사고로 하는 보험계약에는 보험계약 체결시에 그 타인의 서면에 의한 동의를 얻어야 한다.<개정 1991.12.31>
②보험계약으로 인하여 생긴 권리를 피보험자가 아닌 자에게 양도하는 경우에도 제1항과 같다.<개정 1991.12.31>

제732조 (15세미만자등에 대한 계약의 금지) 15세미만자, 심신상실자 또는 심신박약자의 사망을 보험사고로 한 보험계약은 무효로 한다.<개정 1991.12.31>

제732조의2 (중과실로 인한 보험사고) 사망을 보험사고로 한 보험계약에는 사고가 보험계약자 또는 피보험자나 보험수익자의 중대한 과실로 인하여 생긴 경우에도 보험자는 보험김액을 지급할 책임을 면하지 못한다.
[본조신설 1991.12.31]

제733조 (보험수익자의 지정 또는 변경의 권리) ①보험계약자는 보험수익자를 지정 또는 변경할 권리가 있다.
②보험계약자가 제1항의 지정권을 행사하지 아니하고 사망한 때에는 피보험자를 보험수익자로 하고 보험계약자가 제1항의 변경권을 행사하지 아니하고 사망한 때에는 보험수익자의 권리가 확정된다. 그러나 보험계약자가 사망한 경우에는 그 승계인이 제1항의 권리를 행사할 수 있다는 약정이 있는 때에는 그러하지 아니하다.<개정 1991.12.31>
③보험수익자가 보험존속중에 사망한 때에는 보험계약자는 다시 보험수익자를 지정할 수 있다. 이 경우에 보험계약자가 지정권을 행사하지 아니하고 사망한 때에는 보험수익자의 상속인을 보험수익자르 한다.
④보험계약자가 제2항과 제3항의 지정권을 행사하기 전에 보험사고가 생긴 경우에는 피보험자 또는 보험수익자의 상속인을 보험수익자로 한다.<신설 1991.12.31>

제734조 (보험수익자지정권등의 통지) ①보험계약자가 계약체결후에 보험수익자를 지정 또는 변경할 때에는 보험자에 대하여 그 통지를 하지 아니하면 이로써 보험자에게 대항하지 못한다.
②제731조제1항의 규정은 제1항의 지정 또는 변경에 준용한다.<개정 1962.12.12, 1991.12.31>

제735조 (양로보험) 피보험자의 사망을 보험사고로 한 보험계약에는 사고의 발생없이 보험기간이 종료한 때에도 보험김액을 지급할 것을 약정할 수 있다.

제735조의2 (연김보험) 생명보험계약의 보험자는 피보험자의 생명에 관한 보험사고가 생긴 때에 약정에 따라 보험김액을 연김으로 분할하여 지급할 수 있다.
[본조신설 1991.12.31]

제735조의3 (단체보험) ①단체가 규약에 따라 구성원의 전부 또는 일부를 피보험자로 하는 생명보험계약을 체결하는 경우에는 제731조를 적용하지 아니한다.
②제1항의 보험계약이 체결된 때에는 보험자는 보험계약자에 대하여서만 보험증권을 교부한다.
[본조신설 1991.12.31]

제736조 (보험적립김반환의무등) ①제649조, 제650조, 제651조 및 제652조 내지 제655조의 규정에 의하여 보험계약이 해지된 때, 제659조와 제660조의 규정에 의하여 보험김액의 지급책임이 면제된 때에는 보험자는 보험수익자를 위하여 적립한 김액을 보험계약자에게 지급하여야 한다. 그러나 다른 약정이 없으면 제659조제1항의 보험사고가 보험계약자에 의하여 생긴 경우에는 그러하지 아니하다.<개정 1991.12.31>
②삭제 <1991.12.31>

제3절 상해보험

제737조 (상해보험자의 책임) 상해보험계약의 보험자는 신체의 상해에 관한 브험사고가 생길 경우에 보험김액 기타의 급여를 할 책임이 있다.

제738조 (상해보험증권) 상해보험의 경우에 피보험자와 보험계약자가 동일인이 아닐 때에는 그 보험증권기재

사항중 제728조제2호에 게기한 사항에 갈음하여 피보험자의 직무 또는 직위만을 기재할 수 있다.
제739조 (준용규정) 상해보험에 관하여는 제732조를 제외하고 생명보험에 관한 규정을 준용한다.

2. 보험업법

[일부개정 2008.3.14 법률 제8902호], 시행일 2008.6.15,

제1장 총칙

제1조 (목적) 이 법은 보험업을 영위하는 자의 건전한 운영을 도모하고 보험계약자·피보험자 그 밖의 이해관계인의 권익을 보호함으로써 보험업의 건전한 육성과 국민경제의 균형있는 발전에 기여함을 목적으로 한다.

제2조 (정의) 이 법에서 사용하는 용어의 정의는 다음과 같다. <개정 2007.7.19, 2008.2.29>

1. "보험업"이라 함은 사람의 생사에 관하여 약정한 급여의 제공을 약속하거나 우연한 사고로 인하여 발생하는 손해의 보상을 약속하고 금전을 수수하는 것 등을 업으로 행하는 것으로 생명보험업·손해보험업 및 제3보험업을 말한다.
2. "생명보험업"이라 함은 사람의 생존 또는 사망에 관하여 약정한 급여의 제공을 약속하고 금전을 수수하는 것을 업으로 행하는 것을 말한다.
3. "손해보험업"이라 함은 우연한 사고(제4호의 규정에 의한 질병·상해 및 간병을 제외한다)로 인하여 발생하는 손해의 보상을 약속하고 금전을 수수하는 것(매매·고용·도급 그 밖의 계약에 의한 채무 또는 법령에 의한 의무의 이행에 관하여 발생할 채권자 그 밖의 권리자의 손해를 보상할 것을 채무자 그 밖의 의무자에게 약속하고, 채무자 그 밖의 의무자로부터 그 보수를 수수하는 것을 포함한다)을 업으로 행하는 것을 말한다.
4. "제3보험업"이라 함은 사람의 질병·상해 또는 이로 인한 간병에 관하여 약정한 급여를 제공하거나 손해의 보상을 약속하고 금전을 수수하는 것을 업으로 행하는 것을 말한다.
5. "보험회사"라 함은 제4조의 규정에 의한 허가를 받아 보험업을 영위하는 자를 말한다.
6. "상호회사"라 함은 보험업을 영위할 목적으로 이 법에 의하여 설립된 보험계약자를 사원으로 하는 회사를 말한다.
7. "외국보험회사"라 함은 대한민국외의 국가의 법령에 의하여 설립되어 대한민국외의 국가에서 보험업을 영위하는 자를 말한다.
8. "보험설계사"라 함은 보험회사를 위하여 보험계약의 체결을 중개하는 자(법인이 아닌 사단 및 재단을 포함한다)로서 제84조의 규정에 의하여 등록된 자를 말한다.
9. "보험대리점"이라 함은 보험회사를 위하여 보험계약의 체결을 대리하는 자(법인이 아닌 사단 및 재단을 포함한다)로서 제87조의 규정에 의하여 등록된 자를 말한다.
10. "보험중개사"라 함은 독립적으로 보험계약의 체결을 중개하는 자(법인이 아닌 사단 및 재단을 포함한다)로서 제89조의 규정에 의하여 등록된 자를 말한다.
11. "모집"이라 함은 보험계약의 체결을 중개 또는 대리하는 것을 말한다.
12. "신용공여"라 함은 대출 또는 유가증권의 매입(자금지원적 성격의 것에 한한다) 그 밖에 금융거래상의 신용위험을 수반하는 보험회사의 직접·간접적 거래로서 대통령령이 정하는 바에 따라 금융위원회가 정한 거래를 말한다.
13. "총자산"이라 함은 대차대조표에 표시된 자산에서 미상각신계약비·영업권 등 대통령령이 정하는 자산을 제외한 것을 말한다.
14. "자기자본"이라 함은 납입자본금·자본잉여금 및 이익잉여금 그 밖에 이에 준하는 것(자본조정을 제외한다)으로서 대통령령이 정하는 항목의 합계액에서 영업권 그 밖에 이에 준하는 것으로서 대통령령이 정하는 항목의 합계액을 차감한 것을 말한다.

15. “동일차주”라 함은 동일한 개인 또는 법인 및 이와 신용위험을 공유하는 자로서 대통령령이 정하는 자를 말한다.
16. “대주주”란 다음 각 목의 어느 하나에 해당하는 주주를 말한다.
    가. 최대주주 : 보험회사의 의결권 있는 발행주식 총수를 기준으로 본인 및 그와 대통령령으로 정하는 특수한 관계에 있는 자(이하 "특수관계인"이라 한다)가 누구의 명의로 하든지 자기의 계산으로 소유하는 주식을 합하여 그 수가 가장 많은 경우의 그 본인
    나. 주요주주 : 누구의 명의로 하든지 자기의 계산으로 보험회사의 의결권 있는 발행주식 총수의 100분의 10 이상의 주식을 소유하는 자 또는 임원의 임면 등의 방법으로 그 보험회사의 주요 경영사항에 대하여 사실상의 영향력을 행사하는 주주로서 대통령령으로 정하는 자
17. “자회사”라 함은 보험회사가 다른 회사의 의결권있는 발행주식(출자지분을 포함한다)총수의 100분의 15를 초과하여 소유하는 경우 그 다른 회사를 말한다.

제3조 (보험계약의 체결) 누구든지 보험회사가 아닌 자와 보험계약을 체결하거나 이를 중개 또는 대리하지 못한다. 다만, 대통령령이 정하는 경우에는 그러하지 아니하다.

제2장 보험업의 허가 등

제4조 (보험업의 허가) ①보험업을 영위하고자 하는 자는 다음 각호에서 정하는 보험종목별로 금융위원회의 허가를 받아야 한다. <개정 2008.2.29>

1. 생명보험업의 보험종목
    가. 생명보험
    나. 연금보험(퇴직보험 포함)
    다. 그 밖에 대통령령이 정하는 보험종목
2. 손해보험업의 보험종목
    가. 화재보험
    나. 해상보험(항공·운송보험 포함)
    다. 자동차보험
    라. 보증보험
    마. 재보험
    바. 그 밖에 대통령령이 정하는 보험종목
3. 제3보험업의 보험종목
    가. 상해보험
    나. 질병보험
    다. 간병보험
    라. 그 밖에 대통령령이 정하는 보험종목

②생명보험업 또는 손해보험업에 해당하는 보험종목의 전부에 관하여 제1항의 규정에 의한 허가를 받은 자는 제3보험업에 해당하는 보험종목에 관하여 허가를 받은 것으로 본다.

③보험업의 허가를 받을 수 있는 자는 주식회사·상호회사와 외국보험회사에 한하며, 제1항의 규정에 의하여 허가를 받은 외국보험회사의 국내지점(이하 “외국보험회사의 국내지점”이라 한다)은 이 법에 의한 보험회사로 본다.

④금융위원회는 제1항의 규정에 의한 허가에 조건을 붙일 수 있다. <개정 2008.2.29>

제5조 (허가신청서 등의 제출) 제4조제1항의 규정에 의하여 허가를 받고자 하는 자는 신청서에 다음 각호의 서류를 첨부하여 금융위원회에 제출하여야 한다. 다만, 보험회사가 영위하는 보험종목을 추가하고자 하는 경우에는 제1호의 서류를 제출하지 아니할 수 있다. <개정 2008.2.29>

1. 정관
2. 업무개시후 3년간의 사업계획서(추정재무제표를 포함한다)
3. 영위하고자 하는 보험종목별 사업방법서, 보험약관, 보험료 및 책임준비금의 산출방법서(이하 "기초서류"라 한다)
4. 제1호 내지 제3호외에 대통령령이 정하는 서류

제6조 (허가의 요건 등) ①보험업의 허가를 받고자 하는 자(외국보험회사를 제외한다)는 다음 각호의 요건을 갖추어야 한다. <개정 2007.7.19>

1. 제9조제1항 및 제2항의 규정에 의한 자본금 또는 기금을 보유할 것
2. 보험계약자의 보호가 가능하고 그 영위하고자 하는 보험업을 수행함에 충분한 전문인력과 전산설비 등 물적시설을 갖추고 있을 것
3. 사업계획이 타당하고 건전할 것
4. 대주주(최대주주의 특수관계인인 주주를 포함한다. 이하 이 조에서 같다)가 제13조제1항 각 호의 어느 하나에 해당하지 아니하고 충분한 출자능력 및 건전한 재무상태를 갖추고 있어야 하며, 건전한 경제질서를 저해한 사실이 없을 것

②보험업의 허가를 받고자 하는 외국보험회사는 다음 각호의 요건을 갖추어야 한다.

1. 제9조제3항의 규정에 의한 영업기금을 보유할 것
2. 국내에서 영위하고자 하는 보험업과 동일한 보험업을 외국법령에 의하여 영위하고 있을 것
3. 자산상황·재무건전성 및 영업건전성이 국내에서 보험업을 영위하기에 충분하고, 국제적으로 인정받고 있을 것
4. 제1항제2호 및 제3호의 요건을 갖출 것

③보험회사는 제1항제2호에서 정한 요건을 대통령령이 정하는 바에 따라 보험업의 허가를 받은 이후에도 계속 유지하여야 한다. 다만, 보험회사의 경영건전성 확보, 보험가입자 등의 이익 보호를 위하여 대통령령이 정하는 경우로서 금융위원회의 승인을 얻은 경우에는 그러하지 아니하다. <개정 2008.2.29>

④보험회사의 주식취득으로 대주주(대통령령으로 정하는 자를 제외한다)가 되고자 하는 자는 제1항제4호의 요건 중 건전한 경영을 위하여 대통령령으로 정하는 요건을 갖추어야 하며, 사전에 금융위원회의 승인을 얻어야 한다. <개정 2007.7.19, 2008.2.29>

⑤금융위원회는 6월 이내의 기간을 정하여 제4항의 규정에 의한 승인을 얻지 아니하고 취득한 주식을 처분할 것을 명할 수 있다. <개정 2008.2.29>

⑥제4항의 규정에 의한 승인을 얻지 아니하고 주식을 취득한 자는 승인없이 취득한 주식 취득분에 대하여 의결권을 행사할 수 없다.

⑦제1항 내지 제5항의 규정에 의한 허가, 승인 및 명령의 세부요건에 관하여 필요한 사항은 대통령령으로 정한다.

제7조 (예비허가) ①제4조의 규정에 의한 허가(이하 이 조에서 "본허가"라 한다)를 신청하고자 하는 자는 미리 금융위원회에 예비허가를 신청할 수 있다. <개정 2008.2.29>

②제1항의 규정에 의한 신청을 받은 금융위원회는 3월 이내에 이를 심사하여 예비허가 여부를 통지하여야 한다. 다만, 총리령이 정하는 바에 따라 그 기간을 연장할 수 있다. <개정 2008.2.29>

③금융위원회는 제2항의 규정에 의한 예비허가에 조건을 붙일 수 있다. <개정 2008.2.29>

④금융위원회는 예비허가를 받은 자가 제3항의 규정에 의한 예비허가조건을 이행한 후 본허가를 신청하는 때에는 이를 허가하여야 한다. <개정 2008.2.29>

⑤예비허가의 기준 그 밖에 예비허가에 관하여 필요한 사항은 총리령으로 정한다. <개정 2008.2.29>

제8조 (상호 또는 명칭) ①보험회사는 그 상호 또는 명칭중에 주로 영위하는 보험업의 종류를 표시하여야 한다.

②보험회사가 아닌 자는 그 상호 또는 명칭중에 보험회사임을 표시하는 문자를 사용하지 못한다.

제9조 (자본금 또는 기금) ①보험회사는 300억원 이상의 자본금 또는 기금을 납입하여야 보험업을 개시할 수 있다. 다만, 보험회사가 제4조제1항의 규정에 의한 보험종목의 일부만을 영위하고자 하는 경우에는 50억원 이상의 범위에서 대통령령으로 자본금 또는 기금의 액수를 달리 정할 수 있다.

②제1항의 규정에 불구하고 전화·우편·컴퓨터통신 등 통신수단을 이용하여 대통령령이 정하는 바에 따라 모집하는 보험회사는 제1항의 규정에 의한 자본금 또는 기금의 3분의 2에 상당하는 금액 이상을 자본금 또는 기금으로 납입함으로써 보험업을 개시할 수 있다.

③외국보험회사가 대한민국안에서 보험업을 영위하고자 하는 경우에는 대통령령이 정하는 영업기금을 제1항 또는 제2항의 자본금 또는 기금으로 본다.

제10조 (보험업 겸영의 제한) 보험회사는 생명보험업과 손해보험업을 겸영하지 못한다. 다만, 다음 각호의 1에 해당하는 보험종목은 그러하지 아니하다.

1. 생명보험의 재보험 및 제3보험의 재보험
2. 다른 법령에 의하여 겸영이 가능한 보험종목으로서 대통령령이 정하는 보험종목
3. 대통령령이 정하는 기준에 따라 제3보험의 보험종목에 부가되는 보험

제11조 (다른 업무 겸영의 제한) ①보험회사는 다음 각호의 1에 해당하는 업무를 제외하고는 보험업외의 업무를 영위하지 못한다. <개정 2008.2.29>

1. 대통령령이 정하는 금융업으로서 해당 법령에서 보험회사가 영위할 수 있도록 허용한 업무
2. 대통령령이 정하는 금융업으로서 그 업무의 성격상 보험회사가 겸영하는 것이 가능하다고 금융위원회가 인가한 업무
3. 다음 각목의 1에 해당하는 업무로서 대통령령이 정하는 부수업무
   가. 보험업과 관련된 업무(다른 보험회사를 위하여 그 보험업에 속하는 거래의 중개 또는 대리를 하는 업무를 포함한다)
   나. 보험회사가 소유하는 인력·자산 또는 설비 등을 활용하는 업무
   다. 그 밖에 다른 법령에 의하여 허가·인가·승인 또는 등록 등을 필요로 하지 아니하는 업무

②보험회사가 제1항의 규정에 의하여 보험업외의 업무를 영위하는 경우에는 그 업무를 대통령령이 정하는 바에 따라 보험업과 구분하여 계리하여야 한다.

제12조 (외국보험회사 등의 국내사무소 설치 등) ①외국보험회사 또는 외국에서 보험대리 및 보험중개를 업으로 영위하거나 그 밖에 보험과 관련된 업을 영위하는 자(이하 "외국보험회사등"이라 한다)는 보험시장에 관한 조사 및 정보의 수집 그 밖에 이와 유사한 업무를 수행하기 위하여 국내에 사무소(이하 "국내사무소"라 한다)를 설치할 수 있다.

②국내사무소는 다음 각호의 1의 행위를 하여서는 아니된다.

1. 보험업을 영위하는 행위
2. 보험계약의 체결을 중개하거나 이를 대리하는 행위
3. 그 밖에 국내사무소의 설치목적에 반하는 행위로서 대통령령이 정하는 행위

③국내사무소는 그 명칭중에 사무소라는 문자를 사용하여야 한다.

④금융위원회는 국내사무소가 이 법 또는 이 법에 의한 명령 또는 처분을 위반한 때에는 6월 이내의 기간을 정하여 업무의 정지를 명하거나 국내사무소의 폐쇄를 명할 수 있다. <개정 2008.2.29>제12조 (외국보험회사 등의 국내사무소 설치 등) ①외국보험회사 또는 외국에서 보험대리 및 보험중개를 업으로 영위하거나 그 밖에 보험과 관련된 업을 영위하는 자(이하 "외국보험회사등"이라 한다)는 보험시장에 관한 조사 및 정보의 수집 그 밖에 이와 유사한 업무를 수행하기 위하여 국내에 사무소(이하 "국내사무소"라 한다)를 설치할 수 있다.

②국내사무소는 다음 각호의 1의 행위를 하여서는 아니된다.

1. 보험업을 영위하는 행위
2. 보험계약의 체결을 중개하거나 이를 대리하는 행위
3. 그 밖에 국내사무소의 설치목적에 반하는 행위로서 대통령령이 정하는 행위

③국내사무소는 그 명칭중에 사무소라는 문자를 사용하여야 한다.

④금융위원회는 국내사무소가 이 법 또는 이 법에 의한 명령 또는 처분을 위반한 때에는 6월 이내의 기간을 정하여 업무의 정지를 명하거나 국내사무소의 폐쇄를 명할 수 있다. <개정 2008.2.29>

제3장 보험회사

제1절 임원·직원

제13조 (임원의 자격) ①다음 각호의 1에 해당하는 자는 보험회사의 임원(이사·감사 또는 사실상 이와 동등한 지위에 있는 자로서 대통령령이 정하는 자를 말한다. 이하 이 장, 제76조제3항 및 제130조제2호에서 같다)이 되지 못한다. <개정 2005.3.31, 2007.7.19, 2008.2.29>

1. 미성년자·금치산자 또는 한정치산자
2. 파산선고를 받은 자로서 복권되지 아니한 자
3. 금고 이상의 실형의 선고를 받고 그 집행이 종료(집행이 종료된 것으로 보는 경우를 포함한다)되거나 집행이 면제된 날부터 5년이 경과되지 아니한 자
4. 이 법 또는 이에 상당하는 외국의 법령 그 밖에 대통령령이 정하는 금융관계법률에 의하여 벌금 이상의 형의 선고를 받고 그 집행이 종료(집행이 종료된 것으로 보는 경우를 포함한다)되거나 집행이 면제된 날부터 5년이 경과되지 아니한 자
5. 금고 이상의 형의 집행유예를 받고 그 유예기간중에 있는 자
6. 이 법 또는 대통령령이 정하는 금융관계법률에 의하여 영업의 인가·허가 등이 취소된 회사 또는 법인의 임원 또는 직원이었던 자(그 취소사유의 발생에 관하여 직접 또는 이에 상응하는 책임이 있는 자로서 대통령령이 정하는 자에 한한다)로서 당해 회사 또는 법인에 대한 취소가 있은 날부터 5년이 경과되지 아니한 자
7. 「금융산업의 구조개선에 관한 법률」 제10조제1항의 규정에 의하여 금융위원회로부터 적기시정조치를 받거나 동법 제14조제2항의 규정에 의하여 계약이전의 결정 등 행정처분(이하 "적기시정조치등"이라 한다)을 받은 금융기관(동법 제2조제1호의 규정에 의한 금융기관을 말한다)의 임원 또는 직원으로 재직하거나 재직하였던 자(그 적기시정조치등을 받게 된 원인에 대하여 직접 또는 이에 상응하는 책임이 있는 자로서 대통령령이 정하는 자에 한한다)로서 그 적기시정조치등을 받은 날부터 2년이 경과되지 아니한 자
8. 이 법 또는 이에 상당하는 외국의 법령 그 밖에 대통령령이 정하는 금융관계법률에 의하여 해임 또는 징계면직된 자로서 해임 또는 징계면직된 날부터 5년이 경과되지 아니한 자
9. 제135조 또는 대통령령이 정하는 금융관계법률에 의하여 재임 또는 재직중이었더라면 해임 또는 징계면직의 조치를 받았을 것으로 통보된 퇴임한 임원 또는 퇴직한 직원으로서 그 통보가 있은 날부터 5년(통보가 있은 날부터 5년이 퇴임 또는 퇴직한 날부터 7년을 초과하는 경우에는 퇴임 또는 퇴직한 날부터 7년으로 한다)이 경과되지 아니한 자

②보험회사의 임원은 보험업의 공익성 및 건전경영과 거래질서를 해칠 우려가 없는 자이어야 한다.

③제2항의 규정에 의한 임원의 자격요건에 관한 구체적인 사항은 대통령령으로 정할 수 있다.

④보험회사의 임원으로 선임된 자가 제1항 각호의 1에 해당하게 되거나 선임 당시 그에 해당하는 자이었음이 판명된 때에는 당연히 해임된다.

⑤제4항의 규정에 의하여 해임된 임원이 해임전에 행한 행위는 그 효력을 잃지 아니한다.

제14조 (임원의 겸직제한) 보험회사의 상근임원은 다른 영리법인의 상무에 종사할 수 없다. 다만, 다음 각호의 1에 해당하는 경우에는 그러하지 아니하다. <개정 2005.3.31, 2007.7.19>

1. 당해 보험회사를 자회사로 하는 「금융지주회사법」에 의한 금융지주회사의 임원 또는 사용인이 되는 경우
2. 「채무자 회생 및 파산에 관한 법률」에 의하여 관리인으로 선임되는 경우
3. 자회사의 임원 또는 사용인이 되는 경우(대통령령이 정하는 경우를 제외한다)
4. 그 밖에 보험계약자와 이해가 상충될 우려가 없는 경우로서 대통령령이 정하는 경우

제15조 (사외이사의 선임 등) ①보험회사(자산 등을 감안하여 대통령령이 정하는 보험회사에 한한다. 이하 이 조에서 같다)는 이사회에 상시적인 업무에 종사하지 아니하는 이사로서 제4항 각 호의 어느 하나에 해당하는 자가 아닌 자(이하 "사외이사"라 한다)를 3인 이상 두어야 하며, 사외이사는 전체 이사수의 2분의 1 이상이 되어야 한다. <개정 2007.7.19>

②보험회사는 사외이사후보를 추천하기 위하여 「상법」 제393조의2의 규정에 의한 위원회(이하 "사외이사후보추천위원회"라 한다)를 설치하여야 한다. 이 경우 사외이사후보추천위원회는 사외이사가 총 위원의 2분의 1 이상이 되도록 구성하여야 한다. <개정 2007.7.19>

③사외이사는 사외이사후보추천위원회의 추천을 받은 자중에서 주주총회 또는 사원총회(이하 "주주총회등"이라 한다)에서 선임한다.

④다음 각 호의 어느 하나에 해당하는 자는 보험회사의 사외이사가 되지 못하며, 사외이사가 된 후 이에 해당하게 된 때에는 그 직을 상실한다. <개정 2007.7.19>

1. 미성년자·금치산자 또는 한정치산자
2. 파산선고를 받은 자로서 복권되지 아니한 자
3. 금고 이상의 실형을 선고받고 그 집행이 종료되거나 집행을 받지 아니하기로 확정된 후 2년을 경과하지 아니한 자
4. 이 법에 따라 해임되거나 면직된 후 2년을 경과하지 아니한 자
5. 그 보험회사의 대주주
6. 그 보험회사 또는 계열회사(「독점규제 및 공정거래에 관한 법률」에 따른 계열회사를 말한다. 이하 같다)의 상근 임직원이거나 최근 2년 이내에 상근 임직원이었던 자
7. 그 보험회사의 상근 임원의 배우자 및 직계존비속
8. 그 보험회사와 대통령령으로 정하는 중요한 거래관계가 있거나 사업상 경쟁관계 또는 협력관계에 있는 법인의 상근 임직원이거나 최근 2년 이내에 상근 임직원이었던 자
9. 그 보험회사의 상근 임직원이 비상임이사로 있는 회사의 상근 임직원
10. 그 밖에 사외이사로서의 직무를 충실하게 이행하기 곤란하거나 그 보험회사의 경영에 영향을 미칠 수 있는 자로서 대통령령으로 정하는 자

⑤보험회사는 사외이사의 사임 또는 사망 등의 사유로 이사회의 구성이 제1항에 규정된 요건에 합치되지 아니하게 된 때에는 그 사유가 발생한 날 이후에 최초로 소집되는 정기주주총회등에서 이사회의 구성이 제1항에 규정된 요건에 합치되도록 하여야 한다.

[시행일:2009.2.4] 제15조제4항

제16조 (감사위원회) ①보험회사(자산 등을 감안하여 대통령령이 정하는 보험회사에 한한다)는 감사위원회(「상법」 제415조의2제1항의 규정에 의한 감사위원회를 말한다. 이하 같다)를 설치하여야 한다. <개정 2007.7.19>

②감사위원회는 다음 각 호의 요건 모두에 적합하여야 한다. <개정 2007.7.19>

1. 총 위원의 3분의 2 이상이 사외이사일 것
2. 위원 중 1인 이상은 대통령령으로 정하는 회계 또는 재무 전문가일 것

③다음 각 호의 어느 하나에 해당하는 자는 감사위원회의 사외이사가 아닌 위원이 되지 못하며, 감사위원회의 사외이사가 아닌 위원이 된 후 이에 해당하게 된 때에는 그 직을 상실한다. 다만, 상근감사 또는 감사위원회의 사외이사가 아닌 위원으로 재임(**在任**) 중인 자는 제2호에 해당함에도 불구하고 감사위원회의 사외이사가 아닌 위원이 될 수 있다. <개정 2007.7.19>

1. 제15조제4항제1호부터 제5호까지에 해당하는 자
2. 그 보험회사의 상근 임직원 또는 최근 2년 이내에 상근 임직원이었던 자
3. 그 밖에 그 보험회사의 경영에 영향을 미칠 수 있는 자로서 대통령령으로 정하는 자

④보험회사는 감사위원회의 위원의 사임 또는 사망 등의 사유로 감사위원회의 구성이 제2항에 규정된 요건에 합치되지 아니하게 된 때에는 그 사유가 발생한 날 이후 최초로 소집되는 정기주주총회등에서 감사위원회의 구성이 제2항에 규정된 요건에 합치되도록 하여야 한다.

⑤「상법」 제415조의2제2항 단서의 규정은 제1항의 규정에 의한 감사위원회의 구성에 관하여는 이를 적용하지 아니한다. <개정 2007.7.19>

제17조 (내부통제기준 등) ①보험회사는 법령을 준수하고 자산운용을 건전하게 하며 보험계약자를 보호하기 위하여 그 임원 및 직원이 직무를 수행함에 있어서 따라야 할 기본적인 절차와 기준(이하 "내부통제기준"이라 한다)을 정하여야 한다.

②보험회사는 내부통제기준의 준수여부를 점검하고, 내부통제기준을 위반하는 경우 이를 조사하여 감사 또는 감사위원회에 보고하는 자(이하 "준법감시인"이라 한다)를 1인 이상 두어야 한다.

③보험회사는 준법감시인을 임면하고자 하는 경우 이사회의 의결을 거쳐야 한다. 다만, 외국보험회사의 국내지점의 경우에는 그러하지 아니하다.

④준법감시인은 다음 각호의 요건에 적합한 자이어야 한다. <개정 2007.7.19, 2008.2.29>

1. 다음 각목의 1에 해당하는 경력이 있는 자일 것
   가. 한국은행 또는 「금융위원회의 설치 등에 관한 법률」 제38조의 규정에 의한 검사대상기관(이에 상당하는 외국금융기관을 포함한다)에서 10년 이상 근무한 경력이 있는 자
   나. 금융관계분야의 석사학위 이상의 학위소지자로서 연구기관 또는 대학에서 연구원 또는 전임강사 이상의 직에 5년 이상 근무한 경력이 있는 자
   다. 변호사·공인회계사 또는 보험계리사의 자격을 가진 자로서 당해 자격과 관련된 업무에 5년 이상 종사한 경력이 있는 자
   라. 기획재정부·금융위원회·「금융위원회의 설치 등에 관한 법률」에 의하여 설립된 금융감독원(이하 "금융감독원"이라 한다) 또는 증권선물위원회에서 5년 이상 근무한 경력이 있는 자로서 당해 기관에서 퇴임 또는 퇴직한 후 5년이 경과된 자
2. 제13조제1항 각호의 1에 해당되지 아니할 것
3. 최근 5년간 대통령령이 정하는 금융관계법령을 위반하여 금융위원회 또는 금융감독원 원장(이하 "금융감독원장"이라 한다)으로부터 주의·경고의 요구 이상에 해당하는 조치를 받은 사실이 없을 것

⑤준법감시인은 선량한 관리자의 주의로 그 직무를 수행하여야 하며, 다음 각호의 업무를 수행하는 직무를 담당하여서는 아니된다.

1. 자산운용에 관한 업무
2. 당해 보험회사가 영위하는 보험에 관한 업무로서 대통령령이 정하는 업무와 그 부수업무
3. 제2호의 업무외에 당해 보험회사가 겸영하는 금융업무

⑥보험회사는 준법감시인이 그 직무를 수행함에 있어서 자료나 정보의 제출을 임원·직원에게 요구하는 경우에는 당해 임원·직원으로 하여금 이에 성실히 응하도록 하여야 한다.

⑦보험회사는 준법감시인이었던 자에 대하여 당해 직무수행과 관련한 사유로 부당한 인사상의 불이익을

주어서는 아니된다.

⑧금융위원회는 효과적인 내부통제기준을 정하고 이를 엄격하게 준수하고 있다고 인정하는 보험회사에 대하여는 제133조의 규정에 의한 검사의 생략, 검사기간의 단축 또는 제134조의 규정에 의한 제재를 감면할 수 있다. <개정 2008.2.29>

⑨내부통제기준에 포함되어야 할 사항, 준법감시인의 준수사항 등에 관하여 필요한 사항은 대통령령으로 정한다.

제2절 주식회사

제18조 (자본감소) ①보험회사인 주식회사(이하 "주식회사"라 한다)가 자본감소의 결의를 한 때에는 그 결의를 한 날부터 2주 이내에 결의의 요지와 대차대조표를 공고하여야 한다.

②제139조, 제141조제2항·제3항, 제149조 및 제151조제3항의 규정은 자본감소의 경우에 이를 준용한다.

제19조 (주식회사의 소수주주권의 행사) ①6월 이상 계속하여 주식회사(자산 등을 감안하여 대통령령이 정하는 주식회사에 한한다. 이하 이 조에서 같다)의 발행주식총수의 10만분의 5 이상에 해당하는 주식을 대통령령이 정하는 바에 따라 보유한 자는 「상법」 제403조(「상법」 제324조·제415조·제424조의2·제467조의 2 및 제542조에서 준용하는 경우를 포함한다)에서 규정하는 주주의 권리를 행사할 수 있다. <개정 2007.7.19>

②6월 이상 계속하여 주식회사의 발행주식총수의 10만분의 250 이상(대통령령이 정하는 주식회사의 경우에는 10만분의 125 이상)에 해당하는 주식을 대통령령이 정하는 바에 따라 보유한 자는 「상법」 제385조(「상법」 제415조에서 준용하는 경우를 포함한다)·제402조 및 제539조에서 규정하는 주주의 권리를 행사할 수 있다. <개정 2007.7.19>

③6월 이상 계속하여 주식회사의 발행주식총수의 1만분의 50 이상(대통령령이 정하는 주식회사의 경우에는 1만분의 25 이상)에 해당하는 주식을 대통령령이 정하는 바에 따라 보유한 자는 「상법」 제363조의2 및 제466조에서 규정하는 주주의 권리를 행사할 수 있다. 이 경우 「상법」 제363조의2에서 규정하는 주주의 권리를 행사하는 경우에는 의결권있는 주식을 기준으로 한다. <개정 2007.7.19>

④6월 이상 계속하여 주식회사의 발행주식총수의 1만분의 150 이상(대통령령이 정하는 주식회사의 경우에는 1만분의 75 이상)에 해당하는 주식을 대통령령이 정하는 바에 따라 보유한 자는 「상법」 제366조 및 제467조에서 규정하는 주주의 권리를 행사할 수 있다. 이 경우 「상법」 제366조에서 규정하는 주주의 권리를 행사하는 경우에는 의결권있는 주식을 기준으로 한다. <개정 2007.7.19>

⑤제1항의 규정에 의한 주주가 「상법」 제403조(「상법」 제324조·제415조·제424조의2·제467조의2 및 제542조에서 준용하는 경우를 포함한다)의 규정에 의한 소송을 제기하여 승소한 경우에는 주식회사에 대하여 소송비용 그 밖에 소송으로 인한 모든 비용의 지급을 청구할 수 있다. <개정 2007.7.19>

제20조 (조직변경) ①주식회사는 그 조직을 변경하여 이를 상호회사로 할 수 있다.

②제1항의 상호회사의 기금은 제9조의 규정에 불구하고 그 총액을 300억원 미만으로 하거나 이를 설정하지 아니할 수 있다.

③제1항의 경우에는 손실의 보전에 충당하기 위하여 금융위원회가 필요하다고 인정하는 금액을 준비금으로 적립하여야 한다. <개정 2008.2.29>

제21조 (조직변경의 결의) ①주식회사의 조직변경은 주주총회의 결의를 거쳐야 한다.

②제1항의 규정에 의한 결의는 「상법」 제434조의 규정에 의한다. <개정 2007.7.19>

제22조 (조직변경결의의 공고와 통지) ①주식회사가 조직변경의 결의를 한 때에는 그 결의를 한 날부터 2주 이내에 결의의 요지와 대차대조표를 공고하고 주주명부에 기재된 질권자에게 개별적으로 이를 통지하여

야 한다.

②제141조제2항 및 제3항과 「상법」 제232조의 규정은 제1항의 경우에 이를 준용한다. <개정 2007.7.19>

제23조 (조직변경결의 공고후의 보험계약) ①주식회사는 제22조제1항의 공고를 한 날 이후에 보험계약을 체결하고자 하는 경우에는 보험계약자가 될 자에게 조직변경의 절차가 진행중이라는 뜻을 통지하고 그 승낙을 받아야 한다.

②제1항의 규정에 의한 승낙을 한 보험계약자는 조직변경의 절차관계에 있어서는 이를 보험계약자가 아닌 자로 본다.

제24조 (보험계약자총회의 소집) ①제22조제1항의 공고에 대하여 제141조제2항의 기간 이내에 이의를 제출한 보험계약자의 수와 그 보험금이 제141조제3항에서 규정하는 비율을 초과하지 아니하는 경우에는 이사는 「상법」 제232조의 규정에 의한 절차의 종료후 지체없이 보험계약자총회를 소집하여야 한다. <개정 2007.7.19>

② 「상법」 제353조의 규정은 제1항의 경우에 보험계약자에 대한 통지에 관하여 이를 준용한다. <개정 2007.7.19>

제25조 (보험계약자총회 대행기관) ①주식회사는 조직변경의 결의에 있어서 보험계약자총회에 갈음하는 기관에 관한 사항을 정할 수 있다.

②제1항의 기관에 대하여는 보험계약자총회에 관한 규정을 준용한다.

③제1항의 기관에 관한 사항을 정한 경우에는 그 기관의 구성방법을 제22조제1항의 공고에 기재하여야 한다.

제26조 (보험계약자총회의 결의방법) ①보험계약자총회는 보험계약자의 과반수의 출석과 그 의결권의 4분의 3 이상의 찬성으로 결의한다.

②제55조와 「상법」 제363조제1항·제2항, 제364조, 제367조, 제368조제3항 제4항, 제371조제2항, 제372조, 제373조 및 제376조 내지 제381조의 규정은 보험계약자총회에 관하여 이를 준용한다. <개정 2007.7.19>

제27조 (보험계약자총회에서의 보고) 주식회사의 이사는 조직변경에 관한 사항을 보험계약자총회에 보고하여야 한다.

제28조 (보험계약자총회의 결의 등) ①보험계약자총회는 정관의 변경 그 밖에 상호회사의 조직에 필요한 사항을 결의하여야 한다.

②제21조제1항의 규정에 의한 결의는 제1항의 결의로 이를 변경할 수 있다. 이 경우 주식회사의 채권자의 이익을 해하지 못한다.

③제2항의 규정에 의한 변경이 주주에게 손해를 입히게 되는 경우에는 주주총회의 동의를 얻어야 한다. 이 경우에는 제21조제2항의 규정을 준용한다.

④ 「상법」 제316조제2항의 규정은 제1항의 결의에 관하여 이를 준용한다. <개정 2007.7.19>

제29조 (조직변경의 등기) ①주식회사가 그 조직을 변경한 때에는 변경한 날부터 본점과 주된 사무소의 소재지에 있어서는 2주 이내에, 지점과 종된 사무소의 소재지에 있어서는 3주 이내에, 주식회사는 해산의 등기를, 상호회사는 제40조제2항의 규정에 의한 등기를 하여야 한다.

②제1항의 규정에 의한 등기의 신청서에는 정관과 제21조제1항의 결의, 제22조제1항의 공고, 제28조의 결의 및 동의, 제141조제3항의 이의와 「상법」 제232조의 규정에 의한 절차의 종료를 증명하는 서류를 첨부하여야 한다. <개정 2007.7.19>

제30조 (조직변경으로 인한 입사) 주식회사의 보험계약자는 조직변경으로 인하여 당해 상호회사의 사원이 된다.

제31조 (「상법」 등의 준용 <개정 2007.7.19>) 제145조와 「상법」 제40조, 제339조, 제340조제1항·제2항, 제439조제1항, 제445조 및 제446조의 규정은 주식회사의 조직변경에 관하여 이를 준용한다. 이 경우 「상법」 제446조에서 "제192조"는 "제238조"로 본다. <개정 2007.7.19>

제32조 (보험계약자 등의 우선취득권) ①보험계약자 또는 보험금을 취득할 자는 피보험자를 위하여 적립한 금액을 다른 법률에 특별한 규정이 있는 경우를 제외하고는 주식회사의 자산에서 우선하여 취득한다.

②제108조의 규정에 의하여 특별계정이 설정된 경우에는 제1항의 규정은 특별계정과 그 밖의 계정을 구분하여 각각 적용한다.

제33조 (예탁자산에 대한 우선변제권) ①보험계약자 또는 보험금을 취득할 자는 피보험자를 위하여 적립한 금액을 주식회사가 이 법에 의한 금융위원회의 명령에 따라 예탁한 자산에서 다른 채권자에 우선하여 변제를 받을 권리를 가진다. <개정 2008.2.29>

②제32조제2항은 제1항의 경우에 이를 준용한다.

제3절 상호회사

제1관 설립

제34조 (정관기재사항) 상호회사의 발기인은 정관을 작성하여 다음 각호의 사항을 기재하고 기명날인하여야 한다.

1. 영위하고자 하는 보험종목과 사업의 범위
2. 명칭
3. 사무소 소재지
4. 기금의 총액
5. 기금의 갹출자가 가질 권리
6. 기금과 설립비용의 상각방법
7. 잉여금분배의 방법
8. 회사가 공고를 하는 방법
9. 회사의 성립후 양수할 것을 약정한 자산이 있는 경우에는 그 자산가격과 양도인의 성명
10. 존립시기 또는 해산사유를 정한 경우에는 그 시기 또는 사유

제35조 (명칭) 상호회사는 그 명칭중에 상호회사라는 문자를 사용하여야 한다.

제36조 (기금의 납입) ①상호회사의 기금의 납입은 금전외의 자산으로 이를 하지 못한다.

② 「상법」 제295조제1항·제305조제1항·제2항 및 제318조의 규정은 기금의 납입에 관하여 이를 준용한다. <개정 2007.7.19>

제37조 (사원수) 상호회사의 설립에는 100인 이상의 사원이 있어야 한다.

제38조 (입사청약서) ①발기인이 아닌 자가 상호회사의 사원이 되고자 하는 경우에는 입사청약서 2부에 보험의 목적과 보험금액을 기재하고 기명날인하여야 한다. 다만, 상호회사의 성립후 사원이 되고자 하는 자는 그러하지 아니하다.

②발기인은 제1항의 규정에 의한 입사청약서에 다음 각호의 사항을 기재하여 작성하여야 하고, 이를 비치하여야 한다.

1. 정관의 인증연월일과 그 인증을 한 공증인의 성명
2. 제34조 각호의 사항
3. 기금갹출자의 성명·주소와 그 각자가 갹출하는 금액

4. 발기인의 성명과 주소
5. 발기인이 보수를 받는 경우에는 그 보수액
6. 설립시에 모집하고자 하는 사원의 수
7. 일정한 시기까지 창립총회가 종결되지 아니하는 경우에는 입사의 청약을 취소할 수 있다는 뜻

③ 「민법」 제107조제1항 단서의 규정은 상호회사 성립전의 입사청약에는 이를 적용하지 아니한다. <개정 2007.7.19>

제39조 (창립총회) ①상호회사의 기금의 납입이 종료되고 사원이 예정수에 달한 경우에는 발기인은 지체없이 창립총회를 소집하여야 한다.

②창립총회에 있어서는 사원 과반수의 출석과 그 의결권의 4분의 3 이상의 찬성으로 결의한다.

③제55조와 「상법」 제363조제1항·제2항, 제364조, 제368조제3항·제4항, 제371조제2항, 제372조, 제373조 및 제376조 내지 제381조의 규정은 상호회사의 창립총회에 관하여 이를 준용한다. <개정 2007.7.19>

제40조 (설립등기) ①상호회사의 설립등기는 창립총회가 종결된 날부터 2주 이내에 하여야 한다.

②제1항의 규정에 의한 설립등기에는 다음 각호의 사항을 포함하여야 한다.

1. 제34조 각호의 사항
2. 이사와 감사의 성명 및 주소
3. 대표이사의 성명
4. 수인의 대표이사가 공동으로 회사를 대표할 것을 정한 경우에는 그 규정

③제1항 및 제2항의 규정에 의한 설립등기는 이사 및 감사의 공동신청에 의하여야 한다.

제41조 (등기부) 관할등기소에는 상호회사등기부를 비치하여야 한다.

제42조 (배상책임) 이사가 위법으로 이익배당에 관한 의안을 사원총회에 제출하거나 다른 이사에게 금전을 대부하거나 그 밖의 부당한 거래를 함으로써 상호회사에 입힌 손해에 대한 배상의 책임은 사원총회의 동의가 없으면 이를 면제하지 못한다.

제43조 (발기인에 대한 소) 제19조 및 「상법」 제400조의 규정은 상호회사의 발기인에 관하여 이를 준용한다. <개정 2007.7.19>

제44조 (「상법」 의 준용 <개정 2007.7.19>) 「상법」 제10조 내지 제15조, 제17조, 제22조, 제23조, 제26조, 제27조, 제29조 내지 제33조, 제35조, 제37조 내지 제40조, 제87조 내지 제89조, 제91조, 제92조, 제171조 내지 제173조, 제176조, 제177조, 제181조 내지 제183조, 제288조, 제289조제3항, 제292조, 제310조 내지 제316조 및 제322조 내지 제327조의 규정은 상호회사에 관하여 이를 준용한다. <개정 2007.7.19>

제45조 (「비송사건절차법」 의 준용 <개정 2007.7.19>) 「비송사건절차법」 제72조제1항·제2항, 제73조, 제77조, 제78조, 제80조, 제81조, 제84조, 제85조, 제90조 내지 제100조, 제117조 내지 제121조, 제123조 내지 제127조, 제129조 내지 제131조, 제138조 내지 제143조, 제147조, 제149조 내지 제161조, 제164조, 제179조 내지 제181조, 제189조, 제190조, 제215조, 제216조, 제218조, 제232조, 제233조 내지 제246조의 규정은 상호회사에 관하여 이를 준용한다. <개정 2007.7.19>

제2관 사원의 권리의무

제46조 (간접책임) 상호회사의 사원은 회사의 채권자에 대하여 직접적으로 의무를 지지 아니한다.

제47조 (유한책임) 상호회사의 채무에 관한 사원의 책임은 보험료를 한도로 한다.

제48조 (상계의 금지) 상호회사의 사원은 보험료의 납입에 관하여 상계로써 회사에 대항하지 못한다.

제49조 (보험금액의 삭감) 상호회사는 정관으로 보험금액의 삭감에 관한 사항을 정하여야 한다.

제50조 (생명보험계약 등의 승계) 생명보험 및 제3보험을 목적으로 하는 상호회사의 사원은 회사의 승낙을 받아 타인으로 하여금 그 권리와 의무를 승계하게 할 수 있다.

제51조 (손해보험의 목적의 양도) 손해보험을 목적으로 하는 상호회사의 사원이 보험의 목적을 양도한 때에는 양수인은 회사의 승낙을 받아 양도인의 권리와 의무를 승계할 수 있다.

제52조 (사원명부) 상호회사의 사원명부에는 다음 각호의 사항을 기재하여야 한다.

1. 사원의 성명과 주소
2. 각 사원의 보험계약의 종류, 보험금액과 보험료

제53조 (통지와 최고) 「상법」 제353조의 규정은 상호회사의 입사청약서 또는 사원에 대한 통지와 최고에 관하여 이를 준용한다. 다만, 보험관계에 속하는 사항의 통지와 최고에 있어서는 그러하지 아니하다. <개정 2007.7.19>

제3관 회사의 기관

제54조 (사원총회대행기관) ①상호회사는 정관으로 사원총회에 갈음할 기관을 정할 수 있다.

②제1항의 규정에 의한 기관에 대하여는 사원총회에 관한 규정을 준용한다.

제55조 (의결권) 상호회사의 사원은 사원총회에서 각각 1개의 의결권을 가진다. 다만, 정관에 특별한 규정이 있는 경우에는 그러하지 아니하다.

제56조 (총회소집청구권) ①상호회사의 100분의 5 이상의 사원은 회의의 목적인 사항과 그 소집의 이유를 기재한 서면을 이사에게 제출하여 사원총회의 소집을 청구할 수 있다. 다만, 이 권리의 행사에 관하여 정관으로 다른 기준을 정할 수 있다.

② 「상법」 제366조제2항 및 제3항의 규정은 제1항의 경우에 이를 준용한다. <개정 2007.7.19>

제57조 (서류의 비치와 열람 등) ①상호회사의 이사는 정관과 사원총회 및 이사회의 의사록을 각 사무소에, 사원명부를 주된 사무소에 비치하여야 한다.

②상호회사의 사원과 채권자는 영업시간내에는 언제든지 제1항의 서류를 열람 또는 등사하거나, 회사가 정한 비용을 지급하고 그 등본 또는 초본의 교부를 청구할 수 있다.

제58조 (상호회사의 소수사원권의 행사) 제19조의 규정은 상호회사에 관하여 이를 준용한다. 이 경우 "발행주식총수"는 "사원총수"로, "주식을 대통령령이 정하는 바에 따라 보유한 자"는 "사원"으로 본다.

제59조 (「상법」 등의 준용 <개정 2007.7.19>) ① 「상법」 제362조, 제363조제1항·제2항, 제364조, 제365조제1항·제3항, 제367조, 제368조제1항·제3항·제4항, 제371조제2항, 제372조, 제373조 및 제375조 내지 제381조의 규정은 상호회사의 사원총회에 관하여 이를 준용한다. <개정 2007.7.19>

② 「상법」 제382조, 제383조제2항·제3항, 제385조, 제386조, 제388조, 제389조, 제393조, 제395조, 제398조, 제399조제1항, 제401조제1항, 제407조 및 제408조의 규정은 상호회사의 이사에 관하여 이를 준용한다. <개정 2007.7.19>

③제19조와 「상법」 제382조, 제385조, 제386조, 제388조, 제394조, 제399조제1항, 제401조제1항, 제407조, 제410조 내지 제413조의2 및 제414조제3항의 규정은 상호회사의 감사에 관하여 이를 준용한다. <개정 2007.7.19>

제4관 회사의 계산

제60조 (손실보전준비금) ①상호회사는 손실을 보전하기 위하여 각 사업연도의 잉여금중에서 준비금을 적립하여야 한다.

②제1항의 규정에 의한 준비금의 총액과 매년 적립할 그 최저액은 정관으로 정한다.

제61조 (기금이자지급 등의 제한) ①상호회사는 손실을 보전한 후가 아니면 기금이자를 지급하지 못한다.

②기금의 상각 또는 잉여금의 분배는 설립비용과 사업비의 전액을 상각하고, 제60조제1항의 규정에 의한 준비금을 공제한 후가 아니면 이를 하지 못한다.

③제1항 및 제2항의 규정을 위반하여 기금이자의 지급, 기금의 상각 또는 잉여금의 분배를 한 경우에는 회사의 채권자는 이를 반환하게 할 수 있다.

제62조 (기금상각적립금) 기금을 상각하는 경우에는 상각하는 금액과 동일한 금액을 적립하여야 한다.

제63조 (잉여금의 분배) 잉여금은 정관에 특별한 규정이 없는 경우에는 각 사업연도말에 있어서의 사원에게 이를 분배한다.

제64조 (「상법」의 준용 <개정 2007.7.19>) 「상법」 제447조 내지 제450조, 제452조 및 제468조의 규정은 상호회사의 계산에 관하여 이를 준용한다. <개정 2007.7.19>

제5관 정관의 변경

제65조 (정관의 변경) ①상호회사의 정관의 변경은 사원총회의 결의에 의하여야 한다.

②제55조와 「상법」 제363조제1항·제2항, 제364조, 제368조제3항·제4항, 제371조제2항, 제372조, 제373조, 제376조 내지 제381조 및 제433조제2항의 규정은 제1항의 경우에 이를 준용한다. <개정 2007.7.19>

제6관 사원의 퇴사

제66조 (퇴사이유) ①상호회사의 사원은 다음 각호의 사유로 인하여 퇴사한다.

1. 정관이 정하는 사유의 발생
2. 보험관계의 소멸

② 「상법」 제283조의 규정은 상호회사의 사원이 사망한 경우에 이를 준용한다. <개정 2007.7.19>

제67조 (환급청구권) ①상호회사의 퇴사원은 정관 또는 보험약관이 정하는 바에 따라 그 권리에 속하는 금액의 환급을 청구할 수 있다.

②퇴사원이 회사에 대하여 부담한 채무가 있는 경우에 회사는 제1항의 금액중에서 이를 공제할 수 있다.

제68조 (환급기한 및 시효) ①상호회사의 퇴사원의 권리에 속하는 금액의 환급은 퇴사한 날이 속하는 사업연도 종료일부터 3월 이내에 이를 하여야 한다.

②퇴사원의 환급청구권은 제1항의 기간 경과후 2년간 이를 행사하지 아니한 때에는 시효로 인하여 소멸한다.

제7관 해산

제69조 (해산의 공고) ①상호회사가 해산의 결의를 한 때에는 그 결의가 제139조의 규정에 의하여 인가된 날부터 2주 이내에 결의의 요지와 대차대조표를 공고하여야 한다.

②제141조제2항 내지 제4항, 제145조 및 제149조의 규정은 제1항의 경우에 이를 준용한다.

제70조 (「상법」의 준용 <개정 2007.7.19>) ① 「상법」 제174조제3항, 제175조제1항, 제228조, 제232조, 제234조 내지 제240조, 제522조제1항·제2항, 제526조제1항, 제527조제1항·제2항, 제528조제1항 및 제529조의 규정은 상호회사에 관하여 이를 준용한다. 이 경우 「상법」 제528조제1항에서 "제317조"는 "「보험업법」 제40조"로 본다. <개정 2007.7.19>

②제39조제2항의 규정은 「상법」 제175조제1항의 규정에 의한 선임에 관하여 이를 준용한다. <개정 2007.7.19>

제8관 청산

제71조 (청산) 상호회사가 해산한 때에는 합병과 파산의 경우를 제외하고는 이 관의 규정에 따라 청산을 하여야 한다.

제72조 (자산처분의 순위 등) ①상호회사의 청산인은 다음 각호의 순위에 따라 회사자산을 처분하여야 한다.

1. 일반채무의 변제
2. 사원의 보험금액과 제158조제2항의 규정에 의하여 사원에게 환급할 금액의 지급
3. 기금의 상각

②잔여자산은 상호회사의 정관에 특별한 규정이 없는 경우에는 잉여금의 분배와 동일한 비율로 이를 사원에게 분배하여야 한다.

제73조 (「상법」 등의 준용 <개정 2007.7.19>) 제19조·제56조·제57조와 「상법」 제245조, 제253조 내지 제255조, 제259조, 제260조 단서, 제264조, 제328조, 제362조, 제367조, 제373조제2항, 제376조, 제377조, 제382조제2항, 제386조, 제388조, 제389조, 제394조, 제398조, 제399조제1항, 제401조제1항, 제407조, 제408조, 제411조 내지 제413조, 제414조제3항, 제448조 내지 제450조, 제531조 내지 제537조, 제539조제1항, 제540조 및 제541조의 규정은 상호회사의 청산에 관하여 이를 준용한다. <개정 2007.7.19>

제4절 외국보험회사의 국내지점

제74조 (외국보험회사의 국내지점의 허가취소 등) ①금융위원회는 외국보험회사의 본점이 다음 각호의 1에 해당하게 된 때에는 당해 외국보험회사의 국내지점에 대하여 청문을 거쳐 보험업의 허가를 취소할 수 있다. <개정 2008.2.29>

1. 합병·영업의 양도 등으로 인하여 소멸한 때
2. 위법행위, 불건전한 영업행위 등의 사유로 인하여 외국감독기관으로부터 제134조제2항의 규정에 의한 처분에 상당하는 조치를 받은 때
3. 휴업하거나 영업을 중지한 때

②외국보험회사의 국내지점은 당해 외국보험회사의 본점이 제1항 각호의 1에 해당하게 된 때에는 그 사유가 발생한 날부터 7일 이내에 그 사실을 금융위원회에 보고하여야 한다. <개정 2008.2.29>

제75조 (국내자산보유의무) 외국보험회사의 국내지점은 대한민국안에서 체결한 보험계약에 관하여 제120조의 규정에 의하여 적립한 책임준비금 및 비상위험준비금에 상당하는 자산을 대한민국안에서 보유하여야 한다.

제76조 (국내에서의 대표자) ① 「상법」 제209조의 규정은 외국보험회사의 국내지점에 관하여 이를 준용한다. <개정 2007.7.19>

②외국보험회사의 국내지점의 대표자는 퇴임한 후에도 이에 대신할 대표자의 성명 및 주소에 관하여 「상법」 제614조제3항의 규정에 의한 등기가 있을 때까지 계속하여 대표자의 권리와 의무를 가진다. <개정 2007.7.19>

③외국보험회사의 국내지점의 대표자는 이 법에 의한 보험회사의 임원으로 본다.

제77조 (잔무처리자) ①제4조의 규정에 의하여 허가를 받은 외국보험회사의 본점이 보험업을 폐지하거나 해산한 때 또는 대한민국안에서의 보험업을 폐지하거나 당해 허가가 취소된 때에 금융위원회는 필요하다고 인정하는 경우에는 잔무를 처리할 자를 선임 또는 해임할 수 있다. <개정 2008.2.29>

②제76조제1항 및 제157조의 규정은 제1항의 잔무처리자에 관하여 이를 준용한다.

③제160조의 규정은 제1항의 경우에 이를 준용한다.

제78조 (등기) ①제41조의 규정은 상호회사인 외국보험회사(이하 "외국상호회사"라 한다)의 국내지점에 관하여 이를 준용한다.

②외국상호회사의 국내지점이 등기를 신청하는 때에는 당해 외국상호회사 국내지점의 대표자는 신청서에 대한민국안에서의 주된 영업소와 대표자의 성명 및 주소를 기재하고 이에 다음 각호의 서류를 첨부하여야 한다.

1. 대한민국안에서의 주된 영업소의 존재를 인정할 수 있는 서류
2. 대표자의 자격을 인정할 수 있는 서류
3. 회사의 정관 그 밖에 회사의 성격을 식별할 수 있는 서류

③제2항 각호의 서류는 당해 외국상호회사의 본국의 관할관청이 증명한 것이어야 한다.

제79조 (「상법」 의 준용 <개정 2007.7.19>) ① 「상법」 제1편제3장(제16조를 제외한다), 제22조·제23조 및 제24조, 제26조, 제1편제5장, 제6장, 제2편제5장(제90조를 제외한다) 및 제177조의 규정은 외국상호회사의 국내지점에 관하여 이를 준용한다. <개정 2007.7.19>

② 「상법」 제619조 및 제620조제1항·제2항의 규정은 외국보험회사의 국내지점이 대한민국안에서 종된 영업소를 설치하거나 외국보험회사의 국내지점을 위하여 모집을 하는 자가 영업소를 설치한 경우에 이를 준용한다. <개정 2007.7.19>

제80조 (「비송사건절차법」 의 준용 <개정 2007.7.19>) 「비송사건절차법」 제72조제3항, 제101조제2항, 제128조 내지 제131조, 제137조 내지 제143조, 제147조, 제150조, 제153조 내지 제156조, 제159조 내지 제161조, 제164조, 제179조, 제181조, 제189조, 제190조, 제230조 내지 제237조, 제239조 내지 제246조의 규정은 외국상호회사의 국내지점에 관하여 이를 준용한다. <개정 2007.7.19>

제81조 (총회결의의 의제) 제141조, 제142조, 제144조제1항 및 제146조제2항을 외국보험회사의 국내지점에 적용함에 있어 제141조제1항중 "제138조의 규정에 의한 결의를 한 날"은 "이전계약서를 작성한 날"로, 제142조 및 제144조제1항중 "주주총회등의 결의가 있은 때"는 각각 "이전계약서를 작성한 때"로, 제146조제2항중 "보험계약이전의 결의를 한 후"는 "이전계약서를 작성한 후"로 본다.

제82조 (적용제외) ①제8조, 제15조, 제16조, 제138조·제139조중 해산 및 합병에 관한 부분, 제141조제4항, 제148조, 제149조, 제151조 내지 제154조, 제156조, 제157조 및 제159조 내지 제161조의 규정은 외국보험회사의 국내지점에 관하여는 이를 적용하지 아니한다.

②제8장중 총회의 결의에 관한 규정은 외국보험회사의 국내지점에 관하여는 이를 적용하지 아니한다.

제4장 모집

제1절 모집종사자

제83조 (모집할 수 있는 자) ①모집을 할 수 있는 자는 다음 각호의 1에 해당하는 자이어야 한다.

1. 보험설계사
2. 보험대리점
3. 보험중개사
4. 보험회사의 임원(대표이사·사외이사·감사 및 감사위원을 제외한다. 이하 이 장에서 같다) 또는 직원
5. 보험대리점 또는 보험중개사의 임원 또는 사용인으로서 이 법에 의하여 모집에 종사할 자로 신고된 자

②제1항제5호의 규정에 불구하고 제91조의 규정에 의한 금융기관보험대리점등은 대통령령이 정하는 바에 따라 모집에 종사하게 할 목적으로 별도의 사용인을 둘 수 없다.

제84조 (보험설계사의 등록) ①보험회사는 소속보험설계사가 되고자 하는 자를 금융위원회에 등록하여야 한다. <개정 2008.2.29>

②다음 각호의 1에 해당하는 자는 보험설계사가 되지 못한다. <개정 2005.3.31>

1. 금치산자 또는 한정치산자
2. 파산선고를 받은 자로서 복권되지 아니한 자
3. 이 법에 의하여 벌금 이상의 형을 선고받고 그 집행이 종료(집행이 종료된 것으로 보는 경우를 포함한다)되거나 집행이 면제된 날부터 2년이 경과되지 아니한 자
4. 이 법에 의하여 보험설계사보험대리점 또는 보험중개사의 등록이 취소된 후 2년(제91조의 규정에 의한 금융기관보험대리점 등의 경우에는 등록이 취소된 후 3년)이 경과되지 아니한 자
5. 영업에 관하여 성년자와 동일한 능력을 가지지 아니한 미성년자로서 그 법정대리인이 제1호 내지 제4호의 1에 해당하는 자
6. 법인 또는 법인이 아닌 사단이나 재단으로서 그 임원 또는 관리인중에 제1호 내지 제4호의 1에 해당하는 자가 있는 자
7. 과거에 모집에 관하여 수수한 보험료를 다른 용도에 유용한 후 2년이 경과되지 아니한 자

③보험설계사의 구분 및 등록요건은 대통령령으로 정한다.

제85조 (보험설계사에 의한 모집의 제한) ①보험회사는 다른 보험회사에 속하는 보험설계사에게 모집을 위탁하지 못한다.

②보험설계사는 소속보험회사외의 보험회사를 위하여 모집하지 못한다.

③제1항 및 제2항의 규정은 다음 각호의 1에 해당하는 때에는 이를 적용하지 아니한다.

1. 생명보험회사에 속한 보험설계사가 1개의 손해보험회사를 위하여 모집을 하는 때
2. 손해보험회사에 속한 보험설계사가 1개의 생명보험회사를 위하여 모집을 하는 때
3. 생명보험회사 또는 손해보험회사에 속한 보험설계사가 1개의 제3보험업을 영위하는 보험회사를 위하여 모집을 하는 때

④제3항의 규정을 적용받는 보험회사 및 보험설계사가 모집에 있어서 준수하여야 할 사항은 대통령령으로 정한다.

제86조 (등록의 취소 등) ①금융위원회는 보험설계사가 다음 각호의 1에 해당하는 때에는 그 등록을 취소하여야 한다. <개정 2008.2.29>

1. 제84조제2항 각호의 1에 해당하게 된 때
2. 등록 당시에 제84조제2항 각호의 1에 해당하는 자이었음이 판명된 때
3. 거짓 그 밖의 부정한 방법으로 제84조의 규정에 의한 등록을 한 때

②금융위원회는 보험설계사가 다음 각호의 1에 해당하는 때에는 6월 이내의 기간을 정하여 그 업무의 정지를 명하거나 그 등록을 취소할 수 있다. <개정 2008.2.29>

1. 모집에 관한 이 법의 규정을 위반한 때
2. 이 법에 의한 명령이나 처분을 위반한 때

③금융위원회는 제1항 및 제2항의 규정에 의하여 등록을 취소하거나 업무의 정지를 명하고자 하는 때에는 보험설계사에게 청문을 실시하여야 한다. <개정 2008.2.29>

④금융위원회는 보험설계사의 등록을 취소하거나 업무의 정지를 명한 때에는 지체없이 이유를 기재한 문서로 그 뜻을 보험설계사 및 보험회사에 통지하여야 한다. <개정 2008.2.29>

제87조 (보험대리점의 등록) ①보험대리점이 되고자 하는 자는 금융위원회에 등록하여야 한다. <개정 2008.2.29>

②다음 각호의 1에 해당하는 자는 보험대리점이 되지 못한다.

1. 제84조제2항 각호의 1에 해당하는 자
2. 보험설계사 또는 보험중개사로 등록된 자
3. 보험중개사 또는 다른 보험대리점의 임원 또는 사용인으로서 모집에 종사하는 자
4. 외국의 법령에 의하여 제1호에 해당하는 것으로 취급되는 자
5. 그 밖에 경쟁을 실질적으로 제한하는 등 불공정한 모집행위를 할 우려가 있는 자로서 대통령령이 정하는 자

③금융위원회는 제1항의 규정에 의한 등록을 한 보험대리점으로 하여금 금융위원회가 지정하는 기관에 영업보증금을 예탁하게 할 수 있다. <개정 2008.2.29>

④보험대리점의 구분·등록요건 및 영업보증금의 한도액은 대통령령으로 정한다.

제88조 (보험대리점의 등록취소 등) ①금융위원회는 보험대리점이 다음 각호의 1에 해당하는 때에는 그 등록을 취소하여야 한다. <개정 2008.2.29>

1. 제87조제2항 각호의 1에 해당하게 된 때
2. 등록 당시에 제87조제2항 각호의 1에 해당하는 자이었음이 판명된 때
3. 거짓 그 밖에 부정한 방법으로 제87조의 규정에 의한 등록을 한 때
4. 제101조의 규정을 위반한 때

②제86조제2항 내지 제4항의 규정은 보험대리점에 관하여 이를 준용한다.

제89조 (보험중개사의 등록) ①보험중개사가 되고자 하는 자는 금융위원회에 등록하여야 한다. <개정 2008.2.29>

②다음 각호의 1에 해당하는 자는 보험중개사가 되지 못한다.

1. 제84조제2항 각호의 1에 해당하는 자
2. 보험설계사 또는 보험대리점으로 등록된 자
3. 보험대리점 또는 다른 보험중개사의 임원 또는 사용인으로서 모집에 종사하는 자
4. 제87조제2항제4호 및 제5호에 해당하는 자
5. 부채가 자산을 초과하는 법인
6. 대한민국안에 사무소를 설치하지 아니한 자

③금융위원회는 제1항의 규정에 의한 등록을 한 보험중개사가 보험계약의 체결을 중개함에 있어서 보험계약자에게 가한 손해의 배상을 보장하기 위하여 보험중개사로 하여금 금융위원회가 지정하는 기관에 영업보증금을 예탁하게 하거나 보험에의 가입 그 밖의 필요한 조치를 하게 할 수 있다. <개정 2008.2.29>

④보험중개사의 구분·등록요건·영업기준 및 영업보증금의 한도액은 대통령령으로 정한다.

제90조 (보험중개사의 등록취소 등) ①금융위원회는 보험중개사가 다음 각호의 1에 해당하는 때에는 그 등록을 취소하여야 한다. <개정 2008.2.29>

1. 제89조제2항 각호의 1에 해당하게 된 때. 다만, 제89조제2항제5호의 경우 일시적으로 부채가 자산을 초과하는 법인으로서 대통령령이 정하는 법인의 경우에는 그러하지 아니하다.
2. 등록 당시에 제89조제2항 각호의 1에 해당하는 자이었음이 판명된 때
3. 거짓 그 밖에 부정한 방법으로 제89조의 규정에 의한 등록을 한 때
4. 제101조의 규정을 위반한 때

②제86조제2항 내지 제4항의 규정은 보험중개사에 관하여 이를 준용한다.

제91조 (금융기관보험대리점등의 영업기준) ①다음 각호의 1에 해당하는 기관(이하 "금융기관"이라 한다)은 제87조 또는 제89조의 규정에 의하여 보험대리점 또는 보험중개사로 등록할 수 있다. <개정 2007.7.19>

1. 「은행법」에 의하여 설립된 금융기관

2. 「증권거래법」 에 의한 증권회사
3. 「상호저축은행법」 에 의한 상호저축은행
4. 그 밖에 다른 법률에 의하여 금융업무를 행하는 기관으로서 대통령령이 정하는 기관

②제1항의 규정에 의하여 보험대리점 또는 보험중개사로 등록한 금융기관(이하 "금융기관보험대리점등"이라 한다)이 모집할 수 있는 보험상품의 범위는 금융기관에서의 판매용이성, 불공정거래가능성 등을 감안하여 대통령령으로 정한다.

③금융기관보험대리점등의 모집방법, 모집에 종사하는 모집인의 수 및 영업기준 등 그 밖의 필요한 사항은 대통령령으로 정한다.

제91조 (금융기관보험대리점등의 영업기준) ①다음 각호의 1에 해당하는 기관(이하 "금융기관"이라 한다)은 제87조 또는 제89조의 규정에 의하여 보험대리점 또는 보험중개사로 등록할 수 있다. <개정 2007.7.19, 2007.8.3>

1. 「은행법」 에 의하여 설립된 금융기관
2. 「자본시장과 금융투자업에 관한 법률」 에 따른 투자매매업자 또는 투자중개업자
3. 「상호저축은행법」 에 의한 상호저축은행
4. 그 밖에 다른 법률에 의하여 금융업무를 행하는 기관으로서 대통령령이 정하는 기관

②제1항의 규정에 의하여 보험대리점 또는 보험중개사로 등록한 금융기관(이하 "금융기관보험대리점등"이라 한다)이 모집할 수 있는 보험상품의 범위는 금융기관에서의 판매용이성, 불공정거래가능성 등을 감안하여 대통령령으로 정한다.

③금융기관보험대리점등의 모집방법, 모집에 종사하는 모집인의 수 및 영업기준 등 그 밖의 필요한 사항은 대통령령으로 정한다.

[시행일:2009.2.4] 제91조제1항제2호

제92조 (보험중개사의 의무 등) ①보험중개사는 보험계약의 체결을 중개함에 있어서 그 중개와 관련된 내용을 대통령령이 정하는 바에 따라 장부에 기재하고 보험계약자에게 알려야 하며, 그 수수료에 관한 사항을 비치하여 보험계약자가 열람할 수 있도록 하여야 한다.

②보험중개사는 보험회사의 임원 또는 직원이 될 수 없으며, 보험계약의 체결을 중개함에 있어서 보험회사·보험설계사·보험대리점·보험계리사 및 손해사정사의 업무를 겸하여 영위하지 못한다.

제93조 (신고사항) ①보험설계사·보험대리점 또는 보험중개사는 다음 각호의 1에 해당하는 때에는 지체없이 그 사실을 금융위원회에 신고하여야 한다. <개정 2008.2.29>

1. 제84조·제87조 및 제89조의 규정에 의한 등록을 신청한 때에 제출한 서류에 기재된 사항에 변경이 생긴 때
2. 제84조제2항 각호의 1에 해당하게 된 때
3. 모집의 업무를 폐지한 때
4. 개인의 경우에는 본인이 사망한 때
5. 법인의 경우에는 당해 법인이 해산한 때
6. 법인이 아닌 사단 또는 재단의 경우에는 그 단체가 소멸한 때
7. 보험대리점 또는 보험중개사가 임원 또는 사용인에게 모집을 하게 하거나 신고된 임원 또는 사용인이 모집을 하지 아니하게 된 때
8. 이 법에 의하여 보험설계사가 다른 보험회사를 위하여 모집하거나 보험대리점 또는 보험중개사가 생명보험계약의 모집 및 손해보험계약의 모집을 겸하게 된 때

②제1항제4호의 경우에는 당해 상속인, 동항제5호의 경우에는 당해 청산인·업무집행임원이었던 자 또는 파산관재인, 동항제6호의 경우에는 당해 관리인이었던 자가 각각 제1항의 신고를 하여야 한다.

③보험회사는 모집을 위탁한 보험설계사 또는 보험대리점이 제1항 각호의 1에 해당하는 사실을 알게 된

경우에는 제1항 및 제2항의 규정에 불구하고 이를 금융위원회에 신고하여야 한다. <개정 2008.2.29>

제94조 (등록수수료) 제84조·제87조 및 제89조의 규정에 의하여 보험설계사·보험대리점 또는 보험중개사가 되고자 하는 자가 등록을 신청한 때에는 총리령이 정하는 바에 따라 수수료를 납부하여야 한다. <개정 2008.2.29>

제2절 모집관련 준수사항

제95조 (보험안내자료) ①모집을 위하여 사용하는 보험안내자료(이하 "보험안내자료"라 한다)에는 다음 각호의 사항을 명료하고 알기쉽게 기재하여야 한다. <개정 2007.7.19>

1. 소속보험회사의 상호나 명칭 또는 보험설계사나 보험대리점 또는 보험중개사의 성명·상호나 명칭
2. 보험가입에 따른 권리·의무에 관한 주요사항
3. 보험약관에서 정하는 보장에 관한 사항
4. 해약환급금에 관한 사항
5. 「예금자보호법」에 의한 예금자보호와 관련된 사항
6. 그 밖에 보험계약자의 보호를 위하여 대통령령이 정하는 사항

②보험안내자료에 보험회사의 자산과 부채에 관한 사항을 기재하는 경우에는 제118조의 규정에 의하여 금융위원회에 제출한 서류에 기재된 사항과 다른 내용의 것을 기재하지 못한다. <개정 2008.2.29>

③보험안내자료에는 보험회사의 장래의 이익의 배당 또는 잉여금의 분배에 대한 예상에 관한 사항을 기재하지 못한다. 다만, 보험계약자의 이해를 돕기 위하여 금융위원회가 필요하다고 인정하여 정하는 경우에는 그러하지 아니하다. <개정 2008.2.29>

④제2항 및 제3항의 규정은 방송·컴퓨터통신 등 그 밖의 방법으로 모집을 위하여 보험회사의 자산 및 부채에 관한 사항과 장래의 이익의 배당 또는 잉여금의 분배에 대한 예상에 관한 사항을 불특정인에게 알리는 경우에 이를 준용한다.

제96조 (통신수단을 이용한 모집 등 관련 준수사항 <개정 2007.4.27>) ①전화·우편·컴퓨터통신 등 통신수단을 이용하여 모집하는 자는 제83조의 규정에 의하여 모집을 할 수 있는 자이어야 하며, 다른 사람의 평온한 생활을 침해하는 방법으로 모집하여서는 아니된다.

②보험회사는 제1항의 규정에 따른 통신수단을 이용하여 보험계약을 청약한 자가 그 청약을 철회하고자 하는 경우 통신수단을 이용할 수 있도록 하여야 한다. <신설 2007.4.27>

③제1항의 규정에 따른 통신수단을 이용하여 모집하는 방법 및 제2항의 규정에 따른 통신수단을 이용하여 청약을 철회하는 방법에 관하여 필요한 사항은 대통령령으로 정한다. <개정 2007.4.27>

제97조 (보험계약의 체결 또는 모집에 관한 금지행위) ①보험계약의 체결 또는 모집에 종사하는 자는 그 체결 또는 모집에 관하여 다음 각호의 1의 행위를 하지 못한다.

1. 보험계약자 또는 피보험자에게 보험계약의 내용을 사실과 다르게 알리거나 그 내용의 중요한 사항을 알리지 아니하는 행위
2. 보험계약자 또는 피보험자에게 보험계약의 내용의 일부에 대하여 비교대상 및 기준을 명시하지 아니하거나 객관적인 근거없이 다른 보험계약과 비교하여 당해 보험계약이 우량 또는 유리하다고 알리는 행위
3. 보험계약자 또는 피보험자가 보험계약의 중요한 사항을 보험회사에 알리는 것을 방해하거나 알리지 아니할 것을 권유하는 행위
4. 보험계약자 또는 피보험자가 보험계약의 중요한 사항에 대하여 부실한 사항을 보험회사에 알릴 것을 권유하는 행위
5. 보험계약자 또는 피보험자로 하여금 이미 성립된 보험계약(이하 이 조에서 "기존보험계약"이라 한다)을 부당하게 소멸시킴으로써 새로운 보험계약을 청약하게 하거나 새로운 보험계약을 청약하게 함으로써 기존보험계약을 부당하

게 소멸시키거나 그 밖에 부당하게 보험계약을 청약하게 하거나 이러한 것을 권유하는 행위

②제1항제2호의 규정에 의한 보험계약의 내용의 일부에 대한 비교금지규정은 다음 각호의 1에 해당하는 자가 보험계약자의 합리적인 보험계약선택을 위하여 비교하는 경우에는 이를 적용하지 아니한다.

1. 제87조의 규정에 의하여 등록한 보험대리점중 각각 2 이상의 생명보험업을 영위하는 보험회사손해보험업을 영위하는 보험회사(보증보험업만을 영위하는 보험회사를 제외한다) 또는 제3보험업을 영위하는 보험회사와 대리점계약을 체결한 보험대리점
2. 제89조의 규정에 의하여 등록한 보험중개사

③보험계약의 체결 또는 모집에 종사하는 자가 다음 각호의 행위를 한 때에는 제1항제5호의 규정에 위반하여 기존보험계약을 부당하게 소멸시키거나 소멸하게 하는 행위를 한 것으로 본다.

1. 기존보험계약이 소멸된 날부터 3월 이내에 새로운 보험계약을 청약하게 하거나 새로운 보험계약을 청약하게 한 날부터 3월 이내에 기존보험계약을 소멸하게 하는 행위
2. 당해 보험계약자 또는 피보험자에게 기존보험계약과 새로운 보험계약의 보험기간 및 예정이자율 등 대통령령이 정하는 중요한 사항에 대하여 비교하여 알리지 아니하는 행위

④보험계약자는 보험계약의 체결 또는 모집에 종사하는 자(보험중개사를 제외한다. 이하 이 항에서 같다)가 제1항제5호의 규정을 위반하여 기존보험계약을 소멸시키거나 소멸하게 한 때에는 당해 보험계약의 체결 또는 모집에 종사하는 자가 속하거나 모집을 위탁한 보험회사에 대하여 당해 보험계약이 소멸한 날부터 6월 이내에 소멸된 보험계약의 부활을 청구하고 새로운 보험계약을 취소할 수 있다.

⑤제4항의 규정에 의한 보험계약의 부활의 청구를 받은 보험회사는 특별한 사유가 없는 한 소멸된 보험계약의 부활을 승낙하여야 한다.

⑥제4항 및 제5항의 규정에 의하여 보험계약의 부활을 청구하는 절차 및 방법 그 밖에 보험계약의 부활에 관하여 필요한 사항은 대통령령으로 정한다.

제98조 (특별이익의 제공금지) 보험계약의 체결 또는 모집에 종사하는 자는 그 체결 또는 모집과 관련하여 보험계약자 또는 피보험자에게 다음 각호의 1에 해당하는 특별이익을 제공하거나 그 제공을 약속하여서는 아니된다. <개정 2007.7.19>

1. 금품(대통령령이 정하는 금액을 초과하지 아니하는 금품을 제외한다)
2. 기초서류에서 정한 사유에 근거하지 아니한 보험료의 할인 또는 수수료의 지급
3. 기초서류에서 정한 보험금액보다 많은 보험금액의 지급의 약속
4. 보험계약자 또는 피보험자를 위한 보험료의 대납
5. 보험계약자 또는 피보험자가 당해 보험회사로부터 받은 대출금에 대한 이자의 대납
6. 보험료로 받은 수표 또는 어음에 대한 이자상당액의 대납
7. 「상법」 제682조의 규정에 의한 제3자에 대한 대위청구권 행사의 포기

제99조 (수수료 지급 등의 금지) ①보험회사는 제83조의 규정에 의하여 모집을 할 수 있는 자외의 자에게 모집을 위탁하거나 모집에 관하여 수수료·보수 그 밖의 대가를 지급하지 못한다. 다만, 다음 각호의 1에 해당하는 경우에는 그러하지 아니하다. <개정 2008.2.29>

1. 제127조제1항 또는 제2항의 규정에 따라 금융위원회에 신고 또는 제출된 기초서류에서 정하는 방법에 따른 경우
2. 보험회사가 대한민국외에서 외국보험사와 공동으로 원보험계약을 인수하거나 대한민국외에서 외국의 모집조직(외국의 법령에 의하여 모집을 할 수 있도록 허용된 경우에 한한다)을 이용하여 원보험계약 또는 재보험계약을 인수하는 경우
3. 그 밖에 대통령령이 정하는 경우

②모집에 종사하는 자는 다음 각호의 1에 해당하는 경우를 제외하고는 타인으로 하여금 모집을 하게 하거나 그 위탁을 하거나 모집에 관하여 수수료·보수 그 밖의 대가를 지급하지 못한다.

1. 보험설계사는 같은 보험회사에 속한 다른 보험설계사에 대한 경우
2. 보험대리점은 같은 보험회사와 모집에 관한 위탁계약이 체결된 다른 보험대리점 또는 제83조제5호의 규정에 의하여 신고된 임원 및 사용인에 대한 경우
3. 보험중개사는 다른 보험중개사 또는 제83조제5호의 규정에 의하여 신고된 임원 및 사용인에 대한 경우

③보험중개사는 대통령령이 정하는 경우를 제외하고는 보험계약체결의 중개와 관련한 수수료 그 밖의 대가를 보험계약자에게 청구할 수 없다.

제100조 (금융기관보험대리점등의 금지행위 등) ①금융기관보험대리점등은 모집에 있어 다음 각호의 1의 행위를 하여서는 아니된다.

1. 대출 등 당해 금융기관이 제공하는 용역(이하 이 조에서 "대출등"이라 한다)을 제공하는 조건으로 대출등을 받는 자에게 당해 금융기관이 대리 또는 중개하는 보험계약의 체결을 요구하거나 특정한 보험회사와 보험계약을 체결할 것을 요구하는 행위
2. 대출등을 받는 자의 동의를 미리 받지 아니하고 보험료를 대출등의 거래에 포함시키는 행위
3. 제83조의 규정에 의하여 모집할 수 있는 자가 아닌 당해 금융기관의 임원 또는 직원으로 하여금 모집을 하도록 하거나 이를 용인하는 행위
4. 당해 금융기관의 점포외의 장소에서 모집을 하는 행위
5. 모집과 관련이 없는 금융거래를 통하여 취득한 개인정보를 미리 당해 개인의 동의를 받지 아니하고 모집에 이용하는 행위
6. 그 밖에 제1호 내지 제5호와 유사한 행위로서 대통령령이 정하는 행위

②금융기관보험대리점등은 모집에 있어 다음 각호의 사항을 준수하여야 한다.

1. 당해 금융기관이 대출등을 받는 자에게 보험계약의 청약을 권유하는 경우 대출등을 받는 자가 당해 금융기관이 대리 또는 중개하는 보험계약을 체결하지 아니하더라도 대출등을 받는 데에는 영향이 없다는 사실을 알릴 것
2. 당해 금융기관은 보험회사가 아니라 보험대리점 또는 보험중개사라는 사실과 보험계약의 이행에 따른 지급책임은 보험회사에 있다는 사실을 보험계약을 청약하는 자에게 알릴 것
3. 보험을 모집하는 장소와 대출등을 취급하는 장소를 보험계약을 청약하는 자가 쉽게 알 수 있을 정도로 분리할 것
4. 제1호 내지 제3호와 유사한 사항으로서 대통령령이 정하는 사항

③금융기관보험대리점등 또는 금융기관보험대리점등이 되고자 하는 자는 보험계약체결을 대리 또는 중개하는 조건으로 보험회사에 대하여 다음 각호의 1의 행위를 하여서는 아니된다.

1. 당해 금융기관을 계약자로 하는 보험계약의 할인을 요구하거나 당해 금융기관에 대한 신용공여·자금지원 및 보험료 등의 예탁을 요구하는 행위
2. 보험계약 체결을 대리 또는 중개함에 있어 발생되는 비용 또는 손실을 보험회사에 부당하게 전가하는 행위
3. 그 밖에 금융기관의 우월적 지위를 이용하여 부당한 요구 등을 행하는 행위로서 대통령령이 정하는 행위

④제3항의 규정에 의한 행위의 구체적 기준은 대통령령이 정하는 바에 따라 금융위원회가 정한다. <개정 2008.2.29>

제101조 (자기계약의 금지) ①보험대리점 또는 보험중개사는 그 주된 목적으로서 자기 또는 자기를 고용하고 있는 자를 보험계약자 또는 피보험자로 하는 보험을 모집하지 못한다.

②보험대리점 또는 보험중개사가 모집한 자기 또는 자기를 고용하고 있는 자를 보험계약자 또는 피보험자로 하는 보험의 보험료의 누계액이 당해 보험대리점 또는 보험중개사가 모집한 보험의 보험료의 100분의 50을 초과하게 된 경우에는 당해 보험대리점 또는 보험중개사는 제1항의 규정의 적용에 있어서 이를 자기 또는 자기를 고용하고 있는 자를 보험계약자 또는 피보험자로 하는 보험을 모집함을 그 주된 목적으로 한 것으로 본다.

제3절 보험계약자의 권리

제102조 (모집을 위탁한 보험회사의 배상책임) ①보험회사는 그 임원·직원·보험설계사 또는 보험대리점이 모집을 함에 있어서 보험계약자에게 가한 손해를 배상할 책임을 진다. 다만, 보험회사가 보험설계사 또는 보험대리점에 모집을 위탁함에 있어서 상당한 주의를 하였고 또한 이들이 행하는 모집에 있어서 보험계약자에게 가한 손해의 방지에 노력한 경우에는 그러하지 아니하다.

②제1항의 규정은 당해 임원·직원·보험설계사 또는 보험대리점에 대한 보험회사의 구상권의 행사를 방해하지 아니한다.

③ 「민법」 제766조의 규정은 제1항의 규정에 의하여 발생한 청구권에 관하여 이를 준용한다. <개정 2007.7.19>
제102조 (모집을 위탁한 보험회사의 배상책임) ①보험회사는 그 임원·직원·보험설계사 또는 보험대리점이 모집을 함에 있어서 보험계약자에게 가한 손해를 배상할 책임을 진다. 다만, 보험회사가 보험설계사 또는 보험대리점에 모집을 위탁함에 있어서 상당한 주의를 하였고 또한 이들이 행하는 모집에 있어서 보험계약자에게 가한 손해의 방지에 노력한 경우에는 그러하지 아니하다.

②제1항의 규정은 당해 임원·직원·보험설계사 또는 보험대리점에 대한 보험회사의 구상권의 행사를 방해하지 아니한다.

③ 「민법」 제766조의 규정은 제1항의 규정에 의하여 발생한 청구권에 관하여 이를 준용한다. <개정 2007.7.19>

제102조의2(보험계약자 등의 의무) 보험계약자 또는 보험금을 취득할 자는 보험사기행위를 하여서는 아니 된다.

[본조신설 2008.3.14]

제103조 (영업보증금에 대한 우선변제권) 보험계약자 또는 보험금을 취득할 자가 보험중개사의 보험계약체결의 중개행위와 관련하여 손해를 입은 경우에는 그 손해액을 제89조제3항의 규정에 의한 영업보증금에서 다른 채권자에 우선하여 변제받을 권리를 가진다.

제5장 자산운용

제1절 자산운용의 원칙

제104조 (자산운용의 원칙) ①보험회사는 그 자산을 운용함에 있어 안정성·유동성·수익성 및 공익성이 확보되도록 하여야 한다.

②보험회사는 선량한 관리자의 주의로 그 자산을 운용하여야 한다.

제105조 (금지 또는 제한되는 자산운용) ①보험회사는 그 자산을 다음 각호의 1에 해당하는 방법으로 운용하여서는 아니된다.

1. 귀금속·골동품 및 서화의 소유(대통령령이 정하는 경우를 제외한다)
2. 대통령령이 정하는 업무용 부동산이 아닌 부동산(저당권 등 담보권의 실행으로 인하여 취득하는 부동산을 제외한다)의 소유
3. 상품 또는 유가증권에 대한 투기를 목적으로 하는 자금의 대출
4. 직접·간접을 불문하고 당해 보험회사의 주식을 매입시키기 위한 대출
5. 직접·간접을 불문하고 정치자금의 대출
6. 당해 보험회사의 임원 또는 직원에 대한 대출(보험약관에 의한 대출 및 금융감독위원회가 정하는 소액대출을 제외한다)

7. 자산운용의 안정성을 크게 해할 우려가 있는 행위로서 대통령령이 정하는 행위

②보험회사는 그 자산을 대통령령이 정하는 바에 따라 「선물거래법」 에 의한 선물거래 또는 이와 유사한 거래로서 대통령령이 정하는 거래에 운용할 수 있다. <개정 2007.7.19>

제105조 (금지 또는 제한되는 자산운용) ①보험회사는 그 자산을 다음 각호의 1에 해당하는 방법으로 운용하여서는 아니된다. <개정 2008.2.29>

1. 귀금속·골동품 및 서화의 소유(대통령령이 정하는 경우를 제외한다)
2. 대통령령이 정하는 업무용 부동산이 아닌 부동산(저당권 등 담보권의 실행으로 인하여 취득하는 부동산을 제외한다)의 소유
3. 상품 또는 유가증권에 대한 투기를 목적으로 하는 자금의 대출
4. 직접·간접을 불문하고 당해 보험회사의 주식을 매입시키기 위한 대출
5. 직접·간접을 불문하고 정치자금의 대출
6. 당해 보험회사의 임원 또는 직원에 대한 대출(보험약관에 의한 대출 및 금융위원회가 정하는 소액대출을 제외한다)
7. 자산운용의 안정성을 크게 해할 우려가 있는 행위로서 대통령령이 정하는 행위

②보험회사는 그 자산을 대통령령이 정하는 바에 따라 「자본시장과 금융투자업에 관한 법률」 에 따른 파생상품시장에서의 거래 또는 이와 유사한 거래로서 대통령령이 정하는 거래에 운용할 수 있다. <개정 2007.7.19, 2007.8.3>

[시행일:2009.2.4] 제105조제2항

제106조 (자산운용의 방법 및 비율) ①보험회사는 그 자산을 운용함에 있어 다음 각호의 비율을 초과할 수 없다. <개정 2007.7.19>

1. 동일한 개인 또는 법인에 대한 신용공여 : 총자산의 100분의 3
2. 동일한 법인이 발행한 채권 및 주식 소유의 합계액 : 총자산의 100분의 7
3. 동일차주에 대한 신용공여 또는 그 동일차주가 발행한 채권 및 주식 소유의 합계액 : 총자산의 100분의 12
4. 동일한 개인·법인, 동일차주 또는 대주주(그의 특수관계인을 포함한다. 이하 이 절에서 같다)에 대한 총자산의 100분의 1을 초과하는 거액 신용공여의 합계액 : 총자산의 100분의 20
5. 대주주 및 대통령령이 정하는 자회사에 대한 신용공여 : 자기자본의 100분의 40(자기자본의 100분의 40에 해당하는 금액이 총자산의 100분의 2에 해당하는 금액보다 클 경우 총자산의 100분의 2)
6. 대주주 및 대통령령이 정하는 자회사가 발행한 채권 및 주식 소유의 합계액 : 자기자본의 100분의 60(자기자본의 100분의 60에 해당하는 금액이 총자산의 100분의 3에 해당하는 금액보다 클 경우 총자산의 100분의 3)
7. 동일한 자회사에 대한 신용공여 : 자기자본의 100분의 10
8. 부동산의 소유 : 총자산의 100분의 25
9. 비상장주식(「증권거래법」 에 의한 한국증권거래소 및 한국증권업협회 또는 이와 유사한 시장으로서 외국에 있는 시장에 상장 또는 등록되지 아니한 주식을 말한다. 이하 같다)의 소유 : 총자산의 100분의 10
10. 「외국환거래법」 의 규정에 의한 외국환 또는 외국부동산의 소유 : 총자산의 100분의 30
11. 제105조제2항의 규정에 의한 대통령령이 정하는 거래 또는 해외선물거래를 위한 위탁증거금의 합계액 : 총자산의 100분의 5

②제1항 각호의 규정에 의한 각각의 자산운용비율은 자산운용의 건전성 제고 또는 보험계약자의 보호를 위하여 필요한 경우 대통령령이 정하는 바에 따라 그 비율의 100분의 50의 범위안에서 인하조정할 수 있다.

제106조 (자산운용의 방법 및 비율) ①보험회사는 그 자산을 운용함에 있어 다음 각호의 비율을 초과할 수 없다. <개정 2007.7.19, 2007.8.3>

1. 동일한 개인 또는 법인에 대한 신용공여 : 총자산의 100분의 3

2. 동일한 법인이 발행한 채권 및 주식 소유의 합계액 : 총자산의 100분의 7
3. 동일차주에 대한 신용공여 또는 그 동일차주가 발행한 채권 및 주식 소유의 합계액 : 총자산의 100분의 12
4. 동일한 개인·법인, 동일차주 또는 대주주(그의 특수관계인을 포함한다. 이하 이 절에서 같다)에 대한 총자산의 100분의 1을 초과하는 거액 신용공여의 합계액 : 총자산의 100분의 20
5. 대주주 및 대통령령이 정하는 자회사에 대한 신용공여 : 자기자본의 100분의 40(자기자본의 100분의 40에 해당하는 금액이 총자산의 100분의 2에 해당하는 금액보다 클 경우 총자산의 100분의 2)
6. 대주주 및 대통령령이 정하는 자회사가 발행한 채권 및 주식 소유의 합계액 : 자기자본의 100분의 60(자기자본의 100분의 60에 해당하는 금액이 총자산의 100분의 3에 해당하는 금액보다 클 경우 총자산의 100분의 3)
7. 동일한 자회사에 대한 신용공여 : 자기자본의 100분의 10
8. 부동산의 소유 : 총자산의 100분의 25
9. 비상장주식(「자본시장과 금융투자업에 관한 법률」에 따른 한국거래소 또는 이와 유사한 시장으로서 해외에 있는 시장에 상장되지 아니한 주식을 말한다. 이하 같다)의 소유 : 총자산의 100분의 10
10. 「외국환거래법」의 규정에 의한 외국환 또는 외국부동산의 소유 : 총자산의 100분의 30
11. 제105조제2항의 규정에 의한 대통령령이 정하는 거래 또는 해외 파생상품거래를 위한 위탁증거금의 합계액 : 총자산의 100분의 5

②제1항 각호의 규정에 의한 각각의 자산운용비율은 자산운용의 건전성 제고 또는 보험계약자의 보호를 위하여 필요한 경우 대통령령이 정하는 바에 따라 그 비율의 100분의 50의 범위안에서 인하조정할 수 있다.

[시행일:2009.2.4] 제106조제1항제9호,제106조제1항제11호

제107조 (자산운용제한에 대한 예외) 제106조의 규정은 다음 각 호의 어느 하나에 해당하는 경우에는 이를 적용하지 아니한다. 다만, 제1호의 사유로 자산운용비율을 초과하게 된 경우 당해 보험회사는 그 한도가 초과하게 된 날부터 1년 이내(대통령령이 정하는 사유에 해당하는 경우에는 금융위원회가 그 기간을 정하여 연장할 수 있다)에 제106조의 규정에 적합하도록 하여야 한다. <개정 2007.7.19, 2007.8.3, 2008.2.29>

1. 보험회사의 자산가격의 변동, 담보권의 실행 그 밖에 보험회사의 의사에 의하지 아니하는 사유로 인하여 자산상태에 변동이 생긴 경우
2. 다음 각 목의 어느 하나에 해당하는 경우로서 금융위원회의 승인을 얻은 경우
   가. 보험회사가 제123조의 규정에 따라 재무건전성기준을 준수하기 위하여 필요한 경우
   나. 「기업구조조정 촉진법」에 의한 출자전환 또는 채무재조정 등 기업의 구조조정을 지원하기 위하여 필요한 경우
   다. 그 밖에 보험계약자의 이익보호를 위하여 불가피한 경우

제108조 (특별계정의 설정·운용) ①보험회사는 다음 각호의 1에 해당하는 계약에 대하여는 대통령령이 정하는 바에 따라 그 준비금에 상당하는 자산의 전부 또는 일부를 그 밖의 자산과 구별하여 이용하기 위한 계정(이하 "특별계정"이라 한다)을 각각 설정하여 운용할 수 있다. <개정 2005.1.27, 2007.7.19, 2008.2.29>

1. 「조세특례제한법」 제86조의2의 규정에 의한 연금저축계약
2. 「근로자퇴직급여 보장법」 부칙 제2조제1항의 규정에 의한 퇴직보험계약 및 제16조제2항의 규정에 의한 보험계약
3. 변액보험계약(보험금이 자산운용의 성과에 따라 변동하는 보험계약을 말한다)
4. 그 밖에 금융위원회가 필요하다고 인정하는 보험계약

②보험회사는 특별계정에 속하는 자산에 대하여는 다른 특별계정에 속하는 자산 및 그 밖의 자산과 구분하여 회계처리하여야 한다.

③보험회사는 특별계정에 속하는 이익을 동 계정상의 보험계약자에게 분배할 수 있다.

④특별계정에 속하는 자산의 운용방법 및 비율, 자산의 평가, 이익의 분배, 자산운용실적의 비교·공시, 운용전문인력의 확보, 의결권 행사의 제한 등 보험계약자의 보호에 관하여 필요한 사항은 대통령령으로 정한다.

제109조 (다른 회사에 대한 출자제한) 보험회사는 다른 회사의 의결권있는 발행주식(출자지분을 포함한다)총수의 100분의 15를 초과하는 주식을 소유할 수 없다. 다만, 제115조의 규정에 의하여 금융위원회의 승인(신고로써 갈음하는 경우를 포함한다)을 받은 자회사의 주식에 대하여는 그러하지 아니하다. <개정 2008.2.29>

제110조 (자금지원관련 금지행위) ①보험회사는 다른 금융기관(「금융산업의 구조개선에 관한 법률」 제2조제1호의 규정에 의한 금융기관을 말한다. 이하 이 조에서 같다) 또는 회사와 다음 각호의 행위를 하여서는 아니된다. <개정 2007.7.19>

1. 제106조 및 제108조의 규정에 의한 자산운용한도를 회피하기 위하여 다른 금융기관 또는 회사의 의결권 있는 주식을 서로 교차하여 보유하거나 신용공여를 하는 행위
2. 「상법」 제341조 및 「증권거래법」 제189조의2의 규정에 의한 자기주식 취득의 제한을 회피하기 위한 목적으로 서로 교차하여 주식을 취득하는 행위
3. 그 밖에 보험계약자의 이익을 크게 해할 우려가 있는 행위로서 대통령령이 정하는 행위

②보험회사는 제1항의 규정을 위반하여 취득한 주식에 대하여는 의결권을 행사할 수 없다.

③금융위원회는 제1항의 규정을 위반하여 주식을 취득하거나 신용공여를 한 보험회사에 대하여 당해 주식의 처분 또는 공여한 신용의 회수를 명하는 등 필요한 조치를 할 수 있다. <개정 2008.2.29>

제111조 (대주주와의 거래제한 등 <개정 2007.7.19>) ①보험회사는 직접 또는 간접으로 당해 보험회사의 대주주와 다음 각호의 행위를 하여서는 아니된다.

1. 대주주의 다른 회사에 대한 출자를 지원하기 위한 신용공여
2. 자산을 무상으로 양도하거나 통상의 거래조건에 비추어 당해 보험회사에게 현저하게 불리한 조건으로 매매 또는 교환하거나 신용공여를 하는 행위

②보험회사는 당해 보험회사의 대주주에 대하여 대통령령이 정하는 금액 이상의 신용공여를 하거나 당해 보험회사의 대주주가 발행한 채권 또는 주식을 대통령령이 정하는 금액 이상으로 취득하고자 하는 경우에는 미리 이사회의 의결을 거쳐야 한다. 이 경우 이사회는 재적이사 전원의 찬성으로 의결한다.

③보험회사는 당해 보험회사의 대주주와 다음 각호의 1에 해당하는 행위를 한 때에는 지체없이 그 사실을 금융위원회에 보고하고 인터넷 홈페이지 등을 이용하여 공시하여야 한다. <개정 2007.7.19, 2008.2.29>

1. 대통령령이 정하는 금액 이상의 신용공여
2. 당해 보험회사의 대주주가 발행한 채권 또는 주식을 대통령령이 정하는 금액 이상으로 취득하는 행위
3. 당해 보험회사의 대주주가 발행한 주식에 대한 의결권의 행사

④보험회사는 당해 보험회사의 대주주에 대한 신용공여 또는 당해 보험회사의 대주주가 발행한 채권 또는 주식의 취득에 관한 사항을 대통령령이 정하는 바에 따라 분기별로 금융위원회에 보고하고, 인터넷 홈페이지 등을 이용하여 공시하여야 한다. <개정 2007.7.19, 2008.2.29>

⑤보험회사의 대주주는 당해 보험회사의 이익에 반하여 대주주 개인의 이익을 위하여 다음 각 호의 어느 하나에 해당하는 행위를 하여서는 아니된다. <개정 2007.7.19>

1. 부당한 영향력을 행사하기 위하여 당해 보험회사에 대하여 외부에 공개되지 아니한 자료 또는 정보의 제공을 요구하는 행위. 다만, 제19조제5항(제58조의 규정에 의하여 준용되는 경우를 포함한다)의 규정에 해당하는 경우를 제외한다.
2. 경제적 이익 등 반대급부의 제공을 조건으로 다른 주주 또는 출자자와 담합하여 당해 보험회사의 인사 또는 경영에 부당한 영향력을 행사하는 행위
3. 제106조제1항제4호 및 제5호에서 정한 비율을 초과하여 보험회사로부터 신용공여를 받는 행위
4. 제106조제1항제6호에서 정한 비율을 초과하여 보험회사로 하여금 대주주의 채권 및 주식을 소유하게 하는 행위
5. 그 밖에 보험회사의 이익에 반하여 대주주 개인의 이익을 위한 행위로서 대통령령이 정하는 행위

⑥금융위원회는 보험회사의 대주주(회사에 한한다)의 부채가 자산을 초과하는 등 재무구조의 부실로 인하여

보험회사의 경영건전성을 현저히 해칠 우려가 있는 경우로서 대통령령으로 정하는 경우에는 그 보험회사에 대하여 다음 각 호의 조치를 할 수 있다. <신설 2007.7.19, 2008.2.29>

1. 대주주에 대한 신규 신용공여의 금지
2. 대주주가 발행한 유가증권의 신규 취득 금지
3. 그 밖에 대주주에 대한 자금지원 성격의 거래제한 등 대통령령으로 정하는 조치

제112조 (대주주 등에 대한 자료제출요구) 금융위원회는 보험회사 또는 그 대주주가 제106조 및 제111조의 규정을 위반한 혐의가 있다고 인정될 경우에는 보험회사 또는 그 대주주에 대하여 필요한 자료의 제출을 요구할 수 있다. <개정 2008.2.29>

제113조 (타인을 위한 채무보증의 금지) 보험회사는 타인을 위하여 그 소유자산을 담보로 제공하거나 채무의 보증을 할 수 없다. 다만, 이 법의 규정에 의하여 채무의 보증을 할 수 있는 경우에는 그러하지 아니하다.

제114조 (자산평가의 방법 등) 보험회사가 취득·처분하는 자산의 평가방법, 채권의 발행 또는 자금의 차입에 대한 제한 등에 관하여 필요한 사항은 대통령령으로 정한다.

제2절 자회사

제115조 (자회사의 소유) ①보험회사는 다음 각호의 1에 해당하는 업무를 주로 영위하는 회사를 금융위원회의 승인을 얻어 자회사로 소유할 수 있다. 다만, 보험업의 영위와 밀접한 관련이 있는 업무로서 대통령령이 정하는 업무를 주로 영위하는 자회사의 경우에는 신고로써 갈음할 수 있다. <개정 2007.7.19, 2008.2.29>

1. 「금융산업의 구조개선에 관한 법률」 제2조제1호의 규정에 의한 금융기관이 영위하는 금융업
2. 「신용정보의 이용 및 보호에 관한 법률」 에 의한 신용정보업(동법 제2조제11호에 의한 신용평가업무를 제외한다)
3. 보험계약의 유지·해지·변경·부활 등을 관리하는 업무
4. 그 밖에 보험업의 건전성을 저해하지 아니하는 업무로서 대통령령이 정하는 업무

②제1항제1호의 규정에 불구하고 보험회사의 대주주가 「은행법」 제16조의2제1항의 규정에 의한 비금융주력자인 경우에는 당해 보험회사는 「은행법」 에 의한 금융기관을 자회사로 소유할 수 없다. <개정 2007.7.19>

제116조 (자회사와의 금지행위) 보험회사는 자회사와 다음 각호의 행위를 하여서는 아니된다. <개정 2008.2.29>

1. 자산을 무상으로 양도하거나 통상의 거래조건에 비추어 당해 보험회사에게 현저하게 불리한 조건으로 매매 또는 교환하거나 신용공여를 하는 행위
2. 자회사가 소유하는 주식을 담보로 하는 신용공여와 자회사의 다른 회사에 대한 출자를 지원하기 위한 신용공여
3. 자회사의 임원 또는 직원에 대한 대출(보험약관에 의한 대출 및 금융위원회가 정하는 소액대출을 제외한다)

제117조 (자회사에 관한 보고의무 등) ①보험회사는 자회사를 소유하게 된 날부터 7일 이내에 당해 자회사의 정관을 포함한 대통령령이 정하는 서류를 금융위원회에 제출하여야 한다. <개정 2008.2.29>

②보험회사는 자회사의 사업연도가 종료한 날부터 3월 이내에 자회사의 대차대조표를 포함한 대통령령이 정하는 서류를 금융위원회에 제출하여야 한다. <개정 2008.2.29>

③보험회사의 자회사가 대통령령이 정하는 자회사인 경우에는 제1항 및 제2항의 규정에 의한 제출서류의 일부를 대통령령이 정하는 바에 따라 제출하지 아니할 수 있다.

제6장 계산

제118조 (재무제표 등의 제출) ①보험회사는 매년 대통령령이 정하는 날에 그 장부를 폐쇄하고 장부를 폐쇄한 날부터 3월 이내에 금융위원회가 정하는 바에 따라 재무제표(그 부속명세서를 포함한다) 및 사업보고서를 금융위원회에 제출하여야 한다. <개정 2008.2.29>

②보험회사는 매월의 업무내용을 기술한 보고서를 다음달 말일 이내에 금융위원회가 정하는 바에 따라 금융위원회에 제출하여야 한다. <개정 2008.2.29>

③보험회사는 제1항 및 제2항의 규정에 의하여 제출하는 서류를 대통령령이 정하는 바에 따라 전자문서의 방법으로 제출할 수 있다.

제119조 (서류의 비치 등) 보험회사는 제118조제1항의 규정에 의한 재무제표 및 사업보고서를 금융위원회에 제출하는 날부터 본점과 지점 그 밖의 영업소에 이를 비치하거나 전자문서의 방법으로 일반인의 열람에 제공하여야 한다. <개정 2008.2.29>

제120조 (책임준비금 등의 적립) ①보험회사는 결산기마다 보험계약의 종류에 따라 대통령령이 정하는 책임준비금과 비상위험준비금을 계상하고 따로 작성한 장부에 각각 기재하여야 한다.

②제1항의 규정에 의한 책임준비금과 비상위험준비금의 계상에 관하여 필요한 사항은 총리령으로 정한다. <개정 2008.2.29>

③금융위원회는 제1항의 규정에 의한 책임준비금과 비상위험준비금의 적정한 계상과 관련하여 필요한 경우에는 보험회사의 자산 및 비용 그 밖에 대통령령이 정하는 사항에 관한 회계처리기준을 정할 수 있다. <개정 2008.2.29>

제121조 (배당보험계약의 구분계리 등) ①보험회사는 배당보험계약(당해 보험계약으로부터 발생하는 이익의 일부를 보험회사가 보험계약자에 대하여 배당하기로 약정한 보험계약을 말한다. 이하 이 조에서 같다)에 대하여는 대통령령이 정하는 바에 따라 다른 보험계약과 구분하여 계리하여야 한다.

②보험회사는 대통령령이 정하는 바에 따라 배당보험계약의 보험계약자에 대한 배당을 실시할 수 있다.

③제2항의 규정에 의한 보험계약자에 대한 배당기준은 배당보험계약자의 이익과 보험회사의 재무건전성 등을 감안하여 정하여야 한다.

제121조의2(배당보험계약 외의 보험계약에 대한 구분계리) 보험회사는 배당보험계약 외의 보험계약에 대하여 자산의 효율적 관리 및 계약자 보호를 위하여 필요한 경우에는 보험계약별로 대통령령으로 정하는 바에 따라 금융위원회의 승인을 받아 자산 또는 손익을 구분하여 계리할 수 있다.

[본조신설 2008.3.14]

제122조 (재평가적립금의 사용에 관한 특례) 보험회사가 「자산재평가법」에 의한 재평가를 한 경우에 그 재평가로 인한 재평가적립금은 「자산재평가법」 제28조제2항 각호의 규정에 의한 처분외에 금융위원회의 허가를 받아 보험계약자에 대한 배당을 위하여도 이를 처분할 수 있다. <개정 2007.7.19, 2008.2.29>

제7장 감독

제123조 (재무건전성의 유지) ①보험회사는 보험금 지급능력과 경영의 건전성을 확보하기 위하여 다음 각호의 사항에 관하여 대통령령이 정하는 재무건전성기준을 준수하여야 한다.

1. 자본의 적정성에 관한 사항
2. 자산의 건전성에 관한 사항
3. 그 밖에 경영의 건전성 확보를 위하여 필요한 사항

②금융위원회는 보험회사가 제1항의 규정에 의한 기준을 준수하지 아니하여 경영의 건전성을 해할 우려가 있다고 인정되는 경우에는 대통령령이 정하는 바에 따라 자본금 또는 기금의 증액명령, 주식 등 위험자산의 소유의 제한 등 필요한 조치를 할 수 있다. <개정 2008.2.29>

제124조 (공시 등) ①보험회사는 보험계약자의 보호를 위하여 필요한 사항으로서 대통령령이 정하는 사항을 금융위원회가 정하는 바에 따라 즉시 공시하여야 한다. <개정 2008.2.29>

②제175조의 규정에 의한 보험협회(이하 "보험협회"라 한다)는 보험료·보험금 등 보험계약에 관한 사항으로서 대통령령이 정하는 사항을 금융위원회가 정하는 바에 따라 비교·공시할 수 있다. <개정 2008.2.29>

③보험협회가 비교·공시를 하는 때에는 대통령령이 정하는 바에 따라 보험상품공시위원회를 구성하여야 한다.

④보험회사는 제2항의 규정에 의한 비교·공시에 필요한 정보를 보험협회에 제공하여야 한다.

⑤보험협회외의 자가 보험계약에 관한 사항을 비교·공시하는 경우에는 제2항의 규정에 의한 금융위원회가 정하는 바에 따라 객관적이고 공정하게 비교·공시하여야 한다. <개정 2008.2.29>

⑥금융위원회는 제5항의 규정에 의한 비교·공시가 허위이거나 사실과 달라 보험계약자 등을 보호할 필요가 있다고 인정되는 경우에는 공시의 중단, 시정조치 등을 요구할 수 있다. <개정 2008.2.29>

제125조 (상호협정의 인가) ①보험회사는 그 업무에 관한 공동행위를 하기 위하여 다른 보험회사와 상호협정을 하고자 하는 경우에는 대통령령이 정하는 바에 따라 금융위원회의 인가를 받아야 한다. 이를 변경 또는 폐지하고자 하는 경우에도 같다. <개정 2008.2.29>

②금융위원회는 공익 또는 보험업의 건전한 발전을 위하여 특히 필요하다고 인정하는 경우에는 보험회사에 대하여 제1항의 협정의 변경·폐지 또는 새로운 협정의 체결을 명하거나 그 협정의 전부 또는 일부에 따를 것을 명할 수 있다. <개정 2008.2.29>

③금융위원회는 제1항 또는 제2항의 규정에 의하여 상호협정의 체결·변경 또는 폐지의 인가를 하거나 명령을 하고자 하는 경우에 미리 공정거래위원회와 협의하여야 한다. <개정 2008.2.29>

제126조 (정관변경의 신고) 보험회사는 정관을 변경하고자 하는 경우에는 미리 금융위원회에 신고하여야 한다. 다만, 대통령령이 정하는 경미한 사항을 변경하고자 하는 경우에는 그러하지 아니하다. <개정 2008.2.29>

제127조 (기초서류변경의 신고) ①보험회사가 기초서류를 변경하고자 하는 경우에는 미리 금융위원회에 신고하여야 한다. <개정 2008.2.29>

②보험회사는 제1항의 규정에 불구하고 기초서류의 변경내용이 대통령령이 정하는 바에 따라 금융위원회가 정하는 기준에 부합하는 경우에는 그 변경내용을 매분기별로 금융위원회에 제출함으로써 제1항의 규정에 의한 신고에 갈음할 수 있다. <개정 2008.2.29>

③제1항 및 제2항의 규정에 의한 신고 또는 제출의 절차 및 방법 그 밖에 필요한 사항은 대통령령으로 정한다.

제128조 (기초서류변경에 대한 확인) 금융위원회는 제127조의 규정에 의한 기초서류의 변경에 대한 신고의 수리 등을 함에 있어서 필요한 경우에는 금융감독원의 확인을 거치도록 할 수 있다. <개정 2008.2.29>

제129조 (보험요율 산출의 원칙) 보험회사는 보험요율을 산출함에 있어 객관적이고 합리적인 통계자료를 기초로 대수의 법칙 및 통계신뢰도를 바탕으로 하여야 하며, 다음 각호의 사항을 준수하여야 한다.

1. 보험요율이 보험금 및 그 밖의 급부에 비하여 지나치게 높지 아니할 것
2. 보험요율이 보험회사의 재무건전성을 크게 해할 정도로 낮지 아니할 것
3. 보험요율이 보험계약자간에 부당하게 차별적이지 아니할 것

제130조 (보고사항) 보험회사는 다음 각 호의 어느 하나에 해당하는 사유가 발생한 때에는 그 사유가 발생한 날부터 5일 이내에 금융위원회에 보고하여야 한다. <개정 2007.7.19, 2008.2.29>

1. 상호 또는 명칭을 변경한 때
2. 임원을 선임 또는 해임한 때
3. 본점의 영업을 중지 또는 재개한 때
4. 최대주주가 변경된 때

4의2. 대주주가 소유하고 있는 주식총수가 의결권 있는 발행주식 총수의 100분의 1 이상 변동된 때

5. 그 밖에 당해 보험회사의 업무수행에 중대한 영향을 미치는 경우로서 대통령령이 정하는 때

제131조 (금융위원회의 명령권 <개정 2008.2.29>) ①금융위원회는 보험회사의 업무운영이 적정하지 아니하거나 자산상황이 불량하여 보험계약자 및 피보험자 등의 권익을 해할 우려가 있다고 인정하는 경우에는 다음 각호의 1에 해당하는 조치를 명할 수 있다. <개정 2008.2.29>

1. 업무집행방법의 변경
2. 금융위원회가 지정하는 기관에의 자산의 예탁
3. 자산의 장부가격의 변경
4. 불건전한 자산에 대한 적립금의 보유
5. 가치가 없다고 인정되는 자산의 손실처리
6. 그 밖에 대통령령이 정하는 필요한 조치

②금융위원회는 보험회사의 업무 및 자산상황 그 밖의 사정의 변경으로 인하여 공익 또는 보험계약자의 보호와 보험회사의 건전한 경영을 크게 해할 우려가 있거나 보험회사의 기초서류에 법령을 위반하거나 보험계약자에게 불리한 내용이 있다고 인정하는 경우에는 청문을 거쳐 기초서류의 변경 또는 그 사용의 정지를 명할 수 있다. 다만, 대통령령이 정하는 경미한 사항에 관하여 기초서류의 변경을 명하는 경우에는 청문을 거치지 아니할 수 있다. <개정 2008.2.29>

③금융위원회는 제2항의 규정에 의하여 기초서류의 변경을 명하는 경우에 보험계약자·피보험자 또는 보험금을 취득할 자의 이익을 보호하기 위하여 특히 필요하다고 인정하는 경우에는 이미 체결된 보험계약에 대하여도 장래에 향하여 그 변경의 효력이 미치게 할 수 있다. <개정 2008.2.29>

④금융위원회는 제3항의 규정에 불구하고 제2항의 규정에 의하여 변경명령을 받은 기초서류로 인하여 보험계약자·피보험자 또는 보험금을 취득할 자가 명백하게 부당한 불이익을 받는 것으로 인정하는 경우에는 이미 체결된 보험계약에 의하여 납입된 보험료의 일부를 환급하거나 보험금을 증액하도록 할 수 있다. <개정 2008.2.29>

⑤보험회사는 제2항의 규정에 의한 명령을 받은 때에는 대통령령이 정하는 바에 따라 그 요지를 공고하여야 한다.

제132조 (준용) 제131조제1항의 규정은 국내사무소·보험대리점 및 보험중개사에 관하여 이를 준용한다. 이 경우 "보험회사"는 각각 "국내사무소"·"보험대리점"·"보험중개사"로 본다.

제133조 (자료제출 및 검사 등) ①금융위원회는 공익 또는 보험계약자 등의 보호를 위하여 보험회사에게 이 법이 정하는 감독업무의 수행과 관련한 주주의 현황 그 밖에 사업에 관한 보고 또는 자료제출을 명할 수 있다. <개정 2008.2.29>

②보험회사는 그 업무 및 자산상황에 관하여 금융감독원의 검사를 받아야 한다.

③금융감독원장은 제2항의 규정에 의한 검사를 함에 있어서 필요하다고 인정하는 경우에는 보험회사에 대하여 업무 또는 자산에 관한 보고, 자료의 제출, 관계인의 출석 및 의견의 진술을 요구할 수 있다.

④제2항의 규정에 의하여 검사를 하는 자는 그 권한을 표시하는 증표를 지니고 이를 관계인에게 내보여야 한다.

⑤금융감독원장은 제2항의 규정에 의하여 검사를 한 경우에는 그 결과에 따라 필요한 조치를 하고, 그 내용을 금융위원회에 보고하여야 한다. <개정 2008.2.29>

⑥금융감독원장은 「주식회사의 외부감사에 관한 법률」에 의하여 보험회사가 선임한 외부감사인에게 당해 보험회사를 감사한 결과 알게 된 정보 그 밖에 경영의 건전성에 관련되는 자료의 제출을 요구할 수 있다. <개정 2007.7.19>

제134조 (보험회사에 대한 제재) ①금융위원회는 보험회사가 이 법 또는 이 법에 의한 명령에 위반하여 건전한 보험업을 운영하지 못할 우려가 있다고 인정하는 경우에는 금융감독원장의 건의에 따라 다음 각호의 1에 해당하는 조치를 하거나 금융감독원장으로 하여금 제1호에 해당하는 조치를 하게 할 수 있다. <개정 2008.2.29>

1. 보험회사에 대한 주의·경고 또는 그 임원·직원에 대한 주의·경고·문책의 요구
2. 당해 위반행위에 대한 시정명령
3. 임원의 해임권고·직무정지의 요구
4. 6월 이내의 영업의 일부정지

②금융위원회는 보험회사가 다음 각호의 1에 해당하는 때에는 6월 이내의 기간을 정하여 영업의 전부정지를 명하거나 청문을 거쳐 보험업의 허가를 취소할 수 있다. <개정 2008.2.29>

1. 거짓 그 밖의 부정한 방법으로 보험업의 허가를 받은 때
2. 허가내용 또는 허가조건을 위반한 때
3. 영업의 정지기간중에 그 영업을 한 때
4. 제1항제2호의 규정에 의한 시정명령을 이행하지 아니한 때

제135조 (퇴임한 임원 등에 대한 조치내용의 통보) ①금융위원회는 보험회사의 퇴임한 임원 또는 퇴직한 직원이 재임 또는 재직중이었더라면 제134조제1항제1호 및 제3호에 해당하는 조치를 받았을 것으로 인정되는 경우에는 그 조치의 내용을 금융감독원장으로 하여금 당해 보험회사의 장에게 통보하도록 할 수 있다. <개정 2008.2.29>

②제1항의 규정에 의한 통보를 받은 보험회사의 장은 이를 당해 임원 또는 직원에게 통보하고, 인사기록부에 기록·유지하여야 한다.

제136조 (준용) ①제133조 및 제134조의 규정은 국내사무소·보험대리점 및 보험중개사에 관하여 이를 준용한다. 이 경우 "보험회사"는 각각 "국내사무소"·"보험대리점"·"보험중개사"로 본다.

②제133조의 규정은 보험업과 밀접한 관련이 있는 업무로서 대통령령이 정하는 업무를 영위하는 자회사에 관하여 이를 준용한다. 이 경우 "보험회사"는 "자회사"로 본다.

③제133조의 규정은 보험업과 밀접한 관련이 있는 업무로서 대통령령이 정하는 업무를 보험회사로부터 위탁받은 자에 관하여 이를 준용한다. 이 경우 "보험회사"는 "위탁받은 자"로 본다.

제8장 해산 · 청산

제1절 해산

제137조 (해산사유 등) ①보험회사는 다음 각호의 사유로 인하여 해산한다.

1. 존립기간의 만료 그 밖에 정관이 정하는 사유의 발생
2. 주주총회등의 결의
3. 회사의 합병
4. 보험계약 전부의 이전
5. 회사의 파산
6. 보험업의 허가의 취소
7. 해산을 명하는 재판

②보험회사가 제1항제6호의 사유로 인하여 해산한 때에는 금융위원회는 지체없이 그 보험회사의 본점과 지점 또는 각 사무소소재지의 등기소에 그 등기를 촉탁하여야 한다. <개정 2008.2.29>

③등기소는 제2항의 촉탁을 받은 경우에는 지체없이 그 등기를 하여야 한다.

제138조 (해산·합병 등의 결의) 해산·합병과 보험계약의 이전에 관한 결의는 제39조제2항 또는 「상법」 제434조의 규정에 의하여야 한다. <개정 2007.7.19>

제139조 (해산·합병 등의 인가) 해산의 결의·합병과 보험계약의 이전은 금융위원회의 인가를 받아야 한다. <개정 2008.2.29>

제140조 (보험계약 등의 이전) ①보험회사는 계약의 방법으로 책임준비금산출의 기초가 동일한 보험계약의 전부를 포괄하여 다른 보험회사에게 이전할 수 있다.

②보험회사는 제1항의 규정에 의한 계약에서 회사자산을 이전할 것을 정할 수 있다. 다만, 금융위원회가 그 보험회사의 채권자의 이익을 보호하기 위하여 필요하다고 인정하는 자산은 유보하여야 한다. <개정 2008.2.29>

제141조 (보험계약이전 결의의 공고와 이의제출) ①보험계약을 이전하고자 하는 보험회사는 제138조의 규정에 의한 결의를 한 날부터 2주 이내에 계약이전의 요지와 각 보험회사의 대차대조표를 공고하여야 한다.

②제1항의 규정에 의한 공고에는 이전될 보험계약의 보험계약자로서 이의가 있는 자는 일정한 기간 이내에 이의를 제출할 수 있다는 뜻을 부기하여야 한다. 다만, 그 기간은 1월 미만으로 하지 못한다.

③제2항의 기간 이내에 이의를 제출한 보험계약자가 이전될 보험계약자총수의 10분의 1을 초과하거나 그 보험금액이 이전될 보험금총액의 10분의 1을 초과하는 경우에는 보험계약의 이전을 하지 못한다. 제143조의 규정에 의하여 계약조항의 변경을 정하는 경우에 이의를 제출한 보험계약자로서 그 변경을 받을 자가 변경을 받을 보험계약자총수의 10분의 1을 초과하거나 그 보험금액이 변경을 받을 보험계약자의 보험금총액의 10분의 1을 초과하는 경우에도 또한 같다.

④제2항 및 제3항의 규정은 상호회사가 제54조제1항의 기관에 의하지 아니하고 보험계약이전의 결의를 한 경우에는 적용하지 아니한다.

제142조 (신계약의 금지) 보험계약을 이전하고자 하는 보험회사는 주주총회등의 결의가 있은 때부터 보험계약의 이전을 하거나 하지 아니하게 될 때까지 그 이전하고자 하는 보험계약과 동종의 보험계약을 하지 못한다.

제143조 (계약조건의 변경) 보험회사는 보험계약의 전부를 이전하는 경우에 이전할 보험계약에 관하여 이전계약으로써 계산의 기초의 변경, 보험금액의 삭감과 장래의 보험료의 감액 또는 계약조항의 변경을 정할 수 있다.

제144조 (자산처분의 금지 등) ①제143조의 규정에 의하여 보험금액의 삭감을 정하는 경우에는 보험계약을 이전하고자 하는 보험회사는 주주총회등의 결의가 있은 때부터 보험계약의 이전을 하거나 하지 아니하게 될 때까지 그 자산의 처분을 하거나 채무를 부담할 행위를 하지 못한다. 다만, 보험업의 유지에 필요한 비용을 지출하는 경우 또는 자산의 보전 그 밖의 특별한 필요에 의하여 금융위원회의 허가를 받아 자산을 처분하는 경우에는 그러하지 아니하다. <개정 2008.2.29>

②보험계약의 이전이 있은 때에는 보험계약으로 인하여 발생한 채권으로서 제1항의 규정에 의하여 지급이 정지된 것에 관하여 이전계약에 정한 보험금액 삭감의 비율에 따라 그 금액을 삭감하여 지급하여야 한다.

③제143조의 규정에 의하여 계약조항의 변경을 정하는 경우에 그 변경을 하고자 하는 보험회사에 대하여도 제1항의 규정을 적용한다. 다만, 보험계약으로 인하여 발생한 채무를 변제하거나 금융위원회의 허가를 받아 그 변경에 관계없는 행위를 하는 경우에는 그러하지 아니하다. <개정 2008.2.29>

제145조 (보험계약이전의 공고) 보험회사는 보험계약의 이전을 한 경우에 지체없이 그 취지를 공고하여야 한다. 이전을 하지 아니하게 된 경우에도 또한 같다.

제146조 (권리·의무의 승계) ①보험계약의 이전을 한 보험회사가 그 보험계약에 관하여 가진 권리와 의무를 보험계약의 이전을 받은 보험회사가 승계한다. 이전계약으로써 이전할 것을 정한 자산에 관하여도 또한 같다.

②보험계약이전의 결의를 한 후에 이전할 보험계약에 관하여 한 수지 그 밖에 이전할 보험계약 또는 자산에 관하여 발생한 변경은 이전을 받은 보험회사에게 귀속한다.

제147조 (계약이전으로 인한 입사) 보험계약이 이전된 경우에 이전을 받은 보험회사가 상호회사인 경우에는 그 보험계약자는 그 회사에 입사한다.

제148조 (해산후의 계약이전결의) ①보험회사는 해산후에 있어서도 3월 이내에 한하여 보험계약이전의 결의를 할 수 있다.

②제158조의 규정은 제1항의 경우에는 적용하지 아니한다. 다만, 보험계약의 이전을 하지 아니하게 된 경우에는 그러하지 아니하다.

제149조 (해산등기의 신청) 보험계약의 이전으로 인한 해산등기의 신청서에는 이전계약서, 각 보험회사의 주주총회등의 의사록, 제141조의 공고 및 이의에 관한 서류와 보험계약이전의 인가를 증명하는 서류를 첨부하여야 한다.

제150조 (영업양도·양수의 인가) 보험회사는 그 영업을 양도·양수하고자 하는 경우에는 금융위원회의 인가를 받아야 한다. <개정 2008.2.29>

제151조 (합병결의의 공고) ①보험회사가 합병의 결의를 한 때에는 그 결의를 한 날부터 2주 이내에 합병계약의 요지와 각 보험회사의 대차대조표를 공고하여야 한다.

②제141조제2항 내지 제4항, 제145조 및 제149조의 규정은 합병의 경우에 이를 준용한다.

③제1항 및 제2항의 규정에 의한 합병은 이의를 제출한 보험계약자 그 밖에 보험계약으로 인하여 발생한 권리를 가진 자에 대하여도 그 효력이 미친다.

제152조 (계약조건의 변경) ①보험회사가 합병을 하는 경우에는 합병계약으로써 그 보험계약에 관한 계산의 기초 또는 계약조항의 변경을 정할 수 있다.

②제142조 및 제144조제3항의 규정은 제1항의 규정에 의하여 계약조항의 변경을 정하는 경우에 그 변경을 하고자 하는 보험회사에 관하여 이를 준용한다.

제153조 (상호회사의 합병) ①상호회사는 다른 보험회사와 합병할 수 있다.

②제1항의 경우에는 합병후 존속하는 보험회사 또는 합병으로 인하여 설립되는 보험회사는 상호회사이어야 한다. 다만, 합병하는 보험회사의 일방이 주식회사인 경우에는 합병후 존속하는 보험회사 또는 합병으로 인하여 설립되는 보험회사는 주식회사로 될 수 있다.

③상호회사와 주식회사와의 합병의 경우에는 이 법 또는 「상법」 의 합병에 관한 규정에 의한다. <개정 2007.7.19>

④합병계약서에 기재할 사항 그 밖에 합병에 관하여 필요한 사항은 대통령령으로 정한다.

제154조 (합병의 경우의 사원관계) ①제153조의 규정에 의한 합병이 있는 경우에 합병후 존속하는 보험회사 또는 합병으로 인하여 설립되는 보험회사가 상호회사인 경우에는 합병으로 인하여 해산하는 보험회사의 보험계약자는 그 회사에 입사하고, 주식회사인 경우에는 상호회사의 사원은 그 지위를 상실한다. 다만, 보험관계에 속하는 권리와 의무는 합병계약이 정하는 바에 따라 합병후 존속하는 주식회사 또는 합병으로 인하여 설립된 주식회사가 이를 승계한다.

②제1항의 규정에 의하여 합병후 존속하는 상호회사에 입사할 자는 「상법」 제526조제1항의 규정에 의한 사원총회에서 사원과 동일한 권리를 가진다. 다만, 합병계약에 따로 정한 것이 있는 경우에는 그러하지

아니하다. <개정 2007.7.19>

③제39조제2항·제55조와 「상법」 제311조, 제312조, 제316조제2항, 제363조제1항·제2항, 제364조, 제368조제3항·제4항, 제371조제2항, 제372조, 제373조 및 제376조 내지 제381조의 규정은 합병으로 인하여 설립되는 상호회사의 창립총회에 관하여 이를 준용한다. <개정 2007.7.19>

제155조 (정리계획서의 제출) 보험회사가 그 보험업의 전부 또는 일부를 폐지하고자 하는 경우에는 그 60일전에 사업폐지에 따른 정리계획서를 금융위원회에 제출하여야 한다. <개정 2008.2.29>

제2절 청산

제156조 (청산인) ①보험회사가 보험업의 허가의 취소로 인하여 해산한 때에는 금융위원회가 청산인을 선임한다. <개정 2008.2.29>

② 「상법」 제193조·제252조 및 제531조제2항에 규정하는 청산인은 금융위원회가 이를 선임한다. 이 경우 이해관계인의 청구없이 이를 선임할 수 있다. <개정 2007.7.19, 2008.2.29>

③ 「상법」 제255조제2항의 규정은 제1항 및 제2항의 경우에 이를 준용한다. <개정 2007.7.19>

④금융위원회는 감사·3월전부터 계속하여 자본금의 100분의 5 이상의 주식을 가진 주주 또는 100분의 5 이상의 사원의 청구에 의하여 청산인을 해임할 수 있다. <개정 2008.2.29>

⑤상호회사는 제4항의 규정에 의한 청구를 하는 사원에 관하여 정관으로 다른 기준을 정할 수 있다.

⑥금융위원회는 중요한 사유가 있는 경우에 제4항의 청구없이 청산인을 해임할 수 있다. <개정 2008.2.29>

제157조 (청산인의 보수) 제156조의 규정에 의하여 청산인을 선임하는 경우에는 청산중인 회사로 하여금 금융위원회가 정하는 보수를 지급하게 할 수 있다. <개정 2008.2.29>

제158조 (해산후의 보험금지급) ①보험회사는 제137조제1항제2호·제6호 또는 제7호의 사유로 인하여 해산한 때에는 보험금을 지급할 사유가 해산한 날부터 3월 이내에 발생한 때에 한하여 보험금을 지급하여야 한다.

②보험회사는 제1항의 기간이 경과한 후에는 피보험자를 위하여 적립한 금액 또는 아직 경과하지 아니한 기간에 대한 보험료를 환급하여야 한다.

제159조 (채권신고기간내의 변제) 보험회사에 관하여 「상법」 제536조제2항을 적용함에 있어서 "법원"은 "금융위원회"로 본다. <개정 2007.7.19, 2008.2.29>

제160조 (청산인의 감독) 금융위원회는 보험회사의 청산업무와 자산상황을 검사하고, 자산의 공탁을 명하며 그 밖에 청산의 감독상 필요한 명령을 할 수 있다. <개정 2008.2.29>

제161조 (해산후의 강제관리) ①금융위원회는 해산한 보험회사의 업무 및 자산상황으로 보아 필요하다고 인정하는 경우에는 업무와 자산의 관리를 명할 수 있다. <개정 2008.2.29>

②제148조제2항의 규정은 제1항의 명령이 있은 경우에 이를 준용한다.

제9장 관계자에 대한 조사

제162조 (조사대상 및 방법 등) ①금융위원회는 이 법 및 이 법에 의한 명령 또는 조치에 위반된 사실이 있거나 공익 또는 건전한 보험거래질서의 확립을 위하여 필요하다고 인정하는 경우에는 보험회사, 보험계약자, 피보험자, 보험금을 취득할 자 그 밖에 보험계약에 관하여 이해관계가 있는 자(이하 이 장에서 "관계자"라 한다)에 대한 조사를 할 수 있다. <개정 2008.2.29>

②금융위원회는 제1항의 규정에 의한 조사를 위하여 필요하다고 인정하는 경우에는 관계자에 대하여 다음 각호의 사항을 요구할 수 있다. <개정 2008.2.29>

1. 조사사항에 대한 사실과 상황에 대한 진술서의 제출
2. 조사에 필요한 장부·서류 그 밖의 물건의 제출

③제133조제4항의 규정은 제1항 및 제2항의 조사에 관하여 이를 준용한다.

④금융위원회는 관계자가 제1항의 규정에 의한 조사를 방해하거나 제2항의 규정에 의하여 제출하는 자료를 거짓으로 작성하거나 그 제출을 게을리한 때에는 관계자가 속한 단체의 장에게 관계자에 대한 문책 등을 요구할 수 있다. <개정 2008.2.29>

제163조 (보험조사협의회) ①제162조제1항의 규정에 의한 조사업무를 효율적으로 수행하기 위하여 금융위원회에 금융감독원 그 밖의 보험관련기관으로 구성되는 보험조사협의회를 둘 수 있다. <개정 2008.2.29>

②제1항의 규정에 의한 보험조사협의회의 구성·운영 등에 관한 필요한 사항은 대통령령으로 정한다.

제164조 (조사관련 정보의 공표) 금융위원회는 관계자에 대한 조사실적·처리결과 그 밖에 관계자의 위법행위를 예방하는데 필요한 정보 및 자료를 대통령령이 정하는 바에 따라 공표할 수 있다. <개정 2008.2.29>

제10장 손해보험계약의 제3자 보호

제165조 (제3자의 보험금 지급보장) 손해보험회사는 손해보험계약의 제3자가 보험사고로 입은 손해에 대한 보험금의 지급을 이 장이 정하는 바에 따라 보장하여야 한다.

제166조 (적용범위) 이 장의 규정은 법령에 의하여 가입이 강제되는 손해보험계약(자동차보험계약의 경우에는 법령에 의하여 가입이 강제되지 아니하는 보험계약을 포함한다. 이하 이 장에서 같다)으로서 대통령령이 정하는 손해보험계약에 한하여 적용한다. 다만, 대통령령이 정하는 법인을 계약자로 하는 손해보험계약에 대하여는 적용하지 아니한다.

제167조 (지급불능의 보고) ①손해보험회사는 「예금자보호법」 제2조제7호의 사유로 손해보험계약의 제3자에게 보험금을 지급하지 못하게 된 경우에는 지체없이 그 사실을 보험협회중 손해보험회사로 구성된 협회(이하 "손해보험협회"라 한다)의 장에게 보고하여야 한다. <개정 2007.7.19>

②손해보험회사는 「예금자보호법」 제2조제7호 나목의 규정에 의한 보험업 허가의 취소 등이 있은 날부터 3월 이내에 제3자에게 보험금을 지급하여야 할 사유가 발생한 때에는 지체없이 그 사실을 손해보험협회의 장에게 보고하여야 한다. <개정 2007.7.19>

제168조 (출연) ①손해보험회사는 손해보험계약의 제3자에 대한 보험금의 지급을 보장하기 위하여 수입보험료 및 책임준비금을 감안하여 대통령령이 정하는 비율을 곱한 금액을 손해보험협회에 출연하여야 한다.

②손해보험회사는 제167조의 규정에 의한 지급불능 보고가 있은 후 제1항의 출연을 할 수 있다.

③제1항 및 제2항의 규정에 의한 출연금의 납부방법 및 절차에 관하여 필요한 사항은 대통령령으로 정한다.

제169조 (보험금의 지급) ①손해보험협회의 장은 제167조의 규정에 의한 보고를 받은 때에는 금융위원회의 확인을 거쳐 손해보험계약의 제3자에게 대통령령이 정하는 보험금을 지급하여야 한다. <개정 2008.2.29>

②제1항의 규정에 의한 보험금의 지급방법 및 절차 등에 관하여 필요한 사항은 대통령령으로 정한다.

제170조 (자료제출요구) 손해보험협회의 장은 제168조의 규정에 의한 출연금의 산정 및 제169조의 규정에 의한 보험금의 지급을 위하여 필요한 범위안에서 손해보험회사의 업무 및 자산상황에 관한 자료의 제출을 요구할 수 있다.

제171조 (자금의 차입) ①손해보험협회는 제169조의 규정에 의한 보험금의 지급을 위하여 필요한 경우에는 정부·「예금자보호법」 제3조의 규정에 의한 예금보험공사 그 밖에 대통령령이 정하는 금융기관으로부터 금융위원회의 승인을 얻어 자금을 차입할 수 있다. <개정 2007.7.19, 2008.2.29>

②손해보험회사는 제168조제1항의 규정에 의하여 당해 손해보험회사가 출연하여야 할 금액의 범위안에서 제1항의 규정에 의한 손해보험협회의 차입에 대하여 보증할 수 있다.

제172조 (출연금 등의 구분계리) 제168조의 규정에 의한 출연금 및 제171조의 규정에 의한 차입금은 손해보험협회의 일반예산과 구분하여 계리하여야 한다.

제173조 (구상권) 손해보험협회는 제169조의 규정에 의하여 보험금을 지급한 때에는 당해 손해보험회사에 대하여 구상권을 가진다.

제174조 (정산) 손해보험협회는 제168조의 규정에 의하여 손해보험회사로부터 출연받은 금액으로 제169조의 규정에 의한 보험금을 지급하고 남은 금액이 있거나 부족한 금액이 있는 경우 또는 제173조의 규정에 의한 구상권의 행사로 인하여 수입한 금액이 있는 경우에는 이를 정산하여야 한다.

제11장 보험관계단체 등

제1절 보험협회 등

제175조 (보험협회) ①보험회사는 상호간의 업무질서를 유지하고 보험업의 발전에 기여하기 위하여 보험협회를 설립할 수 있다.

②보험협회는 법인으로 한다.

③보험협회는 정관이 정하는 바에 따라 다음 각호의 업무를 행한다.

1. 보험회사간의 건전한 업무질서의 유지
2. 보험계약의 비교·공시 업무
3. 정부로부터 위탁받은 업무
4. 제1호 및 제2호에 부수하는 업무
5. 그 밖에 대통령령이 정하는 업무

제176조 (보험요율산출기관) ①보험회사는 보험금의 지급에 충당되는 보험료(이하 "순보험료"라 한다)를 결정하기 위한 요율(이하 "순보험요율"이라 한다)의 공정하고 합리적인 산출과 보험과 관련된 정보의 효율적인 관리·이용을 위하여 금융위원회의 인가를 받아 보험요율산출기관을 설립할 수 있다. <개정 2008.2.29>

②보험요율산출기관은 법인으로 한다.

③보험요율산출기관은 정관이 정하는 바에 따라 다음 각호의 업무를 행한다.

1. 순보험요율의 산출·검증 및 제공
2. 보험과 관련된 정보의 수집·제공 및 통계의 작성
3. 보험에 대한 조사·연구
4. 설립목적의 범위안에서 정부기관·보험회사 그 밖의 보험관계단체로부터 위탁받은 업무
5. 제1호 내지 제3호에 부수하는 업무
6. 그 밖에 대통령령이 정하는 업무

④보험요율산출기관은 보험회사가 적용할 수 있는 순보험요율을 산출하여 금융위원회에 신고할 수 있다. <개정 2008.2.29>

⑤보험회사가 제4항의 규정에 의하여 보험요율산출기관이 신고한 순보험요율을 적용하는 경우에는 보험료(순보험료에 한한다)에 대하여 제127조제1항의 규정에 의한 변경신고를 한 것으로 본다.

⑥보험회사는 이 법에 의하여 금융위원회에 제출하는 기초서류를 보험요율산출기관으로 하여금 확인하게 할 수 있다. 이 경우 제184조제1항의 규정에 의하여 선임계리사가 이를 확인한 것으로 본다. <개정 2008.2.29>

⑦보험요율산출기관은 그 업무와 관련하여 정관이 정하는 바에 따라 보험회사로부터 수수료를 받을 수 있다.

⑧보험요율산출기관은 보험계약자의 권익을 보호하기 위하여 필요하다고 인정되는 경우에는 다음 각호의 1에 해당하는 자료를 공표할 수 있다.

1. 순보험요율산출에 관한 자료
2. 보험과 관련한 각종 조사·연구 및 통계자료

⑨보험요율산출기관은 순보험요율의 산출을 위하여 필요한 경우에는 교통법규위반에 관한 개인정보를 보유하고 있는 기관의 장으로부터 당해 정보를 제공받아 보험회사로 하여금 보험계약자에게 적용할 순보험료의 산출에 이용하게 할 수 있다.

⑩보험요율산출기관은 순보험요율의 산출을 위하여 필요한 경우에는 질병에 관한 통계를 보유하고 있는 기관의 장으로부터 당해 질병에 관한 통계를 제공받아 보험회사로 하여금 보험계약자에게 적용할 순보험료의 산출에 이용하게 할 수 있다.

⑪보험요율산출기관이 이 법 또는 다른 법률의 규정에 의하여 제공받아 보유하는 개인정보를 다음 각호의 1에 해당하는 경우를 제외하고는 타인에게 제공할 수 없다. <개정 2007.7.19>

1. 보험회사의 순보험료의 산출에 필요한 경우
2. 「신용정보의 이용 및 보호에 관한 법률」 제24조제1항 각호에서 규정하는 사유에 의한 경우
3. 정부로부터 위탁받은 업무를 수행하기 위하여 필요한 경우
4. 이 법에서 정하고 있는 보험요율산출기관의 업무를 수행하기 위하여 필요한 경우로서 대통령령이 정하는 경우

⑫보험요율산출기관이 제9항의 규정에 의하여 제공받는 개인정보와 제10항의 규정에 의하여 제공받는 질병에 관한 통계의 이용범위·절차 및 방법 등에 관하여 필요한 사항은 대통령령으로 정한다.

⑬보험요율산출기관이 제11항의 규정에 의하여 개인정보를 제공하는 절차·방법 등에 관하여 필요한 사항은 대통령령으로 정한다.

제177조 (개인정보이용자의 의무) 제176조제9항의 규정에 의하여 제공받은 교통법규위반에 관한 개인정보와 그 밖에 보험계약과 관련하여 보험계약자 등으로부터 제공받은 질병에 관한 개인정보를 이용하여 순보험료의 산출 또는 적용업무에 종사하거나 종사하였던 자는 그 업무상 알게 된 개인정보를 누설하거나 타인의 이용에 제공하는 등 부당한 목적을 위하여 사용하여서는 아니된다.

제178조 (그 밖의 보험관계단체) ①보험설계사·보험대리점·보험중개사·보험계리사·손해사정사 그 밖에 보험관계업무에 종사하는 자는 공익 또는 보험계약자 및 피보험자 등의 보호와 모집질서의 유지를 위하여 단체를 각각 설립할 수 있다.

②제1항의 규정에 의한 보험관계단체는 법인으로 한다.

③제1항의 규정에 의한 보험관계단체는 정관이 정하는 바에 따라 다음 각호의 업무를 행한다.

1. 회원간의 건전한 업무질서 유지
2. 회원에 대한 연수·교육업무
3. 정부·금융감독원 또는 보험협회로부터 위탁받은 업무
4. 제1호 및 제2호에 부수되는 업무
5. 그 밖에 대통령령이 정하는 업무

제179조 (감독) 제131조제1항·제133조·제134조 및 제135조의 규정은 보험협회, 보험요율산출기관 및 제178조의 규정에 의한 보험관계단체에 관하여 이를 준용한다.

제180조 (「민법」 의 준용 <개정 2007.7.19>) 보험협회·보험요율산출기관 및 제178조의 규정에 의한 보험관계단체에 대하여는 이 법 또는 이 법에 의한 명령에 특별한 규정이 있는 것을 제외하고는 「민법」 중 사단법인에

관한 규정을 준용한다. <개정 2007.7.19>

제2절 보험계리 및 손해사정

제181조 (보험계리) ①보험회사는 보험계리에 관한 업무(기초서류의 내용 및 배당금 계산 등의 정당성 여부를 확인하는 것을 말한다)를 보험계리사를 고용하여 담당하게 하거나, 보험계리를 업으로 하는 자(이하 "보험계리업자"라 한다)에게 위탁하여야 한다.

②보험회사는 제184조제1항의 규정에 의하여 보험계리에 관한 업무를 최종적으로 검증하고 확인하는 보험계리사(이하 "선임계리사"라 한다)를 선임하여야 한다.

③제1항 및 제2항의 규정에 의한 보험계리사·선임계리사 또는 보험계리업자의 구체적인 업무범위 및 위탁·선임에 관한 절차는 총리령으로 정한다. <개정 2008.2.29>

제182조 (보험계리사) ①보험계리사가 되고자 하는 자는 금융감독원장이 실시하는 시험에 합격하고 일정기간의 실무수습을 마친 후 금융위원회에 등록하여야 한다. <개정 2008.2.29>

②제1항의 규정에 의한 시험의 과목 및 시험면제와 실무수습의 기간 등에 관하여 필요한 사항은 총리령으로 정한다. <개정 2008.2.29>

제183조 (보험계리업) ①보험계리를 업으로 하고자 하는 자는 금융위원회에 등록하여야 한다. <개정 2008.2.29>

②보험계리를 업으로 하고자 하는 법인은 대통령령이 정하는 수 이상의 보험계리사를 두어야 한다.

③제1항의 규정에 의한 등록을 하고자 하는 자는 총리령이 정하는 수수료를 납부하여야 한다. <개정 2008.2.29>

④그 밖에 보험계리업의 등록에 관하여 필요한 사항은 대통령령으로 정한다.

제184조 (선임계리사의 의무 등) ①선임계리사는 보험회사가 이 법에 의하여 금융위원회에 제출하는 서류에 기재된 사항중 기초서류의 내용 및 보험계약에 의한 배당금의 계산 등이 정당한지 여부를 최종적으로 검증하고 이를 확인하여야 한다. <개정 2008.2.29>

②선임계리사·보험계리사 또는 보험계리업자는 그 업무를 수행함에 있어 다음 각호의 행위를 하여서는 아니된다.

1. 고의로 진실을 숨기거나 거짓으로 보험계리를 하는 행위
2. 업무상 알게 된 비밀을 누설하는 행위
3. 타인으로 하여금 자기의 명의로 보험계리업무를 하게 하는 행위
4. 그 밖에 공정한 보험계리업무의 수행을 저해하는 행위로서 대통령령이 정하는 행위

③보험회사가 선임계리사를 선임한 때에는 그 선임일이 속하는 사업연도의 다음 사업연도부터 연속하는 3개 사업연도가 종료하는 날까지 당해 선임계리사를 해임할 수 없다. 다만, 다음 각호의 1에 해당하는 때에는 그러하지 아니하다. <개정 2008.2.29>

1. 선임계리사가 회사의 기밀을 누설한 때
2. 선임계리사가 그 업무를 게을리하여 회사에 대하여 손해를 발생하게 한 때
3. 선임계리사가 계리업무와 관련하여 부당한 요구를 하거나 압력을 행사한 때
4. 제192조의 규정에 의한 금융위원회의 해임요구가 있는 때

④선임계리사의 요건과 권한 및 업무수행의 독립성 보장에 관하여 필요한 사항은 대통령령으로 정한다.

⑤금융위원회는 선임계리사에게 그 업무범위에 속하는 사항에 대하여 의견을 제출하게 할 수 있다. <개정 2008.2.29>

제185조 (손해사정) 손해보험회사는 손해사정사를 고용하여 보험사고로 인한 손해액 및 보험금의 사정(이하 "손해사정"이라 한다)에 관한 업무를 담당하게 하거나 손해사정사 또는 손해사정을 업으로 하는 자(이하 "손해사정업자"라 한다)를 선임하여 당해 업무를 위탁하여야 한다. 다만, 보험사고가 외국에서 발생하거나 보험계약자 등이 금융위원회가 정하는 기준에 따라 손해사정사를 따로 선임한 때에는 그러하지 아니하다. <개정 2008.2.29>

제186조 (손해사정사) ①손해사정사가 되고자 하는 자는 금융감독원장이 실시하는 시험에 합격하고 일정기간의 실무수습을 마친 후 금융위원회에 등록하여야 한다. <개정 2008.2.29>

②제1항의 규정에 의한 시험의 과목 및 시험면제와 실무수습의 기간 등에 관하여 필요한 사항은 총리령으로 정한다. <개정 2008.2.29>

제187조 (손해사정업) ①손해사정을 업으로 하고자 하는 자는 금융위원회에 등록하여야 한다. <개정 2008.2.29>

②손해사정을 업으로 하고자 하는 법인은 대통령령이 정하는 수 이상의 손해사정사를 두어야 한다.

③제1항의 규정에 의한 등록을 하고자 하는 자는 총리령이 정하는 수수료를 납부하여야 한다. <개정 2008.2.29>

④그 밖에 손해사정업의 등록에 관하여 필요한 사항은 대통령령으로 정한다.

제188조 (손해사정사 등의 업무) 손해사정사 또는 손해사정업자의 업무는 다음 각호와 같다.

1. 손해발생사실의 확인
2. 보험약관 및 관계법규 적용의 적정여부 판단
3. 손해액 및 보험금의 사정
4. 제1호 내지 제3호의 업무와 관련한 서류의 작성·제출의 대행
5. 제1호 내지 제3호의 업무의 수행과 관련한 보험회사에 대한 의견의 진술

제189조 (손해사정사의 의무 등) ①손해보험회사로부터 손해사정업무를 위탁받은 손해사정사 또는 손해사정업자는 손해사정업무를 행한 후 지체없이 손해사정서를 손해보험회사에게 교부하고, 그 중요한 내용을 알려주어야 한다.

②보험계약자 등이 선임한 손해사정사 또는 손해사정업자는 손해사정업무를 행한 후 지체없이 손해보험회사 및 보험계약자 등에게 손해사정서를 교부하고, 그 중요한 내용을 알려주어야 한다.

③손해사정사 또는 손해사정업자는 손해사정 업무를 수행함에 있어 보험계약자 그 밖의 이해관계자들의 이익을 부당하게 침해하여서는 아니되며, 다음 각호의 행위를 하여서는 아니된다.

1. 고의로 진실을 숨기거나 거짓으로 손해사정을 하는 행위
2. 업무상 알게 된 보험계약자 등에 관한 개인정보를 누설하는 행위
3. 타인으로 하여금 자기의 명의로 손해사정업무를 하게 하는 행위
4. 정당한 사유없이 손해사정업무를 지연하거나 충분한 조사를 행하지 아니하고 손해액 또는 보험금을 산정하는 행위
5. 보험회사 및 보험계약자 등에 대하여 이미 제출받은 서류와 중복되는 서류 또는 손해사정과 관련이 없는 서류를 요청함으로써 손해사정을 지연하는 행위
6. 그 밖에 공정한 손해사정업무의 수행을 저해하는 행위로서 대통령령이 정하는 행위

제190조 (등록의 취소) 제86조 규정은 보험계리사·선임계리사·보험계리업·손해사정사 및 손해사정업에 관하여 이를 준용한다. 이 경우 제86조제1항제3호에서 "제84조"는 각각 "제182조제1항"·"제183조제1항"·"제186조제1항" 또는 "제187조제1항"으로 본다.

제191조 (손해배상의 보장) 금융위원회는 보험계리업자 또는 손해사정업자가 그 업무를 수행함에 있어서 고의 또는 과실로 타인에게 손해를 발생하게 한 때에 그 손해의 배상을 보장하기 위하여 보험계리업자

또는 손해사정업자에게 금융위원회가 지정하는 기관에의 자산의 예탁, 보험에의 가입 그 밖에 필요한 조치를 하게 할 수 있다. <개정 2008.2.29>

제192조 (감독) ①금융위원회는 보험계리사·선임계리사 또는 손해사정사가 그 직무를 태만히 하거나 직무를 수행함에 있어서 부적당한 행위를 하였다고 인정하는 경우에는 기간을 정하여 업무의 정지를 명하거나 이를 해임하게 할 수 있다. <개정 2008.2.29>

②제131조제1항 및 제133조의 규정은 보험계리업자 및 손해사정업자에 관하여 이를 준용한다.

제12장 보칙

제193조 (공제에 대한 협의) ①금융위원회는 법률에 의하여 운영되는 공제업과 이 법에 의한 보험업과의 균형있는 발전을 위하여 필요하다고 인정하는 때에는 그 공제업을 영위하는 자에 대하여 기초서류에 해당하는 사항에 관한 협의를 요구할 수 있다. <개정 2008.2.29>

②제1항의 요구를 받은 자는 정당한 사유가 없는 한 이에 응하여야 한다.

제194조 (업무의 위탁) ①제84조의 규정에 의한 보험설계사의 등록업무는 이를 보험협회의 장에게 위탁한다.

②다음 각호의 업무는 이를 금융감독원장에게 위탁한다.

1. 제87조의 규정에 의한 보험대리점의 등록업무
2. 제89조의 규정에 의한 보험중개사의 등록업무
3. 제182조의 규정에 의한 보험계리사의 등록업무
4. 제183조의 규정에 의한 보험계리를 업으로 하고자 하는 자의 등록업무
5. 제186조의 규정에 의한 손해사정사의 등록업무
6. 제187조의 규정에 의한 손해사정을 업으로 하고자 하는 자의 등록업무

③금융위원회는 이 법에 의한 업무의 일부를 대통령령이 정하는 바에 따라 금융감독원장에게 위탁할 수 있다. <개정 2008.2.29>

④금융위원회는 대통령령이 정하는 바에 따라 제127조제2항의 규정에 의한 업무의 일부를 보험요율산출기관의 장에게 위탁할 수 있다. <개정 2008.2.29>

⑤금융감독원장은 이 법에 의한 업무의 일부를 대통령령이 정하는 바에 따라 보험협회의 장·보험요율산출기관의 장 또는 제178조의 규정에 의한 보험관계단체의 장에게 위탁할 수 있다.

제195조 (허가 등의 공고) ①금융위원회는 제4조제1항의 규정에 의한 허가를 하거나 제74조제1항 또는 제134조제2항의 규정에 의하여 허가를 취소한 때에는 지체없이 그 내용을 관보에 공고하고 인터넷 홈페이지 등을 이용하여 일반인에게 알려야 한다. <개정 2007.7.19, 2008.2.29>

②금융위원회는 다음 각호의 사항을 인터넷 홈페이지 등을 이용하여 일반인에게 알려야 한다. <개정 2007.7.19, 2008.2.29>

1. 제4조의 규정에 의하여 허가받은 보험회사
2. 제12조의 규정에 의하여 설치된 국내사무소
3. 제125조의 규정에 의하여 인가된 상호협정

③금융감독원장은 다음 각호의 사항을 인터넷 홈페이지 등을 이용하여 일반인에게 알려야 한다. <개정 2007.7.19>

1. 제87조의 규정에 의하여 등록된 보험대리점
2. 제89조의 규정에 의하여 등록된 보험중개사
3. 제182조의 규정에 의하여 등록된 보험계리사 및 제183조의 규정에 의하여 등록된 보험계리업자

4. 제186조의 규정에 의하여 등록된 손해사정사 및 제187조의 규정에 의하여 등록된 손해사정업자

제196조 (과징금) ①금융위원회는 보험회사가 제98조, 제106조 및 제111조의 규정을 위반한 때에는 다음 각호의 구분에 따라 과징금을 부과할 수 있다. <개정 2008.2.29>

1. 제98조의 규정을 위반하여 특별이익을 제공하거나 그 제공을 약속하는 경우 : 특별이익의 제공대상이 된 해당 보험계약의 연간 수입보험료의 100분의 50 이하
2. 제106조제1항제1호 내지 제3호의 규정에 의한 신용공여 등의 한도를 초과한 경우 : 초과한 신용공여액 등의 100분의 10 이하
3. 제106조제1항제5호의 규정에 의한 신용공여의 한도를 초과한 경우 : 초과한 신용공여액의 100분의 20 이하
4. 제106조제1항제6호의 규정에 의한 채권 또는 주식의 소유한도를 초과한 경우 : 초과소유한 채권 또는 주식의 장부가액 합계액의 100분의 20 이하
5. 제111조제1항의 규정을 위반하여 신용공여하거나 자산을 매매 또는 교환 등을 한 경우 : 당해 신용공여액 또는 당해 자산의 장부가액의 100분의 20 이하

②제98조, 제106조제1항제1호부터 제3호까지·제5호·제6호 또는 제111조제1항의 규정을 위반한 자에게는 정상에 따라 제200조 또는 제202조의 규정에 의한 벌칙과 제1항의 규정에 의한 과징금을 병과할 수 있다. <개정 2007.7.19>

③제1항의 규정에 의한 보험회사에 대한 과징금의 부과 및 징수 절차 등에 대하여는 「은행법」 제65조의4 내지 제65조의8의 규정을 준용한다. <개정 2007.7.19>

제13장 벌칙

제197조 (벌칙) ①보험계리사, 손해사정사 또는 상호회사의 발기인, 제70조제1항에서 준용하는 「상법」 제175조제1항의 설립위원·이사·감사, 제59조에서 준용하는 「상법」 제386조제2항 및 제407조제1항의 직무대행자나 지배인 그 밖에 사업에 관한 어떠한 종류나 특정한 사항의 위임을 받은 사용인이 그 임무에 위배한 행위로써 재산상의 이익을 취득하거나 제3자로 하여금 이를 취득하게 하여 보험회사에게 재산상의 손해를 가한 때에는 10년 이하의 징역 또는 5천만원 이하의 벌금에 처한다. <개정 2007.7.19>

②상호회사의 청산인 또는 제73조에서 준용하는 「상법」 제386조제2항 및 제407조제1항의 직무대행자가 제1항에 열거된 행위를 한 때에도 또한 제1항과 같다. <개정 2007.7.19>

제198조 (벌칙) 제25조제1항 또는 제54조제1항의 기관을 구성하는 자가 그 임무를 위반한 행위로써 재산상의 이익을 취득하거나 제3자로 하여금 이를 취득하게 하여 보험계약자나 사원에게 손해를 가한 때에는 7년 이하의 징역 또는 4천만원 이하의 벌금에 처한다.제198조 (벌칙) 제25조제1항 또는 제54조제1항의 기관을 구성하는 자가 그 임무를 위반한 행위로써 재산상의 이익을 취득하거나 제3자로 하여금 이를 취득하게 하여 보험계약자나 사원에게 손해를 가한 때에는 7년 이하의 징역 또는 4천만원 이하의 벌금에 처한다.

제199조 (벌칙) 제197조제1항에 열거된 자 또는 상호회사의 검사인이 다음 각호의 1에 해당하는 행위를 한 때에는 7년 이하의 징역 또는 4천만원 이하의 벌금에 처한다.

1. 상호회사의 설립에 있어서 사원의 수, 기금총액의 인수, 기금의 납입 또는 제34조제4호 내지 제6호 및 제9호와 제38조제2항제3호 및 제5호에 열거된 사항에 관하여 법원 또는 총회에 대하여 부실한 보고를 하거나 사실을 은폐한 때
2. 명의에 관계없이 보험회사의 계산으로 부정하게 그 주식을 취득하거나 질권의 목적으로 이를 받은 때
3. 법령 또는 정관의 규정을 위반하여 기금의 상각, 기금이자의 지급 또는 이익이나 잉여금의 배당을 한 때
4. 보험업을 영위하기 위한 목적외의 투기거래를 위하여 보험회사의 자산을 처분한 때

제200조 (벌칙) 다음 각 호의 어느 하나에 해당하는 자는 5년 이하의 징역 또는 3천만원 이하의 벌금에 처한다. <개정 2007.7.19>

1. 제4조제1항의 규정을 위반한 자
2. 제106조제1항제4호 및 제5호를 위반하여 신용공여를 한 보험회사
3. 제106조제1항제6호를 위반하여 채권 및 주식을 소유한 보험회사
4. 제111조제1항을 위반하여 같은 항 각 호의 어느 하나에 해당하는 행위를 한 보험회사
5. 제111조제5항을 위반하여 같은 항 각 호의 어느 하나에 해당하는 행위를 한 대주주 또는 그의 특수관계인

제201조 (벌칙) ①제197조 및 제198조에 열거된 자 또는 상호회사의 검사인이 그 직무에 관하여 부정한 청탁을 받아 재산상의 이익을 수수·요구 또는 약속한 때에는 5년 이하의 징역 또는 3천만원 이하의 벌금에 처한다.

②제1항의 이익을 약속 또는 공여하거나 공여의 의사를 표시한 자도 또한 제1항과 같다.

제202조 (벌칙) 다음 각호의 1에 해당하는 자는 3년 이하의 징역 또는 2천만원 이하의 벌금에 처한다.

1. 제75조의 규정을 위반한 자
2. 제98조에서 규정한 금품 등을 제공한 자(동조제3호의 경우에는 보험금액의 지급의 약속을 말한다) 또는 이를 요구하여 수수한 보험계약자 또는 피보험자
3. 제106조제1항제1호 내지 제3호의 규정을 위반한 자
4. 제177조의 규정을 위반한 자
5. 제183조제1항 또는 제187조제1항의 규정에 의한 등록을 하지 아니하고 보험계리업 또는 손해사정업을 한 자
6. 거짓 그 밖의 부정한 방법으로 제183조제1항 또는 제187조제1항의 규정에 의한 등록을 한 자

제203조 (벌칙) ①다음 각호의 사항에 관하여 부정한 청탁을 받아 재산상의 이익을 수수·요구 또는 약속한 자는 1년 이하의 징역 또는 1천만원 이하의 벌금에 처한다.

1. 보험계약자총회·상호회사의 창립총회 또는 사원총회에 있어서의 발언 또는 의결권의 행사
2. 제3장제2절·제3절 및 제8장제2절에 규정하는 소의 제기 또는 자본금의 100분의 5 이상에 상당하는 주주 또는 100분의 5 이상의 사원의 권리의 행사

②제1항의 이익을 약속 또는 공여하거나 공여의 의사를 표시한 자도 또한 제1항과 같다.

제204조 (벌칙) ①다음 각호의 1에 해당하는 자는 1년 이하의 징역 또는 1천만원 이하의 벌금에 처한다.

1. 제8조제2항의 규정을 위반한 자
2. 제83조제1항의 규정을 위반하여 모집을 한 자
3. 거짓 그 밖의 부정한 방법으로 보험설계사·보험대리점 또는 보험중개사의 등록을 한 자
4. 제86조제2항(제88조 및 제90조에서 준용하는 경우를 포함한다)의 규정에 의한 업무정지의 명령에 위반하여 모집을 한 자
5. 제120조제1항의 규정을 위반하여 고의로 책임준비금 또는 비상위험준비금을 과소 또는 과다하게 계상한 자
6. 제150조의 규정을 위반한 자
7. 제181조제1항 및 제184조제1항의 규정을 위반하여 정당한 사유없이 확인을 하지 아니하거나 부정한 확인을 한 보험계리사 및 선임계리사
8. 제184조제2항제1호의 규정을 위반한 선임계리사 및 보험계리사
9. 제189조제3항제1호의 규정을 위반한 손해사정사

②보험계리사 또는 손해사정사로 하여금 제1항제7호 내지 제9호의 규정에 의한 행위를 하게 하거나 이를 방조한 자는 정범에 준하여 처벌한다.

제205조 (미수범) 제197조 및 제198조의 미수범은 이를 처벌한다.

제206조 (병과) 제197조 내지 제205조의 죄를 범한 자에게는 정상에 따라 징역과 벌금을 병과할 수 있다.

제207조 (몰수) 제201조 및 제203조의 경우에 범인이 수수하였거나 공여하고자 한 이익은 이를 몰수한다. 그 전부 또는 일부를 몰수할 수 없는 때에는 그 가액을 추징한다.

제208조 (양벌규정) ①법인(법인이 아닌 사단 또는 재단으로서 대표자 또는 관리인이 있는 것을 포함한다. 이하 이 항에서 같다)의 대표자 또는 법인이나 개인의 대리인·사용인 그 밖의 종업원이 그 법인 또는 개인의 업무에 관하여 제200조·제202조 또는 제204조의 위반행위를 한 때에는 행위자를 벌하는 외에 그 법인 또는 개인에 대하여 각 해당 조의 벌금형을 과한다.

②제1항의 규정에 의하여 법인이 아닌 사단 또는 재단에 대하여 벌금형을 과하는 경우에는 그 대표자 또는 관리인이 그 소송행위에 관하여 당해 사단 또는 재단을 대표하는 법인을 피고인으로 하는 경우의 형사소송에 관한 법률의 규정을 준용한다.

제209조 (과태료) ①보험회사가 다음 각 호의 어느 하나에 해당하는 때에는 1천만원 이하의 과태료에 처한다. <개정 2007.7.19, 2008.2.29>

1. 제10조 또는 제11조의 규정을 위반하여 다른 업무 등을 겸영한 때
2. 제95조의 규정을 위반한 때
3. 제96조의 규정을 위반한 때
4. 제99조제1항의 규정을 위반한 때
5. 제106조제1항제7호 내지 제11호의 규정을 위반한 때
6. 제109조의 규정을 위반하여 다른 회사의 주식을 소유한 때
7. 제110조의 규정을 위반한 때

7의2. 제111조제4항을 위반하여 금융위원회에 보고하지 아니하거나 공시하지 아니한 때

8. 제113조의 규정을 위반한 때
9. 제116조의 규정을 위반한 때
10. 제118조의 규정을 위반하여 재무제표 등을 기한 이내에 제출하지 아니하거나 거짓으로 작성된 재무제표 등을 제출한 때
11. 제124조제1항의 규정을 위반하여 공시하지 아니한 때
12. 제124조제4항의 규정을 위반하여 정보를 제공하지 아니하거나 부실한 정보를 제공한 때
13. 제127조의 규정을 위반하여 신고 또는 제출을 하지 아니하고 기초서류를 변경한 때
14. 제131조제1항·제2항 및 제4항의 규정에 의한 명령을 위반한 때
15. 제131조제2항의 규정에 의하여 금융위원회로부터 기초서류의 변경 또는 그 사용의 정지명령을 연 3회 이상 받은 때
16. 제133조의 규정에 의한 검사를 거부·방해 또는 기피한 때

②보험회사의 발기인·설립위원·이사·감사·검사인·청산인, 「상법」 제386조제2항 및 제407조제1항의 직무대행자(제59조 및 제73조에서 준용하는 경우를 포함한다) 또는 지배인이 다음 각호의 1에 해당하는 행위를 한 때에는 5백만원 이하의 과태료에 처한다. <개정 2007.7.19, 2008.2.29>

1. 보험회사가 제10조 또는 제11조의 규정을 위반하여 다른 업무 등을 겸영한 때
2. 제14조의 규정을 위반하여 다른 영리법인의 상무에 종사한 때
3. 제18조의 규정을 위반하여 자본감소의 절차를 밟은 때
4. 관청·총회 또는 제25조제1항 및 제54조제1항의 기관에 대하여 부실한 보고를 하거나 진실을 은폐한 때
5. 제38조제2항의 규정을 위반하여 입사청약서를 작성하지 아니하거나 입사청약서에 기재할 사항을 기재하지 아니하거나 부실한 기재를 한 때
6. 정관·사원명부·의사록·자산목록·대차대조표·사업계획서·사무보고서·결산보고서, 제44조에서 준용하는 상법」 제29조제1항의 장부에 기재할 사항을 기재하지 아니하거나 부실한 기재를 한 때
7. 제57조제1항(제73조에서 준용하는 경우를 포함한다) 또는 제64조 및 제73조에서 준용하는 「상법」 제448조제1항의

규정을 위반하여 서류를 비치하지 아니한 때

8. 사원총회 또는 제54조제1항의 기관을 제59조에서 준용하는 「상법」 제364조의 규정을 위반하여 소집하거나 정관에서 정한 지역외의 지역에서 소집하거나 제59조에서 준용하는 「상법」 제365조제1항의 규정을 위반하여 소집하지 아니한 때
9. 제60조 또는 제62조의 규정을 위반하여 준비금을 적립하지 아니하거나 이를 사용한 때
10. 제69조의 규정을 위반하여 해산절차를 밟은 때
11. 제72조 또는 정관의 규정을 위반하여 보험회사의 자산을 처분하거나 잔여자산을 배분한 때
12. 제73조에서 준용하는 「상법」 제254조의 규정을 위반하여 파산선고의 신청을 태만히 한 때
13. 청산의 종결을 지연시킬 목적으로 제73조에서 준용하는 「상법」 제535조제1항의 기간을 부당하게 정한 때
14. 제73조에서 준용하는 「상법」 제536조의 규정을 위반하여 채무의 변제를 한 때
15. 제79조제2항에서 준용하는 「상법」 제619조 또는 제620조의 규정을 위반한 때
16. 제85조제1항의 규정을 위반한 때
17. 보험회사가 제95조의 규정을 위반한 때
18. 보험회사가 제96조의 규정을 위반한 때
19. 제106조제1항제4호 또는 제7호 내지 제11호의 규정을 위반하여 자산운용을 한 때
20. 제109조의 규정을 위반하여 다른 회사의 주식을 소유한 때
21. 제110조의 규정을 위반한 때
22. 제113조의 규정을 위반한 때
23. 제116조의 규정을 위반한 때
24. 제118조의 규정을 위반하여 재무제표 등의 제출기한을 준수하지 아니하거나 거짓으로 작성된 재무제표 등을 제출한 때
25. 제119조의 규정을 위반하여 서류의 비치나 열람의 제공을 아니한 때
26. 제120조제1항의 규정을 위반하여 책임준비금 또는 비상위험준비금의 계상을 하지 아니하거나 이를 장부에 기재하지 아니한 때
27. 제124조제1항의 규정을 위반하여 공시하지 아니한 때
28. 제124조제4항의 규정을 위반하여 정보를 제공하지 아니하거나 부실한 정보를 제공한 때
29. 제125조의 규정을 위반한 때
30. 제126조의 규정을 위반하여 정관변경의 신고를 하지 아니한 때
31. 제127조의 규정을 위반하여 신고 또는 제출을 하지 아니하고 기초서류를 변경한 때
32. 제130조의 규정을 위반하여 보고하지 아니한 때
33. 제131조의 규정에 의한 명령을 위반한 때
34. 제133조의 규정에 의한 검사를 거부·방해 또는 기피한 때
35. 금융위원회가 선임한 청산인 또는 법원이 선임한 관리인이나 청산인에게 사무를 인계하지 아니한 때
36. 제141조의 규정을 위반하여 보험계약의 이전절차를 밟은 때
37. 제142조의 규정을 위반하여 보험계약을 하거나 제144조(제152조제2항에서 준용하는 경우를 포함한다)의 규정을 위반하여 자산의 처분 또는 채무를 부담할 행위를 한 때
38. 제151조제1항·제2항, 제153조제3항 또는 제70조제1항에서 준용하는 「상법」 제232조의 규정을 위반하여 합병절차를 밟은 때
39. 이 법에 의한 등기를 태만히 한 때
40. 이 법 또는 정관에서 정한 이사·감사 또는 보험계리사에 결원이 생긴 경우에 그 선임절차를 태만히 한 때

③다음 각호의 1에 해당하는 자는 5백만원 이하의 과태료에 처한다.

1. 제3조의 규정을 위반한 자
2. 제85조제2항의 규정을 위반한 자

3. 제92조의 규정을 위반한 자
4. 제93조의 규정에 의한 신고를 태만히 한 자
5. 제95조의 규정을 위반한 자
6. 제96조의 규정을 위반한 자
7. 제97조제1항의 규정을 위반한 자
8. 제99조제2항 및 제3항의 규정을 위반한 자
9. 제112조의 규정에 의한 자료제출을 거부한 자
10. 제124조제5항의 규정을 위반하여 비교·공시한 자
11. 제131조제1항을 준용하는 제132조·제179조 및 제192조제2항, 제133조제1항을 준용하는 제136조·제179조 및 제192조제2항 및 제192조제1항의 규정에 의한 명령을 위반한 자
12. 제133조제3항을 준용하는 제136조·제179조 및 제192조제2항의 규정에 의한 검사를 거부·방해 또는 기피한 자
13. 제133조제3항을 준용하는 제136조·제179조·제192조제2항의 규정에 의한 요구에 응하지 아니한 자
14. 제162조제2항의 규정에 의한 요구를 정당한 사유없이 거부·방해 또는 기피한 자

④제91조제1항의 규정에 의한 금융기관보험대리점등 또는 금융기관보험대리점등이 되고자 하는 자가 제83조제2항 또는 제100조의 규정을 위반한 경우 1천만원 이하의 과태료에 처한다.

제210조 (과태료의 부과절차) ①제209조의 규정에 의한 과태료는 대통령령이 정하는 바에 따라 금융위원회가 부과·징수한다. <개정 2008.2.29>

②제1항의 규정에 의한 과태료처분에 불복하는 자는 그 처분의 고지를 받은 날부터 30일 이내에 금융위원회에 이의를 제기할 수 있다. <개정 2008.2.29>

③제1항의 규정에 의한 과태료처분을 받은 자가 제2항의 규정에 의하여 이의를 제기한 때에는 금융위원회는 지체없이 관할법원에 그 사실을 통보하여야 하며, 그 통보를 받은 관할법원은 「비송사건절차법」에 의한 과태료의 재판을 한다. <개정 2007.7.19, 2008.2.29>

④제2항의 규정에 의한 기간 이내에 이의를 제기하지 아니하고 과태료를 납부하지 아니한 때에는 국세체납처분의 예에 의하여 이를 징수한다.

부칙 <제6891호,2003.5.29>

제1조 (시행일) 이 법은 공포후 3월이 경과한 날부터 시행한다. 다만, 제85조제3항 및 제4항의 개정규정은 이 법 시행일부터 5년이 경과한 날부터 시행한다. <개정 2006.8.29>

제2조 (임원자격에 관한 적용례) 제13조제1항 및 제14조의 개정규정은 이 법 시행후 최초로 선임되는 보험회사의 임원부터 적용한다.

제3조 (준법감시인에 관한 적용례) 제17조제3항 및 제4항의 개정규정은 이 법 시행후 최초로 선임되는 보험회사의 준법감시인부터 적용한다.

제4조 (제3보험업에 관한 특례) 제2조제4호 및 제10조의 개정규정에 불구하고 생명보험회사는 이 법 시행후 2년까지는 질병·상해 또는 이로 인한 간병에 관하여 손해의 보상을 약속하고 금전을 수수할 수 없다. 다만, 보험계약자로 될 자가 대통령령이 정하는 단체인 경우에는 그러하지 아니하다.

제5조 (자본금 또는 기금에 관한 특례) 이 법 시행전에 이미 외국정부와의 협정 등으로 자본금 또는 기금에 관하여 제9조의 개정규정과 다르게 정한 것이 있는 경우에는 그에 의한다.

제6조 (사외이사 선임에 관한 특례) 이 법 시행후 최초로 사외이사를 선임하여야 하는 보험회사는 이 법 시행후 최초로 소집되는 정기주주총회등에서 이를 선임하여야 한다. 이 경우 당해 정기주주총회에서 사외이사로 선임된 자는 제15조제2항의 개정규정에 의하여 사외이사후보추천위원회의 추천을 받은 것으로 본다.

제7조 (감사위원회 설치에 관한 특례) 이 법 시행후 최초로 감사위원회를 설치하여야 하는 보험회사는 이 법 시행후 최초로 소집되는 정기주주총회등에서 이를 설치하여야 한다.

제8조 (대주주가 발행한 채권 또는 주식 소유에 관한 특례) 제106조제1항제6호의 개정규정을 적용함에 있어서 이 법 시행일부터 1년이 경과하는 날까지는 동 개정규정중 "자기자본의 100분의 60(자기자본의 100분의 60에 해당하는 금액이 총자산의 100분의 3에 해당하는 금액보다 클 경우 총자산의 100분의 3)"은 이를 "총자산의 100분의 3"으로 본다.

제9조 (비상장주식에 관한 특례 등) ①제106조제1항제9호의 개정규정을 적용함에 있어서 이 법 시행일부터 2005년 3월 31일까지는 동 개정규정중 "총자산의 100분의 10"은 이를 "총자산의 100분의 5"로 본다.

②제1항의 규정에 불구하고 2002년 3월 25일 현재 총자산의 100분의 5를 초과하여 비상장주식을 소유하고 있는 보험회사에 대하여는 2005년 3월 31일까지 종전의 규정을 적용한다. 이 경우 당해 보험회사는 그가 소유하는 비상장주식이 총자산의 100분의 5 이하가 될 때까지 추가로 비상장주식을 취득할 수 없다.

제10조 (보험계약자보호예탁금에 대한 경과조치) 금융감독원은 이 법 시행 당시 종전의 규정에 의한 보험계약자보호예탁금을 이 법 시행일부터 1월 이내에 보험회사에 반환하여야 한다.

제11조 (보험사업에 대한 경과조치) 이 법 시행 당시 인보험사업 또는 손해보험사업의 영위에 관하여 금융감독위원회의 허가를 받은 자(인보험사업 또는 손해보험사업에 해당하는 보험종목중 일부만의 영위에 관하여 허가를 받은 자를 제외한다)는 이 법에 의한 제3보험업에 해당하는 보험종목에 관하여 제4조제1항의 규정에 의한 허가를 받은 것으로 본다.

제12조 (보험사업자에 대한 경과조치) 이 법 시행 당시의 보험사업자(보험사업자로 보는 경우를 포함한다)는 이 법에 의한 보험회사로 본다.

제13조 (외국보험사업자에 대한 경과조치) 이 법 시행 당시의 외국보험사업자는 이 법에 의한 외국보험회사로 본다.

제14조 (외국보험사업자등의 국내사무소에 관한 경과조치) 이 법 시행 당시의 외국보험사업자등의 국내사무소는 이 법에 의한 외국보험회사등의 국내사무소로 본다.

제15조 (임원에 대한 경과조치) 이 법 시행 당시 보험사업자의 임원은 이 법에 의한 보험회사의 임원으로 본다.

제16조 (사외이사에 대한 경과조치) 이 법 시행 당시 보험사업자의 사외이사는 이 법에 의한 보험회사의 사외이사로 본다.

제17조 (임원의 임기에 관한 경과조치) 이 법 시행 당시 재임중에 있는 보험회사의 이사와 감사의 임기는 그 임기가 종료되는 날까지는 종전의 규정에 의한다.

제18조 (감사위원회 설치에 따른 상근감사에 관한 경과조치) 이 법 시행후 최초로 부칙 제7조의 규정에 의하여 감사위원회를 설치하여야 하는 보험회사의 상근감사로 재임하는 자(상근감사가 2인 이상인 경우에는 당해 보험회사의 이사회에서 지명한 상근감사를 말한다)는 부칙 제7조의 규정에 의하여 감사위원회를 설치하여야 하는 정기주주총회등의 소집일까지 그 임기가 만료되지 아니하고 당해 주주총회등에서 해임되지 아니하는 경우 그 임기가 만료될 때까지 당해 보험회사의 감사위원회 위원중 사외이사가 아닌 위원으로 본다. 이 경우 당해 상근감사는 그 임기의 종료시까지 상법 제382조제1항의 규정에 따라 주주총회등에서 선임된 이사로 본다.

제19조 (준법감시인에 대한 경과조치) 이 법 시행 당시 보험사업자의 준법감시인은 이 법에 의한 보험회사의 준법감시인으로 본다.

제20조 (보험모집인에 대한 경과조치) 이 법 시행 당시의 보험모집인은 이 법에 의한 보험설계사로 본다.

제21조 (보험대리점에 대한 경과조치) 이 법 시행 당시 보험대리점은 이 법에 의한 보험대리점으로 본다.

제22조 (보험중개인에 대한 경과조치) 이 법 시행 당시의 보험중개인은 이 법에 의한 보험중개사로 본다.

제23조 (자회사에 대한 경과조치) 이 법 시행 당시 종전의 규정에 의하여 승인을 얻은 보험회사의 자회사는 이 법에 의하여 승인을 얻은 자회사로 본다.

제24조 (신용공여 등에 대한 경과조치) ①이 법 시행 당시 제106조제1항제1호 내지 제3호의 개정규정에 의한 한도를 초과하여 신용공여하거나 채권 및 주식을 소유하고 있는 보험회사는 이 법 시행일부터 3년이 경과하는 날까지 동 개정규정에 적합하도록 하여야 하며, 이를 이행하기 위한 세부계획서를 이 법 시행일부터 1월이 경과하는 날까지 금융감독위원회에 제출하여 승인을 얻어야 한다.

②이 법 시행 당시 제106조제1항제5호의 개정규정에 의한 한도를 초과하여 신용공여하고 있는 보험회사는 이 법 시행일부터 3년이 경과하는 날까지 동 개정규정에 적합하도록 하여야 하며, 이를 이행하기 위한 세부계획서를 이 법 시행일부터 1월이 경과하는 날까지 금융감독위원회에 제출하여 승인을 얻어야 한다.

③이 법 시행 당시 제106조제1항제6호의 개정규정에 의한 한도를 초과하여 채권 및 주식을 소유하고 있는 보험회사는 이 법 시행일부터 3년이 경과하는 날까지 동 개정규정에 적합하도록 하여야 하며, 이를 이행하기 위한 세부계획서를 이 법 시행일부터 1년이 경과하는 날까지 금융감독위원회에 제출하여 승인을 얻어야 한다.

④제2항 및 제3항의 규정에 불구하고 이 법 시행일이 속하는 사업연도의 직전사업연도말 총자산 규모가 대통령령이 정하는 규모에 미달하는 보험회사는 금융감독위원회의 승인을 얻어 이 법 시행일부터 5년이 경과하는 날까지 동 개정규정에 적합하도록 하여야 한다.

제25조 (자금지원관련 금지행위에 대한 경과조치) 보험회사가 이 법 시행전의 행위로 인하여 제110조의 개정규정에 위반하게 된 때에는 이 법 시행후 6월 이내에 당해 주식을 처분하거나 공여한 신용을 회수하여야 한다.

제26조 (보험계리인에 대한 경과조치) ①이 법 시행 당시의 보험계리인은 이 법에 의한 보험계리사로 본다.

②종전의 규정에 의한 확인업무를 담당하는 보험계리인은 제181조제2항의 개정규정에 의한 선임계리사로 보고, 제184조제3항의 개정규정은 2002년 3월 25일 이후 최초로 선임되는 선임계리사부터 적용한다.

제27조 (보험계리업자에 대한 경과조치) 이 법 시행 당시 보험계리업자는 이 법에 의한 보험계리업자로 본다.

제28조 (손해사정인에 대한 경과조치) 이 법 시행 당시의 손해사정인은 이 법에 의한 손해사정사로 본다.

제29조 (손해사정업자에 대한 경과조치) 이 법 시행 당시 손해사정업자는 이 법에 의한 손해사정업자로 본다.

제30조 (보험관계단체에 관한 경과조치) 이 법 시행전에 종전의 규정 또는 민법 제32조의 규정에 의하여 설립된 보험에 관한 단체 또는 사단법인은 이 법에 의하여 설립된 것으로 본다.

제31조 (벌칙에 관한 경과조치) 이 법 시행전의 행위에 대한 벌칙의 적용에 있어서는 종전의 규정에 의한다.

제32조 (일반적 경과조치) ①이 법 시행전에 종전의 규정에 의하여 재정경제부장관·금융감독위원회 또는 금융감독원이 행한 허가·인가·승인·명령·처분 그 밖의 행위는 이 법에 의하여 재정경제부장관·금융감독위원회 또는 금융감독원이 행한 행위로 본다.

②이 법 시행전에 종전의 규정에 의하여 재정경제부장관·금융감독위원회 또는 금융감독원에 대하여 행한 신고·보고 그 밖의 행위는 이 법에 의하여 재정경제부장관·금융감독위원회 또는 금융감독원에 대하여 행한 행위로 본다.

제33조 (다른 법률의 개정) ①교통사고처리특례법중 다음과 같이 개정한다.

제4조제1항 본문중 "**保險業法 第5條·第7條**"를 "보험업법 제4조 및 제126조 내지 제128조"로 한다.

②금융산업의구조개선에관한법률중 다음과 같이 개정한다.

제11조제5항중 "**保險業法 第19條**"를 "보험업법 제106조, 제108조 및 제109조"로 하고, 제14조제8항중 "**保險業法 第116條**"를 "보험업법 제139조"로 한다.

③기업구조조정촉진법중 다음과 같이 개정한다.

제34조제1항제2호중 "보험업법 제19조"를 "보험업법 제106조, 제108조 및 제109조"로 한다.

④기업구조조정투자회사법중 다음과 같이 개정한다.

제22조제1항제2호중 "보험업법 제19조"를 "보험업법 제106조, 제108조 및 제109조"로 한다.

⑤벤처기업육성에관한특별조치법중 다음과 같이 개정한다.

제4조제4항중 "**保險業法 第2條第1項**"을 "보험업법 제2조제5호"로, "**同法 第19條**"를 "동법 제106조, 제108조 및 제109조"로 한다.

⑥예금자보호법중 다음과 같이 개정한다.

제2조제1호 카목중 "**保險業法 第5條第1項**"을 "보험업법 제4조제1항"으로 하고, 제30조제1항 전단중 "**保險業法 第98條**"를 "보험업법 제120조"로 하며, 제30조의3제1항중 "보험업법 제98조"를 "보험업법 제120조"로 한다.

⑦우체국예금·보험에관한법률중 다음과 같이 개정한다.

제10조제2항 단서중 "**保險業法 第22條**"를 "보험업법 제127조제2항"으로 한다.

⑧화재로인한재해보상과보험가입에관한법률중 다음과 같이 개정한다.

제2조제1호중 "보험업법 제5조"를 "보험업법 제4조"로 하고, 제20조제1항중 "보험업법 제12조"를 "보험업법 제13조"로 한다.

제34조 (다른 법령과의 관계) 이 법 시행 당시 다른 법령에서 종전의 보험업법의 규정을 인용한 경우에 이 법중 그에 해당하는 규정이 있는 때에는 종전의 규정에 갈음하여 이 법의 해당 조항을 인용한 것으로 본다.

부칙(근로자퇴직급여보장법) <제7379호,2005.1.27>

제1조 (시행일) 이 법은 2005년 12월 1일부터 시행한다. <단서 생략>

제2조 내지 **제5조** 생략

제6조 (다른 법률의 개정) ①및 ②생략

③**保險業法**중 다음과 같이 개정한다.

제108조제1항제2호를 다음과 같이 한다.

2. 근로자퇴직급여보장법 부칙 제2조제1항의 규정에 의한 퇴직보험계약 및 제16조제2항의 규정에 의한 보험계약

제7조 생략

부칙(채무자 회생 및 파산에 관한 법률) <제7428호,2005.3.31>

제1조 (시행일) 이 법은 공포 후 1년이 경과한 날부터 시행한다.

제2조 내지 **제4조** 생략

제5조 (다른 법률의 개정) ①내지 <45>생략

<46>보험업법 일부를 다음과 같이 개정한다.

제13조제1항제2호 및 **제84조제2항제2호**중 "파산자"를 각각 "파산선고를 받은 자"로 한다.

제14조제2호중 "회사정리법"을 "「채무자 회생 및 파산에 관한 법률」"로 한다.

<47>내지 <145>생략

제6조 생략

부칙 <제7971호,2006.8.29>

이 법은 공포한 날부터 시행한다.

부칙 <제8386호,2007.4.27>

이 법은 공포한 날부터 시행한다.

부칙 <제8520호,2007.7.19>

①(시행일) 이 법은 공포 후 6개월이 경과한 날부터 시행한다.

②(감사위원회의 위원에 대한 경과조치) 제16조제2항의 개정규정에 따라 감사위원회의 위원을 선임하여야 하는 보험회사는 이 법 시행 후 최초로 소집되는 정기주주총회일까지는 같은 개정규정에 적합하도록 감사위원회의 위원을 선임하여야 한다.

부칙(기업구조조정 촉진법) <제8572호,2007.8.3>

제1조 (시행일) 이 법은 공포 후 3개월이 경과한 날부터 시행한다.

제2조부터 **제4조**까지 생략

제5조 (다른 법률의 개정) ① 생략

② 보험업법 일부를 다음과 같이 개정한다.

제107조제2호나목 중 "기업구조조정촉진법"을 "「기업구조조정 촉진법」"으로 한다.

③ 생략

부칙(자본시장과 금융투자업에 관한 법률) <제8635호,2007.8.3>

제1조 (시행일) 이 법은 공포 후 1년 6개월이 경과한 날부터 시행한다. <단서 생략>

제2조부터 제41조까지 생략

제42조 (다른 법률의 개정) ① 부터 ⑦ 까지 생략

⑧ 보험업법 일부를 다음과 같이 개정한다.

제15조제4항 중 "증권거래법 제54조의5제4항 각호의 1"을 "「자본시장과 금융투자업에 관한 법률」 제25조제5항 각 호의 어느 하나"로 한다.

제91조제1항제2호를 다음과 같이 한다.

2. 자본시장과 금융투자업에 관한 법률」에 따른 투자매매업자 또는 투자중개업자

제105조제2항 중 "선물거래법에 의한 선물거래"를 "「자본시장과 금융투자업에 관한 법률」에 따른 파생상품시장에서의 거래"로 한다.

제106조제1항제9호 중 "증권거래법에 의한 한국증권거래소 및 한국증권업협회 또는 이와 유사한 시장으로서 외국에 있는 시장에 상장 또는 등록"을 "「자본시장과 금융투자업에 관한 법률」에 따른 한국거래소 또는 이와 유사한 시장으로서 해외에 있는 시장에 상장"으로 하고, 같은 항 제11호 중 "해외선물거래"를 "해외파생상품거래"로 한다.

⑨ 부터 <67> 까지 생략

제43조 및 **제44조** 생략

부칙(정부조직법) <제8852호,2008.2.29>

제1조(시행일) 이 법은 공포한 날부터 시행한다. 다만, …<생략>…, 부칙 제6조에 따라 개정되는 법률 중 이 법의 시행 전에 공포되었으나 시행일이 도래하지 아니한 법률을 개정한 부분은 각각 해당 법률의 시행일부터 시행한다.

제2조부터 제5조까지 생략

제6조(다른 법률의 개정) ① 부터 <32> 까지 생략

<33> 보험업법 일부를 다음과 같이 개정한다.

제17조제4항제1호라목 중 "재정경제부"를 "기획재정부"로 한다.

<34> 부터 <760> 까지 생략

제7조 생략

부칙(금융위원회의 설치 등에 관한 법률) <제8863호,2008.2.29>

제1조(시행일) 이 법은 공포한 날부터 시행한다.

제2조부터 제4조까지 생략

제5조(다른 법률의 개정) ① 부터 ⑬ 까지 생략

⑭ 보험업법 일부를 다음과 같이 개정한다.

제2조제12호, 제4조제1항·제4항, 제5조, 제6조제3항부터 제5항까지, 제7조제1항부터 제4항까지, 제11조제1항제2호, 제12조제4항, 제13조제1항제7호, 제17조제4항제1호·제3호·제8항, 제20조제3항, 제33조제1항, 제74조제1항·제2항, 제77조제1항, 제84조제1항, 제86조제1항부터 제4항까지, 제87조제1항·제3항, 제88조제1항, 제89조제1항·제3항, 제90조제1항, 제93조제1항·제3항, 제95조제2항·제3항, 제99조제1항제1호, 제100조제4항, 제105조제1항제6호, 제107조 단서·제2호, 제108조제1항제4호, 제109조 단서, 제110조제3항, 제111조제3항·제4항 및 제6항, 제112조, 제115조제1항, 제116조제3호, 제117조제1항·제2항, 제118조제1항·제2항, 제119조, 제120조제3항, 제122조, 제123조제2항, 제124조제1항·제2항·제5항 및 제6항, 제125조제1항부터 제3항까지, 제126조,

제127조제1항·제2항, 제128조, 제130조, 제131조의 제목·제1항부터 제4항까지, 제133조제1항·제5항, 제134조제1항·제2항, 제135조제1항, 제137조제2항, 제139조, 제140조제2항 단서, 제144조제1항 단서·제3항 단서, 제150조, 제155조, 제156조제1항·제2항·제4항 및 제6항, 제157조, 제159조, 제160조, 제161조제1항, 제162조제1항·제2항 및 제4항, 제163조제1항, 제164조, 제169조제1항, 제171조제1항, 제176조제1항·제4항 및 제6항, 제182조제1항, 제183조제1항, 제184조제1항·제3항제4호·제5항, 제185조, 제186조제1항, 제187조제1항, 제191조, 제192조제1항, 제193조제1항, 제194조제3항·제4항, 제195조제1항·제2항, 제196조제1항, 제209조제1항제7호의2·제15호 및 제2항제35호, 제210조제1항부터 제3항까지 중 "금융감독위원회"를 각각 "금융위원회"로 한다.

제7조제2항 단서, 제94조, 제183조제3항 및 제187조제3항 중 "재정경제부령"을 각각 "총리령"으로 한다.

제7조제5항, 제120조제2항, 제181조제3항, 제182조제2항 및 제186조제2항 중 "재정경제부령"을 각각 "총리령"으로 한다.

제17조제4항제1호가목 중 "「금융감독기구의 설치 등에 관한 법률」 제38조"를 "「금융위원회의 설치 등에 관한 법률」 제38조"로 하고, 같은 호 라목 중 "「금융감독기구의 설치 등에 관한 법률」"을 "「금융위원회의 설치 등에 관한 법률」"로 한다.

⑮ 부터 <85> 까지 생략

부칙 〈제8902호,2008.3.14〉

①(시행일) 이 법은 공포 후 3개월이 경과한 날부터 시행한다.

②(보험계약에 대한 구분계리에 관한 적용례) 제121조의2의 개정규정은 금융위원회의 승인을 받은 이후 체결된 보험계약 및 그 신규자산에 한하여 적용한다.

참고문헌

강원희·양희산, 「손해보험론」, 보험연수원, 1995.

김두철 외, 「보험과 위험관리」, 문영사, 1999.

김동근 "인터넷과 보험" 「기업법연구」 제8집, 한국기업법학회, 2001.10.

김동훈, 「보험론」, 학현사, 1997.

김상용, "자동화된 의사표시와 시스템계약" 「사법연구」 제1집, 청헌문화재단, 1992.

김억헌·김주동 (역), 「보험회사경영론」, 교보문고, 1992.

김억헌, 「보험의 이론과 실제」, 삼영사, 2002.

김주동, 「손해보험론」, 형설출판사, 1997.

김주동·이원근, 「보험학원론」, 형설출판사, 1996.

김주동·이원근, 「보험학원론」, 형설출판사, 2000.

김종국, 「생명보험총론」, 형설출판사, 1997.

김홍기, "보험산업의 국제화에 따른 위험선택상의 문제", 「무역학회지」 제19권 제2호, 1994.

대한상공회의소, 「기업의 전략적 리스크 관리」, 1987.

박상범 외, 「e-보험학」, 아진, 2002.

박승진, 「현대보험의 이해」, 한국경제신문사, 1987.

박은희·정영동, 「리스크관리론」, 보험연수원, 2000.

방갑수, 「최신보험학」, 박영사, 2000.

보험연수원, 「자동차보험이론」, 형설출판사, 1998.

신수식, 「보험경영론」, 무역경영사, 2001.

생명보험협회, 「생명보험 상품편람」, 2001.

생명보험협회, 「생명보험 통계연보」, 2000.
이은섭, 「보험론」, 삼영사, 1996.
이윤호 외, 「기업경영과 리스크매니지먼트」, 아진, 2001.
이원근 외, 「최신보험학 입문」, 두남, 2000.
오창수·김경희, 「생명보험론」, 박영사, 1999.
양승규, 「보험법」, 삼지원, 1998.
조해균, 「최신보험경영론」, 박영사, 2001
정규명·정영동, 「생명보험론」, 형설출판사, 1997.
정홍주외 8인 공저, 「보험과 위험관리」, 박영사, 2000.
정홍주, 「알기쉬운 보험상식」, 21세기북스, 1994.
최경진, 「전자상거래와 법」, 현실과 미래, 1998.
한낙현 외, 「해상보험의 이해」, 우용출판사, 2003.
한낙현, 「영·미의 해상보험 비교」, 경남대학교출판부, 2003.
한낙현 외 공역, 「일본보험의 이해」, 우용출판사, 2003
허연, 「생활과 보험」, 문영사, 2000.
허재창, "제조물책임과 보험제도-제조물책임보험의 효과적인 활용방안을 중심으로-", 「국제무역리뷰」, 제2권 제2호, 2002.12.

淺谷輝雄, 「生命保險の歷史」, 四季社, 1957.
近藤文二, 「社會保險」, 岩波書店, 1963.
上原弘史, "製造物責任に關する指令採擇後の狀況について一歐州委員會報告書を中心に一" 「保險學雜誌」 第555號, 日本保險學會, 1996.12.
大林良一, 「團體保險論」, 有斐閣, 1961.
大羽宏一·村田學, "PLと改正民事訴訟法", 日本經濟新聞社, 1997.
木村榮一· 高木秀卓· 庭田範秋, 「保險の知識」, 有斐閣, 1980.
木村榮一, 「ロイズ」, 日經新書, 1981.
木村榮一 外, 「保險入門」, 有斐閣, 1993.
許在暢·韓洛鉉, "韓國の製造物責任法への提言", 「損害保險硏究」 第64巻第3號, 2002.11.

經濟企畵廳國民生活局消費者行政第1課,「逐條解說 製造物責任法」, 商事法務研究會, 1995.
損害保險料率算出機構,「自動車保險の概況」(2002年版).
韓洛鉉,「海上保險における危險の變動」, 成文堂, 1997.
PL對策プロジェクトチーム,,「製造物責任法のすべて」, 損害保險企畵, 1995.
水島一也,「保險經濟」, 千倉書房, 1997.
安井信夫, "生命保驗の歷史" 「生命保險新實務講座第1節總說」, 有斐閣, 1997.
吉本英雄,「世界における製造物責任法」, 日本海運集會所, 1994.

Belth, J. K., *Life Insurance : A Consumer's Handbook*, 2nd ed., Indiana University Press, Bloomington, IN, 1985.

Black, Jr., Kenneth & Skipper, Jr., H. Arnould., *Life Insurance*. Englewood Cliffs, New Jersey : Prentice-Hall, Inc., 2000.

Brackenridge, R. D. C. & Elder, W.J., *Medical Selection of Life Risks*, M. Stockton Press, 1992.

Dearborn Publishing Co., *Life and Health Insurance*, 2nd ed., Chicago, Illinois : Dearborn R & P New Kirk, 2001.

Dorfman, M. S., *Introduction to Risk Management and Insurance*, 6th ed., Prentice-Hall Inc., 1998.

Goodwin, Dennis W., *Life and Health Insurance Marketing*, Atlanta, Georgia : LOMA, 1989.

Green, Mark R. & Trieschmann, J. S., *Risk and Insurance*, 6th ed., Cincinnati, Ohio : Southwestern Publishing Company, 2000.

Holton, R. E., *Underwriting*, 2nd ed., the National Underwriter Company, 1981.

Huebner, S. S. and Black, Kenny Jr., *Life Insurance*, 12th ed. Englewood Cliff, NJ : Prencice Hall, Inc., 2001.

Huggins, Kenneth & Land, Robert D., *Operations of Life and Health Insurance Companies*, 2nd ed., Atlanta, Georgia : LOMA, 1992.

Manes, A., *Versicherungswesen-System der Versicherungswirtschaft*, Bd.1, Verlag und

Druck von B.G.Teubner, 1930.

Mehr, Robert I. & Cammack, Emmerson, *Principle of Insurance*, 7th ed., Homewood, Illinois : Richard D. Irwin, Inc., 2001.

Preston, L. E., *Social Issue in Marketing*, Glenview, IL. : Scott Forestman and Company, 2000.

Pritchett, S. T., Schmit, J. T., Doerpinghaus, H. L. & Athearn, J. L., *Risk Management and Insurance*, 7th ed., Minneapolis : West Publishing Company, 1996.

Rejda, G. E., *Principles of Insurance*, 2nd ed., Glenview, Illinois : Scott, Foresman and Company, 2002.

Riegil, R., Miller, J. S. & Williams, Jr., C. Arthur, *Insurance Principles and Principles*, 6th ed., Englewood Cliffs, New Jersey : Prentice-Hall, Inc., 2000.

Vaughan, E., *Fundamentals of Risk and Insurance*, New York, NY : John Wiley and Sons, Inc., 2001.

Weisbart, S. D. & Skipper, H. D., *Privacy and the Insurance Industry*, Georgia State Univ., 1980.

Williams, Jr., C. A, Smith, M. L. & Young, P. C., *Risk Management and Insurance.*, 7th ed., New York : McGraw-Hill, Inc., Cooege Custom Series, 2000.

색인

영문색인

A

B

C

Q

R

S

국문색인

ㅇ

저자약력

한 낙 현

- 일본 와세다(早稲田)대학 대학원 상학연구과 (상학박사)

▶ 현재

- 일본와세다대학 산업경영연구소 연구원
- 경남대학교 경제무역학부 조교수

▶ 저·공저

「海上保険における危険の變動」, 成文堂, 1997. 9.
「해상보험의 이해」(공저), 우용출판사, 2003. 3.
「영·미의 해상보험 비교」, 경남대학교출판부. 2003. 9.
「일본의 보험제도」(공역), 우용출판사, 2003. 11.

김 흥 기

- 동아대학교 대학원 경제학과 (경제학박사)
- New York University 교환교수
- Temple University 교환교수

▶ 현재

- 창원대학교 경상대학교 교수

▶ 저·공저

「현대생활과 보험」, 창원대학교출판부, 2001. 3

위험관리와 보험

2008년 6월 17일 초판 인쇄
2008년 6월 23일 초판 발행

저자 / 한낙현·김홍기
발행인 / 고종식
발행처 / 우용출판사
등록일 / 1997년 11월 25일
출판등록 / 제 2001-1호
주소 / 서울특별시 마포구 망원1동 338-53
전화번호 / 02)324-6577
팩시밀리 / 02)324-6177

정가 / 19,000원

ISBN / 978-89-6249-001-5 93320
2008 ⓒ 한낙현·김홍기

이 책은 저작권법에 의해 한국 내에서 보호받는 저작물이므로 법에 정한 예외 이외의 무단 전제나 복제, 매체 수록 등을 금합니다.

www.choolpansa.com